哈尔滨商业大学博士科研支持计划项目 22BQ50

1946—1949 年
哈尔滨商事习惯研究

邓 琦 著

光明日报出版社

图书在版编目（CIP）数据

1946－1949年哈尔滨商事习惯研究 / 邓琦著. －－北京：光明日报出版社，2023.8
ISBN 978－7－5194－7340－2

Ⅰ.①1… Ⅱ.①邓… Ⅲ.①商业史－研究－哈尔滨－1946－1949 Ⅳ.①F729.6

中国国家版本馆 CIP 数据核字（2023）第 121179 号

1946－1949 年哈尔滨商事习惯研究
1946－1949NIAN HAERBIN SHANGSHI XIGUAN YANJIU

著　　者：邓　琦	
责任编辑：房　蓉	责任校对：郭玫君
封面设计：王玉美	责任印制：曹　净

出版发行：光明日报出版社
地　　址：北京市西城区永安路 106 号，100050
电　　话：010－63169890（咨询），010－63131930（邮购）
传　　真：010－63131930
网　　址：http://book.gmw.cn
E － mail：gmrbcbs@gmw.cn
法律顾问：北京市兰台律师事务所龚柳方律师
印刷装订：河北赛文印刷有限公司
本书如有破损、缺页、装订错误，请与本社联系调换，电话：010－63131930

开　本：170mm×240mm	
字　数：400 千字	印　张：24
版　次：2023 年 8 月第 1 版	印　次：2023 年 8 月第 1 次印刷
书　号：ISBN 978－7－5194－7340－2	
定　价：88.00 元	

版权所有　翻印必究

目 录

绪 论 …………………………………………………………… (1)
  一、问题缘起与研究意义 …………………………………… (1)
  二、文献综述 ………………………………………………… (3)
  三、本书的逻辑框架 ………………………………………… (11)

第一章 1946 年前哈尔滨商事习惯的基本状况 ……………… (13)
  第一节 清末时期哈尔滨商事习惯的形成 ………………… (13)
    一、开埠通商:哈尔滨商事习惯形成的时代背景 ………… (15)
    二、哈尔滨商事习惯形成的路径 …………………………… (24)
    三、哈尔滨商会组织的初起对商事习惯的影响 ………… (36)
  第二节 民国时期哈尔滨商事习惯的发展 ………………… (39)
    一、外侨商事习惯之间的碰撞与交融 …………………… (39)
    二、民族工商业对外侨商事习惯的借鉴 ………………… (42)
    三、"利公司、利劳资、利顾客、利同业"的新商事习惯 ………… (46)
    四、哈尔滨商团组织及其对商事习惯的影响 …………… (53)
  第三节 伪满洲国时期哈尔滨商事习惯的维持与调整 …… (63)
    一、日伪统治初期对传统商事习惯的延续 ……………… (63)
    二、全面经济"统制"对传统商事习惯的消解 …………… (67)
    三、日伪经济"统制"下哈尔滨商事习惯的调整 ………… (73)
    四、哈尔滨商工公会及其对商事习惯的影响 …………… (77)

第四节　哈尔滨商事习惯的历史样态 …………………………… (80)
    一、设立与解散习惯 ……………………………………………… (80)
    二、身份习惯 ……………………………………………………… (85)
    三、管理习惯 ……………………………………………………… (88)
    四、行业习惯 ……………………………………………………… (90)
  本章小结 …………………………………………………………… (104)

第二章　人民政权对旧有商事习惯的态度 ……………………… (106)
  第一节　新民主主义商业政策的制定 …………………………… (106)
    一、"发展生产、繁荣经济、公私兼顾、劳资两利"的
        总方针 ………………………………………………………… (106)
    二、对哈尔滨商业发展的讨论 …………………………………… (115)
    三、1949年战时军需生产取向转为和平民用营商取向 ………… (121)
  第二节　人民政权开展的工商业典型行业及企业调查 ………… (125)
    一、调查的宗旨与程序 …………………………………………… (126)
    二、调查的范围与内容 …………………………………………… (129)
    三、调查的作用与特点 …………………………………………… (132)
    四、典型行业及企业商事习惯调查成果 ………………………… (138)
  第三节　人民政权对商事习惯的立场 …………………………… (169)
    一、积极扶植和帮助发展"进步行业"及其习惯 ……………… (169)
    二、保持与保护"中间行业"及其习惯 ………………………… (174)
    三、着重限制及打击"反动行业"及其习惯 …………………… (179)
  本章小结 …………………………………………………………… (183)

第三章　人民政权对旧有商事习惯的继承与改造 ……………… (184)
  第一节　对商事习惯的逐步削减与继续延用 …………………… (184)
    一、逐步削减不合理的旧例 ……………………………………… (185)

二、正当商业习惯的继续延用 …………………………………（199）
　第二节　商业习惯与法制的博弈与整合 …………………………（219）
　　一、1948年《哈尔滨特别市摊贩管理条例》的制定与实施 ……（219）
　　二、制定与实施《哈尔滨特别市战时暂行劳动条例》…………（231）
　　三、防范与打击"投机倒把" ……………………………………（236）
　第三节　新民主主义商事习惯的推行 ……………………………（241）
　　一、发展人民的合作社商业 ……………………………………（241）
　　二、实行商事组织民主管理 ……………………………………（251）
　　三、改进经济核算方法 …………………………………………（264）
　　四、施行"年关减价" ……………………………………………（272）
　本章小结 ……………………………………………………………（274）

第四章　新商事习惯的民主内蕴建设 …………………………（275）
　第一节　身份习惯的转变：从雇工到主人 ………………………（275）
　　一、旧社会职店员备受压迫与剥削 ……………………………（275）
　　二、1946年《关于哈市的工作方针》……………………………（276）
　　三、组织起来的新社会职店员 …………………………………（277）
　第二节　管理方式的转变：从压迫到民主 ………………………（280）
　　一、旧社会不平等的内部阶层管理 ……………………………（280）
　　二、订立新型劳资合作合同 ……………………………………（281）
　　三、店员联合会的教育改造与民主监督 ………………………（283）
　第三节　商会组织的转变：从旧商会到新工商联合会 …………（285）
　　一、抗战胜利后国民党对商工公会的利用 ……………………（285）
　　二、商工公会对共产党的认识与支持 …………………………（287）
　　三、新型工商界人民团体的建立 ………………………………（290）
　　四、工商联合会的积极作用 ……………………………………（292）
　本章小结 ……………………………………………………………（296）

第五章 1946—1949年哈尔滨商事习惯变化发展的历史意义 ……（297）

第一节 对哈尔滨解放区商业的影响 …………………（297）
一、1946—1949年哈尔滨商事从业的发展 ……………（297）
二、促进经济健康发展,稳定城市秩序 …………………（310）

第二节 其他解放区对哈尔滨的借鉴 …………………（314）
一、《哈尔滨特别市战时暂行劳动条例》的示范 ………（314）
二、城市摊贩管理的法治经验 …………………………（324）

第三节 新中国经济建设的重要尝试 …………………（331）
一、我国第一个国家资本主义企业集团——哈尔滨企业公司 …（331）
二、平衡劳资关系的首次法制实践 ……………………（345）
三、小商小贩社会主义改造的先行探索 ………………（351）
四、计划经济发展模式的雏形 …………………………（356）

本章小结 …………………………………………………（359）

结　语 ……………………………………………………（361）

参考文献 …………………………………………………（363）

后　记 ……………………………………………………（376）

绪　论

一、问题缘起与研究意义

　　自古以来,我国就不乏商人经济和商事行为。在长期的商业交易往来和行业自治过程中,逐渐形成了体现商业领域中商人和商人组织进行自我利益调整与实现的"普适性规则"——商事习惯。依据商事习惯而形成的商人间的自治秩序体系始终维系与推动着商事行为的良性运作。清末民初是中国社会剧烈变动的时期,内外因素的共同作用促使中国社会在政治、经济、思想等各方面向近代化转型。从法律的近代化历程来看,自20世纪初晚清政府开始法律变革,大规模移植和接受西方法律,诞生了第一批具有近代性质的法律制度,在《商法》方面有《商人通例》《公司律》《破产律》等。进入民国后,商事立法活动得以继续发展。制定法在调整社会经济各种关系中的作用日益增强,然而商事习惯的影响并未削弱,在清末民初社会经济发展不平衡和商事制定法不完善的情况下,商事制定法与各种商事习惯共同存在,在社会经济生活中共同起着作用,并成为保证当时商业社会正常运转、商业渠道畅通的重要因素之一。

　　哈尔滨本是中国东北地方传统中国村屯形制的边疆小隅,清末中东铁路的修筑及开埠通商促成了其向近现代商业城市化的系统过渡和飞速发展。哈尔滨被称为"东方的小巴黎",是一个华洋杂居、移民涌动、商事繁荣的国际化商业大都市,本土习惯、侨商习惯与外乡习惯等商事习惯多元并举。在伪满洲国实行"经济统制"后,哈尔滨民族工商业衰颓,多元商事习惯被消解。

　　1946年4月28日,哈尔滨获得解放。推翻敌伪政权后,哈尔滨迎来了新民主主义城市解放区建设的伟大历史变革时期。基于城市与农村的巨大差异,哈尔滨解放区人民政权认识到:城市的经济与社会结构不同于农村,农村根据地要解决的首要问题是土地问题,而城市的经济命脉是工商业,没有工商业的繁荣与发展,解放区的建设、政权巩固和人民生活水平的提高都是不可能的。作为城市解放区,哈尔滨需先解决的问题包括稳定社会秩序、发展工商业、繁荣经济、接济民生,因而必须以工人为骨干,团结知识分子和独立劳动者,联合自由资产阶级,建立国营经济,保护、恢复与发展有利于国计民生的私营工商业。

在保护、恢复与发展私营工商业过程中,如何施政立法以调整旧有帝国主义、封建主义和资本主义社会关系下形成的多元行业与商事习惯,使之与新民主主义经济政策相一致,并能够将私营工商业纳入战时经济轨道,大力生产、繁荣经济,完成哈尔滨作为支援解放战争的战时大后方的历史使命,继而为后继解放城市和新中国的经济建设与法制建设探索正确的道路、提供合理的经验,成为对甫进入大城市的中国共产党人的巨大考验。对上述问题进行法律史角度的历史梳理与客观认识是本书的思考点和着力方向。

本书选择1946—1949年哈尔滨解放区商事习惯作为调查研究的对象,具有丰富的理论价值和实践意义。

第一,1946—1949年哈尔滨解放区法制建设的开启在中国革命法制、城市法制、中国近代法制发展进程中都具有极其重要的实践价值和社会价值。其一,它体现了中国革命法制"从农村到城市""从传统到现代"的重大转折;其二,它开创了新民主主义阶段中国共产党领导下城市法制建设的新纪元;其三,它诠释了中国共产党人一切从实际出发,自觉地将马克思列宁主义基本原理与中国革命法制建设实践相结合的现实主义精神;其四,它开拓了法律移植中苏联法的"中国化"实践路径;其五,它展示了社会变革与转型时期多元社会规则治理的理性谋略;其六,它对其后解放的各城市乃至新中国的法制建设产生了重大而深远的影响。因此,对哈尔滨解放区法制建设的道路选择与历史经验应给予正确的认识,弘扬历史,传承历史,不忘初心,勇于探索。

第二,对哈尔滨解放区在特殊历史时期商事习惯的研究,还具有丰富学术理论和促进法制史学科体系建设的价值。其一,从学术理论价值维度看,哈尔滨解放区商事习惯研究有助于揭示和验证习惯与国家法之间的互动关系、社会多元利益主体意识与政治国家法律走向的偏差及弥合关系、理性"法律移植"与防范"法律殖民主义"陷阱的平衡关系、"人民司法"与"司法能动"的耦合关系,可以为上述学理分析提供一种实证性的历史支撑。其二,从法制史学科体系建设看,哈尔滨解放区商事习惯目前尚无人梳理。因此,对此问题的阐释与研析可以弥补研究视角和研究领域的缺失,纵向对哈尔滨地方法制史给予扩充,同时也可以横向延伸至黑龙江以及东北地区法制史、中国革命法制史和城市法制史,为法学及其他学科相关领域研究的进一步开展提供扎实的史料依据。

第三,对商事习惯的研究在商事立法、司法实践和理论研究上是具有现实价值和意义的。近代以来,我国商事立法取得了长足的进步,但立法中也出现了一些无法回避的现实问题,那就是我国商事立法中明显地偏向借鉴、移植国外法律,经历过"欧化""苏化"的法制偏失,而忽视了对"中国特色"的法制本土资源的挖掘,在我国商事立法、司法以及理论研究上没有赋予商事习惯应有的认识与地位,有些轻视,甚至视而不见。商法属私法规范,首重习惯,国外的商事立法和司法中商事习惯都得到了应有的重视。从商法的起源来看,商法是由商人习惯法演变而来的,整个商法的发展过程也体现为商法不断地吸收商事习惯的营养。在今天,商事习惯并没有因为商事立法而消失,相反它仍然在商事交往活动中发挥着商事法律不可替代的作用。

第四,为哈尔滨地方立法提供法律史学的借鉴。地方立法根源于地方政治、经济和文化发展的现实需要,而地方政治、经济和文化发展亦具有一定的历史延续性和浓厚的地域性特征。透过历史,客观认识哈尔滨商事习惯与法制的自身特点,以及商事习惯和法制衔接的调适关系,合理借鉴哈尔滨法制发展的历史文化遗产,对哈尔滨地方法制部门科学民主、实用有效地进行立新法、优现法具有一定的价值。

第五,通过发掘与研究哈尔滨解放区商事习惯,还原哈尔滨解放区时期商事习惯的历史真实,补上哈尔滨城市历史研究中缺失的一角,是保存哈尔滨地方商业历史文化遗产,弘扬传统文化精髓的一项有意义的工作。

二、文献综述

针对1946—1949年哈尔滨解放区的商事习惯,国内外尚无任何研究,但对哈尔滨解放区社会情况、政治、经济、法制等方面的相关研究,以及对中国近代以来商事习惯的相关研究,已有相关成果。

(一)关于哈尔滨解放区的法制研究

这一领域的研究突出表现在黑龙江大学法学院孙光妍教授带领的学术梯队对哈尔滨解放区法制史的丰硕研究成果上。十多年来，该学术梯队坚持"以史带论"的法律史学方法论，十分注重对历史档案等一手文献资料的运用，在考察了大量历史档案资料、报刊书籍资料和法律法规文献资料的基础上，客观地展现了解放战争时期哈尔滨解放区作为全国最早解放的大城市，其法制建设是连接苏区、边区与新中国法制建设的重要一环，是中国共产党的农村革命根据地法制建设转向城市法制建设的起点的客观史实与重大价值。经过学者们卓有成效的工作，目前对哈尔滨解放区法制史的研究角度已经涉及比较法、部门法等。此外，国内也有关注这一领域的其他学者，对诸如哈尔滨解放区法制史宏观探讨等问题进行了研究。

1. 对哈尔滨解放区法制与苏联法关系的研究

孙光妍、于逸生发表的《苏联法影响中国法制发展进程之回顾（2003）》论证了在20世纪中国历史上，苏联的革命法制理论和若干重要制度曾深刻地影响了中国的法制发展进程。中国共产党领导下的人民民主政权的法制建设以苏联为标尺，新中国成立初期在创立社会主义法制的过程中，更是将苏联法全方位地移植到了中国。苏联法制为中国革命政党所接受，与其自身的性质和中国革命的需要紧密相关。

孙光妍教授指导的孔令秋的硕士论文《论苏联法对哈尔滨解放区法制建设的影响》（2007）以及孙光妍、郭海霞发表的《哈尔滨解放区法制建设中的苏联法影响》（2009）均认为哈尔滨解放区的法制建设既受苏联革命法制的影响，又表现出自身的特色，是连接工农民主政权、抗日民主政权的法制建设以及新中国法制建设的重要一环。

孙光妍发表的《哈尔滨解放区法制建设进程中苏联法的"中国化"实践》（2014）指出，哈尔滨解放区法制建设既受到了苏联法的深刻影响，又体现了中国共产党人一切从实际出发的原则，是中国共产党人将马克思列宁主义基本原理与中国革命法制建设相结合的"中国化"实践，也是中国共产党法制建设历程中的一次重要转型。

此外，蔡定剑的《关于前苏联法对中国法制建设的影响——建国以来法学界重大事件研究》（1999），唐永春的《苏联法学对中国法学消极影响的深层原因——从马克思东方社会理论出发所作的分析》（2002），日本学者铃木贤的《原苏联法制与法学对当前中国法制之影响》（2004），王志华的《苏联法影响中国法的几点思考》(2008)、唐仕春的《建国初期来华苏联法学专家的群体考察》(2010)，从不同角度论述了不可忽视苏联法学和法制对中国法学和法制建设产生的巨大影响，苏联法制能够深深影响中国法制的原因，以及苏联法学对中国法学产生过深刻消极影响的原因除了社会制度、意识形态、国际环境等直接因素外，还需关注两国传统政治文化的同质性等观点，宏观或历史地反思了苏联法对中国法制发展的影响。其中有涉及哈尔滨解放区法制与苏联法关系的研究。

2. 对哈尔滨解放区宪制建设的研究

孙光妍的《新民主主义宪政立法的有益尝试——1946 年〈哈尔滨市施政纲领〉考察》(2006) 提出：1946 年《哈尔滨市施政纲领》是中国共产党在新民主主义革命阶段为建立国家政权积累经验，在中心大城市实行民主政治、建设管理政权的初次尝试，是对毛泽东提出的新民主主义理论的最早实践。对其后相继建立的各解放区的宪政立法及《中国人民政治协商会议共同纲领》的形成产生了直接影响，是新中国宪政立法的重要渊源。

孙光妍、隋丽丽的《新民主主义民主政治的可贵探索——以哈尔滨解放区 1946 年参议员选举制度为例》(2007) 认为，哈尔滨解放区 1946 年的参议员选举是中国共产党尝试在大城市中建立和巩固新民主主义政权的关键步骤，奠定了哈尔滨市临时参议会召开的基础，是一次既有民主形式又有民主内容的新民主主义民主政治的可贵尝试。

郭海霞、孙光妍的《哈尔滨革命历史档案中的宪政建设考察》(2010) 通过发掘哈尔滨革命历史档案原文资料，展示了解放后哈尔滨市政权机关基于政权建设和管理社会的需要发布的关于政治、经济和文化建设的宪法性文件和政权建设文件，为哈尔滨解放区宪政建设做出的重要贡献。

孙光妍教授指导的张喜山的硕士论文《哈尔滨市临时参议会法制建设中的民主政治观》(2010) 指出：哈尔滨市临时参议会法制建设是中国共产党在大城市中建立和巩固新民主主义政权的一次可贵尝试，实现了参议会从农村向城市的转型，也是人民政权第一次在城市根据地开展的以经济建设为中心的参政议政活动，反映了在新民主主义阶段革命政权对城市民主政治建设的重要探索。

3. 对哈尔滨解放区其他部门法的研究

孙光妍、邓齐滨的《论"人民司法"的城市实践——以哈尔滨解放区司法建设为例》(2011)以及《"司法能动"与现实修正：新民主主义外侨案件审理的司法经验》(2012)，孙光妍、孔令秋的《哈尔滨解放区对外侨案件的审理》(2012)，黑龙江大学硕士论文中庞洋的《哈尔滨解放区司法建设考察》(2010)，腾笛的《哈尔滨解放区外侨管理法规研究》(2008)，李均义的《哈尔滨解放区外侨案件审判研究》(2009)，腾笛的《浅析哈尔滨解放区外侨管理法规的影响》(2011)，考察了哈尔滨解放区司法领域的法制建设和审判实际。

孙光妍、孔令秋的《苏联法对哈尔滨解放区劳动法规的影响——以1948年〈哈尔滨特别市战时暂行劳动条例〉为例》(2009)，黑龙江大学硕士论文中邓齐滨的《哈尔滨解放区劳动法规研究》(2009)，宋春燕的《哈尔滨解放区劳动法规研究》(2010)，邓齐滨的《新民主主义"劳资两利"的法制实践——以〈哈尔滨特别市战时暂行劳动条例〉为例》(2010)，考察了哈尔滨解放区的劳动法制建设。

孙光妍、姜珺伟的《哈尔滨解放区经济法规建设初探（1947—1948年）》(2012)，黑龙江大学硕士论文中宋春燕的《哈尔滨解放区经济法制建设研究》(2008)，程姝的《哈尔滨解放区"三农"法规研究》(2008)，张梦夏的《哈尔滨解放区民事权利的法律实践》(2011)，关黎的《哈尔滨解放区工商业法规考察》(2014)，考察了哈尔滨解放区的民商、经济法制建设。

黑龙江大学硕士论文中卜启军的《哈尔滨解放区治安法规考察》(2007)，王斌的《哈尔滨解放区户籍制度研究》(2007)，宋鑫的《哈尔滨解放区刑事法规透视》(2009)，考察了哈尔滨解放区的刑事、治安法制建设。

4. 对哈尔滨解放区法制历史发展的研究

孙光妍、郭海霞的《哈尔滨解放区法制建设中的苏联法影响》(2009)，孔令秋的《论苏联法对哈尔滨解放区法制建设的影响》(2007)，姜珺伟的《1947—1948年哈尔滨解放区的法制建设》(2012)，罗阳的《哈尔滨解放区法制建设研究的问题与走向》(2012)，宋来榜的《哈尔滨解放区法制史研究文献综述》(2014)，孔令秋的《哈尔滨解放区法制建设初探》(2008)，宏观考察了哈尔滨解放区的法制历史发展。

在对哈尔滨法制历史发展的研究中，最新的可喜成果有两个。第一个是孙光妍、隋丽丽发表于《求是学刊》2019年第6期的《道路的选择：哈尔滨解放区法治建设经验及其历史意义——以革命历史档案为中心的考察》一文。论文阐述了哈尔滨解放区是中国共产党从农村政权建设到城市政权建设，由区域法治建设向国家法制建设转变的重要实践基地。在第一次进入大城市解放区的过程中，中国共产党人进行了较全面的城市法治探索，包括政权法制建设、宪政法制建设、治安法制建设、经济法制建设和司法建设。在哈尔滨解放区法治探索过程中存在着许多创制性立法，如哈尔滨解放区宪政法制建设是"新民主主义民主政治的可贵探索"[①]；劳资两利的经济法规建设也是一种重大的法制突破；新型诉讼法规的制定及外侨案件审理中适用多元审判依据、充分尊重外侨的风俗习惯、"便民原则"都极为典型，具有司法适用中的开创性。哈尔滨解放区的法制建设与法治探索具有重要的历史意义，是中国革命法制道路的承继，是中国化的苏联法实践，更是中国共产党人将马克思主义活的灵魂——"一切从实际出发"——在哈尔滨的运用试验。哈尔滨解放区的法治探索是成功的，是连接苏区、边区与新中国法制建设和法治构建的桥梁与纽带。论文对哈尔滨解放区法治建设的道路选择与经验总结，首先是从宏观视角认识和总结哈尔滨解放区法治建设在中国革命法制进程中的重大意义，然后以分类剖析的方法列举了法制"传承"与"创制"的具体价值，具有极高的学术价值。

哈尔滨法制历史发展研究的第二个最新可喜成果是黑龙江大学法学院邓齐滨的博士学位论文《哈尔滨法制研究：1905—1949》。论文讲述了1905—1912年，"哈尔滨关道"设治，进而形成法制初建；1912—1932年，"滨江道"管辖时期出现法制乱象，治理杂乱无"章"；1932—1945年进入"哈尔滨特别市公署"管辖时代后，出现强化殖民法制的困境；1945—1949年，在"哈尔滨解放区"破旧立新法制建设中的城市获得"新生"。以时间、空间、内容、特征为维度，描述哈尔滨城际法制的历史发展，阐释历史变迁中哈尔滨城市法制的特点及生成原因，脉络清晰，评价

---

① 孙光妍，隋丽丽. 道路的选择：哈尔滨解放区法治建设经验及其历史意义——以革命历史档案为中心的考察[J]. 求是学刊，2019(6)：150. 另外还可参见孙光妍. 新民主主义宪政立法的有益尝试——1946年《哈尔滨市施政纲领》考察[J]. 法学研究，2006(5). 以及孙光妍，隋丽丽. 新民主主义民主政治的可贵探索——以哈尔滨解放区1946年参议员选举制度为例[J]. 法学家，2007(4).

透彻，更以扎实的史料引人入目。

相比于苏区和陕甘宁边区的法制建设研究，哈尔滨解放区法制建设的研究虽然起步较晚，但成就巨大。在历经十多年的蓬勃发展后，有关哈尔滨解放区法制建设的相关研究已经渐趋丰富、深入，研究水平也日益提高，但也还存在诸如研究人员梯队不完善、研究深度有待提高、研究视域有待扩展、缺乏法律文化研究、缺乏对哈尔滨解放区行业法制、商事习惯、商会组织等具体问题研究的不足。

（二）关于中国近代以来商事习惯的相关研究

借助中国期刊全文数据库查阅1902—2021年以"商事习惯"为主题的中文文献，共有1 145篇；以"商事习惯"为篇名，专门研究中国近代以来商事习惯的中文文献共有97篇。相关研究起步于1997年，即袁敏殊、朱克鹏两位学者1997年发表于《法学评论》第11期的《论商事习惯法的性质与地位》，严昌洪教授1997年发表于《武汉文史资料》第12期的《商业文化与民俗文化的联姻——近代武汉商事习惯与民俗传统》，以及蔡礼强教授1997年发表于《华夏文化》第12期的《商事习惯：从近代走向现代——评〈中国近代商事习惯的变迁〉》三篇文章。其中袁敏殊、朱克鹏两位学者指出，与拉丁文"Lex Mercatoria"（商事习惯法）相对应的中文译词不尽统一，有将其译为"商法"的，有将其译为"商事法"的，也有将其译为"商业习惯法"的，还有将其译为"商人法或商人习惯法"的。甚至针对"商事习惯法"概念是否存在，也有严重分歧，在对这一核心问题的观点争执下，学者们对商事习惯法的性质、内容、渊源也莫衷一是，众说纷纭。这篇文章开启了学者对商事习惯法概念和理论认识的进一步探讨。严昌洪教授认为商事习惯具有古老历史性、悠远传统性、现实可继受性和扩展联合性，"商人常常有意识地将民俗文化用于经营活动中，以便增加生意的成功系数"①，因而商事习惯往往被扩展至人们生活的各个领域，如"商业文化与民俗文化联姻"。严昌洪教授以汉口明清至民国时期丰富的商事习惯样貌为例，揭示了民俗性商事习惯与商业文化的风尚链接与演变传承，值得我们借鉴与思考。蔡礼强教授的研究则是一种具有实践意义的思考，其视域为我国计划经济向市场经济转型背景下对建立和完

---

① 严昌洪. 商业文化与民俗文化的联姻——近代武汉商事习惯与民俗传统[J]. 武汉文史资料,1997(12):1-11.

善社会主义市场经济体制的探索，而培育商事从业者形成理性商事习惯、适应市场运作，是这一探索中的一个重要向度。

此后逐年有影响力较大的论文发表，如严昌洪的《中国近代社会转型与商事习惯变迁》（1998），柴融伟的《晚清对外贸易商习惯探微》（1998），胡旭晟的《20世纪前期中国之民商事习惯调查及其意义》（1999），项海的《评〈中国近代商事习惯的变迁〉》（2000），林锦平的《论我国合同法中的交易习惯》（2003），单云娟的《"交易习惯"法律适用之探讨》（2003），眭鸿明的《遵从习惯是一种理性思维方式——我为何提出"习惯法权"概念》（2004），朱英、魏文享的《行业习惯与国家法令——以1930年行规讨论案为中心的分析》（2004），郑定、春杨的《民事习惯及其法律意义——以中国近代民商事习惯调查为中心》（2005），春杨的《民事习惯及其法律意义——以清末民初民商事习惯调查为中心》（2005），王欢的《从商事习惯看商法的独立性》（2007），王琳的《论我国习惯的地位及与国家法的关系——以"合会"为中心的考察》（2007），赵婷的《民国初年商事调解机制评析——以〈商事公断章程〉为例》（2008），李婧的《民国时期钱业习惯法与国家法的冲突——以三十年代银行立法为视角》（2009），王志东的《从商事立法看山西票号的近代化转型》（2010），王红梅的《会审公廨司法审判权的"攫取"与"让渡"——会审公廨移交上海总商会调处民商事纠纷的分析》（2011），周子良、赵芮的《山西票号习惯法的特点及价值》（2012），张松的《中国传统商事习惯的形成及其近代演变》（2012），王雪梅的《官方与民间合力，制定法与习惯法并用——清末民初债务问题的解决途径与方式探析》（2012），安雪昆的《法律文化视角下的商事信用研究——清末与当代两个转型期的比较》（2013），石伶亚的《近代苗疆商事习惯法研究——基于湘鄂渝黔边区集市贸易的考察》（2013），郑启福的《近代苗疆商事习惯法研究——基于湘鄂渝黔边区集市贸易的考察》（2013），王雪梅的《清末民初商事习惯的特点及其与商法的关系——以商事习惯调查报告资料为依据的考察》（2014），江兆涛的《西法东渐视角下的清末习惯调查》（2015）。学者们从不同时代、不同地域、不同历史境遇等视角，多维度地考察了商事习惯及商事习惯法的变迁，从现象入手进行分析，试图从中揭示规律，给今人以借鉴和思索。

从2017年开始，专门以"商事习惯"为研究对象的文章愈见丰富，从2016年仅为3篇的体量攀升为14篇，2018年、2019年和2020年均为11篇，代表性文章有：胡利明的《论民族商事习惯的法理内涵》（2017），马恩斯的《商事习惯的优先适用条款加入民法典的法经济学分析》（2017），王红梅的《法理与习惯支配下的民间破产程序——以民初商事公断处处理破产案件为例》（2017），许中缘的《论商事习惯与我国民法典——以商事主体私人实施机制为视角》（2017），陈建华的《习惯在民商事案件调解中的价值、困境与出路——基于司法实践视角》（2017），董新新的《商事习惯优先民事一般法之商事裁判规则——以古玩交易为视角》（2017），陈彦晶的《商事习惯之司法功能》（2018），许中缘、高振凯的《司法裁判文书中商事习惯的实证研究——以〈民法总则〉第10条中"商事习惯"的适用为视角》（2018），王真真的《民法典编纂背景下商事习惯自治及其边界问题探究》（2018），宋阳的《论国际商事惯例（习惯）中的主观要素》（2019），范忠信的《传统中国民商事习惯的载体、种类及权威来源》（2020）。从"民族商事习惯"具有一定的法理性内涵和权威性表象，到商事习惯具有司法功能、商事裁判功能的实证分析，再到"商事习惯入法"的热点讨论，从2017年开始，对"商事习惯"与法的关系的认识、建构及可操作路径等的研究均体现出学者对我国商业勃兴时代商事秩序规则治理与优化营商的现实关切。

同样借助中国期刊全文数据库的硕博论文库，研读以中国近代以来商事习惯为专门研究对象的学位论文。其中，影响较大的博士论文有：孙丽娟的《清代商业社会的规则与秩序——从碑刻资料解读清代中国商事习惯法》（2003），眭鸿明的《清末民初民商事习惯调查之研究》（2004），李学兰的《明清以来江南地区商人团体习惯法的演化》（2007），张松的《近代商法与商事习惯研究（1904—1928）——以近代商事裁判为中心》（2008），艾围利的《商事习惯研究》（2012）。他们的研究成果之后也都以专著的形式出版发行，广为传播。硕士论文有：刘艳雄的《晚清湖南商事习惯的变迁——以〈湖南商事习惯报告书〉为中心的考察》（2008），郭萍的《商人、商业与商事习惯——以汉口为中心的考察（1912—1937）》（2008），方莉的《中国回族民商事习惯法探析》（2013），游道辉的《商事处理中的习惯与司法——兼论我国民商法近代化过程》（2015），陈斌的《民商事习惯调查的意义追问——兼论习惯的限度与归宿》(2017)等，时间上覆盖2003—2020年，数量共17篇。最新的研究成果为西南政法大学博士研究生卢迎的学位论文《商事习惯适法性判定标准研究》，论文提出"《民法总则》第十条确立的商事习惯适法性判定单维公序良俗标准存在严重背离商业交易逻辑的缺陷"[①]，并尝试论证以法律逻辑与商业逻辑相兼容作为判定标准的重要性、可行性，以此弥补"《民法总则》第十条将公序良俗确立为商事习惯的适法性判定标准并不充分"[②]的立法缺陷。

此外，不以"商事习惯"为篇名，但内容涉及商事习惯的典型学位论文有：唐韫玉的《晚清商事立法研究》(2002)，张蕾的《清末重商思潮与商事法律制度》(2003)，唐湘雨的《清末民初市场管理法制建设研究》(2004)，王玫黎的《中国商法的近代转型及其对中国当代民商立法的启示》(2004)，季立刚的《民国商事立法研究（1912—1937）》(2005)，顾明晔的《清末商事法制变革及其现代启示——兼论商事法律移植》(2006)，张舒的《试论商法独立化的进程与我国商事立法模式的选择》(2006)，任满军的《晚清商事立法研究》(2007)，王新伟的《清末商事立法探析》(2008)，许世英的《清末商事立法研究》(2009)，等等。学者们的研究涉及不同地域、不同断代史分野以及不同角度，论证了我国近代以来商事习惯调查及其认识，为1946—1949年哈尔滨解放区商事习惯的调查与研究提供了一定的方法论、相关史料信息以及学术理论的参考与借鉴。

三、本书的逻辑框架

本书选取1946—1949年哈尔滨解放区的商事习惯作为考察对象，主要出于两大层面的价值思考：其一，研究的空间维度定为哈尔滨城市，时间维度定为1946年4月28日至1949年10月新中国成立，是考虑到哈尔滨是中国共产党解放并建立第一个稳定革命政权的大城市，而城市文明的政权建设、社会经济建设、法制建设等都与中国共产党以往领导的苏区、边

---

① 卢迎.商事习惯适法性判定标准研究[D].重庆:西南政法大学,2019.
② 同上。

区的单一农村土地革命有着巨大差别。因此，哈尔滨是东北解放区以及全国大城市解放区进行城市新民主主义革命与建设的原点，是中国共产党领导的城市建设、国家建设的初次尝试，也是第一个课堂与考场。1949年新中国成立后，国家就进入了社会主义现代化建设。从法制建设上讲，哈尔滨解放区法制建设是中国革命法制"从农村到城市""从传统到现代"的重大转折，是新民主主义法制向社会主义法制的过渡与探索。其二，以商事习惯作为调查对象是基于对哈尔滨解放区特定社会历史环境下商事行为以及商业经济法制建设的历史还原诉求。迄今为止，这一领域无人探索，本文的工作试图以历史叙事的方式还原历史，发现其特点与问题，引发大家对这一领域的了解与进一步探索。

为此，本书的逻辑框架沿三个进路开展。

第一，哈尔滨解放前有哪些商事习惯，其历史样态如何？对这一问题的回答，试图以历史延展的逻辑方法，分别理清清末时期、民国时期、伪满洲国时期哈尔滨商事习惯的历史样态、形成与发展。

第二，哈尔滨解放，带来了巨大的历史变革，解放区人民从受剥削与压迫走向平等、民主、法治的城市新生，哈尔滨解放区人民政权根据不同的政治立场，对不同的行业与商事习惯施行了不同的立场与策略，并通过法制进行调整。因此，在1946年至1949年，哈尔滨旧有商事习惯产生了怎样的变化？在与法制的衔接中是否存在着博弈与整合？

第三，哈尔滨解放区商事习惯与法制的衔接与调适带来了哪些转变？起到了怎样的作用？其道路的探索和经验总结对其他解放区乃至新中国产生了哪些影响？

通过以上研究，希望还原历史真实，客观认识与评价过去，在传统与现代的转型中借鉴历史，超越历史。

第一章　1946年前哈尔滨商事习惯的基本状况

　　1898年中东铁路在哈尔滨修筑，使哈尔滨成为东北亚交通的中心。哈尔滨由边陲军事小隅迅速发展成为移民涌动、商贾云集、工商并举的国际性商府都会，哈尔滨商事习惯在这一历史际遇下，经历了清末、民国时期的形成和发展，并发挥了积极的作用。但随着日本帝国主义对中国的侵略，在伪满洲国时期，哈尔滨商事习惯经历了被动维持与消解调整。

第一节　清末时期哈尔滨商事习惯的形成

　　对哈尔滨地名的含义及由来，目前有众多学说，王禹浪教授在其著作《哈尔滨地名与城史纪元研究》中梳理了诸多有学术考释的界说。例如：哈尔滨之名应为满语"打渔泡"或"晒渔网"[①]；另说哈尔滨之名应为蒙古语"平地"[②]；也有哈尔滨之名是俄语"大坟墓"之义与满语"贫寒小村"之说[③]；

---

　　① 早在1929年出版的《滨江尘嚣录》中就有记载："哈尔滨于俄人筑路前，距今约三十年，固一片荒凉野场也。至命名之来源，于汉义绝无讲解，'哈尔滨'三字，原系满洲之语，有谓为'晒渔网'之义，有谓为'打渔泡'之义，惜不佞不谙满语，不敢率然决定，但敢证其确为满语也。"引自辽左散人. 滨江尘嚣录[M]. 张颐清，杨镰，整理. 北京：中国青年出版社，2012：3.

　　② 依据1913年所著《吉林地志》的记载："滨江县，土名哈尔滨（地名释义），往为松花江右滩地，江左傍近郭尔罗斯后旗界（今为黑龙江省呼兰县）。蒙人以此地草甸平坦，遥望如哈喇，蒙语因称为哈喇宾。汉语讹传，又易（译）喇为尔（土音喇、讷、尔、勒等字，俱无大区别）。设治顷以此地临江，且就土人之惯称，故名。"学者提出哈尔滨之名应为蒙古语"平地"之说。详见魏和声. 吉林地志[M]. 长春：吉林文史出版社，1995.

　　③ 关成和先生在翻译日本人出版的《大哈尔滨案内》一书中的载录为："哈尔滨之字音与俄国语之'大坟墓'相仿，是为俄人命名时业已蓄意永占此地，死后亦埋于此地之意味，世人未审其用意之深沿用至今云。或云原来满洲土话之中指'贫寒小村'称为'哈尔滨'（取音），昔者哈尔滨人烟稀少，遇有渔船漂流至此时，船渔夫指谓（哈尔滨）时标明'贫寒小村'之意，因之传来为此地名称云。"详见关成和. 哈尔滨考[Z]. 哈尔滨：哈尔滨市社会科学研究所，1985. 转引自王禹浪. 哈尔滨地名与城史纪元研究[M]. 北京：社会科学文献出版社，2018：6. 但关成和先生并不认同此种说法，指出："哈尔滨曾有俄语'大坟墓'、蒙语'平地'、满语'晒网场'等解释"，"就中，俄语'大坟墓'说则是最荒诞的一例"。详见关成和. 哈尔滨考[Z]. 哈尔滨：哈尔滨市社会科学研究所，1985：2-3.

以及历史人物"人名"说,和因为音变而衍生的"好滨"说①,满语"锁骨"说②,满语"哈勒费延"及"扁"说③,通古斯语"渡口"说与"船渡场"说④,女真语"阿勒锦"说⑤,等等。原初的哈尔滨只是小型聚居村落,还是一开始就是一座城市?何时成为一座城市的?城史纪元的标志又是什么?带着对家乡的热爱,通过对史料的翻阅与考察,学者们从民族民俗、历史人物、地貌形状、音译、转译及功能作用等各方面来考证其名

---

① 1923年东省铁路历史编委会印制了《东省铁路沿革史》一书,书中俄国人尼罗斯指出:"这个新兴的城市(指哈尔滨)保留了满洲的传统名称——哈尔滨,它无疑是满语的单词,词义在很古远的某个时候便被人们遗忘了。很可能是取自从前某个强大的统治者的名字。"尼罗斯还指出:"另有一说,以为这个单词是从汉语的'好滨'音变而来。"([俄]尼罗斯. 东省铁路沿革史[J]. 朱与忱,译. 出版者不详,1923. 转引自王禹浪. 哈尔滨地名与城史纪元研究[M]. 北京:社会科学文献出版社,2018:6.)此外,关于哈尔滨之名为历史人物"人名"说,在邓清林所著《黑龙江地名考释》一书中也给予了肯定,其论证为"据专家考证,'哈尔滨'是女真语,即满语的古语。女真语的写法是'安荣'。宋辽之际由女真语'安荣'译作'霭建',复转译为'阿勒锦'。'霭建'是译自女真语的口语,'阿勒锦'则采自女真语的文语。'阿勒锦'的'锦'是女真语词的表意字。'锦'有鲜艳华丽的意思。其语意为名誉、荣誉、声望、声誉等。蒙古初兴时,又依契丹语改译为'哈儿宾',于此立狗站。至明永乐年间,又将故元哈儿宾驿站改名为扎拉奴城站。扎拉奴,为女真语,'扎拉'作世、辈、代解,'奴'为人名,土语'老小子'之意,寓有传宗接代、长命百岁、富贵如意等祈求吉祥的意思。这个城战,可能是以此地某历史人物之名命名的。入清之后,扎拉奴其名即淹没于历史长河。原'阿勒锦'故地,至后而划归阿勒楚喀副都统辖。直至《黑龙江舆图》为光绪二十五年(1899年)成书时,才汉译为'哈尔滨'"。详见邓清林. 黑龙江地名考释[M]. 哈尔滨:黑龙江人民出版社,1984:5-6.

② 满洲事情案内所发行的《满洲事情案内所报告(80)满洲地名考》小册中将哈尔滨名称界定为满语,意思是"锁骨"。[日]谷光世. 满洲事情案内所报告(80)满洲地名考[M]. 长春:满洲事情案内所,1940:9.

③ 这一界说认为,"哈尔滨"应为满语,形容狭长地带,即意思为"扁"。其根据为"哈尔滨"是满语"哈勒费延"(形容地带狭长之"扁")的同音异写词。这一界说被认为是纪凤辉先生首先"发现"的,并率先刊载在1990年12月7日的《新晚报》上,引起了社会反响。但王禹浪教授则指出,最早提出"哈尔滨"是满语"哈勒费延"音转这一观点的学者是日本的田口稔先生,其在1935年所著的《三角线内的人文地理现象》一书中提道:"哈尔滨为'哈勒费延'的音变或转化。""哈勒费延"汉意为"扁",出自《五体清文鉴》一书。国内最早提出此说的学者,是1989年6月作古的黑龙江省满语研究所原所长穆晔骏先生。穆先生曾在1976年写给许子荣先生的信中明确提出,哈尔滨一词乃"哈尔芬、哈勒费延"一词的同音异写。详见王禹浪. 哈尔滨地名与城史纪元研究[M]. 北京:社会科学文献出版社,2018:8.

④ 1912年俄国人哈依尼思·瓦托松发表了《哈尔滨采风》一文,文中指出:"哈尔滨一词,源自通古斯语,其含义为船只停泊之地。又可译作'船舶地'或'船渡场'。"1921年,日本学者中村义人在其所著的《哈尔滨事情》一书中采用了此种说法。1959年,T. H. 高尔捷也夫和R. H. 热士纳科夫合著的《哈尔滨自然地理概论》一书继续使用了"渡口""船渡场"之说。引自王禹浪. 哈尔滨地名与城史纪元研究[M]. 北京:社会科学文献出版社,2018:11.

⑤ "阿勒锦"是女真语,有名誉、荣誉、声誉等含义。据关成和先生考证,乾隆十二年(1747)校定、同治十三年(1874)江苏书局刻印的《金史·太祖本纪》中清晰地刻写有"阿勒锦"一词,"阿勒锦"词下注为"原作霭建",这使人们明白了"阿勒锦村"就是"霭建村",也就是哈尔滨之地。详见关成和. 哈尔滨考[M]. 哈尔滨:哈尔滨市社会科学研究所,1985.

称的历史由来。

对哈尔滨地名的寻根也体现着学界对哈尔滨城市历史经纬的探寻与求索,尽管上述界说及考释尚未获得学者们的一致认同,[①] 但对哈尔滨由边疆小隅一跃而成为近代国际化大都市的历史变迁却是有共识的:即"1898年中东铁路的修建,直接促使哈尔滨从松花江畔若干典型的中国传统的以自然经济为基本结构的村落中骤然崛起,并迅速发展成为远东地区的现代化大都市"[②]。

中东铁路的修筑,完全改变了哈尔滨传统中国村屯型社会体系的自然历史进程。伴随着铁路的修建,与之同步的城市开发与建设、华洋工商与贸易、城市文化与教育、西式教堂与教会等前所未有的城市文明在哈尔滨这个原本孤立冷僻的自然"小渔村"铺陈开来,刺激了哈尔滨近代城市的形成与飞速发展。作为中东铁路的枢纽,哈尔滨成为连接欧亚大陆运输大通道的中心点,地理位置的优越性极为突出,开埠通商的哈尔滨成为进出口贸易的物资集散地、国际化商业大都市、东北亚金融中心,这一历史际遇促生了哈尔滨华洋毕集、商贸繁盛的特殊样貌以及多元商事习惯的蔓生与发展。

一、开埠通商:哈尔滨商事习惯形成的时代背景

(一) 中东铁路修筑前的哈尔滨社会形态

黑龙江省靠近素有"寒极"之称的西伯利亚,在清朝被称为是"极边苦寒之地"。尽管金代时期黑龙江地区曾出现过农业经济前所未有的发展高潮,但是1151年,随着金海陵王迁都燕京,上京会宁府及其周围区域的女真人大量随之南迁,作为金都发源之府的黑龙江区域在人口、经济、政

---

① 王禹浪先生对上述界说及其考释进行了评估,但认为诸多说法"缺乏足够的证据""多属臆断和传闻""含义仍不得要领""太牵强",尤其批判了《哈尔滨寻根》一书的观点,指出:第一,《哈尔滨寻根》的作者没有丝毫改变地抄袭了学者关成和在《哈尔滨考》中提出的"阿勒锦"说的观点,因而被大众误认为《哈尔滨寻根》中观点是首次"问世"的成果;第二,《哈尔滨寻根》中三个"发现"是"作者没有任何科学的依据和翔实的论据,便得出了如此结论,怎能令人信服"? 王禹浪先生赞同学者关成和提出的"阿勒锦"说,但又根据《哈尔滨考》成书8年后出现的新证据,认为"哈尔滨"这三个汉字是历史上借用汉字符号为少数民族地名进行注音的标音符号。从历史地名语言学角度考察,"哈尔滨"的原始语音源来自女真语,"哈尔滨"的本义是"天鹅"。详见王禹浪.哈尔滨地名与城史纪元研究[M].北京:社会科学文献出版社,2018.

② 段光达.关于哈尔滨城史纪元的几个问题[A].黑龙江省哈尔滨历史文化研究会.哈尔滨历史文化研究(第一辑):城史研究[C].哈尔滨:黑龙江大学出版社,2017:23.

治、文化等多方面失去了往日的"辉煌"。元代初期，黑龙江地区属于成吉思汗的三弟贴木哥·斡赤斤的家族封地。① 同时，元代的"黑龙江地区经济遭到一次严重摧残，人口流散，许多土地被荒废，到了元世祖忽必烈时，为了加强对黑龙江地区的控制，才在各政治军事重镇附近逐渐发展了官屯或军屯"②。明代，黑龙江地区仍然因统治者"所重国防，不在田赋"③ 的治理策略而仅仅属于略加经营的边缘之地。清朝时期，黑龙江地区被清朝统治者视为"龙兴之地""发祥圣地"，为了防止满族汉化，保持"龙兴之地"延绵不绝的旗人传统和旗人力量，从康熙七年（1668年）起，清统治者对包括黑龙江在内的东北地区实行封禁政策，④ 即"以为王气所钟，向持闭关主义，不许汉民前往"⑤，黑龙江地区仅仅成为"八旗官兵、土著居民、移垦旌旗、获罪流人及部分冒死闯关汉族流民的谋生地"⑥，"沃野千里，荒弃尽多"的景象"不仅松花江畔之哈尔滨一隅为然也"⑦。严重的封闭自守使得黑龙江地区在政治、经济、文化和对外交流等多方面都长期处于落后和滞缓的状态。

哈尔滨地区一直是清朝八旗驻防地，并以"军府制"管辖。1683年，清朝在东北地区增设黑龙江将军，管辖黑龙江中游至黑龙江境界，哈尔滨松花江北岸地区，属于黑龙江将军下齐齐哈尔副都统统辖境界。⑧ 1726年，清朝在金上京旧址设置阿勒楚喀协领衙门，拔兵驻防。1744年，设置拉林副都统衙门。1756年，设置阿勒楚喀副都统衙门。1769年，拉林副都统衙门被裁撤而并入阿勒楚喀副都统衙门，管辖东至马延河200里三姓副都统界，西至兰陵河120里伯都纳副都统界，北至松花江。⑨ 以"龙兴之地"为章的封禁，加上"极边苦寒"和仅为戍边卫务的驻军之所，清朝初期的哈尔滨地区发展迟滞。1861年后，清朝在黑龙江地区的"封禁"开始松

---

① 参见李士良. 哈尔滨史略[M]. 哈尔滨:黑龙江人民出版社,1994:50.
② 参见黑龙江人民出版社. 富饶美丽的黑龙江[M]. 哈尔滨:黑龙江人民出版社,1988:111.
③ 黄维翰. 呼兰府志[M]. 出版者不详. 1915. 转引自石方. 黑龙江区域社会史研究(1644—1911)(续)[M]. 哈尔滨:黑龙江人民出版社,2004:400.
④ 黑龙江人民出版社. 富饶美丽的黑龙江[M]. 哈尔滨:黑龙江人民出版社,1988:111.
⑤ 辽左散人. 滨江尘嚣录[M]. 张颐清,杨镰,整理. 北京:中国青年出版社,2012:3.
⑥ 石方. 黑龙江区域社会史研究(1644—1911)(续)[M]. 哈尔滨:黑龙江人民出版社,2004:399.
⑦ 辽左散人. 滨江尘嚣录[M]. 张颐清,杨镰,整理. 北京:中国青年出版社,2012:3.
⑧ 王世华. 哈尔滨简史[M]. 哈尔滨:哈尔滨工业大学出版社,2006:7.
⑨ 参见李士良,石方,高凌. 哈尔滨史略[M]. 哈尔滨:黑龙江人民出版社,1994:57-58.

弛，允许部分开禁放垦，移民垦荒的策略驱使众多移民来到哈尔滨地区破荒垦殖，"但仍主要集中在三姓、阿勒楚喀、宾州、双城（堡）、拉林等几个八旗驻防城镇周围"①。"哈尔滨与周围地区的呼兰、阿城、宾县、双城堡、拉林等地相比，不仅没有设治，而且人口相对稀少，当时的哈尔滨市区及近郊界内的数十个村屯均归上述各地分而辖治。"②"嘉庆朝之后，随着开禁放垦，至清末，在哈尔滨已建立了秦家岗、马家沟、香坊、傅家店、四家子、顾乡屯以及江北马家船口、双口面等近百个旗民村落，他们从事耕垦、捕鱼、狩猎等。"③依据俄国测绘员果科沙依斯基非法入境而秘密绘制的《松花江目测图》，1895 年"仅哈尔滨段松花江两岸，该图即标出了 73 个村屯（南岸 55 个，北岸 18 个），外加一个清兵哨所（北岸双口面），两个渡口，一个船口，两处网场，两间烧锅（均未标出名字）。除了这些，果科沙依斯基在目测图上还用文字补记说：'在离松花江较远的地方，尚可见有许多村屯'"④。1895 年的哈尔滨总人口据推算约为 5 万人⑤，平均密度约为 50 人每平方千米。⑥

因此，直至 19 世纪末，哈尔滨地区才刚刚得到部分区域的初步发展，尽管随着垦地范围的增大和人口的逐步增多，手工业和商业也随之获得了一定的发展，但社会生产方式依然是农业占据统治地位的自然经济形态，经济贸易上"即便是存在着有些人所认为的集市，亦不过是传统社会市场网络体系中的最低级形态（初级市场），系农民之间以及农民和商贩之间

---

① 黄进华. 马克思主义在哈尔滨传播的历史经验和现实启示[M]. 北京:中国社会科学出版社,2017:33.
② 同上书,第 116 页.
③ 李士良,石方,高凌. 哈尔滨史略[M]. 哈尔滨:黑龙江人民出版社,1994:60.
④ 关成和. 哈尔滨考[M]. 哈尔滨:哈尔滨市社会科学研究所,1985:139.
⑤ 1895 年哈尔滨的实际人口数没有确切记载,按照"1903 年,在哈尔滨进行的第一次人口普查显示,有超过 4.45 万居民住在该城市,其中俄国人超过 1.55 万"。([俄]谢尔盖·科尔诺夫. 一个俄罗斯人的哈尔滨情结[M]. 阿斯图文化系列丛书编写组,译. 哈尔滨:哈尔滨工业大学出版社,2015:47.)"5 万人"这一数字仅为关成和先生的推算,但实际人口数应远未达到这一数字。此外,另有资料也可以印证"5 万人"的推算不准确:"在中东铁路开建之前,哈尔滨的人口数量是很少的。聚集在田家烧锅周围 200 余户人家,按每户 6 人计算,在 1 500 人左右;覃家岗'丘陵起伏,草木丛生,茅舍三五'的荒野边塞,人口有限;埠头本市低洼的江滩,除渔人躲风避雨的茅棚草屋,人烟稀少;傅家店是 1890 年前后形成的居民点,到 1898 年形成村屯,但也只有二三百户人家,约 2 000 人左右。所以,中东铁路开建之前,哈尔滨的人口不过三五千人。"(杨光. 哈尔滨商业史研究[M]. 北京:中国财政经济出版社,2017:5.)
⑥ 参见关成和. 哈尔滨考[M]. 哈尔滨:哈尔滨市社会科学研究所,1985:141.

进行'以有易无'交易的立足点"①，因而是一个依靠农田和河流为生计的散落型传统中国村屯体系，而不是近现代的城市化系统。

（二）中东铁路修筑使哈尔滨成为东北亚交通中心之环

中东铁路②亦称"东清铁路""东省铁路"③，是我国东北地区自哈尔滨西至满洲里、东至绥芬河、南至大连的铁路线的旧称。中东铁路是沙俄在我国境内修筑的铁路，其依据是1896年清政府与沙俄签订的《中俄密约》。在黑龙江地方性辞典中，对《中俄密约》制定的原因、过程、性质、内容和影响做了如下界定：

> 《中俄密约》即《御敌互相援助条约》。1896年（光绪二十二年）帝俄以中俄共同防止日本侵略为幌子，贿赂使臣，引诱清政府订立的密约。6月3日由清政府特使李鸿章与俄国财政大臣维特、外交大臣罗拔诺夫在莫斯科签订。共6款，主要内容为：（1）如遇日本侵犯俄国亚洲东部或中国、朝鲜领土时，中俄两国共同出兵并互相接济军火、粮食；（2）开战时，俄国军舰可驶入中国所有口岸；（3）允许俄国在黑龙江、吉林两省修筑铁路直达海参崴。从此，帝俄势力进一步深入中国东北三省。④

《中俄密约》的签订使俄国既达到了"通过外交途径取得中国正式给予的特许权，就可以封住外国的批评之口"⑤的目的，又使其觊觎深入中国东北的企图终于有了实现的途径。

《中俄密约》签订不久，沙俄即积极着手落实铁路修筑的具体事宜。首先，订立了《中俄合办东省铁路公司合同》，以所谓"合法"而实则侵

---

① 石方.黑龙江区域社会史研究(1644—1911)(续)[M].哈尔滨:黑龙江人民出版社,2004:402.

② 依据不同史料(中文本与中译本)，中东铁路还有"中国东省铁路""东省铁路""中国东方铁路""东方铁路""大清东省铁路""满洲铁路"等(步平.黑龙江通史简编(上)[M].哈尔滨:黑龙江人民出版社,2017:590.)。尊重学界通说，本书也将其表述为"中东铁路"。

③ 中东铁路，亦称"东清铁路""东省铁路"，原为沙俄所筑，日俄战争后，长春以南段为日本占据，称南满铁路。俄国十月革命后，长春以北段由中苏合办，仍称中东铁路。九一八事变后为日本所占，改称北满铁路。抗日战争胜利后，南满铁路与中东铁路合并，改称中国长春铁路(简称中长路)。参见周文华.黑龙江大辞典[M].哈尔滨:黑龙江人民出版社,1992:61.

④ 周文华.黑龙江大辞典[M].哈尔滨:黑龙江人民出版社,1992:60-61.

⑤ 步平.黑龙江通史简编(上)[M].哈尔滨:黑龙江人民出版社,2017:597.

害中国主权和利益的契约方式，固化中俄双方严重不平等的权利和义务关系，明确俄国单方面攫取权益的具体所在。

1896年（光绪二十二年）9月8日，沙俄财政部长维特派华俄道胜银行董事长乌赫托姆斯基、总办罗启泰与许景澄在柏林签订《中俄合办东省铁路公司合同》（简称《中东铁路合同》）。主要内容是：(1) 中东铁路的建筑和经营交华俄道胜银行承办，设立"中国东省铁路公司"，轨制与俄国相同；(2) 凡筑路所用之地，由中国拨给，不收地价，公司所用之地，不收地税；(3) 铁路所属之人，由中国政府保护，铁路地段命盗词讼，由地方官照约办理；(4) 俄国可免费使用该路运军队、军械和其他货物。中国运兵核收半价。合同还规定，自铁路开车之日起，三十六年后，中国有权赎回。①

其次，确定铁路的走向。中东铁路原初规划只为东西走向的一条②，即连接俄国西伯利亚铁路的中国端口从西由满洲里进入中国境内，中经海拉尔、齐齐哈尔、哈尔滨、牡丹江，最后由东从绥芬河接入境外的海参崴，这段东西走向的铁路长1 700③多千米，横贯整个黑龙江区域。1898年，沙俄又迫使清政府签订了《旅大租地条约》和《续订旅大租地条约》，其中规定："允许中东铁路公司由中东铁路干线某站（即哈尔滨）起，筑一支线到大连湾。"④通过这两个条约，沙俄获取了在北起哈尔滨，中经长春、沈阳，再到旅顺，直至大连的路段修筑中东铁路支线的特权，继而中东铁路的走向成为东西和北南两向贯穿东北全境的"丁"字形铁路，铁路

---

① 周文华.黑龙江大辞典[M].哈尔滨:黑龙江人民出版社,1992:61.
② "李鸿章在三国干涉还辽后，一直对俄国抱有好感，认为可以信赖；国内也有一派官僚主张'联俄拒日'，远交近攻，对俄国野心估计不足，倾向于答应俄国的要求。但是，直接将筑路权给予俄国政府毕竟关系太大，李鸿章也有颇多顾虑，因此决定将特许权给予形式上中俄合办但实为俄国控制的华俄道胜银行，而且只允修东西向的一条，至于在此线上再向南延伸的俄方提议，先不予以考虑。"参见步平.黑龙江通史简编(上)[M].哈尔滨:黑龙江人民出版社,2017:597.
③ 石方.黑龙江区域社会史研究(1644—1911)(续)[M].哈尔滨:黑龙江人民出版社,2004:404.
④ 黑龙江省社会科学院历史研究所.黑龙江近代历史大事记1840—1949[M].哈尔滨:黑龙江人民出版社,1987:51.

总长度为2 489.2①千米。

1898年6月9日，中东铁路建设局由海参崴迁移到哈尔滨，中东铁路以哈尔滨为中心分东向、西向和南向三条线路，由六个地点一起相向开工。②1901年7月5日，哈尔滨至旅顺之间的铁路正式开通。③1903年7月14日，中东铁路全线竣工，并立即开始通车运营。④

"丁"字形铁路的交会点是哈尔滨，它不但是东西主铁路干线上的重要站点，更是东西线连接北南线的总枢纽，铁路管理的中心。正是哈尔滨使"丁"字形铁路串联在一起，使辽东半岛以及整个东北三省与俄国西伯利亚区域乃至欧洲干线连成了一片。

尽管中东铁路是以军事和"称霸战略"为最先目的而修建的，但铁路运输高效能的巨大优势却不是单纯以军事运载为专用而发挥作用的。在军事运载之外，铁路客货两运的庞大承载力与铁、路、水三运连通而产生的强大交通网络都给哈尔滨、中国东北乃至世界带来了一次"开天辟地"的交通运输大变革，形成了连接中国东北，连接中国关内外，连接朝鲜，连接俄罗斯、欧洲和世界各地，实现国际联运的"场域与运输革命"⑤。中东铁路的运输运载量大、运费低廉、经济快捷、四季可行，传统运输方式"马车的运输价值可以说是几乎不存在了"⑥。因此，"中东铁路是东北亚埠际、国际贸易最重要的客货运输线，具有很强的客货接纳和传导能力"⑦，而哈尔滨则是这条"最重要的客货运输线"的中央枢纽。

此外，哈尔滨濒临松花江，处于松花江水路体系的中心地带，丰富的水路交通也是极佳的优势，"沿松花江主航线及其支流，上游通吉林、齐齐哈尔，下游达三姓（依兰）、佳木斯、富锦，进而利用黑龙江和乌苏里

---

① 王世华.哈尔滨简史[M].哈尔滨:哈尔滨工业大学出版社,2006:8.
② 黑龙江省社会科学院历史研究所.黑龙江近代历史大事记1840—1949[M].哈尔滨:黑龙江人民出版社,1987:53.
③ 同上书,第58页.
④ 同上书,第60页.
⑤ 在当时真正实现了"在哈尔滨买一张国际联运票，就可以到达欧洲、美洲的许多地方"的国际化交通，以至"世界各地的时髦商品，一个月的时间内即可在哈尔滨的市场上买到"。参见王志军，李薇.20世纪上半期哈尔滨犹太人的宗教生活与政治生活[M].北京:人民出版社,2013:8.
⑥ [日]长谷川洁.哈尔滨经济概观[M].王绍灿,王金石,译.哈尔滨:哈尔滨市人民政府地方志编纂办公室出版(内部发行),1990:57.
⑦ 黄进华.马克思主义在哈尔滨传播的历史经验和现实启示[M].北京:中国社会科学出版社,2017:36.

江可通往布拉戈维申斯克（海兰泡）、尼科利斯克、饶河、虎林、兴凯湖方面，河流蜿蜒达 4 427 千米的航路（1937 年）"①。同时，哈尔滨水路周边地势平坦开阔，适宜发展车船停泊、货物运输。在修筑中东铁路期间，为最快建成铁路，在运输修筑铁路所需要的材料时，"物资多先由海路运抵海参崴，再经乌苏里铁路转运至伯力上船，溯黑龙江、松花江运抵哈尔滨，再由哈尔滨分别运往东、西、南三个方向。这样，哈尔滨的作用日益突出，成为繁忙的水运港口和重要的交通枢纽。而这种地位随着铁路的逐渐建成与运营，不但没有削弱，反而进一步增强了"②。

随着中东铁路及其中心点的建设，哈尔滨一跃成为东北亚地区最为重要的交通中心，这为哈尔滨继而迅速成为国际化商贸大都市、东北亚经济中心构筑了交通这一重要因素的现实基底。

（三）"开埠通商"使哈尔滨成为国际化商贸大都市

俄国通过修筑铁路对中国东北的如虎觊觎和加紧吞噬③，打破了帝国主义列强在远东和亚洲的均衡之势，激发了其他列强的极大不满，尤其激化了俄国和日本之间瓜分中国东北的利益之争。1904 年开始，为争夺远东霸权，日俄两国在中国东北的土地上进行了历时近一年半的战争角逐。战败的俄国不得不与日方停火谈判，而谈判的主旨却是如何瓜分中国东北和朝鲜。1905 年 9 月 5 日，日俄双方签订无视中国主权的《朴次茅斯和约》（该条约又称日俄《讲和条约》④），其中关涉中国东北的主要内容是：

第三条　日俄两国互相约定各事如下：

……俄国政府声明，在满洲之领土上利益，或优先的让与，

---

① ［日］长谷川洁.哈尔滨经济概观［M］.王绍灿，王金石，译.哈尔滨：哈尔滨市人民政府地方志编纂办公室出版（内部发行），1990：25.

② 步平.黑龙江通史简编（上）［M］.哈尔滨：黑龙江人民出版社，2017：601.

③ 仅以土地和资源来看，俄国以筑路为名，无理强占、扩大掠夺。中东铁路在修建中以及建成初期，致力于扩充、多占铁路用地和攫夺森林、煤矿等重要资源，从而导致了中国在黑龙江地区主权与利益的严重丧失。铁路公司巧立名目，利用各种方式到处占地，以致黑龙江地方政府对已被占地的面积与范围也毫不了解。而俄国占地现象仍愈演愈烈，到 1902 年，仅在哈尔滨占地就达 7 703 垧，其他车站占地平均为 2 184 垧，远远超出了筑路本身的需要。（参见步平.黑龙江通史简编（上）［M］.哈尔滨：黑龙江人民出版社，2017：601 - 603.）而以"护路"为名义，1900 年沙俄军警制造的震惊世界的"海兰泡惨案"和"江东六十四屯惨案"，以及沙俄军队大举进占黑龙江地区，更是明目张胆地鲸吞东北之举。

④ 步平，郭蕴深，张宗海，黄定天.东北国际约章汇释（1689—1919 年）［M］.哈尔滨：黑龙江人民出版社，1987：278 - 279.

或专属的让与，有侵害中国主权及有违机会均等主义者，一概无之。

  第五条 俄国政府以中国政府之允许，将旅顺口、大连湾并其附近领土领水之租借权内一部分之一切权利及所让与者，转移与日本政府，俄国政府又将该租界疆域内所造有一切公共营造物及财产，均移让于日本政府。

  第六条 俄国政府允将由长春宽城子至旅顺口之铁路及一切支路，并在该地方铁道内所附属之一切权利财产，以及在该处铁道内附属之一切煤矿，或为铁道利益起见所经营之一切煤矿，不受补偿，且以清国政府允许者，均移让于日本政府。①

  随即，依据《朴次茅斯和约》，1905年12月22日，日本急迫地强迫清政府签订了《中日会议东三省事宜正约》（亦称《北京条约》《中日新约》），主要内容有：

  （1）清政府承认《朴次茅斯和约》中有关东三省的规定，即俄国将旅顺、大连租借地、长春到旅顺间的铁路及其支线以及与上述租借地、铁路相关的一切权利全部移让给日本；（2）允在凤凰城（今凤城）、辽阳、新民屯（今新民）、铁岭、通江子（今通江口）、法库门（今法库）、长春、吉林、哈尔滨、宁古塔（今宁安）、珲春、三姓（今依兰）、齐齐哈尔、海拉尔、瑷珲（今爱辉）、满洲里等地开埠通商；（3）允许日本直接经营安奉铁路；（4）允许日本在鸭绿江右岸采伐木材。自此，日本势力侵入中国东北三省地区。②

  通过《中日会议东三省事宜正约》，日本也以所谓"合法"的国际条约形式继承了俄国在中国东北南部的权益，并且攫取了比俄国更多的权益。进而，以《朴次茅斯和约》和《中日会议东三省事宜正约》为据，日本和俄国

---

  ① 步平,郭蕴深,张宗海,黄定天. 东北国际约章汇释(1689—1919年)[M]. 哈尔滨:黑龙江人民出版社,1987:278-288.
  ② 周文华. 黑龙江大辞典[M]. 哈尔滨:黑龙江人民出版社,1992:62.

均以法律形式瓜分并固定了两国在中国东北的殖民势力范围,以长春为分界,中国东北南部属于日控范围,而中国东北部仍为俄国占据。

通过上述条约可以看到,也就是在这场日俄列强"握手言和"、相互勾结瓜分中国东北的狂潮中,哈尔滨被辟为"开埠通商"之地,并成为国际性商埠。哈尔滨的"开埠通商"是日俄等列强"外力"驱迫的结果,但在哈尔滨"开埠通商"之前,俄国借口修筑中东铁路,已经在哈盘踞数年,强取豪夺数载。大批的筑路工人及其家属,围绕铁路和哈尔滨新城建设而提供各种服务的商人、工商企业、金融团体、管理机构、宗教人士、新闻工作者,大量的商业资本和人力资源纷纷涌入哈尔滨,使哈尔滨在人口、地域、政治、经济、文化、思想意识等方面都迅速成长为近代工商业大都市。①

如果说中东铁路的修筑打破了哈尔滨原生态的传统自然经济生长模式,取而代之的是以大规模的商业化生产方式开创了全新的城市商业经济生长模式,那么"开埠通商"则打破了俄国独占东北、独占哈尔滨的格局,促使更多的国际势力参与哈尔滨的城市商业运行。在丰富的铁路、陆路、水路交通运输的支撑下,哈尔滨迅速发展为东北亚最大的货源输出输入基地和商品交流中心、"商贸辐辏"的繁华大埠,多国洋商、本埠华商、外埠来商奔涌而至,开工厂、办企业、设银行,金融贸易飞速发展。"据资料的不完全统计,1909年时,哈尔滨俄侨的工商企业有1 000余家,日侨的工商企业94家,欧美侨民的工商企业数十家,民族工商企业789家。"② "1908年时,进出口贸易额仅为1 785万海关两,而到1928年时,就猛增至9 946万海关两。到20年代中期,哈尔滨的2 000余家大小外国洋行和商社同世界上40多个国家和地区的100多个城市和港口保持着经常性的商贸联系。"③ 正是由于1905年的开埠通商,哈尔滨"成了一个十余万人口的、'华洋杂处'的国际都市"④,成为"北京、上海以外,中国当时唯一具有'小联合国'性质的城市"⑤,"远东地区最大的商贸中心",⑥

---

① 据哈尔滨地方通史专著《哈尔滨史略》记载:"哈尔滨市1898年以后,20余年间人口由过去的几万人激增至30余万人,由昔日的乡村发展成为近现代城市。"参见李士良,石方,高凌.哈尔滨史略[M].哈尔滨:黑龙江人民出版社,1994:119.
② 石方.黑龙江区域社会史研究(1644—1911)(续)[M].哈尔滨:黑龙江人民出版社,2004:425.
③ 佟冬.中国东北史(第五卷)[M].长春:吉林文史出版社,1998:614.
④ 石方.黑龙江区域社会史研究(1644—1911)(续)[M].哈尔滨:黑龙江人民出版社,2004:425.
⑤ 辽左散人.滨江尘嚣录[M].张颐清,杨镰,整理.北京:中国青年出版社,2012:4.
⑥ 佟冬.中国东北史(第五卷)[M].长春:吉林文史出版社,1998:614.

是傲居"欧亚交通之孔道"的"东北唯一之名都"①。

二、哈尔滨商事习惯形成的路径

(一) 本土市商及其商事习惯的蕴生

清朝晚期,哈尔滨地区的农业、渔业、牧业自然经济已得到了一定程度开发,手工业作坊也逐步发展起来,以榨油、酿酒、烧窑为代表的手工业作坊及其商品交易已初具规模,其他杂货业等商品交易也有了一定的发展。李士良在其所著的《哈尔滨史略》一书中提到,根据史料记载:

> 当时手工业作坊逐渐增多,主要有榨油、酿酒、烧窑等。此时,哈尔滨地区已经出现了田家烧锅、源聚烧锅、张家油房、瓦盆窑等初具规模的手工业作坊。同治三年(1864年),阿勒楚喀境内油房、烧锅、木铺、皮铺、纸坊、银器铺、磨坊、铁器炉、鞭炮铺等手工铺坊共30个。而且,有的作坊规模相当大,如香坊的田家烧锅有房32所,且数所是砖房,城高子附近的另一座烧锅占地1.4万平方米,四周建有高大的围墙。光绪八年(1882年)阿勒楚喀烧锅12家,共17个班生产白酒。②

> 同治十年(1871年)阿勒楚喀有商铺72家。光绪十年(1884年)后大多数商铺有了字号。光绪十九、二十(1893、1894年)两年不完全统计,城乡有字号商铺达70余家。而且哈尔滨地区还出现集镇,如荒山嘴子集等。③

仅据1893、1894两年的不完全计数,哈尔滨城乡商铺已颇多,其中有字号商铺已有70余家。而中东铁路修筑及哈尔滨"开埠通商"更极大地促进了哈尔滨由传统自然经济模式向近代商品经济模式的社会变革,商业的发展已不再是只有不足百家商铺的"初具规模",而是"楼宇冲霄,商贾辐辏"④ 的繁盛之景。

---

① 辽左散人.滨江尘嚣录[M].张颐清,杨镰,整理.北京:中国青年出版社,2012:4.
② 李士良.哈尔滨史略[M].哈尔滨:黑龙江人民出版社,1994:61.
③ 同上.
④ 辽左散人.滨江尘嚣录[M].张颐清,杨镰,整理.北京:中国青年出版社,2012:6.

第一章　1946年前哈尔滨商事习惯的基本状况

在哈尔滨清末时期的商业发展中，哈尔滨本土市商①因势利导，逐步蕴生了诸多本土习惯，为哈尔滨早期商业的向前发展、商业基本秩序以及商事团体的形成、稳固与发展都产生了积极的历史作用，继而在哈尔滨"开埠通商"、飞速跃升为国际化商都后也一直被沿用。

以饭店的招牌门"幌"为例。"幌"一定是特色分明，具有明显种类标识性特征。1927年出生于哈尔滨的著名中国俄侨、历史文化专家叶莲娜·塔斯金娜回忆说：

> 中餐馆都有很显眼的标志，门前挂着的幌子，在风中来回地摇摆着。食客可以根据幌子的颜色判断出餐馆的类别：挂红色幌子的通常是经营传统中国菜的，而门前有蓝色幌子的是穆斯林的清真餐馆。通过远远飘来的味道就可以判断出菜肴的多样性和餐馆的特色。传统中餐那股特殊而浓郁的姜味、芝麻油味和其他调料的味道一出来，就能攫住每个路过餐馆的人，勾起他们强烈的食欲。②

而饭店的经营方式也具有突出的特色和招揽传统。"在很多小餐馆里，饭菜都是当着客人的面现做的。厨房的师傅们，在众人面前展示着自己的手艺，具有非凡的表演性。他们动作灵敏而协调，不断地重复同样的炒菜

---

① 本土市商的范畴包含两个方面，其一是指代代相继、土生土长的哈尔滨原住商民；其二是指清朝在黑龙江实施部分地区开禁放垦策略后，逐步迁徙而来的"扎根"商民。他们在哈尔滨落户、生根、发展，是中东铁路修筑前哈尔滨早期商业发展阶段的重要组成。因此，他们相较于中东铁路修筑和哈尔滨"开埠通商"后涌入的大批"淘金"商人，也就具有了一定的"本土"与"外埠"的差异性。以后来发展为哈尔滨商贸重地的道外"傅家店"为例，傅家店原名马场甸子，是松花江畔的一片沼泽地，每到松花江丰水期，就成一片汪洋，现南岗上坎（东北烈士纪念馆一带）则成了江岸。水落后水草丰盛，泡泽鱼虾成群，虽无人来此定居，却常有行人放牧、捕鱼和使船，也有人搭支窝铺、帐篷临时居住。乾隆十一年（1746年），山西人傅振基，被恩准于此（现天一街一带）落户为民，沿江捕鱼，开荒种地。后来，通过傅振基，又有杨、韩、刘、辛四户人家于现北七道街一带落户。人们习惯称这一带为"傅家"或"五家子"。这之后又陆陆续续有24户人家来此居住，这一带便成了马场甸子中最大的一个村屯。道光年间（1821—1850年）由于傅振基等人几十年的惨淡经营，傅家店日渐繁荣，傅振基家便首先在现桃花巷一带开店，为过往行人、车马提供食宿，也为客户修车、挂马掌，并代卖日用杂货。此后，傅家店名声就传开了，作为村名的"傅家店"也同时诞生了。（参见汪玉祥. 浅谈傅家店的由来[J]. 哈尔滨史志，1993（2）.

② [俄]叶莲娜·塔斯金娜. 哈尔滨：鲜为人知的故事[M]. 吉宇嘉，译. 哈尔滨：哈尔滨出版社，2018：59.

动作,就好像对火红的炉灶施了魔法。"①

再如"赊账"和交易时的"讨价还价"习惯。商贩可能会对手头拮据的客户提供"信贷"(俗语叫"赊账"),展现了客商两便、不失盈利的商业灵活性。

> 一串汉字写在赊欠人的房子门框上,记录着欠款的数额。也有只画了几道横杠和十字记号的,因为很多商贩都不识字,更不会写字。
> 当然,这样很划算,即使受损了的商品也不会卖不出去,这些商贩没有固定的店铺和摊床,只要见一点利,他们就会便宜处理。从另一个角度看,也解决了大部分俄罗斯人手头紧的问题。这显示出中国商人令人称奇的灵活性,他们能够克服种种困难,使自己盈利。②

叶莲娜·塔斯金娜认为哈尔滨商品交易过程中的"讨价还价"是"不成文的规矩",并且是早已实行的惯常性行为,进而"很多商人都深谙此道"。她在回忆中对此总结道:

> 有时在交易的时候讨价还价很激烈,买卖双方都拼命地保护自己的利益,但通常到最后彼此都不会生对方的气。顺便说一下,在中国做生意讨价还价是条不成文的规矩,很多商人都深谙此道。③

哈尔滨临江而立,水系发达,沿江而生的渔民既以捕鱼、贩鱼养家糊口,也有专门从事摆渡营商获利的。以贩鱼为例,其交易习惯由初级交易发展为专职贩售,由沿街贩售发展为摆摊设点。《哈尔滨通鉴》中记载了光绪三年(1877年)起,哈尔滨渔业交易习惯的生成,渔业一直以自行贩

---

① [俄]叶莲娜·塔斯金娜. 哈尔滨:鲜为人知的故事[M]. 吉宇嘉,译. 哈尔滨:哈尔滨出版社,2018:59.
② 同上书,第60页.
③ 同上书,第61页.

售为交易习惯。

光绪三年（1877年），哈埠周边已有村落96个，居民2.8万人，多事渔猎农耕，沿江一带捕鱼网房几十处。以捕鱼为生的渔民，在自给有余的基础上，开启了以鱼交换日用生活必需品即"举网得鱼，以鱼沽酒"的初始交易形式，以后逐渐发展为"亦鱼亦商，自由交易"的状况。哈尔滨沿江地带渔民背篓、挑担，游走于村屯街巷，叫卖各种江鱼。哈埠正式辟为商埠之后，市场日盛，渔民由游动叫卖转向上街摆摊设点，出售产品。鲜鱼摊点最初出现在今道外六道街。①

当然，在哈尔滨本土蕴生的商事习惯中，也有一些"腐习"，并不利于商业的发展。因此，在哈尔滨商事大发展的民国时代，有些"腐习"被逐步改良和革新。

以待客售货习惯为例，"我国商人习惯，向极固执，往往一成不易，不知潮流之趋势，更不知研究改良，对于销售货物之法，尤为腐旧。凡客人一入其门，即遣一伙徒尾其后，并瞠目视客人之举动，一若防缉贼焉，惟恐有窃其物，于是有心购物者，反气愤而去；其无心购物，志存参观者，更相戒裹足，如是而望其营业之进展，诚适燕而南辙也"②。民国时期，"大罗新、公和利等，尚知改良。开设以来，即任人参观，购买与否，一听自便，决不加以护从，随身监视。虽无意购买者，于参观之际，浏览之余，偶有中意之物，即付价而沽之。如斯公开办法，在顾客方面，固得参观之趣，而在商店方面，又可得多市货物之利，此该二商号，营业之所以日趋发展也。年来其他各大杂货商，均渐知改进，争相效尤"③。

再以牌匾悬挂习惯为例，"各商之牌匾，迎面而来，撞鼻肿面之事，已属见惯。各商之牌匾，多悬挂于门面数尺之外，距地四五尺不等，且用绳索连缀，惟恐其为风姨所摆动，加以地下钉头磷磷，非惟雨天有行不得也之欢，即晴天亦须怀临渊履冰之戒，但各商尤互相竞争，肆意悬挂，有

---

① 《哈尔滨通鉴》编纂委员会.哈尔滨通鉴[M].哈尔滨:哈尔滨教育出版社,2015:72.
② 辽左散人.滨江尘嚣录[M].张颐清,杨镰,整理.北京:中国青年出版社,2012:80.
③ 同上书,第80页.

管理责者，亦无相当之制止命令，任其自作主张。尤以茶食店、靴鞋铺等为最甚。须知牌匾固为广告之一种方式，然牌匾之如何精美、如何悬挂，与营业前途，初无若何重大关系，纵牌匾辉煌，闪烁夺目，而货不真、价不实，亦不免日趋衰败。以管理当局，宜仿照辽宁等埠办法，饬令各商，限期取缔净尽，既于交通称便，且较观瞻亦雅"①。

此外，也有一些"旧习"在社会变迁中发展为不利于社会健康的习惯，因"世况"也被因袭相承。

以"花店"为例，"花店"名称的含义并不是售卖鲜花的商铺。

> 考花字之义，在此应作名色繁复解释。如花名，言姓名参杂不一律也。花甲，言错置参互不齐一之谓也。然则花店之义，亦犹斯也。盖谓不拘何色人等，仕宦商贾、负贩走卒，均一体欢迎，一律待遇，无阶级之分，无贫富之别，此哈埠花店名称之来源也。②

"花店"最初是"专为贩卖女人所用饰品等之挑夫而设"的客舍，"厥后遂相沿已久，各种客人，一概招待"。③ 如同旅馆、客栈，"花店"本是为各种客人提供休息的场所，然而，随着当时哈尔滨社会的"世况"发展，"花店"却走向了"恶化"，在新中国成立前的半个多世纪一直存在。

> 惟天下事日久弊生，原自然之定理；爱财若渴，亦一般之通病。数十年来，哈埠益见繁荣，于是恶社会之现象，遂相因而生焉。不佞对于目下之花店，尚有特别之解释，盖为繁华社会形形色色诸恶现象之窟薮焉。兹举数例以详之。
>
> 繁华社会，淫风颇盛，间有一般怨女旷夫，荡子淫妇，每不甘独宿，或勾引成奸，多相偕投宿，冒称夫妇，以花店为阳台，作陈仓之暗渡。又有一般色欲发狂之人，投宿客店，以金钱之力，贿使店役，召附近暗娼以寻欢者。盖暗娼与店舍多通声气，

---

① 辽左散人．滨江尘嚣录［M］．张颐清，杨镰，整理．北京：中国青年出版社，2012：135．
② 同上书，第158页．
③ 同上．

并有相当提成，店役得双方之利益，故乐为奔走，而暗娼又借此以生活，色鬼借此更足以消瘾，因之三方交称便利，于是斯等现象，遂永无消灭之日矣。是故花店之意义，如是而已。①

(二)"东北谋生"的移民商人及其乡土习惯

作为现代城市的哈尔滨的崛起是与中东铁路修筑相伴而生的，骤然增长的外来人口是哈尔滨城市得以开发与建设的最大力量，而激增的外来人口主要有三个来源：其一是"闯关东"谋生存的自发移民，其二是为修筑中东铁路而来的招工移民，其三是以俄国人、日本人、朝鲜人、犹太人占多数的国外移民。

就国内移民人口数量来看，清末民初之际是"闯关东"移民的激增时期，也是黑龙江区域人口的突然增长阶段，据1911年的统计，移民已经增至3 244 000人。②"自1896年通肯招垦局成立起，哈尔滨的呼兰以北，海伦、青冈、巴拜、明水的荒地便开放了。关内移民离开哈尔滨过松花江北上，还有数百里的旱路要走。"③ 因此，其中"那些被哈尔滨吸引住的人便留了下来，铁路、码头搬运所需的劳力日增，一家家的工厂也相继诞生。在一个人口密集的城市已具雏形的地方，不愁找不到活儿干。于是，在比较、犹豫和商量后，这些关内移民中的一些人便留了下来，成为这座年轻现代化都市的早期移民"④。

为修筑中东铁路而招纳的大批来自天津、山海关等地的关内贫苦民工数量也是十分庞大的。"据统计，光绪二十四年（1898年）中东铁路开工时，我国筑路工人不过1万人，年末增加到2.5万人，光绪二十六年（1900年）又增到17万多人"⑤，"不仅如此，光绪二十四年（1898年）工程师依格纳齐乌斯还亲往上海等地招收工人7万名，光绪二十六年（1900年），为修筑铁路主干线，铁路商务代办卡尔波夫又从内地招募工人

---

① 辽左散人. 滨江尘嚣录[M]. 张颐清,杨镰,整理. 北京:中国青年出版社,2012:158.
② 参见石方. 20世纪一二十年代哈尔滨多元文化研究[M]. 哈尔滨:黑龙江人民出版社,2012:157.
③ 杨光. 哈尔滨商业史研究[M]. 北京:中国财政经济出版社,2017:12.
④ 范震威. 一个城市的记忆与梦想——哈尔滨百年过影[M]. 哈尔滨:黑龙江美术出版社,2012:79.
⑤ 杨光. 哈尔滨商业史研究[M]. 北京:中国财政经济出版社,2017:12.

10万名"①。"这些筑路工人待中东铁路全线通车后,少部分人返回故里,而大多数人'由七八万,至十万以上',留下来于此地谋生"。②

庞大的移民人口不仅为哈尔滨的城市开发与建设提供了必不可少且十分充足的社会劳动力,同时也带来了巨大的商业需求。移民中"有一批'经商善贾'者,或先农后商,亦农亦商,或从事临时性商贩,就地落户开店立铺"③,他们亦吸引了关内不同地方的商人和手工业者来哈尔滨开店经商④,极大地促进了哈尔滨商业的发展。这一时期,除本土市商外,占更大多数的"谋生"性移民商人迅速地与这座新兴城市相融合,面对不同方言、不同习俗、华洋各色、满耳洋腔的多元混杂,他们保持了自己的商事习惯,也为近代哈尔滨城市商业发展初期的商事基底铸就了他们自身的携来习惯。

> 本埠理发业,以鄂籍人为最多,凡理发店之匾额,果注明湖北字样,似乎其等级差高于普通者然。惟不佞实不悉鄂人之何以独擅是业,想系一地方之风气,使之然也。犹之晋民之长于货殖,鲁人之以力糊口,小之若幽燕多剑侠,沧州多大盗,章丘多铁匠,济南多车夫,又仿佛似之,故是等理发匠,约不过代表鄂省之一部风气而已。各理发店最为特别者,即均备留声机一具,将喇叭由窗孔接入室内,使鸣声在外,盖系引人注目以广招徕之意也。不佞曾历游各埠,殊未见斯种现象,当亦一地方之特别情形也。⑤

从《滨江尘嚣录》中的记载可以了解到理发业、杂货业、铁匠、车

---

① 杨光. 哈尔滨商业史研究[M]. 北京:中国财政经济出版社,2017:13.
② 同上书,第13页。
③ 黑龙江省地方志编纂委员会. 黑龙江省志(第三十五卷·商业志)[M]. 哈尔滨:黑龙江人民出版社,1994:27.
④ "在傅家店,一些来自山东、河北、安徽等地的移民,则看中了哈尔滨的商机,用自己的资金开办了专门经营洋货的五金店、洋布店、西药店等,做出口生意的粮栈及山货地产庄、钱庄、布店等,种类繁多的服务娱乐性行业,如酒楼、茶馆、客栈、戏园、烟馆、赌场、妓院等。中东铁路通车后,在傅家店,由国人开办的规模不同的商家店铺已成百上千。"参见邵华. 1898—1931年哈尔滨早期现代化研究[D]. 哈尔滨:哈尔滨工业大学,2011:21.
⑤ 辽左散人. 滨江尘嚣录[M]. 张颐清,杨镰,整理. 北京:中国青年出版社,2012:142-143.

夫行业的一般从业习惯。"鄂籍人"多从事理发行业，其经营习惯为理发店的匾额上都要标注"湖北"二字，标注有"湖北"二字的理发店也表明是高级店铺，理发店里都配备留声机，用喇叭在室内外招徕顾客，这些习惯特点都"代表鄂省之一部风气"。山西人多从事杂货贩卖，章丘人多从事打铁，济南人多从事拉车，这些习惯"想系一地方之风气，使之然也"。

哈尔滨"缝穷"行业及其习惯的产生也是由于埠外携来。从事"缝穷"的多是直鲁女子，行业习惯通称其为"缝妇"，经营方式为"针黹交易"，"每日各携蓝布包袱""为劳工苦力等补缀"。①

> 近年来直鲁人民，多因遍地烽火，无处栖身，不得已辗转来斯土者，络绎于途。但以本埠生活程度甚高，非有相当生产之术，实无以应消费之繁，于是男者遂多卖力以自赡，而女子则多流为缝妇，此间通称之曰缝穷。盖因其顾客皆属一般劳动之下级社会，且为一二角之些许针黹交易，故名之曰缝穷。操斯业之妇女甚伙，多居于道外，每日各携蓝布包袱，行于市，专为劳工苦力等补缀，以博得蝇头之利。②

（三）外侨商人的涌入及其携来习惯

在中东铁路修筑以前，哈尔滨地方便经常出现来自远东地区的俄国商人。1891年（光绪十七年）俄商罗西安洋行在哈开业。③ 光绪二十二年（1896年），俄国阿穆尔轮船公司的"英诺森"号驶入呼兰地方做农副产品贸易生意。还有一个名叫德金的俄国商人，"在铁路考察队出现前，就在哈尔滨这个地方接受来自阿什河的牲畜，并把它们装上自己的'特鲁热尼克'（意为劳动者）号轮船"，而他本人为了做生意的方便则流居在哈尔滨。④

---

① 辽左散人. 滨江尘嚣录[M]. 张颐清,杨镰,整理. 北京:中国青年出版社,2012:153-154.
② 同上。
③ 参见滕英武,李凯平,荆石. 哈尔滨商业大事记(上册)(1890—1966)[M]. 哈尔滨:哈尔滨市商业委员会,1988:1.
④ 杨光. 哈尔滨商业史研究[M]. 北京:中国财政经济出版社,2017:14.

表1-1 1898年至1905年俄国商人在哈尔滨设立开业的工商企业一览表①

设立时间	商铺概况
1898年(光绪二十四年)7月	华俄道胜银行哈尔滨分行在香坊开办
1898年(光绪二十四年)8月1日	中东铁路第一号轮船在伊曼安装完毕,开航松花江
1898年(光绪二十四年)	中东铁路制材厂在埠头区(现道里区)开办
1898年(光绪二十四年)	中东铁路临时机械总厂,在埠头区成立
1898年(光绪二十四年)	葛瓦里斯基林业公司在哈开办
1898年(光绪二十四年)8月24日	俄国人鲁西阿尔商铺在香坊开业,理发并兼售化妆品(后改称布朗士商铺)
1898年(光绪二十四年)12月	俄商波波夫兄弟商会开办,专门供应修筑铁路的木材
1899年(光绪二十五年)1月6日	俄国人在香坊开办铁路俱乐部
1899年(光绪二十五年)11月13日	俄国人阿盖耶夫商会在埠头区(现道里区)开业
1900年(光绪二十六年)5月14日	俄巨商伊·雅·秋林在香坊开办秋林商会(秋林分公司)
1900年(光绪二十六年)	中东铁路公司开办哈尔滨—哈巴罗夫斯克定期航运
1900年(光绪二十六年)	乌鲁布列夫斯基啤酒厂开办(哈尔滨第一家啤酒厂)
1901年(光绪二十七年)3月	俄人谢甫钦克兄弟商会开业
1901年(光绪二十七年)8月14日	俄文《哈尔滨每日电讯广告报》创刊
1901年(光绪二十七年)	俄国人在哈尔滨开办第一满洲制粉公司
1901年(光绪二十七年)	俄、德合资在香坊开办哈盖迈耶尔、留杰尔曼啤酒厂(1927年改称五洲啤酒厂)
1902年(光绪二十八年)4月2日	阿吉谢夫兄弟商会开业
1902年(光绪二十八年)7月13日	帝俄"满洲矿业公司"在哈尔滨开办
1902年(光绪二十八年)11月	沃伦佐夫林业商会在哈尔滨开办
1902年(光绪二十八年)12月15日	俄国人在埠头区商务街(现上游街)开办哈尔滨商务俱乐部
1902年(光绪二十八年)	斯阔普林日用器皿商店开业
1902年(光绪二十八年)	俄国人考布切夫在哈尔滨创办第一个电影院(位于中央大街与十二道街交角处)
1903年(光绪二十九年)1月5日	俄国人依·费·齐斯恰科夫在埠头区药铺街(现红旗街)开办专营茶叶的商行
1903年(光绪二十九年)1月18日	契斯恰阔夫由俄国来哈在埠头区药铺街开办茶庄(契斯恰阔夫后来成为哈埠巨商)

---

① 本表系笔者绘制,资料来源为:滕英武,李凯平,荆石. 哈尔滨商业大事记(上册)(1890—1966)[M]. 哈尔滨:哈尔滨市商业委员会,1988:2-4. 李述笑. 哈尔滨历史编年(1896—1949)[M]. 哈尔滨:哈尔滨市人民政府地方志编纂办公室,1986:2-21.

第一章　1946年前哈尔滨商事习惯的基本状况　　33

（续表）

设立时间	商铺概况
1903年（光绪二十九年）6月23日	中东铁路机关报《哈尔滨新闻》创刊（1917年改名为《铁路员工》报）
1903年（光绪二十九年）8月	俄国人在道里开办滑稽剧场
1903年（光绪二十九年）11月	哈尔滨—海参崴开通客运列车
1903年（光绪二十九年）	俄人 A. A. 伊万诺夫在哈创办剧团
1903年（光绪二十九年）	葛瓦里斯基面粉厂在傅家店开办
1903年（光绪二十九年）	节久科夫面粉厂开办
1903年（光绪二十九年）	鲍罗金面粉厂开办
1903年（光绪二十九年）	俄罗斯面粉厂开办
1903年（光绪二十九年）	曼多维奇酒厂在炮队街（通江街）开办
1904年（光绪三十年）1月2日	俄人在道里开办剧院
1904年（光绪三十年）	索斯金商场开业
1904年（光绪三十年）	伊萨耶夫制粉厂在哈尔滨开办
1905年（光绪三十一年）	经营酒类食品的俄商基尔奇也夫商会在埠头区新城大街（现尚志大街）开业
1905年（光绪三十一年）	俄人在哈尔滨组织"北满赛马协会"（1906年以后，每年春、秋两季举办赛马会，1922年日本人加入该会）
1905年（光绪三十一年）	俄里夫面粉厂在傅家甸开办
1905年（光绪三十一年）	德籍俄人考夫曼在道里创办梭忌奴啤酒厂

伴随着中东铁路的修建，数以万计的俄国铁路员工、护路队以及随之而来的家属、商人更有着巨大的商品贸易和商业服务需求，公司、店铺、大中型商店、批发商、零售商、代理商、个体商业、工厂、银行、交通、俱乐部、电影院、剧院、剧场、剧团、报纸、赛马会等多种商业结构、经营行业发展迅速。以1898年至1905年哈尔滨开埠通商前俄国商人开设的典型商铺为例，可见其发展扩大的情势。

日俄战争中，哈尔滨工商业急剧发展，人口骤增至25万。[①] 随着俄商在哈尔滨的增多，1905年（光绪三十一年）5月21日，哈尔滨各俄商公

---

　　① 参见李述笑. 哈尔滨历史编年（1896—1949）[M]. 哈尔滨：哈尔滨市人民政府地方志编纂办公室，1986：21.

会在俄国彼得堡成立联合总商会，对涉哈商事进行协调。①

中东铁路建成后，立即与俄国国内的西伯利亚铁路、乌苏里铁路构成了贯通东西的交通大动脉。黑龙江地区与俄国远东地区及周边国家的距离大大缩短，也极大地便利了中国同欧洲的联系。因而在1905年哈尔滨被辟为国际性商埠前后，其他国家也纷纷展开在哈尔滨的商业角逐，扩大对华贸易。1901年（光绪二十七年），希腊人安吉巴斯在道里中国十一道街开办酒厂。②1902年（光绪二十八年），捷克东巴伐利亚啤酒厂在埠头区开办。③1903年（光绪二十九年），日商合资会社熊泽洋行在现道里区地段街开设分店（本店在日本横滨）。同年，波兰籍犹太人老巴夺兄弟来哈，从事切烟丝手工业。德商斯不列颠卡酒厂在马家沟开工修建（哈尔滨第一酒精厂前身，曾称广记酒精厂，日本时期改成大同酒精厂）。1904年（光绪三十年），英中卡巴尔金商行开业。1905年（光绪三十一年）6月25日，英美烟草商会（老巴夺烟草公司）在山街（现南岗区一曼街）开业。1905年（光绪三十一年），英美烟草公司在哈尔滨设立东三省英美烟草公司。1906年（光绪三十二年），法商奇也布希工商会在秦家岗义州街（现南岗区奋斗路）开业，主要经营化妆品、洋杂货。1907年（光绪三十三年）1月30日，日本官烟出张所在傅家店设置。同年2月，日本三井物产株式会社在埠头区水道街（现道里区兆麟街林业局招待所址）开设支店。同年7月30日，日本三井物产株式会社将北满大豆样品运到英国伦敦市场，签订了交易合同，次年11月份输出1 000吨。随着日商的增多，日本于1907年在义州街（现南岗区奋斗路）开设日满商会，协调和保护在哈尔滨的商业。④

哈尔滨正式开埠通商后，日、美、英、法、德、比、意等列强蜂拥而至，开办银行，设立大批工商企业。以商业机构为例，到1913年，除沙俄以外的各国设立的各种商业机构有1 000余家。⑤其中，仅以专门从事进出口贸易的外商来看，"民国初期，经营哈尔滨进出口贸易的洋行

---

① 参见滕英武,李凯平,荆石.哈尔滨商业大事记(上册)(1890—1966)[M].哈尔滨:哈尔滨市商业委员会,1988:5.

② 参见李述笑.哈尔滨历史编年(1896—1949)[M].哈尔滨:哈尔滨市人民政府地方志编纂办公室,1986:11.

③ 同上书,第13页.

④ 参见滕英武,李凯平,荆石.哈尔滨商业大事记(上册)(1890—1966)[M].哈尔滨:哈尔滨市商业委员会,1988:4-7.

⑤ 参见佟冬.中国东北史(第五卷)[M].长春:吉林文史出版社,1998:613-614.

有来自7个国家的共28家,其中日商居首,共有14家。在28家外商中,经营大豆、糖谷出口的有17家,其中宝隆洋行、远东粮食出口公司、利丰洋行、三井洋行、三菱洋行、日清洋行、华英洋行7家专营大豆出口业务"①。而到1928年,哈尔滨已有商号4 700家,油坊42家,面粉厂23家,酒厂8家,还有纺织、机械加工等工业,其中外资企业就有3 000多家。②

外侨商人的携来习惯中较为突出的首先是商事交易用语。由于"俄人最多",以至于许多商品名称都演变为半俄式,华商与华商,洋商与华商,都使用半俄式的语言混合方式进行交流。"如糖不曰中国语之糖,曰沙合利;面包不曰面包,曰劣八;苦力曰老博带,皮鞋曰八斤克,火壁曰别力大,机器井曰马神井,房屋单间曰脑儿木,不好曰不老好,等等皆是。"③ 面包被称为"劣八"("列巴"),清凉饮料被称为"格瓦斯",单间房屋被称为"脑儿木",水龙头被称为"戈兰",连衣裙被称作"布拉吉",这些名称用语已作为习惯俗语,甚至被沿用到今天,成为哈尔滨的传统和特色。

其次,称量单位也保持外侨商事习惯。《滨江尘嚣录》不仅客观描述了此种情形,也分析了其保持下来的原因,即"适应俄人之习俗,以免有扞格之虞"。

> 特区方面之度量衡制度,亦多为俄国标准,如阿拉申、沙绳、布特等名称,华人相习已久。凡物品之授受,莫不以斯等名称为单位,并不止对于外人交易,对于华人亦如之。
>
> 夫特区我土地也,市场交易,不以我国之标准为单位,反以外人之名称为单位,可耻孰甚。或谓特区境内,俄人居多,我方沿斯等单位,原所以适应俄人之习俗,以免有扞格之虞。④

---

① 哈尔滨市地方志编纂委员会.哈尔滨市志(第17卷)[M].哈尔滨:黑龙江人民出版社,1998:195.

② 参见王志军,李薇.20世纪上半期哈尔滨犹太人的宗教生活与政治生活[M].北京:人民出版社,2013:8.

③ 辽左散人.滨江尘嚣录[M].张颐清,杨镰,整理.北京:中国青年出版社,2012:134.

④ 同上。

三、哈尔滨商会组织的初起对商事习惯的影响

如前所述,哈尔滨开埠前,一直是清朝八旗驻防地所,军管职能突出。社会发展的状态至 19 世纪末叶依然是散落型的传统中国村屯体系,与之相对应的地方行政管理也是简单村屯行政衙门治理模式。中东铁路的修筑使哈尔滨迅速发展成为一个外国人口、外乡人口猛增的近代化商业都市,华洋杂居,同城分治,传统自然简单的村屯行政衙门力量已不能有效应对复杂多元的城市治理,对快速增长的工商业发展的调整和管理尤其缺失。国家行政力量的缺失给地方商人阶层参与行业自治和一定的工商业管理带来了空间,同时也是不得不为的自救之举。

19 世纪晚期,随着东北垦田的不断增多,许多外乡闯关者陆续踏上黑土地,来到哈尔滨地区谋生,其中有"善贾经商"和"好把式"的手艺人,就地落户、开店立铺或进行往来贸易,亦吸引了关内外商人和手工业者来哈尔滨地区开店经商。1879 年(光绪五年)哈尔滨地方已出现一家当铺,1890 年(光绪十六年)有了第一家旅店,1894 年(光绪二十年)沿江出现摊贩。[①] 1899 年,哈尔滨地区出现了几家较大的中国商号,如同盛隆商号、永和栈商号等。到了 1900 年,这样规模的商号发展到了几十家,其中,一部分为钱粮业的钱庄、粮栈,另一部分为山海杂品、日用百货。比较著名的有道里的复兴公粮栈和道外的永德堂杂货。[②] 自哈尔滨成为中东铁路枢纽后,发展更快。1905 年(光绪三十一年)清政府决定将哈尔滨开为商埠,从此人口激增,多国外商涌入,私人店铺迅速增加,是年有店铺百余家,[③] 一跃成为黑龙江地区最大的商业城市。

1900 年,义和团运动的抗击外敌之火也在哈尔滨地区熊熊燃烧。哈尔滨是中东铁路的枢纽,主要城区一直被帝俄占管,更成为义和团清算的对象。从 1900 年 7 月 8 日"奉、吉、黑三省将军联名致函尤格维奇,要求俄国人移交中东铁路财产,保证他们安全撤出中国国境"的宣战开始,至同年 10 月 12 日,俄人萨哈罗夫率骑兵攻陷呼兰城,搜索署库、抢劫军械、奸淫妇女、

[①] 参见黑龙江省地方志编纂委员会. 黑龙江省志(第三十五卷·商业志)[M]. 哈尔滨:黑龙江人民出版社,1994:29.
[②] 参见金宗林. 哈尔滨商会史略[M]. 哈尔滨:黑龙江人民出版社,2017:8.
[③] 参见黑龙江省地方志编纂委员会. 黑龙江省志(第三十五卷·商业志)[M]. 哈尔滨:黑龙江人民出版社,1994:29.

枪杀居民、焚烧民宅，并向县署提出苛约6条，① 哈尔滨地区一直处于战火烽烟之中，使哈尔滨城乡经济和对外贸易的营商环境遭受了冲击。

哈尔滨本属同城分治，战争对垒和战事频仍之下，哈尔滨地方政府更加无力维护商民利益，只能由商民自己出头与俄方中东铁路管理局进行交涉。危情之下，"在埠头区（今道里区）经营粮栈的复兴公商号经理纪兴岐，联络本地各商号成立了'哈尔滨商业公议所'，由纪兴岐担任公议所'总董'（这就是哈尔滨总商会的前身）。就这样，哈尔滨商会在战乱中诞生了"②。

"哈尔滨商业公议所"在战乱中诞生，从成立之初就具有商事管理与维持商事治安的职能。这种职能的产生主要有两个原因。

其一，哈尔滨地区中俄贸易繁盛，基于自身利益的考量，哈尔滨地区俄方管理者中东铁路管理局支持本土商民自建商会组织，跨越地方行政当权，便利直接沟通，当俄方与地方行政发生摩擦时，可以通过商民自治组织"代为管理商务、辅助供需、沟通协调地方事务、内部调节商民纠纷甚至授权维护地方治安"，并且"除代表商民利益，沟通、斡旋铁路当局与地方的商务、事务外，还允许哈尔滨商业公议所自设武装警卫队和刑讯室、拘留所，可以逮捕扰乱治安、侵害商户权益的人，其权限相当于现在的治安拘留，对涉及追究刑事责任的则要递解由中东铁路当局设立的警察局"。"由于当时的市民不懂商会类组织为何物，哈尔滨地方（中东铁路附属地）当时也没有中国政府任何部门，所以当时的市民对商业公议所充满了敬畏，把它称之为'大会'。"③

其二，清朝政府四面楚歌，国事衰退，已经逐步沦落为多国列强竞相争夺瓜分的"鱼肉"，中东铁路的修筑和哈尔滨通商开埠即为国情的映照，

---

① 1900年7月9日，宾州、呼兰、北团林子（绥化）、阿勒楚喀等地义和团拆毁哈尔滨周围的部分通信设施、铁路和桥梁。7月10日，义和团和清军切断一面坡至苇河车站间的电报联系，哈尔滨至东线尼科尔斯克电讯中断。同日，第一批撤退的俄国铁路员工和家属乘船由哈尔滨逃往伯力。7月11日，哈尔滨与西线海拉尔电报联系中断。自当日起哈尔滨完全与外部隔绝，俄国人处在义和团和清军的包围之中。7月22日，清军、义和团及筑路工人逼近哈尔滨，围困市内的3500多名俄军。7月23日，义和团和清军向驻守哈尔滨江北船坞的俄国军队发起进攻。8月3日，俄萨哈罗夫"救援哈尔滨兵团"由哈巴罗夫斯克乘战舰沿松花江到哈。8月4日，俄军哈巴罗夫斯克纵队进入哈尔滨。8月18日，萨哈罗夫部队占领阿城。8月，俄军萨哈罗夫"救援哈尔滨兵团"抵哈后，在道里江沿附近驻扎。9月3日，俄军进犯呼兰南仓烧杀抢掠，被清军击退。9月27日，俄军阿尔洛夫部队由外贝加尔入侵哈尔滨。参见贺颖．哈尔滨历史大事要览[M]．哈尔滨：黑龙江人民出版社，2008：39－41．
② 金宗林．哈尔滨商会史略[M]．哈尔滨：黑龙江人民出版社，2017：12．
③ 同上书，第13页．

缺失国家力量庇护的商民只能自救自治、自我管理、自我维护。因此，"哈尔滨商业公议所"不仅仅是一般的民间商会组织，还是自设和被授予相应行政管理、司法警事权力的特殊类型商会组织。

受"哈尔滨商业公议所"的影响，1901年，时属吉林省管辖的傅家店地区（今哈尔滨市道外区）商民中，永德堂商号经理高辑五发起成立"滨江公益会"，报请吉林省府衙批准，高辑五任总董。① 1908年，傅家店地区的工商经济已经有了较快的发展，依照清廷商部颁布的《商会简明章程》，在滨江公益会的基础上成立了正式商会。因当时滨江县地方隶属于吉林省，而吉林省城的商会名为"吉林省商务总会"，故此正式成立的商会名为"吉林省滨江县商务分会"。此外，1901年，上号地区（今哈尔滨香坊区）商民呈请驻哈尔滨的吉、江两省铁路交涉局备案，成立了田家烧锅商务会议所。②

外国商民随中东铁路的修筑陆续踏上哈尔滨的土地，开商铺、设工厂，将大量资本带入哈尔滨，成为哈尔滨开埠商事渐盛的主要力量。清末至民国前期，在哈尔滨的外国商会性组织主要有两个。一个是俄商商会，成立于1907年4月，地址在道里中央大街40号，成立时会员即达百人左右。设会长、秘书等职，会员按等级纳会费：年额一级100元，二级50元，三级25元，四级15元，该会还发行《哈尔滨周刊》。另一个是日商商会，成立于1908年，商会的职责范围是指导、建议地方工商业的经营，调查、调停商务以及检验贸易等资格，并维护在满商工业者商权及其发展。③ 外国商会性组织的成立晚于哈尔滨本土商会性组织，但依赖本国使

---

① 金宗林. 哈尔滨商会史略[M]. 哈尔滨：黑龙江人民出版社，2017：13.
② 参见杨光. 哈尔滨商业史研究[M]. 北京：中国财政经济出版社，2017：110.
③ 参见黑龙江省地方志编纂委员会. 黑龙江省志（第三十五卷·商业志）[M]. 哈尔滨：黑龙江人民出版社，1994：563. 此外，在金宗林所著的《哈尔滨商会史略》中有另一份资料显示，早在1901年，日本人就在哈尔滨创办了"松花会"，会址在道里中国五道街。"松花会"的创办得到日本政商两界的大力支持，在哈日商均聚集于此，其商会作用包含在会务之中。当时在哈的日本人在千人左右，日俄战争爆发后，哈尔滨日本"松花会"收到日本驻海参崴贸易事务官电报通知，令在哈日本侨民撤离哈尔滨。因此，到1905年，除有特殊任务的少量日本人外，绝大部分日侨都离开了哈尔滨。日俄战争结束后，日本挟战胜国之余威，开始对哈尔滨进行大量经济投资，大批日本侨民也随之进入哈尔滨。而此次返回的侨民主要是商人和企业家。据记载，1906年日商合资会社熊泽洋行在哈尔滨开办，接着日本三井物产株式会社、竹内商会、松浦洋行、加藤酱油酿造公司、田中洋行、日本龙口银行、井上药房、大岛电器商店、南海洋行等日资企业蜂拥而至。1908年，哈尔滨"松花会"正式更名为哈尔滨日本侨民会。参见金宗林. 哈尔滨商会史略[M]. 哈尔滨：黑龙江人民出版社，2017：29-30.

领馆的庇护，代表本国商人抵制中国地方政府的正当管理和约束，构筑与巩固本国商事习惯，扩大本国商事组织，达到控制中国市场、与中国商民争利的目的，外国商会性组织的这一作用在民国时期达到高潮。

第二节　民国时期哈尔滨商事习惯的发展

一、外侨商事习惯之间的碰撞与交融

日俄战争中，哈尔滨工商业急剧发展，人口骤增至25万，[①] 其中，外国商人"计占全埠人口三分之一"[②]，并且外国商事组织之间竞争激烈，商事习惯也存在着碰撞与交融。

> 举凡英、美、法、德、意、俄、日、丹等国，罔不积极侵略，相互角逐，以哈埠为其共同战场。此中占绝大操纵力者，厥为俄、德、日三国。机器类等，以德为著。杂货物品，则俄、日尚焉。据哈尔滨海关入口册之记载：一九二七年度，由各国输入哈尔滨之各种货物，其价值总计为关秤银二千一百七十七万五千三百四十两。以苏俄来货为最多，占总额十分之九强。兹分述如次：日本二四五六五一两，英吉利一〇九九四一两，美利坚六七七八五两，法兰西三九三三八五两，德意志四七七四八〇两，芬兰二九二两，比利时二一一九一两，意大利一二〇二二两，香港一六四七两，苏联一九八三五八七五两，总计，二一七七五三四〇两。
>
> 德国现努力恢复欧战前在远东大陆经济界之势力，对于国内工业制造，力为提倡，并设法奖励输出，本埠馆欧亚大陆之中枢，遂首当其冲焉。……其输入之物品，全数运入本埠，然后或输往他处。其种类不外各种机器、五金器具、杂项机械、药品、瓷器、电料、皮革、汽车、电车、玩具、马口铁等。制造既甚坚

[①] 李述笑. 哈尔滨历史编年(1896—1949)[M]. 哈尔滨:哈尔滨市人民政府地方志编纂办公室,1986:21.

[②] 辽左散人. 滨江尘嚣录[M]. 张颐清,杨镰,整理. 北京:中国青年出版社,2012:84.

固,形体又美丽壮观,而价格比之英、美、意、法等国,又颇低廉,故甚蒙一般人士之欢迎。现在侨居本埠之德人,几尽为经济,设立账房,代理其本国各工厂销售物品,或介绍彼国商品。至其账房,并无大批货品,不过仅具各种货样而已,各华商看定某种,订立合同后,即时致电本国,克日起运,如期运到。

其次即为日商。日人于本埠商业界,有绝大操纵之力。盖哈埠各华商所售之货物,即日货一项,可占十分之四强。就中以绢布、陶瓷器、玻璃器具、洋铁瓷器等项为最多。最近哈埠一年间,绢布输入总额,达八百万元,此中日货占六成。其制品为白绢布、色绢布等。日本货品,如制造物等,虽品质甚低,与其他等国相差过远,但价格较廉,故日本货独占优势。至华商贩运日货,必须付以金票,以故金票虽属不兑换纸币,然以经济事业为担保品,终能保持其固定价值,此日人经济政策之超过我国也。总计日人在哈设立之商号,达三百余家。[①]

从上述史料可以看出,德商习惯偏重于经营各种机器类商品,这与德国的国家经济政策密不可分,德国通过奖励输出的方法,大力鼓励国内工业制造发展,产品性能好,美观大方且坚固耐用,低廉的价格也使德国工业产品相较于英美法等其他国家产品具有良好的竞争力,因而德商在较长一段时期内都有竞争优势。对交易程序便捷的需求也形成一种交易习惯,即代理交易,在哈埠先以货样对德国工业商品进行介绍,订货后即刻致电德国厂商,按时将货物运到哈埠。

而俄国和日本商人偏重于经营杂货物品,其中在"绢布、陶瓷器、玻璃器具、洋铁瓷器等"商品领域,日商拥有较大的市场占比,达"六成"之多。日商杂货物品销售习惯及其优势的形成与德商不同,日商杂货品质不高,但因更低廉的价格获得了独占优势,进而也形成一种较为长期的市场习惯。同时,日商的交易习惯为须用"金票"支付货款,"金票"不能兑换纸币,但对交易起到以商事组织的经济信誉为担保的作用,因而"成为在哈尔滨市面流通中具有相当实力的货币"。[②]

[①] 辽左散人. 滨江尘嚣录[M]. 张颐清,杨镰,整理. 北京:中国青年出版社,2012:84-86.
[②] 王世华. 哈尔滨简史[M]. 哈尔滨:哈尔滨工业大学出版社,2006:22.

外商习惯的碰撞与交融还表现在语言、度量衡、日历等方面。除了半俄式交易用语,半日式、半德式等语言的使用成为一种中外通用的用语习惯。

> 本埠外人,以俄人为最多,皆麇集于特区境内,华人则以道外为聚处。华人之精通俄语者,固不乏其人,但其所交谈之对方,自然为俄人,孰知年迁月积,竟使一部分之中国语言,几成为半俄式,即华人与华人交谈,大多数操此半俄式之语言。
> ……此外若特区方面之度量衡制度,亦多为俄国标准,如阿拉申、沙绳、布特等名称,华人相习已久。凡物品之授受,莫不以斯等名称为单位,并不止对于外人交易,对于华人亦如之。①

中西历法,也各自不同。在使用中也形成了一种可以交融的比照习惯。

> 吾国之阴历,由来已久,其历法系以月球为标准,盖月球绕地球一周,为二十九日十二小时四十四分,苟将畸零略去,可计为二十九日半。然每月分为大建三十日,小建二十九日者,盖以其半日之畸零,彼此移动故也,以此有余补彼不足,故有三十日与二十九日之别。每十二个月曰一年。而阳历则依地球绕日以计算,地球绕日旋转一周之时间,为三百六十五日五小时四十八分四十五秒,如亦将畸零略去,则为:三百六十五日,谓之一年。积四年之畸零,闰一次,计增一日。
> 惟俄国历法则不然,殊属奇特,其历法之日期,介于阴阳二历之间,迟于阳历十余日,而速于阴历十余日,如以民国十七年阳历元旦论,俄历为十二月十九日,阴历为十二月初九,各月之日差,均仿佛此。②

因此,俄侨商人保持使用俄历习惯,其他外侨商人则或使用中国阴历,或使用阳历。由于俄商人数最多,因此,印刷局将阳历、俄历、阴历

---

① 辽左散人.滨江尘嚣录[M].张颐清,杨镰,整理.北京:中国青年出版社,2012:134.
② 同上书,第166-167页.

都进行印制,方便对照,以至于"本埠各印刷局之日历,均印有阳历、俄历、阴历三种历法,相互对照,斯亦一地方之特殊新闻也"①。

此外,外商在人员雇佣上几乎形成了一致的习惯,即外商对买办及司账员的职位皆多雇佣华人。外商虽然资本雄厚,但"惟多昧于华人之习惯及情形,影响销路,诚非浅鲜,情势所趋,势非任用华员,不足以扩张营业","其销售货物、翻译信件、誊录账簿、招待华商等事,果无华员以助之,则久而自僵",因而需要雇佣华人,且高薪筹聘。"就中以汇丰、花旗、懋业等银行,亚细亚、美孚、德士古等煤油公司,英美、老巴夺、秋林等烟草公司,以及各种特产买卖商,大批输入商,均位置多数华员。""任用华员之薪金,亦颇优厚,普通司账人员等,率在百元以上。读者诸君,果能通晓外国语言,有数年之商业经验,即可投递自荐书,一经考验合格,便可从事焉。"②

二、民族工商业对外侨商事习惯的借鉴

中东铁路的修筑使哈尔滨具有了极为优越的交通和地理条件,又因人口的骤增极大地刺激了商品经济的发展。日俄战争后,哈尔滨"开埠通商",各国势力蜂拥而入,哈尔滨迅速成为重要的国际商贸金融交流中心和主要货源基地。20世纪10—20年代,先后有30多个国家的侨民来此居住,货物云集,商贸繁盛,仅外国洋行、商社,就有大小2 000余家,它们同世界40多个国家和地区的100多个城市和港口保持着经常性的商贸联系,与莫斯科、伦敦、巴黎、纽约、华沙、柏林、东京等发达城市有直接的进出口货物联系。③依托于"国际商贸之都"的强大商业环境,国内民族资本也在哈尔滨迅速发展起来,"清末和民初,民族资本大中型商店在哈尔滨集中形成并发展。1900—1905年(光绪二十六年至三十一年)期间,哈尔滨有店铺百余户,其中比较有名的商号有13间。开业最早的是1900年(光绪二十六年)同盛兴杂货店与永和粮店。1901年(光绪二十七年)同盛厚粮谷杂货店开业。1902年(光绪二十八年)元吉号、同和

---

① 辽左散人. 滨江尘嚣录[M]. 张颐清,杨镰,整理. 北京:中国青年出版社,2012:167.
② 同上书,第96-97页。
③ 参见王志军,李薇. 20世纪上半期哈尔滨犹太人的宗教生活与政治生活[M]. 北京:人民出版社,2013:8.

洪、和成公粮谷杂货店开业。1904—1906年（光绪三十至三十二年），较大型百货商场同发隆、洪盛隆、公和利百货店相继开业"。"1909年（宣统元年）间，哈尔滨有商店889户，其中年经营额50万卢布以上的大百货店2户，年经营额20万卢布以上的货栈、批发店16户，中型零售店185户，各种代理店29户。"①

此外，以张廷阁为代表的一批在海参崴的华侨资本家向国内转移资金，投资创设面粉厂等工商企业。国内山西、京津、山东、沈阳等地商人也纷纷来到哈市，开厂设企。1907年，武百祥在傅家店南大街（现道外南头道街）独资开设同记。1913年，武百祥与赵禅唐将开办的"同济工厂"进行扩充，改称"同记工厂"，② 同记逐步发展成为民族资本工商实体企业的代表。

第一次世界大战爆发后，民族工商业更是"一日千里"。1915年12月，拥有800多家粮商会员的滨江粮业公司成立。③ 1916年2月10日来盛百货店在现道外区南头道街开业。同年8月7日，全发合、谦发合、东发合、万隆合、老大成永五家商号在现道外区开业。同年11月，回民商号福顺公司创办。1917年9月，韩云山、李福清集股本3万元，创办第一家华商酱油公司。④ 到1918年，哈尔滨大小工商铺已有4 000余家。⑤ 进入19世纪20年代以后，中国的民族工商业经济进一步发展。尤其是1925—1928年间，民族资本又一次大量涌进哈尔滨，仅以设立的大中型商店数目来看，"据1936年伪满《工商名录》载，哈尔滨市1931年前开业的商户中，属于大中型的（资本折合伪满币5 000元以上）共有234户，其中资本10万元以上的19户，5万元以上的36户（清朝末年开业的只剩下22户）。各主要行业都有一些大中型商店"⑥，武百祥创办的同记与大罗新百

---

① 黑龙江省地方志编纂委员会. 黑龙江省志(第三十五卷·商业志)[M]. 哈尔滨:黑龙江人民出版社,1994:32-33.
② 参见滕英武,李凯平,荆石. 哈尔滨商业大事记(上册)(1890—1966)[M]. 哈尔滨:哈尔滨市商业委员会,1988:7-13.
③ 参见王世华. 哈尔滨简史[M]. 哈尔滨:哈尔滨工业大学出版社,2006:21.
④ 参见滕英武,李凯平,荆石. 哈尔滨商业大事记(上册)(1890—1966)[M]. 哈尔滨:哈尔滨市商业委员会,1988:16-20.
⑤ 参见王世华. 哈尔滨简史[M]. 哈尔滨:哈尔滨工业大学出版社,2006:21.
⑥ 黑龙江省地方志编纂委员会. 黑龙江省志(第三十五卷·商业志)[M]. 哈尔滨:黑龙江人民出版社,1994:33.

货店是这一时期的突出代表。

民族工商业能够在哈尔滨获得快速发展,除了具有天然的本土优势外,还积极地向外商进行借鉴,不断变革商业模式。"慨自海禁大开,欧化东渐,尔来已数十年矣,华人涎其强盛,而每不察其真确之主因,谬谓一事一物,亦当效法","通商以来,未或稍懈,故名都大邑,尤在足以表现华人模仿性之强大"①。只有"法自西欧",快速融进"华洋杂居"的国际化商贸方式和进程中,才能够在激烈的商海竞争中求得稳固和更大的发展。

以扩张营业、商业宣传和商品促销为例,华商不再小窗小面,空间狭小,坐等顾客上门,而是扩大场所,大做宣传,主动招揽,"近于扩张营业之术,尤为钩心斗角,均扩大户窗之面积,列五光十色之货物,以便任人观望,广置备色电灯,成明灭不定之现象,以免迷其所在。此外雇吹夫数名,大吹特吹,扎松枝牌楼,夺神炫目,一面借报纸而广告,一面减货价以招徕,于是门庭如堵,营业日隆"②。在"大减价"的同时还增加"大赠彩",③ 以利促销。

外商在本国传统节日之际都会为大量生活在哈尔滨的外国侨民提供节日商品和服务,华商很快适应了外侨习俗,仿效外商,积极开展"外侨习俗经济"。出生于哈尔滨的著名俄侨历史文化专家叶莲娜·塔斯金娜回忆说:"事业蒸蒸日上的中国商人热情地为顾客提供商品和服务,因此大街小巷尽显一派生机勃勃的景象。中国人很快就适应了俄国的习俗和宗教历法。复活节前,他们卖柳枝和鲜花;新年和圣诞节,他们就卖松树;而到了圣灵降临节,他们则卖成束的香草。他们年复一年地在哈尔滨的街头巷尾做这样的买卖,利润相当可观。"④

"女子商店"亦是民国后"欧化东渐""法自西欧"的产物。"滨江于民国十四年(1925年)时,有所谓妇女协进会者,附设于道外青年会内,

---

① 辽左散人. 滨江尘嚣录[M]. 张颐清,杨镰,整理. 北京:中国青年出版社,2012:148.
② 同上书,第81页.
③ "大赠彩"是商家设置彩单奖励,宣布头彩、二彩等奖项内容,以吸引顾客多多上门,广为消费。"犹忆沈垣某最大商号,于开始营业时,即大行赠彩,其中之头彩,为真正狐腿皮袄料一件,是以垂涎者,多云集该号,咸欲攫得之。"参见辽左散人. 滨江尘嚣录[M]. 张颐清,杨镰,整理. 北京:中国青年出版社,2012:141.
④ [俄]叶莲娜·塔斯金娜. 哈尔滨:鲜为人知的故事[M]. 吉宇嘉,译. 哈尔滨:哈尔滨出版社,2018:55.

实为哈埠女界破天荒之组织。""与妇女协进会相因而生者,厥为女子商店。哈埠向无女子商业之组织,此为破天荒之第一遭,故成立之初,各界颇表示欢迎,更庆女界从此尤可多一条谋生之路。其营业地点,在道外正阳街八道街口,名称为滨江女子美术国货商店。营业项目,分瓷器、书画、鞋帽、化妆品等部。每部有部长一人主之,营业员三四人佐之,多为县立女子高等之毕业生徒,年龄匀在十六七岁以上。"[①]

再以最贴近民生需求的理发行业为例:

> 考理发处属于地方卫生范围内之管辖,故其清洁与否,与人民之健康,有直接之关系。何则?因人人必须理发,亦即人人必须入理发处之室,故与住民有直接之关系,是以谓其为公共处所,亦无不可。诸理发店之不宜于卫生之点颇多,今举其较大者,约略述之。若理发匠本身之不知清洁,即其一也。彼等呼出之碳氧气,多臭不可耐,且其手多污浊。以吸烟者为尤甚,每当工作之时,所呼出之恶气,直扑对方之面,其污浊之手,于剃髭刮脸之际,又抚摩客人之口鼻不已。试思当夏令炎热之候,疾病之传染,微生物之移转,自属易易。此外若剪鼻孔也,取耳垢也,以刀锋削眼角也,尤多与卫生之旨,大相背驰。地方有司,原属责任者,为公共卫生起见,务须有以改良之也。
>
> 自最近妇女剪发之风盛行,诸理发处为投机起见,咸易其旧式招牌,大书特书最新男女理发等字样,且绘成各种之图形,以引人注意,但妇女之入其室者绝少,皆赴道里南岗一带之俄国、日本等理发处,对于华人理发店,均裹足不前。[②]

从《滨江尘嚣录》中理发业的改变可以看出,在"华洋杂居"的哈尔滨,人们追求更文明、卫生、安全的商业服务,民族商业只有改变旧习,借鉴更文明的经营方式,才能获得认可。

---

① 辽左散人. 滨江尘嚣录[M]. 张颐清,杨镰,整理. 北京:中国青年出版社,2012:171 – 172.
② 同上书,第143页。

图 1-1　1938 年道里端街的理发店①

三、"利公司、利劳资、利顾客、利同业"的新商事习惯

随着中东铁路的开通以及"开埠通商",哈尔滨人口激增,外商蜂拥而入,迅速发展成为"东三省大商埠之一,因水陆交通之便利,及各种出产之丰饶,工商业之发达,一日千里,三省中其他城市,无可与其相伯仲者"。② 从人口数量上看,据 1929 年的调查,"华人为二十七万四千三百六十九人,俄籍二万八千八百五十人,英吉利一百六十九人,法兰西一百五十六人,德意志一百五十一人,美利坚五十八人,日本三千七百三十九人,朝鲜一千三百五十八人,波兰五百九十四人,意大利六十四人,澳大利亚四十七人,丹麦四十五人,犹太一千三百二十四人,拉丁一百五十四人,捷克斯洛伐克五十八人,瑞典三十五人,印度八人,匈牙利六人,荷兰三十二人,比利时一人,土耳其十五人,塞尔维亚八人,罗马尼亚二人,希腊九十六人,无国籍者三万一千四百三十三人,总计三十四万二千七百七十二人"。③ 从店铺发展来看,1929 年哈尔滨店铺已激增到 7 122 户,④ 其中,"外人之营商于斯地者,计占全埠人口三分之一"。⑤ 俄商、日商、英商、德商、法商、美商等众多国家商人都以哈埠为战场,展开激烈的商业角逐。

---

①　照片来源:韩淑芳. 老哈尔滨[M]. 北京:中国文史出版社,2018:114.
②　辽左散人. 滨江尘嚣录[M]. 张颐清,杨镰,整理. 北京:中国青年出版社,2012:77.
③　同上书,第 15 页.
④　黑龙江省地方志编纂委员会. 黑龙江省志(第三十五卷·商业志)[M]. 哈尔滨:黑龙江人民出版社,1994:29.
⑤　辽左散人. 滨江尘嚣录[M]. 张颐清,杨镰,整理. 北京:中国青年出版社,2012:84.

商品好、服务好、环境好、信誉优、实力强是商业经营中吸引顾客的重要因素。在"华洋杂处"、商业繁茂、千帆竞发的经济场域中固守腐旧陈习,不知借鉴改良,必然会在商海迭代中被淘汰。正如《滨江尘嚣录》中所描述,"我国商人习惯,向极固执,往往一成不易,不知潮流之趋势,更不知研究改良,对于销售货物之法,尤为腐旧"。而当时"大罗新、公和利等,尚知改良。……此该二商号,营业之所以日趋发展也。年来其他各大杂货商,均渐知改进,争相效尤"。[①]

民国时期,同记、大罗新、公和利、双合盛等民族商业佼佼者不断进行革新,极大地促进了自身商业的发展,也极大地影响了其他商业者,"利公司、利劳资、利顾客、利同业"的新商事习惯逐步在"争相效尤"中确立起来,丰富起来。

所谓"利公司",是从公司前途稳定、长久存续的切实需要出发,改变传统的公司招股习惯,不使公司之少数股本化成多数,相反要使公司股本陆续加增,因而在公司章程内订明,无论股东、职员各方面所得报酬红利,均须提出一部分作为储蓄,以备滚存加入股本,用这样的方法使公司的前途"日趋巩固,绝无动摇之虞"。享誉东三省、蜚声海内外的"同记"就在公司章程内明定规条,无论股东还是职员,所得的红利项下均拨出一部分滚存入股,久之使劳工变为资本,职员尽成股东,原来的股东权利日见增加,新加入的股东利益亦日见进益,劳资两方面皆得均衡,公司事业更加巩固。[②]

"利劳资"的改良是因从前公司的营业往往失败,多由于组织不良,利益分配不均,不是股东不得利,就是职员白效劳,继而公司溃散而造成的。按以往公司的惯例,支配利益一项,普通股东所得者有限,职员亦分配无几,而大多数利益尽落于少数人之手。在股东方面,有创办股、特别股、优先股等;在职员方面,则有创办人、发起人、赞成人、董事、监察、经理等。这些名头实际上都享有一定特权,公司制度名义上虽然规定利益均沾,而实际却是私人中饱,普通股东无法获得公司厚利,普通职员更不能享受花红,进而引发劳资冲突不断,常有公司职员"不负责任和影

---

① 辽左散人. 滨江尘嚣录[M]. 张颐清,杨镰,整理. 北京:中国青年出版社,2012:80.
② 参见中国人民政治协商会议黑龙江省委员会文史资料委员会编辑部. 武百祥与同记[M]. 哈尔滨:黑龙江人民出版社,1989:241.

射的毛病发生"。① 而"利劳资"就是为防止将来劳资冲突,将上述各节完全剔除,使公司所得利益尽在股东与职员方面分配,绝无中饱和白手得利的缺陷。哈尔滨大型现代商业代表之一的"公和利"一直到20世纪40年代,"全店职店员保持百人左右",② 其经营上的成功也与其"利公司、利劳资、利顾客、利同业"的商事习惯分不开。与"同记"一样,"公和利"也是股份制公司,创始人刘汉章在公司利益分配上取了钱劳兼顾的分配方法,既不是通常的东6西4分劈法,也不是东7西3的分劈法,而是东少5西近6的分劈法——全股做44成,东方分劈20成,西方分劈24成,给职员提花红。甚至"死者照样有利益分配权","只要公和利继续存在,在计算盈利之年,无论何时都有享受分配的权利。鸿账最后的4名劳方赤山堂、福庆当、日升堂、张云皋就是死后得到的这种分配。由于刘汉章礼贤下士,识才尊贤,让利劳方,全号上下无一不知为之效力的"。③

"利顾客"就是要"重视顾客的利权,满足顾客的需要,使顾客均得着美满和愉快的感觉,才可以使营业发达"。同记创始人武百祥说:"英谚云:'顾客者产业也。'这都是以顾客为商业本位的意思,在以往商业场中往往昧于斯意,而有商不厌诈之说,因有此说,故不免有蒙混顾客的行为,以此而作营商之道,无怪乎其处处都要失败了。"④ 同记店规做了如下规定:

> 本店为革除以上的谬见,为满足顾客的需要,故须遵行下列的数条:
> 一、货真
> 柜台所售货品,某货自是某货,不准以假乱真,如本店在一切货物上,均标明某国货某地产即本此意。
> 二、价平
> 我们普通的货物价值自然比别家不贵了,然而最要紧就是罕

---

① 中国人民政治协商会议黑龙江省委员会文史资料委员会编辑部. 武百祥与同记[M]. 哈尔滨:黑龙江人民出版社,1989:241.
② 张子建,李妤."公和利"呢绒绸缎百货店[A]. 政协哈尔滨市委员会文史资料编辑部. 哈尔滨文史资料:第十五辑(经济史料专辑)[M]. 哈尔滨:哈尔滨出版社,1991:90.
③ 同上书,第94-96页。
④ 中国人民政治协商会议黑龙江省委员会文史资料委员会编辑部. 武百祥与同记[M]. 哈尔滨:黑龙江人民出版社,1989:242.

见的缺货，应时的新货和稀奇的物品，亦决不可使掠夺手段而高提价格。

三、优待

平常待遇顾客，自然是要最力施为，使其处处满意了，此外如顾客退换货物和委托搜寻代办货色等等，亦必得尽力的帮忙，务期使顾客均感便利而后已，所以本店明年还要设上图书室和借物部，这都是使顾客感觉便利的意思。

四、快感

平日莅临本店之顾客，其定意购买货物者固属是很多，而游览参观者亦不在少数，我们接待均要处处周到，这是唯一的要义，倘遇不买货者也万不可使之勉强，所以顾客游览时，尽可随便，不可盘问"买何物，买什么"，以免顾客厌烦。倘有顾客垂询，则诚恳以告，招待上更要殷勤，务使来客适意感快而后已。①

在商须谋利，但见利要思义，以客为本，以客养利，才能使商业兴旺长久。不重视顾客利益，只顾眼前利益，一锤子买卖，甚至是欺罔诈伪，这样的营商习惯必然带来商事颓败。

1921年10月10日同记分号"大罗新"百货店隆重开业，当时的几十家中外媒体如《东三省商报》《大北新报》《露亚时报》等都进行了报道，大罗新营业厅内人声鼎沸，人群熙攘，生意火爆。②《东三省商报》后续还对大罗新的商业改革及其影响给予了积极的比照和客观的评价——"大罗新蒸蒸日上，恒发源一落千丈……"③，"自大罗新首先革故鼎新，事事遵行新法，崛起于举世懵懂之日，幸而天心人愿两不相负，业务得以日渐昌盛，一般实力充足者，咸憬然知新法之确而仿行也，因之舍旧谋新，接踵而至，或径仿大罗新成法而亦步亦趋，或参以匠心而别树一帜，然一经革新，靡不利市3倍，从知旧思想之不可为法，而改弦易辙实为当务之急矣"。④

---

① 中国人民政治协商会议黑龙江省委员会文史资料委员会编辑部. 武百祥与同记[M]. 哈尔滨：黑龙江人民出版社,1989:242-243.
② 钟福祥. 松江文史：同记风云录(1)[M]. 哈尔滨：北方文艺出版社,2012:357.
③ 同上书,第382页.
④ 中国人民政治协商会议黑龙江省委员会文史资料委员会编辑部. 武百祥与同记[M]. 哈尔滨：黑龙江人民出版社,1989:238.

当时哈尔滨的许多商业主体都遵循"利顾客"的商事习惯,并将其明确规定于店规店法中。如"公和利"规定:"(1)在营业上要以义为本,重义轻利,让利于顾客,薄利多销。不许谎价,要言无二价,丈布要足尺,扯布直而不差毫厘。(2)待客如宾,服务周到,不得有半点不堪入耳之言,不堪入目之举。"① 对"利顾客"的诸多方面详尽要求。

图1-2 武百祥创办的"大罗新环球货店"②

民国时期曾任哈尔滨市铁工业同业公会理事长的吴彩亭所创办的"聚兴成"铁业也以"客户至上"为一直坚守的营商准则。

聚兴成对客户的各种要求都尽力满足,不论订货多少从不怠慢,除接受加工外,还承担运输、安装、保修、配件等全套业务。不论经营情况好坏,聚兴成从不坐门等客,派出联系业务的人跑遍了省内地区,制作的油、酒、米、面机械遍布全省十几个市、县,有几个县镇,如阿城、巴彦、海伦那里的加工业使用的机械是清一色的聚兴成制品。至1940年,聚兴成铁工厂自身资产(不包括其他产业如房产等)已有百万元以上,基本工人百名左

---

① 张子建,李好."公和利"呢绒绸缎百货店[A].政协哈尔滨市委员会文史资料编辑部.哈尔滨文史资料:第十五辑(经济史料专辑)[M].哈尔滨:哈尔滨出版社,1991:93.
② 照片来源:石方.20世纪一二十年代哈尔滨多元文化研究[M].哈尔滨:黑龙江人民出版社,2012:104.

右，加上临时雇佣的，最多时达到三四百人。①

"利顾客"的商事习惯使"聚兴成"发展成为哈尔滨最大的私营铁工厂。

所谓"利同业"，是指对于同行业者的行商做事要光明正大，诚实守信，讲商业道德，不欺不诈，不诓不骗，正当竞争，且互帮互助、互利互惠。其主旨在于"导引同业纳入发展商务的正途"，进而"使中国商业得其同抵于发展地步"。武百祥主张，以"利同业"为目标，应遵循的商事习惯有二：

一、互助

遇事要通力合作，决不可彼此倾陷、彼此破坏，以蹈旧商业之恶习，处处总要以便利同业为依归。

二、竞争

竞争者乃进步之元素，发展之兴奋剂，然而一般普通商人，往往昧于斯义，时有无意味的竞争发生，致使两无所益，故本店竞争的标准，处处要以道德、诚实、信用作利器，决不施加诈术，如减价折扣，贱卖削本等等自杀的政策。处处都要导引同业进行，心存群众利益，以使中国商业得其同抵于发展地步。②

"三盛炉菜刀"与磨刀匠互帮互助、互相成就的经典事例在哈尔滨一直传为美谈。"三盛炉菜刀"的创始人康业福不仅会制刀，也擅长做买卖，与同乡王纯道、康业修两位高手长期同心同业，合伙经营。关于"三盛炉菜刀"的兴盛，在《三盛炉菜刀的由来和发展》中有一段颇为精彩的描述：

新中国成立前，有一些因体力不佳而失业的铁匠，则以磨剪子抢菜刀谋生。有些技术好的老手艺人流动在市区各地，专门给厨房、大饭店、肉末子磨刀。他们都有各自固定的主顾，而且消

---

① 吴遵南，张敬贤．吴彩亭与"聚兴成"[A]．政协哈尔滨市委员会文史资料编辑部．哈尔滨文史资料：第十五辑(经济史料专辑)[M]．哈尔滨：哈尔滨出版社，1991：56．
② 中国人民政治协商会议黑龙江省委员会文史资料委员会编辑部．武百祥与同记[M]．哈尔滨：黑龙江人民出版社，1989：243．

息灵，谁家的刀好磨，哪家需要啥刀都清楚。康业福对这些磨刀人敬为上宾，每到年节，派人发出请帖，到柜上做客，烟茶恭候，酒饭招待，亲自作陪。对过不去年节，生活上有困难的，还适当接济点钱，算是表达康业福和伙计们的一点心意，年复一年从不间断。这些抢刀磨剪人深感康业福为人厚道，讲义气，交往也就密切，只要听到用户有啥议论，或缺什么刀，都给三盛炉报信。时常有很多想买好刀的人总爱向这些磨刀人打听谁家的刀好，请他们给出个主意。他们会毫不犹豫异口同声地说："咳！这还用问，三盛炉的刀不用挑，保险把把是好刀。"这些云游四方的磨刀匠自然就成了三盛炉的义务宣传员和外柜了，同时也方便了用户，使三盛炉的生意越做越活，信誉日增。①

19世纪末到1929年是哈尔滨商业发展的黄金时期。1929年，仅经营"杂货业者，华商计一千二百余家。就中资本充足，营业发达者，当以道里之公和利，道外之大罗新、广和成、同义庆、益发合、义丰源、东发合、同记商场等为最著名"②。茶叶庄共五十余家。其稍著者，为东发合、德记、王正大、宝兴长、同记等号。五金行，共计二十余家，以天庆仁、东来成等号为著。书籍文具店，有中华书局、新华印书馆、中国印刷局、魁升堂、文信、成文厚等二十余家。森林公司，总计二十余家。海林、札免及驻哈鸭绿江采木分公司等，均为中日合办，其余则为华商自办。在当时的哈尔滨，工商杂货、药店、医院、茶叶庄、五金行、森林、转运等公司、电料、化妆、书籍、文具、钟表、宝石等各行各业，商店铺面为数甚多，不胜枚举。③在中外商店鳞次栉比的商业大都市中，华商积极改良旧习，维新发展，普遍实行言无二价、明码标价、习文化、讲礼貌、不沾赌，遵行见利思义的同业之道，采取加大橱窗设计、广告宣传、增设哈哈镜、发行消费券等多样营销手段，求好求新，正当竞争。经过革新，极大地促进了商事发展。哈尔滨的民族商业正是秉持了"利公司、利劳资、利顾客、利同业"的新思想、新习惯，以"经营有道、见利思义"的商人道德与商业道德为利器，在竞争中求发展，

---

① 韩淑芳. 老哈尔滨[M]. 北京:中国文史出版社,2018:121.
② 辽左散人. 滨江尘嚣录[M]. 张颐清,杨镰,整理. 北京:中国青年出版社,2012:79-80.
③ 同上书,第81-83页。

在互助中同兴盛，共同抵御外国经济势力对我国民族商业的蚕食与扼杀。

四、哈尔滨商团组织及其对商事习惯的影响

在这里之所以定名为"商团组织"而不以"商会"称，是因为"商会"的概念有广义和狭义之分，且在使用中多采用其狭义含义，即以商会命名的商人团体组织，如"义乌商会""广东商会""上海商会""松浦市总商会"。以商会命名的商人团体组织除具有一般商团组织的互益性、民间性、自治性等特征，更凸显其具有的地域性特征，即代表来自某一区域的商人共同体，由此区别于行会、同业公会等以行业性为突出特征的商人组织。而广义商会则是指各种形式的商人组织，包括以商会命名的商人团体组织、行会、同业公会等。民国时期，哈尔滨地区商业呈现盛达之局，在哈尔滨近代城市化发展中，既有狭义性概念的本土"商会"、本土同业公会，也有外国"商会"、外国同业公会、外国商店联合会，外国贸易斡旋机关驻在员协会等商人组织机构。商人组织机构多元且均有一定规模，需要分别阐述其状，故本节对"商会"的使用采用其狭义性界称。

（一）本土商团组织及其影响

1. 哈尔滨市商会

前述 1900 年成立的"哈尔滨商业公议所"就是哈尔滨市商会的前身。清光绪二十九年（1903 年），清政府颁布《清商部奏定商会简明章程》，其第二款规定："凡各省各埠，如前经各行众商公立有商业公所及商务公会等名目者，应即遵照现定部章，一律改为商会，以归划一。"[①] 依据此款规则，1908 年，"哈尔滨商业公议所"改组为"哈尔滨商务总会"，选举双合成商店经理郝懋祥为"总理"，同时设协理 1 人，议董 15 人。1915 年中华民国北京政府颁布《商会法》和《商会法实施细则》，由此，"哈尔滨商务总会"于 1916 年再次更改名称及建制，将商会名称更改为"哈尔滨总商会"，将原有商会的"总理制"更改为"会长制"，设会长、副会长各 1 人，会董 32 人，并制定与颁布了《哈尔滨总商会章程》。从 1916 年至 1922 年，鲁人旅哈同乡会会长张万川一直担任会长之职，1922 年改由阜升祥商店经理徐善梅出任会长。1925 年张廷阁继任会长，直至 1932 年伪满洲国成立。其间，

---

① 金宗林. 哈尔滨商会史略[M]. 哈尔滨:黑龙江人民出版社,2017:119.

1930年11月,民国政府工商部致哈尔滨总商会公函,"商会法无总商会名称,施行细则亦无关防之规定,应将哈尔滨总商会名称改为哈尔滨市商会,并换领钤记"。①"哈尔滨商务总会"由此再次更改名称为"哈尔滨市商会"。

由于设立最早,在从"哈尔滨商业公议所"到"哈尔滨市商会"的发展沿革中,其一直具有较大影响,活动区域主要为道里、南岗的部分地区,均为哈尔滨社会上层机构的所在地,与省府、市政、俄方实控机构中东铁路局、外侨商会等联系紧密。1927年10月2日,"哈尔滨总商会"的新址落成典礼召开,哈埠政商名流、在哈外商和外国商会人员纷纷到场恭贺,所送的西门子落地钟、巨大穿衣镜被摆放在显要位置,竟使"哈尔滨总商会"成为当时哈尔滨的一处著名景观。1922年,"哈尔滨总商会"又在马家沟、新安埠、顾乡屯3地各设分事务所,②使哈尔滨商团组织首次形成市级、区级两级运作的基础构架,影响力更加突显。

2. 滨江市商会

前述1901年成立的"滨江公益会"即为滨江市商会的前身。"滨江公益会"以"为官商两方面联络之机关"呈请官府正式设立。成立初期,汇聚商数不过百余家,活动区域仅为道外西角一隅,且道外工商业者多为小生意人,因而影响不及"哈尔滨商业公议所"。1908年,道外工商经济已经有了较快发展,亦依照清廷商部颁布的《商会简明章程》,"滨江公益会"正式改为商会建制,因当时滨江县地方隶于吉林省管辖,故而定名"吉林省滨江商务分会",高辑五仍为领导者,留任总董。1913年,中华民国北京政府通令各省商务总会改称总商会,各县商务分会改称县商会。傅家店地区因于1910年已设为滨江县,故"吉林省滨江商务分会"依令更名为"吉林省滨江县商会",成为独立的地方商人团体。天丰涌商号执事吴子青接替高辑五担任滨江县商会"总理"。

遵照1915年《商会法》,"吉林省滨江县商会"于1916年改会长制,王允升当选为会长。1918年,"吉林省滨江县商会"按民国商会法规定吸并工务会后再改组,张泮当选会长。1929年,东北易帜后,新的吉林省政府成立,原滨江道被裁撤,撤销滨江市政公所,设立滨江市政筹备处,划

---

① 石方.20世纪一二十年代哈尔滨多元文化研究[M].哈尔滨:黑龙江人民出版社,2012:134.
② 3处分事务所均以总商会的分支或派出机构为名,经总商会完全授权,在人事、财务、事务等方面独立运行。

傅家甸[①]、四家子、圈河、太平桥为滨江市辖区，滨江市为吉林省辖市。滨江市下辖第一、二、三、四区和太平桥（第五区），第一至四区的管界为北七道街、北十九道街、大保定街、南新街、太古十六道街等 26 个街道。"吉林省滨江县商会"也由此改称"滨江市商会"，并依民国《商会法》规定，改为委员会制，张泮当选为"滨江市商会"主席。[②]

3. 上号商会、松浦商会与东省特别区商会联合会

与"滨江公益会"同年设立的哈尔滨地方商人团体组织还有"田家烧锅商务公议所"，因地处当时哈尔滨的上号地方（今哈尔滨香坊区），因此亦被称为上号商会。1901 年，上号地方商民呈请驻哈尔滨的吉、江两省铁路交涉局备案，成立了上号商会，活动区域仅为上号地方，且上号地方工商业不及滨江地区发达，因而商会的影响和作为也不如滨江商会。

除哈尔滨市商会、滨江市商会以及上号商会外，民国时期哈尔滨地区本土商人团体中的实体商会还有松浦商会，但独立存在的时间较短。1925 年松浦地方商人李云亭等为发展商务，呈请松浦市政局转请黑龙江省公署设立总商会一事，经时任黑龙江省省长吴俊升、实业厅厅长张星榆、松浦市政局局长李暹的辗转批复后，获准当年成立。1928 年，松浦会员已经增至 300 多名，成为工商业总汇之大商埠。[③] 1933 年 7 月 1 日，松浦市政局并入哈尔滨特别市，同年 10 月，松浦总商会亦由此归并入哈尔滨特别市道外商会（即滨江商会）。

民国时期哈尔滨地区还曾经存在过定名为"东省特别区商会联合会"的地方商会联合体，因特殊的行政变迁应运而生，成立时间晚，独立存在的时间也较短，影响力亦不大。1920 年 3 月，哈尔滨中东铁路工人举行大罢工，把时任中东铁路管理局局长的霍尔瓦特赶下台，中国军队借机解除了哈埠及铁路沿线原沙俄护路部队的武装，接管了路务。同年 10 月 31 日，北京政府颁布《东省特别区法院编制条例》，规定中东铁路附属地改称东省特别区。1921 年 2 月 5 日，成立东省特别区哈尔滨市政管理局，掌管中东铁路沿线各地市政。1922 年 2 月 28 日，中苏议定《中东铁路大纲》，规定中东铁路由中国政府特设机构管理。1923 年 3 月 1 日，哈尔滨正式成立

[①] 1908 年，傅家店更名为"傅家甸"。——编者注。
[②] 参见金宗林. 哈尔滨商会史略[M]. 哈尔滨：黑龙江人民出版社，2017：23.
[③] 参见杨光. 哈尔滨商业史研究[M]. 北京：中国财政经济出版社，2017：110.

东省特别区行政长官公署。1926年7月，东省特别区长官公署批准成立"东省特别区商会联合会"。从本质上看，其并不是一个实体的商会性组织，而是特殊历史境遇下专为协调中东铁路沿线各地商会事务的联合体。推举哈尔滨总商会会长张廷阁为"东省特别区商会联合会"会长，会址设在哈尔滨总商会。1933年7月，伪满政府将东省特别区所辖区域改称"北满特别区"，"东省特别区商会联合会"也随之取消。[①]

4. 本土同业公会

同业公会以行业性为最显著特征。"出于中国人的性格，哈尔滨从很早以来就结成了强有力的、各种各样的同业公会，并各自作为一个团体的交涉机构，为各业者的利益而活跃着。"[②]

表1-2 哈尔滨道里、道外两区本土同业公会表[③]

1938年统计整理

公会名	会员数	代表商店员	地　址	营业种类
哈尔滨面粉火磨同业公会	10	双合盛火磨	道里中国十五道街	制粉业
哈尔滨油坊同业公会	13	双兴油坊	八站南和街	制油业
道里粮商同业公会	8	义丰祥	原道里商会内	粮谷业
道里钱行同业公会	16	中泰银行	同上	银行业、兑换所
道里绸缎布匹同业公会	35	福丰号	同上	织物销售业
道里五金行同业公会	12	德兴东	同上	五金业
道里洋铁铺同业公会	28	义顺成	同上	黑白铁业
道里木器商同业公会	18	万昌恒	同上	木工业
道里燃料商同业公会	85	合昌泰	同上	
道里黄酒商同业公会	19	兴源居	原道里商会内	黄酒业
道里肉商同业公会	109	天成东	同上	
道里面包业同业公会	14	华俄号	同上	制面包业
道里药行同业公会	27	世一堂	同上	
道里制帽业同业公会	19	东发恒	同上	
道里理发业同业公会	84	义和记	同上	

[①] 参见金宗林. 哈尔滨商会史略[M]. 哈尔滨:黑龙江人民出版社,2017:25.
[②] [日]长谷川洁. 哈尔滨经济概观[M]. 王绍灿,王金石,译. 哈尔滨:哈尔滨市人民政府地方志编纂办公室出版(内部发行),1990:165.
[③] 此表系笔者绘制,资料来源为[日]长谷川洁. 哈尔滨经济概观[M]. 王绍灿,王金石,译. 哈尔滨:哈尔滨市人民政府地方志编纂办公室出版(内部发行),1990:166-169.

（续表）

公 会 名	会员数	代表商店员	地 址	营业种类
道里照相业同业公会	9	永茂号	同上	照相业
道里电气材料同业公会	17	利达号	同上	
道里印刷业同业公会	17	新华印书馆	八区南和街	
道里花厂同业公会	9	同和发	原道里商会内	造花业
道里客栈同业公会	55	丰顺栈	同上	旅店业
道里中西杂货同业公会	214	信成东	顾乡屯商会分事务所	洋杂货业
道里砖窑业同业公会	57	东盛窑	同上	砖瓦制造业
道里烟酒业同业公会	232	万兴隆	新安埠商会分事务所	食品杂货业
道里共计23个同业公会	927			
杂货同业公会	21	天丰涌	原道外商会内	百货业
粮业同业公会	12	东合洪	南四道街东合洪内	粮食交易业
布匹业同业公会	18	仁和永	原道外商会内	
京广杂货同业公会	32	魁升堂	原道外商会内	洋杂货业
瓷席业同业公会	11	功同和	同上	瓷器、铺席
道外五金业同业公会	10	义成永	同上	五金行
杂货代理店同业公会	25	万发亿	同上	杂货批发业
当铺业同业公会	19	宝隆峻当	同上	当铺业
金银首饰同业公会	12	海北天	道外正阳街海北天内	
钟表眼镜同业公会	9	海北天	同上	钟表眼镜
道外中药业同业公会	19	春和堂	原道外商会内	中药业
西药业同业公会	4	卫生药房	道外六道街卫生药房内	西药业
粮米业公会	89	天兴德	原道外商会内	粮谷业
棉织业同业公会	22	德增源	北五道街成记工厂内	
新衣业同业公会	21	公兴合	原道外商会内	成衣业
估衣业同业公会	22	宝隆衣局	丰润七道街宝隆衣局内	估衣业
皮业同业公会	36	德源隆	原道外商会内	
制皮业同业公会	53	镜波工厂	同上	
酱园业同业公会	31	协兴酱园	正阳十七道街协兴酱园	酱油制造
鲜货业同业公会	36	元生东	延爽街元生东内	
饭店业同业公会	75	新世界饭店	道外南四道街12号	饮食业
铁路运输同业公会	34	双发和	道外纯化街双发和内	
运输业同业公会	14	中华栈	道外升平二道街	

（续表）

公会名	会员数	代表商店员	地　址	营业种类
染业同业公会	36	裕盛染厂	原道外商会	染色业
烧酒商同业公会	6	增盛烧锅	保定街增盛烧锅	烧酒制造
道外木商同业公会	128	同茂东	道外北十二道街	
道外旅店业同业公会	316	华昌旅社	道外南四道街13号	旅店业
缝纫业同业公会	180	茂盛和	升平三道街茂盛和内	缝纫业
猪肉商同业公会	54	德增兴	道外太古五道街	猪肉商
牛羊肉同业公会	28	宝顺成	道外南十二道街	
烟麻同业公会	28	德盛东	道外太古九道街	食品杂货
道外合计31个公会	1 401			
哈尔滨市内总计54个公会	2 328			

依据上述史料，伪满洲国颁布《同业公会法》以前，哈尔滨本土同业公会众多。道里共计23个同业公会，包括拥有较大会员数的道里烟酒业同业公会（会员232家）、道里中西杂货同业公会（会员214家）、道里肉商同业公会（会员109家）等，会员总计927家；道外合计31个同业公会，会员总计1 401家，其中会员数过百的较大公会为道外旅店业同业公会（会员316家）、缝纫业同业公会（会员180家）、道外木商同业公会（会员128家）、道里烟酒业同业公会（会员232家），仅道里和道外两区为计，哈尔滨市内总计54个同业公会，会员总计2 328家，涉及工、商、杂业的众多行业和众多商主体。

商人团体组织是城市近代化过程中不可或缺的重要阶层，是实现政商之间、商人之间、商人与社会之间相互联系的重要纽带，其具有的组织性、自律性和法人性，使其在调整商主体利益、规范商主体行为、养成商主体品格、形成商事习惯与商事秩序中发挥着重要作用。在长期的社会经济发展中，哈尔滨本土商会和同业公会在组织和协调行业内商民关系，设立行业规则，矫正营业上的弊端，维护同业商民利益，增进共同的利益，约束同业无理竞争，调解商事纠纷，互帮互助，传递商事信息和政府法令等方面都产生过实际影响。

下面举影响较大的两则史实为例。

例一，力推发行本土民族币制哈大洋券，抗衡外币侵略。

1898年随着中东铁路的修筑，俄国筑路工人、家属、医生、护士、职员、传教士等大量流入哈尔滨，为满足金融需要，俄国在哈尔滨设立的华俄道胜银行大量发行俄国纸币，称为"羌帖"，并强行推行使用。羌帖逐渐成为哈尔滨主要货币，也因其币值稳定，受到哈尔滨商民的认可而广泛流通。1914年7月第一次世界大战爆发，8月沙皇下令纸币卢布停止兑现。羌帖已成为不可兑现纸币，价格逐步跌落至终为废纸，哈尔滨商民深受其害，商号大量因此而破产倒闭。日本借机广泛推行"日金票"，占领哈市金融市场，并大有取代国币之势。在国际国内形势的影响下，饱受俄币暴跌之苦的哈尔滨金融界在恐慌中觉醒，有感于外币交侵之害，力倡发行本国货币。

民国八年（1919年）五月十三日，由滨江道尹傅疆出面，召集当时的中国银行、交通银行和钱、粮两信托公司及道里、道外两商会，在哈尔滨举行金融整顿会议。各方共同提出了六项决议：（1）由中国、交通两行发行国币券；（2）办理向天津、上海的银两汇款业务，但在当地不进行兑换；（3）中、交两行发行辅币，以十角为一元；（4）只限于在收买外国人所有财产时，可适当地发放不动产贷款；（5）钱、粮两信托公司，办理国币券的买卖；（6）钱、粮两信托公司以国币券作为交易保证金，委托中国、交通银行保管。

根据这六项决议，交通银行首先印制十元、五元、一元和二角、五分之纸币，并经当时的奉天当局核准，于是年十月二十七日先行发行三十万元，在纸币上印有发行地"哈尔滨"字样，哈大洋开始正式发行并使用。在商会的大力参与和推行下，哈大洋券在北满市场上开始流通了，而且发行之初，深得社会信仰，流通范围日渐广泛。当时的中央财政部亦决定税务处于辽宁、吉林、黑龙江三省一体通用哈大洋。民国九年（1920年）三月十日，中国、交通两行联合发出公告："本行以前发行的国币券，现在为了商民的方便，自三月十日（阴历正月二十日）起在哈尔滨无限制地进行兑换，特此公告。"由不兑现券变为"无限制的进行兑换"券，进一步树立了哈大洋的信誉，确立了哈大洋作为国币券的基础地位，流通日益扩大，中俄商民无不乐意使用。与此同时，中、交两行对中东铁路局以国币券发放贷款，并与中东铁路局签订契约，规定中东铁路在未清偿贷款期间,其收入的现大洋和哈大洋以存款方式存入两行。中东铁路局收受哈大洋,进一步促进了哈大洋国币券的推行。不久,哈大洋渗透到北满的边境各地,其发行与流通进入极盛时期。

例二,管理与协调哈埠银钱业。

"钱庄"是旧中国的一种私人信用机构。哈埠"钱庄"兴起较晚,主要是随着1903年中东铁路的通车,关内来哈经商者增多,兑换业兴盛、汇兑业繁忙而兴起的。一方面,关内往来商民通行于关内和东北两地,但各地使用币制不统一,"所谓一地一钱制,因此往吉林境去须买吉钱,去往江省境内须买江钱,去往奉天境内须买奉票,至日本附属地须买金票,入关内须买现洋。"[①] 尤其哈尔滨以俄国产业居多,通行俄国纸币羌帖,因而关内商民需要兑换货币才能在哈开展商贸;另一方面,关内商民最初是随身携带货币,之后数额增大,产生不便,因而需要进行大额货币的汇兑服务。随着大批关内商人来哈,哈埠富商于是开始设立"钱庄",为关内外商民提供兑换与汇兑业务。"钱庄"不断发展壮大,业务拓展至存款、贷款、发行庄票以及代收款项、办理信托、买卖有价证券等,从业商户数也不断增多。1919年,哈埠的"钱庄"达70多家,总资本为现大洋180多万元,是为哈市"钱庄"业的鼎盛时期。

哈埠钱庄的开设,统一按照清政府的《钱业开业规程》办理,必须由5人以上共同禀告,经官府准许,缴纳开业捐400两,方可开业。辛亥革命以后,东三省总督统一制定规章,其政策比较松,由钱业公会会员2人作"见证",填写以遵守会章为内容的"愿书",送公会存案。在开业之时,再联络同业呈报公会,即可开市。但是如庄址、伙友等营业上必要的事务,必须在开市前筹备就绪。

为了维持钱业的公共利益,矫正营业上的舞弊行为,1923年4月,滨江县成立钱业公会,由在哈的各钱钞业商号组成,共有18名会员,由顺恒、升恒经理为公会主席,并拟定了《钱业公会章程》。章程共22条,要求各钱钞业会员共同遵守。钱业公会的资本金以每个会员每月所交会费哈大洋2元为基本金。钱业公会在哈埠钱业的管理与协调方面起到了很好的作用,业务开展很活跃。据统计,1931年,钱业公会年收入3 268.8元,

---

[①] 哈尔滨市档案馆馆藏革命历史档案,全宗号1,目录号1,案卷号83,顺序号4。

年支出3 266.8元,吸收存款1.88万元,解救了许多家钱钞业商号的危急局面。[1]

(二) 外侨商团组织及其作用

中东铁路的修筑使哈尔滨成为连接欧亚、东北亚的交通枢纽和物资商贸集散中心,大量的俄国、朝鲜、波兰、法国等外侨商民纷纷涌入哈尔滨,借各业商贸寻金挖银、相互竞争,外侨商民在各自国家使领馆的庇佑与支持下陆续成立在哈商会,维护本国商民利益。

表1-3 民国时期在哈设立的外侨商会组织[2]

商会名称	设立时间	设立地址	商会情况
俄商商会	1907年4月	道里中央大街40号	设立时会员百人左右。设会长、秘书等职。会员按等级纳会费:年额一级100元,二级50元,三级25元,四级15元,该会还发行《哈尔滨周刊》
波兰商会(亦称波兰商工会议所)	1921年	南岗区聋子街21号成立	1930年时拥有会员35人。1931年设会长、副会长、秘书等职,会员30人。会员年纳会费24元
英国商务会	1916年	南岗区大直街英国驻哈尔滨领事馆	设立时会员15名,设会长、书记等职。由英国商人企业各派1人参加,非英籍会员不准入会
美国商会	1917年5月9日	道里斜纹街7号	设立时会长克尔提斯、秘书司长霍曼、常驻会员达特加尔。1932年前后美国在哈尔滨的工商企业共计41家
日商商会(亦称日本商工会议所)	1921年10月	道里西五道街日本侨民会	1921年有日侨工商企业82家。设立初时宗旨是保护北满日人之商权,增进日商利益,暗地进行经济渗透活动。九一八事变后,以垄断控制哈尔滨经济命脉为唯一目的

---

[1] 参见袁学军.钱桌子·钱庄·货币交易所[A].政协哈尔滨市委员会文史资料编辑部.哈尔滨文史资料:第十五辑(经济史料专辑)[M].哈尔滨:哈尔滨出版社,1991:169-175.

[2] 此表系笔者绘制,资料来源为杨光.哈尔滨商业史研究[M].北京:中国财政经济出版社,2017:112-115.黑龙江省地方志编纂委员会.黑龙江省志(第三十五卷·商业志)[M].哈尔滨:黑龙江人民出版社,1994:563.[日]长谷川洁.哈尔滨经济概观[M].王绍灿,王金石,译.哈尔滨:哈尔滨市人民政府地方志编纂办公室出版(内部发行),1990:171.

(续表)

商会名称	设立时间	设立地址	商会情况
法国商务会	1923 年	南岗莫斯科商场(今黑龙江省博物馆址)	设在哈尔滨法国领事馆内,为上海法国商会分会。设会长、秘书等职,会员 8 人。以商家各派 1 人会员为原则。1932 年前后有会员 10 人
德商商会	1923 年		设会长、副会长,会员很少
波兰商会	1931 年	道里凤凰街 5 号	设会长、副会长、秘书等职,设立时会员 30 人。会员年纳会费 24 元。1938 年会员为 35 人
哈尔滨洋行商会	1926 年		俄、美、英、德等国联合成立
俄、美联合商会	1918 年 12 月 18 日		俄、美两国联合成立
拉脱维亚商会(亦称拉脱维亚商工会议所)	1935 年	道里中国十七道街 48 号	1938 年会员为 8 人
立陶宛商会(亦称立陶宛商工协会)	1935 年	道里商务街	1938 年会员为 125 人
爱沙尼亚商会(亦称爱沙尼亚商工局)	1936 年		1938 年会员为 10 人

由上表可见,外侨商会设立初起就具有明显成熟的组织性和目的性。其一,内部机构及职能设置紧紧依据商会活动需要,普遍设置有会长、副会长、秘书等职;其二,商会有经费来源,明定会费标准,收取会费,保障商会活动的开展;其三,在维护本国商民利益的目标下,具有政治附加性,如"法国商务会"设在哈尔滨法国领事馆内,"俄、美联合商会"由俄、美两国政府联合设立,"日商商会"设立初时以"保护北满日人之商权,增进日商利益"为目的,而暗地进行经济渗透活动。九一八事变后,则以垄断控制哈尔滨经济命脉、为日本军国主义服务为宗旨。

在参与哈尔滨本地及国际商业竞争过程中,外侨商团组织极力维护本国商主体利益,推行本国商事习惯,如语言习惯、名称习惯、交易习惯、货币习惯、度量衡习惯等。以度量衡习惯为例,日人长谷川洁描述到,"(伪)满洲国成立以前的东北度量衡,由于监督管理制度不完备,各自随便制作和销售计量衡器,加之混杂使用俄、日、中等各国的度量衡法，其种类、形式、构造等千差万别，在换算上极为不便"。①继而伪满洲国政府颁行法令使其统一，长谷川洁以此为傲。前述论及的俄币"羌帖"、日币"老头票"等都成为掠夺哈尔滨金融的利器，给哈尔滨商民造成了巨大损害。

影响力大的商会甚至在本国政府的包庇与支持下，协助本国当权者推行便利于己的政策、法令，欺压哈尔滨民族工商业和他国商民。以俄国为例，"为把东北部市场置于苏联经济势力之下，采取了各种方便措施，讲究各式各样的对策，已经是很明显的事实。即为推行其政策，从根本上推翻面前的敌人——满铁对东北部的政策，玩弄低运费政策，以海参崴港为基点，向确保东北部经济迈进"②。

外侨商团组织主要是依仗在中国的特权，大肆代表本国商民争夺利益，抢占市场，掠夺资源，以实现本国利益最大化。东北沦陷时期，外商商会除日商商会仍保留外，其余均处于关闭、被解散状态或"只有俱乐部程度的价值"。③

第三节　伪满洲国时期哈尔滨商事习惯的维持与调整

一、日伪统治初期对传统商事习惯的延续

1931年9月18日，日本帝国主义公然发动了武装侵占我国东北的九一八事变，揭开了日本帝国主义妄图吞并中国的战争序幕，使东北人民陷入长达14年灾难深重的殖民统治之中。1932年2月3日，日寇大举进攻哈尔滨，2月5日，哈尔滨被日寇占领，成为日本盘踞我国东北、经营殖民统治的重要场所。1932年3月1日，在日本的操纵下，亲日派张景惠以"东北行政委员会委员长"的身份，宣布伪满洲国成立，并发表了"建国宣言"。3月9日，溥仪就任伪满"执政"，伪满洲国有了最高首脑。随后，3月10日，溥仪与日本代表"密约"，签订了《日满议定

---

① 参见[日]长谷川洁. 哈尔滨经济概观[M]. 王绍灿,王金石,译. 哈尔滨:哈尔滨市人民政府地方志编纂办公室出版(内部发行),1990:170-175.

② 同上书，第169页。

③ 参见黑龙江省地方志编纂委员会. 黑龙江省志(第三十五卷·商业志)[M]. 哈尔滨:黑龙江人民出版社,1994:563.

书》。由于《日满议定书》主要规定伪满洲国承认日本在中国东北的"一切权力和利益",并托日本军队维持"满洲国"的治安及国防,以及日本人可充任"满洲国参议"及中央和地方的官吏,其选任和卸任须经关东军司令官同意。因此,"满洲国"并不是真正意义上的"独立建国",其实质是日本控制下的伪满汉奸政权,是日本以军事占领为支撑,以《日满防卫军事协定》《关于满洲国通信交换公文案》以及《日本军用土地建筑物交换公文案》等为法律依据,在中国东北强行建立法西斯统治、进行经济掠夺的日本殖民地。①

早在日俄战争时期,日本就长期在哈尔滨拓展经济势力。1914年第一次世界大战爆发,日商乘俄国无法分身顾及远东之机,争占北满市场,移入北满的日侨激增。据统计,1917年8月在哈日侨2 287人,1919年猛增至1.1万人。1930年在哈日商达到247户。1927—1931年,日本以哈尔滨为中心向北满输入的商品,占各国外商首位。②但哈尔滨一直是"华洋杂居"的国际性商都,多国经济势力错综复杂,尤其是以哈尔滨为中心的中东铁路实为俄国掌控。因此,武装侵占哈尔滨,并不意味着哈尔滨经济也已被完全占领,建立全面的日本殖民地经济体系还需要一段时间。此外,日军进犯哈尔滨的同时,用飞机散发传单,投弹炸毁商号,③使哈尔滨形势岌岌可危。哈埠"社会动乱,人心恐慌,市场萧条。沦陷时哈尔滨各商户准备春节的年货卖出不及十之一二。8月松花江水猛涨,哈尔滨多处江堤决口,道外、道里先后被淹,10万人受灾,商业又蒙巨大损失,市场极不景气,许多商店关门停业,这年仅道外就有340多户商店关闭"④。

为了安抚人心,掩饰独占满洲、全面侵华的野心,暂时平息国际舆论,也为了谋划建立全面的日本殖民地经济体系,日本在统治哈尔滨的初期对我国民族工商业并没有一律取缔,而是进行部分统制和限制,有条件地许可工商企业开业、复业和转业,诸如油坊、烧锅、制粉、制铁、粮栈、磨坊、立

---

① 参见佟冬. 中国东北史(第六卷)[M]. 长春:吉林文史出版社,1998:389-403.
② 参见黑龙江省地方志编纂委员会. 黑龙江省志(第三十五卷·商业志)[M]. 哈尔滨:黑龙江人民出版社,1994:74-75.
③ 1932年1月31,日军飞机向香坊一带投弹,炸毁一家商号,威胁恫吓抗日军民。参见王世华. 哈尔滨简史[M]. 哈尔滨:哈尔滨工业大学出版社,2006:47.
④ 杨光. 哈尔滨商业史研究[M]. 北京:中国财政经济出版社,2017:156.

第一章 1946年前哈尔滨商事习惯的基本状况

法、典当、保险以及商号、杂货店等业，可以依照传统"自由经营"①，对外国工商业也是采取逐步取缔、收买、改组等措施。②

创建于1914年的祥泰铁工厂是哈尔滨民族铁工业中创业最早、规模最大的铁工厂之一，具有民族铁工业商事经营和商业习惯的一般特点。1932年日军进犯哈尔滨，祥泰为躲避战乱停业数月。复业后，从生产部门到销售部门，职工都能坚守传统，自觉遵守厂规，同舟共济。复业后的祥泰制定了具体的厂规厂法，依照传统，实行股东契约，也叫"万金账"或"鸿账"。伪满时期祥泰股东契约内容如下：③

> 盖作生意之道贵于秉正无私，贸易中重在品行端正，欲生意积财必须光明正大，愿事业致富实属昼夜勤劳，兹我同事人心同意，必微必成，亦期生产之发达，今将生意之规章胪列于下，备同人等循序进也。
>
> ——今在哈尔滨南马路设立祥泰铁工厂专营铁工业营业。
>
> ——定名为合资有限股本营业，其东股20股零7厘，每一股国币（伪满币）1000元整，其身股10成，每至年终即12月31日，将所铺垫账目及一年生意盈亏，彻底清结一次，即为一年一次结算，三年一账期。
>
> ——经众股东议定，每年至年终结账一次，将三年所得红利东7西3，7成归众股东，3成归身享受，各勿争执。

---

① 1933年3月1日，伪满洲国傀儡政府在日本的操纵下公布了《满洲国经济建设纲要》，正式提出了要在伪满洲国实行经济统制政策。1934年6月，伪满政府又发表了《对一般企业的声明》，提出对国防上的重要产业、公共公益事业和一般产业的基础产业，包括交通通信、钢铁、轻金属、采金、煤炭、石油、汽车、硫铵、制碱、伐木等事业，要实行特别统制，而对其他的一般产业，只根据该产业的性质加以某种行政上的统制。同时，明确提出了划分统制企业与自由企业的界限，即：（一）由国营、公营或特殊会社经营的事业共22种，包括特殊银行、邮政、铁路、电报电话、航空、采金、林业、矿业、钢铁、石油、电业、兵器等；（二）须经许可的事业24种，包括普通银行、保险、地方铁路、汽车、海运、硫铵、制盐、制碱、烟草、棉花加工等；（三）可以自由经营的事业共20种，包括农牧、农产品加工、制糖、制粉、酿造、油脂、纺织、食品、皮革、造纸、机械工业等。参见佟冬. 中国东北史（第六卷）[M]. 长春：吉林文史出版社，1998：483－484.

② 例如，九一八事变后，1933年苏联在黑龙江地区的国有商业被取缔。巨商秋林洋行于1937年被英汇丰银行接收，改为英商，1942年又被伪满政府改组为株式会社。参见黑龙江省地方志编纂委员会. 黑龙江省志（第三十五卷·商业志）[M]. 哈尔滨：黑龙江人民出版社，1994：74.

③ 沈仲林，陈旭. 王秀和创办"祥泰"[A]. 政协哈尔滨市委员会文史资料编辑部. 哈尔滨文史资料：第十五辑（经济史料专辑）[M]. 哈尔滨：哈尔滨出版社，1991：25.

——如不到账期东股无抽彻必要，倘身股不到账期半途有他图或违犯铺规出名者，即按每月薪金支领，不得红利，亦无享受余利之权。

——本厂经众股东拟决，所有柜政柜伙及工人等，倘有不幸被匪绑架或发生意外事情，本柜概不负一切责任。

——经众股东柜政表决，财东柜政柜伙同人等，有于川往家涉及钱款事情或应事作保暗自浮挪摘借一律禁止，并不负一切责任，股东8名钱股20股零7厘，每股国币1 000元整作钱股，一股合国币20 700元整。

身股3名，其身股10成，
王秀海身股4成，
王秀杰身股3成，
蒋志臣身股3成，
经理人：王鸿思每月支马资20元整。
经理人：王秀海每月应支国币65元整。
副理人：王秀杰每月应支国币50元整。
中见人：房栅三　桑玉盛　张兴周

代字人　马过龄
1936年4月1日

从这份祥泰1936年股东契约（鸿账）可以看出：其一，订立鸿账仍然是设立商事组织前的传统商事习惯，鸿账是股东等约定权利、义务和责任分担的契约，需要人人遵守；其二，传统商事理念和商事道德始终是极为重要的营商原则，"生意之道贵于秉正无私，贸易中重在品行端正，欲生意积财必须光明正大"，"同事人心同意"才能"必微必成"，生意发达；其三，股东以有限股本合资营业、年终结算盈亏、红利于账期按约定分享、任何人不得暗自浮挪摘借企业欠款等约定清晰，都保持了传统鸿账设定习惯。伪满时期的哈尔滨"大小铁工厂近几百家，可祥泰还是居前列，铸大件还是排头名。日商在哈尔滨建起亚麻厂，就让祥泰铁工厂包揽全年机械维修，1938年至1939年又承包铸造大批暖气片，这几年祥泰又获利近 5 万元伪币"。① 祥泰能够在伪满时期辗转经营,与其保持传统商事习惯和营商规则是分不开的。

日伪统治初期,哈尔滨工商业曾经有过十分短暂的复兴,"据统计,1935 年间,哈尔滨民族资本新设制粉业 4 家,棉织 13 家,制棉 21 家,烧锅 1 家,石碱 4 家,罐头 1 家"。② 但哈尔滨民族工商业几乎都是在夹缝中求生存,在保持传统商事习惯、拼力经营的同时,也因间或受到日伪政府统制政策的限制以及日本雄厚的垄断资本、先进的生产技术和过剩的各类产品的威胁。1937 年以后,日本帝国主义全面掠夺东北战争资源的殖民地经济体系已经建立,便开始对民族工商业和外国商事企业伸出魔爪,实施全面的、更加严厉的、摧毁式的经济统制措施,③ 破坏了工商业赖以生存的经济空间,打破了传统商事习惯所依存的营商环境。

二、全面经济"统制"对传统商事习惯的消解

日本在武装占领东北各地的同时,就开始有目标、有计划地控制东北的铁路、交通、金融、邮电通信、工矿、海关等经济命脉。1933 年 3 月 1 日,伪满傀儡政府通过并公布的《满洲国经济建设纲要》以及 1934 年 6 月发表的《对一般企业的声明》,分别厘定了伪满洲国统制经济的基本方针和初步措施,其核心就是通过经济统制使我国东北经济沦为日本的殖民地经济,把东北变成军备供应的后方基地。1937 年 5 月,伪满政府公布了《重要产业统制法》,详尽地规定了各项经济统制政策,标志着伪满统制经济的确立和加强。同时,还公布了《关于实行重要产业统制法之件》,对实行统制的 21 种重要产业做了具体规定,进一步强化经济统制。1938 年 7 月起,伪满政府公布与实施了《汇兑管理法》《贸易统制法》《临时资金统制法》《劳动统制法》《国民手帐法》《物价物资统制法》等法令,分别从汇兑、贸易、金融、劳工劳役和物资物价等方面加强了专项经济统制。1942 年 10 月,伪满政府公布《产业统制法》,用以取代 1937 年的《重要产业统制法》,彻底将统制范围扩展到生产、流通、分配、消费等社会经济生产与生活的各个方面。④

---

① 沈仲林,陈旭. 王秀和创办"祥泰"[A]. 政协哈尔滨市委员会文史资料编辑部. 哈尔滨文史资料第十五辑(经济史料专辑)[M]. 哈尔滨:哈尔滨出版社,1991:22.
② 步平. 黑龙江通史简编(下)[M]. 哈尔滨:黑龙江人民出版社,2017:1007.
③ 同上书,第 1007 - 1008 页.
④ 参见佟冬. 中国东北史(第六卷)[M]. 长春:吉林文史出版社,1998:483 - 484.

哈尔滨沦陷后，依据上述法令和方针，日本侵略者进行了疯狂的经济掠夺，对非日侨的工商实体经济从初期限制发展到全面统制，并辅之以各种排挤、吞并、强制摊派、敲诈勒索等迫害手段，同时大力扶植日侨企业，使民族工商业备受摧折。

哈尔滨制油业是传统工商业的代表之一，历史悠久。1908年有家庭油坊4家，1912年开办2家机器油坊，经逐年发展，到1915年有15家，1923年有43家，1927年则超过了50家。其中华商一直占较高比例，"几乎所有的油坊都是中国人经营的"。① 民族制油企业具有相当规模，如开办于1914年的裕达（大）制油厂，固定资金为8万元，装备有60台水压式榨油机，一昼夜能加工大豆200吨以上；1920年开设的广信制油厂，装备有40台水压式榨油机，一昼夜能加工大豆135～140吨；双合盛商号油坊，也有40台水压式榨油机，其生产能力和广信制油厂一样。德顺福、丰泰亿等油坊也有相当规模。② 民族制油企业遵循传统商事习惯，产销得法，豆油、豆饼等油坊产品不仅畅销本埠，而且远销日本和英国、美国等欧美市场。

图1-3 民国时期哈尔滨泰亿油坊③

---

① 祝新林.哈尔滨制油业[A].政协哈尔滨市委员会文史资料编辑部.哈尔滨文史资料:第十五辑（经济史料专辑）[M].哈尔滨:哈尔滨出版社,1991:120.
② 参见祝新林.哈尔滨制油业[A].政协哈尔滨市委员会文史资料编辑部.哈尔滨文史资料:第十五辑（经济史料专辑）[M].哈尔滨:哈尔滨出版社,1991:121.
③ 照片来源:韩淑芳.老哈尔滨[M].北京:中国文史出版社,2018:97.

1933 至 1937 年间,日本侵略者一边以投资、收买等手段强占了一部分大型油坊企业,东济油坊、华英油坊被侵吞;一边以扩大投资、扶植设立日伪油坊企业为手段排挤和吞并华商;同时制定相关统制法令,保护日商,打击华商和其他外商。从 1930 至 1937 年间,哈尔滨油坊业倒闭了 24 家,仅存的 14 家油坊无利可图。据伪北满经济调查所 1935 年的调查,9 家油坊在九一八事变后 5 年内就亏损了 11 万元之多。①

表 1-4　1933 年 6 月 12 日调查的哈尔滨油商状况②

停业油坊

名　称	地　址	名　称	地　址
源兴义	八站	丰泰亿	八站
裕　大	八站	东兴昌	八站
瑞和裕	八站	义生昌	八站
通　记	八站	庆泰祥公记	八站
永合盛	八站	同发隆	八站
广信丰	香坊	永衡通	八站
裕兴益	香坊	双合盛	八站
濬源油坊	香坊		

开业油坊

名　称	地　址	名　称	地　址
东济一广	八站	元聚祥	顾乡屯
元　孚	八站	震　大	顾乡屯
义昌信	八站	德顺福	顾乡屯
恒顺和	八站	协昌仁	顾乡屯
东济二厂	八站	恒祥东	香坊
同聚祥	香坊	和聚公	香坊
同成和	香坊	东　裕	香坊
双　兴	香坊	东　和	道里铁道街

---

①　参见祝新林.哈尔滨制油业[A].政协哈尔滨市委员会文史资料编辑部.哈尔滨文史资料:第十五辑(经济史料专辑)[M].哈尔滨:哈尔滨出版社,1991:123.
②　资料来源:陈绍南.哈尔滨经济资料文集(1896—1946)(第三辑)[M].哈尔滨:哈尔滨市档案馆(内部发行),1991:167.

从上表可以看出，哈埠原有油商，甚至是裕大、广信丰、同发隆、丰泰亿、双合盛这样的老牌大油商也因经济恐慌、"被时局变化打击"而一落千丈，销路滞塞，营业萧条，关门停业。实际上，1933年哈埠"原有30余家机器油坊，最近数年来先后宣告停业者已超过半数。即未宣告停业者，亦因营业不振，无利可获，时作时辍，不过苟延残喘以待良机耳"。虽有16家油坊开业，但并非真正的"活跃"，16家油坊"自前去两年来，尚有数家全年期间仅工作一二月或三四月者。本年自入春以至现在，实际上间或开火工作者，只有同聚祥、同成和、元孚三家而已。前述之三家油坊并非有新奇手段，独能打开油业难关、别开生面、经营得法、尚有厚利可获也，亦不过因先期批出之货为维持国际贸易信用计，不得不预备交货。此系哈市油业界不景气之实在状况也"。①

1937年10月日伪开始对大豆实施统制，1938年5月伪满农业政策审议委员会决定对大米、小麦、大豆、棉花等主要农作物生产和销售实行统制，对农产品的出口、指定种类等都由伪满"国家"管理。1939年10月公布了统制大豆和油料作物的《主要特产品管理法》和《满洲特产专管公社法》，规定大豆、苏子、小麻子、大麻子、花生、胡麻、棉花籽、亚麻仁、向日葵籽等9种农产品必须在指定的交易所中进行，并只能由日本三井、三菱等被指定的特约收购商进行收购，限制大豆、豆饼、豆油等的自由交易。哈尔滨油坊业为维持现状或企图盈利，便多生产不受限制的小豆饼或兼营些杂粮，维持经营。1940年9月30日，日伪又制定了《特产物专管法》和《粮谷管理法》，几乎所有的油料作物都被纳入统制体系当中，农民除自家消费或以消费为目的出售给同一部落的居民外，不得在农产品交易市场或地方官署指定场所以外实行买卖行为。② 日伪完全禁止了粮谷自由交易，油坊业因此只能按伪农产公社加工方法为其进行加工，获得些许营收。除了从油料源头进行统制外，1941年7月25日，日本通过伪满政府和关东州政府（日本帝国主义在当时我国旅顺口、大连市、大连县、金县地区的统治机构）同时发布"七二五"物价停止令，规定所有商品物价均需维持"物价停止令"发布时的水平，按"定价"进行交易，不准涨

---

① 陈绍南. 哈尔滨经济资料文集(1896—1946)(第三辑)[M]. 哈尔滨:哈尔滨市档案馆(内部发行),1991:167-168.

② 参见佟冬. 中国东北史(第六卷)[M]. 长春:吉林文史出版社,1998:517-519.

第一章　1946年前哈尔滨商事习惯的基本状况　　　　　　　　71

价、落价，生活必需品包括小豆饼和杂粮等也均实行配给制度，对违反经济统治政策者，以经济犯罪、暴利犯罪等罪名进行严厉惩治。①"七二五"物价停止令公布后，哈尔滨一些私营工商业纷纷倒闭，一些工商业者在日伪所谓"经济犯""思想犯"的罪名下，不断地被关进监狱、被杀害。油坊业更加奄奄一息，在伪农产公社的加工方法统治下，已无利可图；而日伪却仍以高额税率、提高加工油率来对油坊业施加压力，并策划收买、合并，以达到独占油坊业的目的。1943年，因日伪当局"国策移转需要"，再加上同业之间的排挤，东和、双兴、东兴昌三家弱小油坊企业倒闭。从此，哈尔滨民族工商业者经营的油坊仅存10户，伪国营油坊1户。②

　　这些垄断市场、破坏秩序、强化统制的恶劣行径严重打破了传统油坊业生产体系和交易习惯，给哈尔滨的油坊业带来了极大的灾害。

　　再以金融业为例，日本在我东北各地设有银行、信托公司、金融组合、拓殖会社、当铺、保险、放贷等金融机构，通过这些金融机构大肆设立和从事发行纸币、汇兑、存放款及一些金融投机活动，控制东北的金融市场，扰乱和破坏东北的金融秩序。仅以银行业经营状况来看，日伪当局先后颁布了一系列有关民营银行的统制法令，对民营银行强行"整顿"和砍杀、兼并，而日商则乘机大肆实施各种恶劣行径。

　　他们采取的手法主要有以下几种。

　　（一）利用货币兑换时提高日币价格，压低中币价格，以造成中币贬值。进而又利用中币贬值之机，大搞投机活动，或大肆换取我硬货，或大量购买我黄金，促使中币进一步毛荒。

　　（二）利用日币信誉，大搞信用膨胀，存少贷多，占领金融市场。一方面极力吸收中国东北的社会游资，另一方面则放出超过存款与实有资本的大量贷款，从中循环榨取利润。

　　（三）降低存款利率，提高贷款利率，进行高利盘剥，使东北地方当局无法依赖对日借款来挽救金融危机。

　　（四）利用汇兑和放款等活动，控制东北的外贸。借款支持

---

　①　参见朱建华. 东北解放区财政经济史稿[M]. 哈尔滨：黑龙江人民出版社，1987：337.
　②　参见祝新林. 哈尔滨制油业[A]. 政协哈尔滨市委员会文史资料编辑部. 哈尔滨文史资料：第十五辑（经济史料专辑）[M]. 哈尔滨：哈尔滨出版社，1991：123-124.

日商购买东北农副产品，运往欧洲与日本，换取外币，然后通过日本在中国的银行，用外币换取我国银两，从中破坏我金融稳定。

此外，日本人制造假币，扰乱金融的案件也时有发生。①

日伪统治者还强制人民储蓄，通过制定《职员义务储金规程》（1940年），颁布《国民储蓄令法》（1942年），实施以"硬性克扣"②"强行摊派"③"任意搭配"④ 为主要手段的"超经济强征暴敛，一方面集中了大量的资金，为日本进行侵略战争服务；另一方面则通过榨取中国人民的每一个铜板，来消灭中国人民的反抗日本帝国主义侵略的经济力量"。⑤ 日伪在金融领域的极端榨取使民族金融业无力竞争，无法生存，"到1945年8月日本投降前，哈尔滨的中国民营银行仅剩5家，钱庄几乎全部破产歇业，民族保险业、典当业大部分被日本公司吞并"，⑥ 哈尔滨的金融环境及其商事传统完全被破坏。

日伪还对在哈尔滨的其他外国资本实施打压、排挤、收买和侵吞，以达到独占经济的殖民化控制目的。1937年七七事变后，为防止日商吞掉全部资本，哈尔滨英商老巴夺烟厂改称"满洲国法人"，但日本帝国主义却

---

① 佟冬. 中国东北史（第六卷）[M]. 长春：吉林文史出版社,1998：267-268.
② "硬性克扣"的对象既包括城市职员，也包括农村乡民。伪满政府强制所有城市职员每月必须参加义务储金，按照1940年公布的《职员义务储金规程》规定的比率，在发薪时扣除应储金额。同时规定所扣储金除职员退职或死亡外，一律不返还储金。对于农民来说，这种硬性克扣则是由兴农合作社从应付给农民的粮谷出荷款中按20%的比率先行扣除，并且完全不返还。参见佟冬. 中国东北史（第六卷）[M]. 长春：吉林文史出版社,1998：531-532.
③ "强行摊派"的对象是全体人民，即城市和乡村均被纳入"摊派"范围，具体做法是以户为最下层单位，按分派标准和分派数额，强制人民购买日伪发行的各种名目的储蓄票券。分派标准是按"配给通账"的等级和配给物资数量确定的，如果民众不按规定购买储蓄票，则被降低配给等级，减少物资配给。总体来说，每户分摊的储蓄券数额相当于其总收入的十分之一。农村负担的储蓄，也是用摊派的方法，按农民耕种土地的亩数进行分派。参见佟冬. 中国东北史（第六卷）[M]. 长春：吉林文史出版社,1998：532. 日伪在哈尔滨统治时期课于市民的捐款达21种之多。
④ "任意搭配"是日伪为了最大限度增加储蓄数额，鲸吞一切民有资金，大量发行"必胜储蓄票"和"爱国储蓄票"，其实质是人们在进行看电影等娱乐活动，以及去饭店吃饭、购买日常生活用品等消费活动时都要被强行搭配储蓄票。例如，日伪将"爱国储蓄票"分摊到商业部门，消费者每购1元钱的物品就要搭配1角的储蓄票，不足1元的搭配5分储蓄票以用于找零。参见佟冬. 中国东北史（第六卷）[M]. 长春：吉林文史出版社,1998：532-533.
⑤ 佟冬. 中国东北史（第六卷）[M]. 长春：吉林文史出版社,1998：533.
⑥ 王世华. 哈尔滨简史[M]. 哈尔滨：哈尔滨工业大学出版社,2006：54.

以外汇管理、原料控制、增加烟税、冻结资金、渗入日资等手段,控制了老巴夺烟厂,最终强行接收。① 1936 年 1 月 28 日,苏联在哈尔滨设立的远东银行被日伪当局强行封闭。② 而实际上,在此之前,与远东银行哈尔滨分行有母子关系的信济银行也因为九一八事变,于 1935 年 10 月宣告破产,进而与该行有信贷关系的法国的法亚银行也不得不进行整顿。其他欧美一流银行也都陷入萎靡不振的境地,不得不采取全面的消极的营业方针,以至于最后"从东北部实行总退却"。③ 1937 年 7 月 23 日,哈尔滨秋林洋行被改组为"英商哈尔滨股份有限公司",之后不久,经营大权被日本人侵占,继而将秋林公司改为"秋林株式会社"。1941 年 12 月,日本帝国主义发动太平洋战争后,直接宣布秋林公司为敌对国财产,指令伪满洲国中央银行强制接管了秋林公司。④

在日本残酷的殖民主义经济统制下,日商独大,成为主角,哈尔滨开埠以来"华洋杂居"的商事秩序荡然无存,遵循"统制"法令,原有的商事习惯也随之被逐渐消解。

三、日伪经济"统制"下哈尔滨商事习惯的调整

哈尔滨被侵占后,日本殖民者武装占领"四行号"⑤,推行经济统制政策与法令,垄断贸易,倾销日货,排挤外国工商业,强发公债,滥发货币,强迫储蓄,强制捐献,强行征收苛捐杂税,实行原料配给、价格定

---

① 参见李桂芹.《"老巴夺"·哈尔滨卷烟厂》//政协哈尔滨市委员会文史资料编辑部.哈尔滨文史资料:第十五辑(经济史料专辑)[M].哈尔滨:哈尔滨出版社,1991:34-35.
② 参见金言.《哈尔滨远东银行》//政协哈尔滨市委员会文史资料编辑部.哈尔滨文史资料:第九辑(金融专辑)[M].哈尔滨:哈尔滨出版社,1991:87.
③ [日]长谷川洁.哈尔滨经济概观[M].王绍灿,王金石,译.哈尔滨:哈尔滨市人民政府地方志编纂办公室出版(内部发行),1990:229.
④ 孔玉九,孙继周,刘学礼,口述.李今诠,整理."秋林"独特经营和美味食品[A].政协哈尔滨市委员会文史资料编辑部.哈尔滨文史资料:第十五辑(经济史料专辑)[M].哈尔滨:哈尔滨出版社,1991:77.
⑤ 1931 年九一八事变后,日军在武装占领各地的过程中,对东北原有的东三省官银号、边业银行、吉林永衡官银号、黑龙江官银号这"四行号"实行武装占领,侵吞钱财,并以此成立了伪满洲中央银行,1932 年 7 月 1 日伪满洲中央银行正式开业。1932 年哈埠沦陷后,"四行号"在哈尔滨的分支机构也随即被占领和侵吞,经合并,于 1933 年 1 月成立了伪中央银行哈尔滨分行。伪满洲中央银行垄断货币发行,集中信贷管理,控制国民经济,是日本对东北进行殖民掠夺的重要工具。伪中央银行哈尔滨分行就是在哈尔滨发挥着上述同样殖民功能的金融机构。参见王世华.哈尔滨简史[M].哈尔滨:哈尔滨工业大学出版社,2006:52.

制,搜刮摊派,乱抓"经济犯",严重破坏了哈尔滨的营商环境,商人无法按传统商事习惯进行惯常经营。为了维系生存,民族工商业者不得不对传统商事习惯进行曲折变化。

以窑业为例,由于1940年6月,伪满当局公布《物价物资统制法》,规定生活必需品及其他物产的销售价格、加工定费等均由公定,并将业者组成"统制"组合,通过组合进行"统制",① 进而依据《物价物资统制法》,伪满政府以"窑业组合"方式扶植大窑、扼杀小窑,以致日本人几近垄断窑业。"窑业组合"的统制完全打破了窑业组织惯常的立窑习惯、出资习惯、用工习惯、劳资分红、商品销售等商事习惯,② 窑商只有一个出路,那就是调整传统习惯,听命于日伪,依附于日企,否则均被"绞杀"。

日伪时期,传统商事习惯的调整还表现在依附于日商这一层面。面对日本极端残酷的武装统治和经济剥削,服从殖民法令,投靠日商、依附日商成为不得已的生存之选,其主要表现为以日人商号进行经营或为日伪代销经营、代办业务。

聚兴成铁业在哈尔滨私营铁业中是最大的一家,以生产和销售自家制作的锅炉、蒸汽机和机床在铁业独树一帜。"在日伪加紧对民族经济的控制和掠夺之后,聚兴成也成为日伪注目的对象。伪康德十年(1943年)时,各种捐税征派不断,而最难应付的事情是为日伪加工军需。有许多铁工厂在被迫加工军需后,日本人驻了进去。工厂等于交给了日伪。""一个时期聚兴成大门上除了自己的牌匾外,同时还挂上了铃木株式会社、大和洋行这两个牌匾。原来有两个日本人,先是强迫与聚兴成合伙做买卖,却又分文不出,后来干脆让聚兴成为他们立账,挂上会社和洋行的牌子。他们每天到厂中来'办公',几年中从聚兴成搜刮走大量东西。"③

同记商场在日伪时期也曾代销代办日伪业务。"1937年以后,同记商场长期固定为日伪当局或特殊会社代销、代办的业务总计有五项,分别是代理度量衡计器、代理保火险、代理印花、代理邮票、代理彩票。其年额1938年为117 539元;1940年为299 472元;1941年为268 159元;1942

---

① 子斌.《伪满洲国的经济"统制"》,政协哈尔滨市委员会文史资料编辑部. 哈尔滨文史资料:第十辑[M]. 哈尔滨:哈尔滨出版社,1991:50.
② 日伪政权下的"窑业组合"对哈尔滨窑业商事习惯破坏的具体情况详见本章第四节。
③ 吴遵南,张敬贤. 吴彩亭与"聚兴成"[A]. 政协哈尔滨市委员会文史资料编辑部. 哈尔滨文史资料:第十五辑(经济史料专辑)[M]. 哈尔滨:哈尔滨出版社,1991:56 - 57.

年为 278 449 元；1943 年为 223 609 元。以同记商场这样颇有实力的民族商业资本尚要为日伪当局办理代销业务，其他实力薄弱的民族商户更是可想而知了。"①

在哈尔滨乃至东北都财势"数一数二"的杂货商店东发合亦不得不披上日式外衣，以求乱世保全。

在哈尔滨市档案馆珍存的革命历史档案《窑业初步调查材料》中也可以发现这一现象。哈尔滨义和窑业公司共有三个厂，其中第二厂于民国廿八年（1939 年）在太平区打牛坊子开设，开设时向日本福昌公司借款十二万円，以窑做抵押，定期十年，而实际上过了三年就将贷款扣完了，但由于第二厂是借福昌的款设立，所以就得用"福昌窑业公司"的字号。

此外，为了保存资本不完全被日伪掠夺，民族工商业者对商事习惯进行了调整，而这种调整既是一种不得已的无奈抉择，也包含着一种悄然对抗和消极抵制。

民族工商业者以分老本散资产、转移资产、抽逃资金、资本转投黑市、投资小市以谋发展等方法开展反日垄断和抵制压榨。

1. 分老本散资产

保有充足本金和资产，对商号的发展至关重要。然而面对日伪统制花样百出的苛捐杂税盘剥，早在 1905 年就创办的哈尔滨"数一数二"的杂货商号"天丰涌"也迫于无奈，只得将传统本金留存习惯进行调整，用分老本使资本分散的方法尽力减少被盘剥，尽管年年有盈利，但最终仍是"垮台"了。

2. 转移资产

伪满时期哈尔滨工商业者转移资产的途径之一是将资本转向农村、购买和经营土地，并与农村相应关系者共同走私，这种现象同样属于这一时期商事行为和商事习惯的被动调整。在哈尔滨市档案馆藏革命历史档案中可以看到这一情况："由以上敌伪政治经济的统治，可以看出是很严格的。把人力物力全部组织起来了，其严格的管制是为其侵略战争服务。特别康德七年（1941 年）停价令后，工商业便进入困境，不少的工商业向土地

---

① 步平．黑龙江通史简编(下)[M]．哈尔滨：黑龙江人民出版社,2017:1017.

方面转移了一部分资本。由于物资的统治,有些买卖与农村中共同走私,不少的犯在警察之手,因而形成今天城市与乡村在土地与清算斗争中的复杂关系。"① 哈尔滨利华鞋店(即老兴武鞋店)在伪满洲国时期依靠给满洲军制军服经营尚好,其大股东王作贤也于伪康德十年(1944年)年底将资本抽出铺底折价,共计279万元,并将这些资本中的"一部流到农业大地上"。② 即使是在伪满时期任哈尔滨商工公会会长、伪满哈尔滨协和会本部顾问的哈尔滨工商业大资本家双合盛经理张廷阁也不得不调整经营,将资本转向农村,因为"在民国年间至伪满康德六年(1939年)以前,松花江内较大的船只都是他所有,后被日本人收买了"。"日本人对他的工厂总是想没收,结果把口兴油坊的机器拿走一部分。""因而在伪满日本人统治工商业没有前途时",买了富锦县双合盛屯的地,"计有地四百八十垧"。③

3. 抽逃资金

日伪时期,借助日本军国主义和殖民主义的庇护扶植,哈尔滨"丸商"④ 兴盛,日本人垄断哈市经济。哈尔滨最大的同记商场在日伪敲诈盘剥、强取豪夺的重重压榨下也几近油尽灯枯。面对危局,同记商场紧急秘密转移了一批值钱的商品,一是更换场所,将商品贮存到同记商场以外的"秘密仓库";二是利用抽逃资金向外地转移资本,"民国三十一年(1942年)春季,我们同记的张兴武先生突然提出了辞职,离开了同记。现在我告诉大家,那次他不是辞职,他是为同记的今天,去干了一件惊天动地的大事。他把我们同记抽逃的25万元的现金,冒着生命危险带到上海,全额购买了棉布。后来由于顾梦符的敲诈,我们损失了七八万块钱,余下的那17万块钱的货物,我们在外埠又转手卖了45万元。如今,这笔资金又回到了同记,而且连本带息变成了60万元……"。⑤正是这些危难时局之下对商事习惯的调整,才使得包括同记在内的民族工商业得以在日伪时期的惨淡经营中困苦挣扎、艰难维系,继而在人民政权的支持、保护和帮助下得以重获新生、柳暗花明。1946年哈尔滨解放后,关闭

---

① 哈尔滨市档案馆馆藏革命历史档案,全宗号1,目录号1,案卷号83,顺序号2。
② 哈尔滨市档案馆馆藏革命历史档案,全宗号2,目录号1,案卷号245,顺序号14。
③ 哈尔滨市档案馆馆藏革命历史档案,全宗号1,目录号1,案卷号83,顺序号5。
④ "丸商"是当时对日本商人、商事组织的通称。
⑤ 钟福祥. 松江文史:同记风云录(2)[M]. 哈尔滨:北方文艺出版社,2012:728。

了两年的同记商场重新开业。1947年年初,"同记不仅做到了全面开业,而且实现了大规模的扩充和发展。在未来的不很长的时间里,同记又步入了历史上的第三次辉煌"。①

四、哈尔滨商工公会及其对商事习惯的影响

九一八事变爆发后,日本帝国主义以武力侵占东北,历来靠苏联经济势力支持的俄国及其他外国商工业者遭受了致命打击,外商商会除日商商会外,几乎尽数关闭。"外国商工业者的对策是极其消极的。欧美各国除德国、意大利无所作为地度过之外,个别的白俄和犹太人为顺应新形势做了不少努力,但他们本身组织的商工机关,即由组织的力量努力做出有效的对策,现在尚来见到。"②

日商独大,日本商民开始在东北激增,迅速扩展原有事业。哈尔滨市的日商发展规模极为显著,商事主体、同业组合、商店联合会以及各种商业斡旋、商业辅助机构众多。日本商工会议所更加强了与日商和商人团体、辅助机构的联系,在军国主义的庇护下,以操纵和把持哈尔滨经济、为军国主义效力为至上目标,成为侵略东北、侵占哈尔滨的排头兵。

同与日俱增的日商和日商团体机构相比较,华商商会与同业公会等商人团体依然保持了原有模式、体制和规模,并且在东北沦陷初期,哈尔滨地区各商团组织尚能沿用民国时期的法规和习惯调处华人之间的商事纠纷,也能够为维护本土商号利益,与伪满政府进行交涉。如1933年2月,哈尔滨道里商会呈请伪满当局减轻美国面粉进口关税与运费。1933年5月,滨江市商会召集各大商号会议,要求伪满财政部核免棉纱、面粉、水泥3种商品统税。③但这种抗争没有国家力量的支撑,效果不大,反而更加刺激了日伪政权实施进一步的控制。1937年,日本帝国主义开始强化在伪满洲国的经济统制,通过伪满政权加紧了对商团组织及工商业的控制。

---

① 钟福祥.松江文史:同记风云录(2)[M].哈尔滨:北方文艺出版社,2012:732.
② [日]长谷川洁.哈尔滨经济概观[M].王绍灿,王金石,译.哈尔滨:哈尔滨市人民政府地方志编纂办公室出版(内部发行),1990:170.
③ 参见黑龙江省地方志编纂委员会.黑龙江省志(第三十五卷·商业志)[M].哈尔滨:黑龙江人民出版社,1994:560.

表1-5　在哈日商同业组合及商店联合会①

1938年统计整理

名　称	代　表	合作社员数	地　址
哈尔滨日本商工协会	相见幸八	143	道里石头道街高冈号内
石头道街商店联盟	村泽新作	34	道里石头道街中岛分店内
地段街、透笼街、买卖街商店联合会	荒木幸七郎		道里透笼街盛仓洋行内
哈尔滨特产品同业联合会	佐贺常次郎	12	道里地段街97号
哈尔滨木材商同业联合会	加美长勘平	32	道里二道街9号、平和商店内
哈尔滨棉纱布商同业联合会	东洋棉花外办处	7	道里工厂街31号
哈尔滨日本药业联合会	井上折平	56	道里中央大街井上药房内
哈尔滨煤炭商业联合会	石川竹二	7	八区北马路
哈尔滨粮谷同业联合会	横川丰	13	道里田地街横山商店内
哈尔滨酱油大酱产销联合会	加藤米吉	6	道外北四道街近泽洋行内
哈尔滨建筑材料商联合会	光武时晴	43	道里田地街光武商店内
哈尔滨糕点商联合会	岩永末次	8	道里地段街86号，满月堂内
哈尔滨草席业同业联合会	石动品五郎	11	道里工厂街46号石动草席店内
哈尔滨当铺商同业联合会	小仓小平太	10	道里外国四道街23号小仓洋行内
哈尔滨洋服商联合会	加藤贤宜	13	道里外国七道街16号加藤商会
哈尔滨照相师同业联合会	渚帘太郎	4	南岗义州街渚星座内
哈尔滨纸友会	泽田佐市	5	道里电车街、近泽洋行内
哈尔滨印刷业同业联合会	土岐终伍	18	道里买卖街文明堂内
哈尔滨旅馆业联合会	小野嘉代	34	道里地段街国际旅馆内
哈尔滨饮食、咖啡馆联合会	川上清吉	180	道里石头街61号
哈尔滨饭店联合会	宫崎新造	21	道里一面街妇人医院内
哈尔滨医师协会	野口秀德	15	道里一面街17号野口医院
哈尔滨药剂师协会	野垣荣	27	市公署卫生科内
社团法人满洲土木建筑协会支部	足立平三郎	46	南岗满洲里街95号
哈尔滨理发业联合会	增田千代太郎	25	道里斜纹街35号王后理发店

① 资料来源：[日]长谷川洁．哈尔滨经济概观[M]．王绍灿,王金石,译．哈尔滨：哈尔滨市人民政府地方志编纂办公室出版(内部发行),1990:163．

第一章　1946年前哈尔滨商事习惯的基本状况　　79

表1-6　哈尔滨贸易斡旋机关驻在员协会名单①

1938年统计整理

贸易斡旋机关	经营者	地　　址
爱知县哈尔滨贸易馆	爱知县	道里石头道街100号
大阪市哈尔滨贸易调查所	大阪	道里石头道街65号
朝鲜贸易协会哈尔滨办事处	朝鲜贸易协会	道里买卖街贸易馆内
富山县东亚出口合作社	富山县	道里透笼街30号
东京府立商工奖励馆驻在员	东京府	道里买卖街贸易馆内
静冈县哈尔滨物产交易斡旋所	静冈县	道里外国七道街14号
福冈县产业奖励馆分馆	福冈县	道里买卖街贸易馆内
北海道厅哈尔滨贸易调查所	北海道厅	道里中国八道街38号

　　1937年12月1日，伪满政权颁布《商工公会法》，将伪满洲国境内的日本商工会议所与原有的华人商会合并为统一的商工公会。商工公会的副会长一般由日本人担任。按照《商工公会法》，1938年4月1日，哈尔滨的原有四个商会，即道理商会、道外商会、上号商会、松浦商会被迫与哈尔滨日本商工会议所合并，以哈尔滨日本商工会议所为主，成立了"哈尔滨商工公会"，同时将残存的俄商会、已毫无势力的他国商会、个别白俄和犹太商人吸收入会，网罗日、中、俄等方面的工商业者，形成一个形式上统一的友好和谐的商人大团结，而实为日人操控的经济集团。哈尔滨的同业公会也被改组为依附于日商组织的各种同业组合。

　　在日本人把持下，"哈尔滨商工公会"辅助日伪政权，强制推行日伪政令和经济统制政策，加强对工商各业的经济统制。1943年，伪满政权再次改组商工公会。一是明确商工公会为日伪实行经济统制的协力机关，二是商工公会的设置与行政区域同一，置于伪满地方行政机关监督之下。进一步强化了商工公会成为日本经济侵略和专制统治的工具。

---

①　资料来源：[日]长谷川洁.哈尔滨经济概观[M].王绍灿,王金石,译.哈尔滨：哈尔滨市人民政府地方志编纂办公室(内部发行),1990:162.

第四节　哈尔滨商事习惯的历史样态

一、设立与解散习惯

（一）出资习惯

1. 合资

合伙出资、共同经营在我国具有悠久的历史，商事组织多有合资设立经营的习惯。合资原因及方式主要有以下几种情形：第一，不能独资。因自己的资本不足，继而以自己的资本为主或为副，找关系比较密切的朋友出资，合股经营。这种情形下的合资经营，出资人多以实际资本出资，并直接参与经营和管理。第二，缺乏经验。出资人想开一家工厂或商店，认为有利可图，而自己是门外汉，因此就不得不找自己信任的有经验、有技能的经理来经营。这种情形下的合资经营，出资人多不参与直接的经营和管理，只分享红利，享有一般股东具有的特权。而有经验、有技能的经理则多不以实物或资本出资，而是以技术或管理算作身股出资。第三，家内合股。出资人实际为一家人，但为了明确分红、经营管理等权利，也为了团结家人、一致努力，继而约定出资份额，共同经营。第四，吸收新增。此种方式被称为"份子制"或"放份子"，具体内容详见下面"放份子"部分的论述。

合股出资的合伙人之间是相互熟识的，"同志诸公"基于了解和信任，便于共同出资、共同经营、共同管理和共享收益，通过"群策群力，竞效驰驱，助力同人"，达到"营业发展"的目的。① 以哈尔滨杂货业的代表"天丰涌"商号为例。"天丰涌"就是熟人合资设立的，共同艰苦奋斗，创业经营，站稳脚跟并发展壮大。

再以哈尔滨民族铁工业中创业最早、规模最大的铁工厂之一——祥泰铁工厂为例。祥泰是一个典型的家族办厂的合资有限股份营业，股东都有至亲关系，王秀和为工厂经理，他的堂弟王秀杰为副经理，股东有其哥哥王秀海、堂弟王秀峰、表弟常在隆等。甚至招固定工人都到家乡本村去招。工厂管理很少由他们操心，职工都能自觉遵守厂规，因为工厂好坏直

---

① 哈尔滨市档案馆馆藏革命历史档案，全宗号1，目录号1，案卷号83，顺序号6。

接关系到家族利益和个人利益。各人都拼命干活,可谓同舟共济。①

2. 独资

独资亦为一种古老的商事习惯,即出资人独立出资设立和经营商事组织。当出资人在资金、技术、时间、管理、身体能力等方面准备充分时,独资设立商事组织,自我经营,自我管理。

哈尔滨非常有名的"利华鞋店"原是早已出名的奉天老兴武鞋店的哈尔滨支店,独立出资人为王作贤,有手艺,有资本,会管理,善经营。

> 王作贤之父王德才,民国元年以前曾学徒于日本皮鞋店,手艺成后即于民国元年在奉天开兴武鞋店。发财后,民国十年设哈尔滨分店,资本金一万元,经理王作贤,雇佣工人十八名,每年出鞋四五万双,据谈这是老兴武最好的时代。民国十六年股东分家,哈尔滨支店由王作贤独立经营,致使资本增加到三万元,工人数最高达二十五人。②

再如,哈尔滨另一家非常有名的铁工厂——仁昌铁工厂,亦是属于独资设立。

> 清朝末年,俄国修建旅顺大铁路时,周文富、周文贵弟兄包工,赚了几个钱,民国初年,在大连周氏弟兄周文富、周文贵俩开设一小型打铁炉,名"周家炉"。当时只能打些零碎铁器,其后周氏弟兄独资开设一小型工厂,周文富主内,周文贵主外,工厂每年盈利都建设工厂内部。③

3. "放份子"

"放份子"也属于合资的一种形式,多是商事组织成立并经营一段时间后,吸纳企业中有能力或是重要职员入股,享受分红,以此方式巩固雇

---

① 参见沈仲林,陈旭. 王秀和创办"祥泰"[A]. 政协哈尔滨市委员会文史资料编辑部. 哈尔滨文史资料:第十五辑(经济史料专辑)[M]. 哈尔滨:哈尔滨出版社,1991:25.
② 哈尔滨市档案馆藏革命历史档案,全宗号2,目录号1,案卷号245,顺序号14。
③ 哈尔滨市档案馆藏革命历史档案,全宗号2,目录号1,案卷号121,顺序号3。

佣关系，增强对下管理，培养服从性情，树立发财思想，牢固组织。

工厂商店内部所谓职员，就是放份子的"掌柜的"（经理也包括在内）。过去他们同样站在资方，管理剥削工人店员，赚更多的钱，与东方按股（份子）均分。①

工厂商店里的掌柜、经理等都是受雇佣的职员，但属于商事组织中的重要成员，司职经营和管理，对营业与收益影响较大，为了使这些重要职员"忠心事主"，许多企业多给职员"身股"，或者约定其享有一定"份子"，从而可以获得分红。尽管这种"份子"因职位不同而占比不同，但可以使职员获得大小不同的企业红利，因而对职员的吸引力极大。此外，传统习惯为职位等级越高，"份子"越多。干得越好，职位等级越高——这牢牢地吸引着下层各级工人和职店员，使他们树立"吃苦耐劳""绝对服从""拼命效劳"和"发财思想"等观念。

（二）订立"鸿账"

"鸿账"也叫"万金账"或"股东契约"，有时也被称为合同，是出资人之间订立的合同。合资商事组织的设立均立有"鸿账"，最初"鸿账"只是初始出资人之间的共同契约，但由于商事组织的规模扩大，为吸引职员、巩固组织，重要职员也在企业中有了"份子"。因此，"鸿账"实际为资方与一部分上层劳方的劳资合同。

"鸿账"规定关涉企业的重大事项，内容主要为定明商事组织的名称、设立宗旨、营商信念、经营性质、营业地址、出资人及出资份额、结账与分红、入号与出号等。如本章第三节中展示的祥泰铁工厂的股东契约，就约定了祥泰铁工厂的地址、成员品德、账期及结算办法、出资人姓名、出资方式及出资份额、工厂免责情形等事项。

因经营中出现股东退股、有新股东加入以及其他重大事项变更等，通常需要重新约定"鸿账"。如天丰涌杂货店"一九二八年一月立的鸿账，盖为经营之道，古皆有云：理财源为道，洪范五福（强调福），致富为先（强调财）。自立合同"，后因"同人更替尤伏"及"新添之钱股重新订合

---

① 哈尔滨市档案馆馆藏革命历史档案,全宗号2,目录号1,案卷号368,顺序号7。

同，另行规定"，重新将"宗旨、章程、规则列后，即立合同事实"。①

此外，规模大的商事组织也将股东契约称为"章程"，在前述重要事项的基础上，还约定设立股东会、董事、董事会、监察人、监事会、会计等内容。以最具代表性且属民国时期最先进的商事组织——同记商场为例。在多年发展、规模不断扩大、经营成熟后，在原有组织管理的基础上，伪康德四年三月二十八日（1937年3月28日），同记商场全体股东订立了《哈尔滨同记商场股份有限公司章程》，约定了公司宗旨、经营范围、股份、组织机构、会计等重大问题，共6章40条。以下为部分内容节录。

哈尔滨同记商场股份有限公司章程

第一章 总 则

第一条 本公司依照《公司法》组织之定名为同记商场股份有限公司。

第二条 本公司首先创办百货店为主要营业，兼办代理各项货物买卖及水火保险物产出口等，将来如营业发达时，得自制店内应卖物品。

第三条 本公司设本店于哈尔滨道外正阳大街五十二号，同时并设支店大罗新于本市道外北头道街五号，将来营业发展，经董事会议决定在适宜地方设立支店。

第二章 股 份

第六条 本公司资本总额定为国币一百万元，分为五万股，每股二十元，一次交足前项之资本，系本市地基房屋三十万元，现款七十万元。

第七条 本公司股票概用记名式票面，分为一股、五股、十股、五十股、百股五种。

第三章 股东会

第十二条 本公司股东会分为通常会、临时会两种，均由董

---

① 哈尔滨市档案馆藏革命历史档案，全宗号1，目录号1，案卷号83，顺序号6。

事长召集之。

第十三条　股东常会于每届结账后一月内，由董事长招集之。

第四章　董事及监察人

第二十三条　本公司设董事七人，监察二人，均由股东会就股东中选举之，股东之股份在一百五十股以上者，有被选董事之资格，其在五十股以上者，有被选监察人之资格。

第二十四条　董事在任期中，须将当选资格应有股份之股票交由监察人封存于本公司，上项股票本人虽已退职但该期决算报告未经股东会承认不得退还。①

（三）"出号"与解散

1. "出号"

出号也称为"撤东"，通常因出资人死亡、自愿退出或被商事组织"决议"退出商号，通常出号后不再享有任何"号中"权利，也不再承担任何"号中"义务。但"当了掌柜的后，如果是因公因病死亡的，须留身份，还能分一个或两个账齐的红利"。② 也有因出让股份给其他出资人而"转让出号"的情形。如在天丰涌杂货店的发展历史中，就有上述"死亡出号""自愿出号""抽股转让出号"的多种情形。

股东出号均按"鸿账"约定进行结算，如天丰涌杂货店"号中宗旨章程规则"规定"有出号者，按其身份之年，以后照年期鸿利提给"。③ 如果是"转让出号"，还需要签订"出让契约书"，并在"出让契约书中签署盖章，承资凭证"。④ 出号过多，也可能导致商事组织的自行解散。

2. "倾东减伙"

还有一种变相的出号行为，买卖人称之为"倾东减伙"或"影身挪移"。在旧社会的哈尔滨"倾东减伙"的状况较为普遍，"在一般的工厂商

---

① 中国人民政治协商会议黑龙江省委员会文史资料委员会编辑部. 武百祥与同记[M]. 哈尔滨：黑龙江人民出版社, 1989：272.
② 哈尔滨市档案馆馆藏革命历史档案, 全宗号2, 目录号1, 案卷号368, 顺序号7. 补充说明, 本句中的"账齐", 应为"账期", 三年为一个账期, 掌柜的因公或因病死亡的, 按习惯家属可以在三年或六年账期结算时领其红利。
③ 哈尔滨市档案馆馆藏革命历史档案, 全宗号1, 目录号1, 案卷号83, 顺序号6。
④ 哈尔滨市档案馆馆藏革命历史档案, 全宗号2, 目录号1, 案卷号111, 顺序号32。

店里都是如此。"

工厂商店多数是股东聘任自己所信任的经理进行管理，如果买卖做得好，赚钱很多，经理的权利就会随之日增，股东权利就会随之日减。经理在金钱的驱使下，常常利用自己的职权，在商号之外做些"盘子"，如买空卖空、投机倒把、囤积居奇、扩大经营开支、多报车马费和交际费，并将这些"盘子"所赚钱财装入自己的私囊，满足个人的消耗和欲望。同时，通过这样的手段，经理自己所做的"盘子"，赚的钱是自己的，赔的钱却算在柜上。还有的经理从柜上分了很多的钱，自己另开设一号，在囤积居奇的营业过程中，如果赔钱就出柜上的，赚钱则收入自己的另设之号，这就是商人常说的"影身挪移"。还有的工厂、商店在结账时，经理与全体职员把所赚的钱用假账欺骗股东方，与店员将利润的全部或一部分归入他们每一个人的私囊。

经理如果经常有"倾东减伙"的行为和事情发生，就必然会造成工厂或商店营业上的萧条，以致赔钱，股本赔个精光，工人、店员因此失业，继而走向倒闭，企业不得不解散。

3. 自行解散

因营商环境恶劣，致使企业无法经营，出资人根据实际情况关闭企业。日伪统制期间，哈尔滨大量工厂、商店倒闭，企业不得不解散。有的工厂商店在日伪残酷的经济统制压榨之下，虽然勉强维持，也是在破产倒闭的边缘挣扎，在经营过程中遣散柜员，结算减伙，几近解散。

二、身份习惯

（一）经理

经理多是受聘于商事组织的非初始出资人。如前所述，商事组织为稳固雇佣关系，多将经理以身股或钱股算作出资人，进而使经理也成了可以分享红利的实际利益人。经理多是资方的代理人，也被称为"代东经理"，代表资方经营和管理商事组织。经理的职权范围，既包括股东代表会的权力，又掌有全盘业务的权力，如确定经营方针、人员安排、雇佣与解雇下层职店员等。因此，经理的权威极大。

（二）掌柜

在规模大的商事组织中，经理之下设掌柜。掌柜是各部门的负责人，如前柜、账房、厂房（车间）掌柜。掌柜受经理的支配，职管本部门具体业务与人员。在规模不是特别大的商事组织中，有的不设经理职位，只设掌柜，其地位和职权等同于大企业中的经理。掌柜也分等级，分大、小"份子"。大、小"份子"的区别主要在分红和权威方面。旧社会的工厂商店都是"股东管经理，经理管大柜，大柜二柜贵，二柜管吃劳金的，吃劳金的管年轻的"①，具有明显的内部阶层等级划分，层层节制，下层受上层的剥削，就是早来一天，权威也要大一些。店员从入店起到升入大柜，须经十五年或二十年的工作过程。

（三）"把头"与"包工"

在经理和掌柜之下通常还有把头。把头是带领工人、店员干活的业务负责人，在经理和掌柜的支配下，代替资方直接支配工人、店员。在表面上，把头是工人、店员的代表者，因工人、店员提出的各项要求都是通过把头和股东去交涉的。但在实际工作中，他不是站在工人立场，维护工人的利益，而是站在资方立场，维护资方的利益。如资方要在某一时期完成某项生产任务、营业要求时，把头从资方的利益出发来接受任务，既不和工人、店员商量，又不考虑工人、店员的实际困难，当生产任务完不成时，则强迫工人加班加点，打骂威胁。

建筑行业、苦力行、渔行等行业中的"把头"也被叫作"包工"，即领工的。资方请把头，把头再招工人，雇佣与解雇权就操纵在把头手里，而且"大部分工人不通过小包工与把头，很难保证职业"。因而，"把头""包工"也是属于封建、半封建的剥削性管理者。哈尔滨解放后，哈尔滨人民政权对渔行进行了调查，从调查中可以看到，"把头"与"包工"为渔商服务，参与对渔民的剥削。

（四）工人与店员

工人与店员处于商事组织中的底层，也是商事组织中最基本的构成，他们受各上层等级的压迫与剥削，必须绝对服从、听指挥，让干啥就得干啥，不仅要做分内工作，就连上层等级的家务、杂活儿也经常被要求去干，不服从就得被"算"，即被开除，失去工作。在旧社会，店员们除了受到工作上、经济上的残酷剥削外，生活上也受到层层节制和不合理的管

---

① 哈尔滨市档案馆藏革命历史档案，全宗号2，目录号1，案卷号368，顺序号7。

理束缚。店员的日子难到极点，时刻面临着失业的危机。除了直接负责生产的工人外，"另外还有一般杂工、更夫、厨师等非直接生产人员。一般地说，虽然人员有分工，但是经营管理制度是较混乱的，没有什么约束力，一切都是资本家独断专行"。①

旧社会里一般的店员生活即是如此，店员从入店起到升入大柜，需经十五年或二十年的工作过程。在这过程中有很多白白苦熬十年八载，中途因为人情不好、得罪了掌柜的或工作上犯了部分的错误而被辞，失掉职业。②

（五）学徒

商事组织中常常招收学徒以补充人员力量，剥削学徒的无偿劳动。学徒处于商事组织中的最底层，待遇尚不如工人和店员。一个新入商店的学商者，初步必有三个很难解决的问题。第一是先找到住的地方，第二是找职业，第三是找承保。以上三个问题解决后，就要开始"好好干"，但是必须经过很苦的几年几月，才能有点好转。在经过相当长时期的磨炼，以至升为职员。在这一段过程中，必须任劳任怨，分内分外的活计都要随叫随到，过着牛马一样的生活，可谓"难到极点"。③等到能真正开始学生意了，"学生意的出入号时先学习点烟倒水铺被扫地，翌年渐渐随着送号、抽号，三四年后始能上柜台学习接号"。"从学生意起，最好的成绩也需二十年以上始能有希望'得生意'、当掌柜的。甚至有三四十年还得不上掌柜的名分的。"④

在学徒的头三年里，一般没有固定工资收入，经理任意给多少就是多少。也有的工厂是"学徒会件子活后，按一般工人工资提十分之一"。⑤待遇相对较好，学徒也给较为稳定收入的是同记工厂，尽管工资低微，但月月有收入，"以一九三一年同记工厂为例，徒工月工资分别为二、三、五

---

① 祝新林.哈尔滨制油业[A].政协哈尔滨市委员会文史资料编辑部.哈尔滨文史资料：第十五辑（经济史料专辑）[M].哈尔滨：哈尔滨出版社,1991：128.
② 哈尔滨市档案馆馆藏革命历史档案，全宗号2，目录号1，案卷号368，顺序号7。
③ 哈尔滨解放后，民主政府通过调查，整理了旧社会一般店员、学徒的生活状况，详见第五章第一节。
④ 哈尔滨市档案馆馆藏革命历史档案，全宗号1，目录号1，案卷号83，顺序号3。
⑤ 哈尔滨市档案馆馆藏革命历史档案，全宗号2，目录号1，案卷号245，顺序号14。

元。徒工的数量为二百五十一名，占总工人数六百七十名的百分之三十九，徒工的工作，则与普通工没有两样，劳动时间则比普通工更长，而徒工平均月工资仅为普通工工资的七分之一左右"。①

三、管理习惯

除了前述的股东、经理权威大，要求工人店员"绝对服从""任劳任怨"，存在"阶层等级"和"培养发财思想"等管理习惯外，这里主要从工资和分红两个方面分析一般的管理习惯。

（一）工资

工资也叫"劳金"，即劳动所得报酬，通常按行业特点、劳动强度、劳动时长和劳动方式，由经理、掌柜或把头代表资方确定，掌握分配大权，工人、店员或学徒没有主动约定工资的权利，只能在雇佣时了解到资方给予的工资待遇规定，不服从即被"算"，就会失业，没有活干。以哈尔滨有名的大企业双合盛为例，"双合盛的工资支付形式有四种：即分红、工资加偿与金、月薪和计件工资。股东和有身份股的高级职员采用分红的形式；职员和技术工人采取工资加偿与金；技师和生产工人、杂工定为月薪；搬运工人计件付酬"。②

工资待遇的多少受商事组织规模的大小影响，也受经理、掌柜或把头是否"好"的影响。规模大的商事组织往往工资待遇较好些；遇到能体谅工人店员的"好"经理、"好"掌柜、"好"把头，工资待遇也会较好些，干得好，能额外获得"偿与金"。当然，为了获得这种"好"，工人店员必须学会"溜须捧胜"，走"人情"。③

此外，工资待遇同样等级分明、差别极大，"职员过高，店员过低"。④ 以同记商场为例，"同记商场是哈尔滨最大的商场之一，仅店员曾到达过二百余人之多，过去他们的管理方法与制度代表了哈尔滨一般的商业界，一直是不合理的，店员工资很低，尤其女店员每月六七百元，东家62.5%，西家37.5%，相差极远。西家中间，高级职员比店员所得红利亦多十一倍以上，而店员却所

---

① 哈尔滨、沈阳市工商行政管理局. 东北解放区的工商行政管理[M]. 北京:工商出版社,1988:104.
② 金宗林. 哈尔滨商会史略[M]. 哈尔滨:黑龙江人民出版社,2017:155.
③ 哈尔滨市档案馆藏革命历史档案,全宗号1,目录号1,案卷号83,顺序号6.
④ 同上。

得无几。同时店员职业没有保障，东家不顺眼，就可以任意解雇"。①

(二) 分红

分红，即分享企业红利，但并不是所有的成员都享有分红权，只有股东和"放份子"的高级职员才享有，分红的比例和时间通常在"鸿账"中规定。"东六西四"的分配比例和"一年账结，三年开分"的习惯做法是较为普遍的，即红利分配比例为"东方"分六成，"西方"分四成。这里的"东方"指股东，实际出资人；"西方"指以身股算股份的高级职员，这种分红习惯也被称为"东方获本，西方获身"，努力肯干，获分越多，以此来刺激职员情绪，刺激生产，加紧管理。所谓"一年账结，三年开分"，则是指每年结账一次，三年算作一个分红账期，开分一次红利。永盛东粮栈、天丰涌杂货店等许多商号都是以"东六西四""三年账期"的"老规矩"进行分红。以天丰涌杂货店为例，其鸿账中明确规定了"三年账期""东六西四"的惯常办法。

号中宗旨章程规则列左

一、以经营杂货及其他货物贩卖为宗旨。二、仍命各为天丰涌，以马子宽为总经理执掌全部业务。三、资本金总额共□币四十五万元正，共分八份二厘二二毫五。四、各股东以及经理并各执事人员身股之数目，均议载于鸿账内之各本人名下。五、股东与经理及同人等不得长久短欠、浮挪暂借。六、身股一厘一月公支国币一百元。七、人员由经理任免之，并人员之薪金，亦由经理规定（集权于一人）之。八、业务进行人员黜□，经理负完全责任（集权），均不得有营私舞弊等情事（无群众监督权，仍是空的）。九、历年所余厚成，如数提归公积金（资本可因以积累）。十、营业一年度结算一次，三年为总结算期，得由纯益金一年平支一次（每年借红），以百分之六十为股东红利，百分之四十为西方之花红（东六西四老规矩）。②

---

① 哈尔滨、沈阳市工商行政管理局. 东北解放区的工商行政管理[M]. 北京:工商出版社,1988: 123–124.

② 哈尔滨市档案馆馆藏革命历史档案,全宗号1,目录号1,案卷号83,顺序号6。补充说明,遵循忠实于档案资料原文原则以及档案整理一般规则,档案中"八、业务进行人员黜□,经理负完全责任"中无法辨认的字以"□"代替。

值得注意的是，两方分红时，两方各自的内部所分红利比例并不平均，如"西方"以身股按份计红时，"二柜分红等于大柜的十分之一"。有的对股东、经理人情圆滑，到三年账期就可以当掌柜的，更有的找机会替股东、经理办点有利的事情，这样到三年账期时升得更快，得的份子更多。此外，分红前通常按鸿账还要先提取"奖励金"和"公积金"，一般的提取办法是5%的奖励金，5%的公积金。

分红方式通常约定为以实物计算或者以纸币计算。如道外百货业、中药业一般习惯定于当年十二月末日进行分红，分红计算方式全为纸币计算。道外食品业、旅店业的一般习惯约定每月分红一次，分红计算方式也为纸币计算。而道外皮业、山海杂货业、文具书籍业则均习惯以实物方式计算分红。道外粮米业一般习惯约定每月分红一次，但分红计算方式有以纸币计算的，也有以实物计算的，其中绝大部分粮米店铺是以纸币计算的。

四、行业习惯

（一）当铺业

1. 哈尔滨当铺行业发展的一般境况

当铺行业在我国由来已久。每值除夕，热闹非凡，送神接神的鞭炮声响彻云霄，当铺的门楣上都贴着鲜明的对联，普遍的横批为"裕国便民"，上联为"当剑求名苏季子"，下联为"质衣赴选裴晋公"。如果仅凭此推断，当铺早在战国时期就已存在了。

哈尔滨地区当铺行业的兴盛主要是在民国时期。清朝末年修筑中东铁路时，仅在道外区域有世隆当等数家规模较小的当铺。第一次世界大战至帝俄垮台时，俄币羌帖成为废纸，当铺受此金融波动，多数停业。民国十年（1921年），随着哈市经济逐步繁荣，当铺也随之而起，蓬勃一时。1908年，奉天官银号、吉林永衡官银钱号、黑龙江省官银号相继在哈尔滨开设分号。为了拓展业务，1910年，奉天官银号在哈尔滨傅家甸开设公济当，为其附营事业。此后，吉林永衡官银钱号的永衡当、黑龙江省官银号的惠济当也先后开业。[①] 当时的吉林永衡当、黑龙江省广信当、奉天公济当都是军阀资本，财势浩大。但多数私当因财力较弱，均已抵押借款，依

---

① 参见徐静君.回述当年典当业[A].政协哈尔滨市委员会文史资料编辑部.哈尔滨文史资料：第十五辑（经济史料专辑）[M].哈尔滨：哈尔滨出版社，1991：195.

赖银行接济。民国十七、十八、十九年（1928、1929、1930年），当铺更为鼎盛，币制把握于外国经济势力下，较为稳固；物价受舶来品的操纵，也较为平静，因此当业十分顺利，死号特少。伪满时期，日本人将各地军阀当铺没收，组织大兴公司设于伪新京（即现在长春），管理各地支当分当达五百余处，兼营储蓄保险事项，私人当铺备受欺难。伪康德四年、五年，即民国二十六、二十七年（1937、1938年），物价大落，当户大都不来抽赎，以致死号特多，待下架物品卖与估衣铺时，不但得不着利息，照当本尚须"九扣"，以致当铺业悉数不振。民国二十九年（1940年），银行限制当业贷款，致使当铺所得利息，始终不及物价上涨，从此私人当铺逐渐出兑于日伪大兴当，仅剩数家曾经较殷实的当铺，依靠日伪大兴当的名头，尚勉强维持经营。

2. 当铺业的交易习惯

民国初年，各地银行兴起，老当铺随着时代的起伏而没落，继起的当铺多属投机分子，只重取利，绝赎期为五个月，利息大至五六分。民国十年（1921年）间，始有资本雄厚些的当铺创设新绝赎期，改为十二个月，利息减为五四分。当品每年上架子的高峰期为春夏，最多者可达三十余万元，但当铺资本最多不过十万元，大部分当铺都从银行抵押套借或取借私人存款，因当业较其他行业信用稳固，有钱的多乐于与之交往，可得些微存款利息。

九一八事变前，绝赎期又改为十六个月，利息改为三分五厘。伪满时又增加待赎期两个月，利息改为三分，其计算利息方法为不满一个月者，照一个月计算，一月零一天者，照两个月计算，当天当入赎出，亦需算一个月的利息。一律如此计算。过年时每至除夕减息一分，办公时间延长至深夜子时，意即优待极贫者，这些习惯当铺业一直保持。

3. 当铺业的管理习惯

当铺多数为独资，东西分红，普通为西三东七，每年结账一次，三年开分一次。在当铺得到掌柜的职位是非常困难的，从学生意起，最快通常也需要从业二十年以上。当铺的人事阵容依职位从高到低有钦差、大老板、二老板、柜房掌柜、小掌柜、管号的、店员工友和学徒。钦差受东家委派监理一切，大老板总管柜务，二老板辅之。柜房掌柜管账房一切账桌，并掌握金融柜台，掌柜领小掌柜数名负责接号，管号的负管号架，应时清洁、整理当品，外有店员工友若干名，多至数十名。

学徒入号先学点烟、倒水、铺被、扫地，数年后始能站在柜台边上，跟着学习如何接号，每至晚间送号时，唱号声、唱账声嚷成一片。

4. 当铺业的暗语习惯

当铺与估衣铺及挑大筐卖破烂的讲价码的时候，都是利用暗语。

计有"西道挺飞崴抓献盛碗烧"，是代表十个数目字。"字"代表元，如十元即云"烧字"，四元即云"飞字"。如三百元即云"挺百"，一百一十即云"重西"，一千一或一万一，都可利用"重西"，按物所值，一点就透。①

（二）银钱业

1. 哈尔滨银钱的几种主要形式

（1）私帖与官帖

"帖"在这里的含义是纸币。清末时期，哈尔滨属北满地区②，北满市场金属货币缺乏，商贾往来，买卖交易，往往由私人商铺开出一种可以转让并随时兑现的票据，充作支付手段。这种票据逐渐成为流通中的纸币，称为"私帖"。同时，清政府官方除一直通行银元、宝银等硬通货外，官方银钱号还发行纸币，是为"官帖"。

（2）羌帖

"羌帖"，即俄国纸币。大致在光绪二十年（1894年）前后就有羌帖流入东北境内，但数量不是很大，流通区域也不广，主要是在黑河、海拉尔一带边境地区，通过边境贸易流入。1898年，随着中东铁路开始修筑，羌帖大量流入哈尔滨。为办理铁路修筑及运营相关事宜，1898年俄国在哈

---

① 哈尔滨市档案馆馆藏革命历史档案,全宗号1,目录号1,案卷号83,顺序号3。
② "北满"是个地域概念,最早是指日俄战争结束后,日俄两国瓜分中国东北而出现的南满、北满。南满和北满的概念源于日本和俄国在1907年7月30日签订的《日俄密约》中的规定。《日俄密约》是日本和俄国在清政府衰败无能、主权尽失的历史背景下,明目张胆地瓜分我国东北的罪恶勾当。《日俄密约》规定:从我国珲春划一直线到镜泊湖北端,往西直至长春东北的秀水河子,由此沿松花江至嫩江口止,再沿嫩江上溯至嫩江与洮儿河至此河横过东经一百二十二度止,这一瓜分线的南部(俗称南满)划为日本的势力范围,北部(俗称北满)划为俄国的势力范围。从此我国东北就有了南、北满之称。清末民国时期,百姓长时期习惯延用这一称呼。参见归淇章. 解放战争时期北满根据地的货币政策[A]. 中国人民政治协商会议黑龙江省哈尔滨市委员会文史资料研究委员会. 哈尔滨文史资料:第九辑(金融专辑)[M]. 哈尔滨:哈尔滨市龙江印刷厂印刷(内部发行),1986:126.

尔滨设立了华俄道胜银行，由华俄道胜银行代发路工工资，开始是以条银支付。随着铁路建筑的进展，俄人大量流入，并且逐渐掌控了哈尔滨的地方行政权。1903年中东铁路全线通车后，诸如铁路运费、与俄人交易货币以及铁路地段内的税捐缴纳，均强制使用羌帖。羌帖的流通量便迅速扩大。因羌帖可以兑现，所以商民也乐于接受。特别是当时东北地区流通的货币，除需要量远远不够的银元、宝银等硬通货外，官府及私人商铺发行的纸币、钱帖的币值不稳定。因此，羌帖几乎成为在东北流通的主要货币，举凡异地汇兑、外贸结汇、城市的商店标价和买卖交易，多以羌帖为本位。1905年日俄战争结束，帝俄战败，南满纳入日本的势力范围以后，羌帖则主要在北满流通。①

图1-4　哈尔滨华俄道胜银行发行的霍尔瓦特票（羌帖）的正面与反面②

---

① 参见陈隆勋．羌帖——帝俄在我国东北发行的货币[A]．中国人民政治协商会议黑龙江省哈尔滨市委员会文史资料研究委员会．哈尔滨文史资料：第九辑（金融专辑）[M]．哈尔滨：哈尔滨市龙江印刷厂印刷（内部发行），1986：19．

② 照片来源：中国人民政治协商会议黑龙江省哈尔滨市委员会文史资料研究委员会．哈尔滨文史资料：第九辑（金融专辑）[M]．哈尔滨：哈尔滨市龙江印刷厂印刷（内部发行），1986．

(3) 日金券

日金券也称"老头票"。① 1914 年俄国卷入世界大战之后,沙俄帝国国内经济日趋紊乱,力所难支,纸币因之发行更滥,除旧有纸币外,其流行哈埠者,有格林斯基卢布券、俄国财政部流通券、俄亚银行霍尔瓦特券,还有西伯利亚国库券等。市场上俄币流通极为混乱,羌帖币值跌落。1917 年十月革命爆发,帝俄纸币遂废为纸屑。我国商民多存有羌帖,俄币由落价变为废纸,中国广大民众深受其害,损失极大,个人因之而破产、商人因此倒闭者很多。此时日本乘虚而入,以朝鲜银行所发行的金票取代卢布,大量流通于市场,日金券以大连为大本营而推行于南满铁路沿线一带,蔓延于东北内地,大有"以一概全"之势。同时,日本还以充实军用为由,发行巨额军用票,称为"日金票"。哈尔滨也为日金券所深入,举凡学校学费、房主租息、商店货价,无不视日金券为法币。

图 1-5 民国时期日资朝鲜银行发行的金票,印有老人像②

(4) 哈大洋券

日金券取代羌帖等俄国卢布票,流行之广,足以排除我国固有国币,取而代之。同时,饱受俄币价格暴跌之苦的中国商民,在日本金票的袭击

---

① 日本侵略朝鲜时期,中国东北地区对由朝鲜流入的日本纸币的俗称。因票面印有一老人像,故名"老头票"。

② 照片来源:中国人民政治协商会议黑龙江省哈尔滨市委员会文史资料研究委员会. 哈尔滨文史资料:第九辑(金融专辑)[M]. 哈尔滨:哈尔滨市龙江印刷厂印刷(内部发行),1986.

中，有所觉悟，改革货币本位的呼声日强。哈尔滨一带金融界也遂有挽回本国币权的倡议。1919年5月13日，哈尔滨本地召开金融整顿会议，决定印发哈大洋券，在滨江道尹的支持和道里、道外两商会的大力参与推广下，哈大洋券深得商民普遍信仰，流通范围日渐扩展。1920年，哈大洋券被宣布为可以"无限制兑换"，更加巩固了哈大洋券的社会信誉和使用价值。中东铁路局与中国、交通两银行签订契约，也规定以哈大洋券作为其收入之一种存入两行，更加促进了哈大洋券的推行，哈大洋券的流通也进入了鼎盛时期。①

图1-6 民国时期东三省银行发行的哈大洋券，印有"哈尔滨"字样②

2. 哈尔滨银钱交易的几种惯常方式

哈尔滨地方币哈大洋券的问世，是中国本土新兴货币抗争外币侵略的一种自救。它一诞生就以强大的生命力抗衡着以日币为代表的外国货币对我国金融市场的侵占。但时逢乱世，军阀混战，政府腐败无能，帝国主义加紧侵略，列强金融机构也纷至沓来。帝俄华俄道胜银行、日本正金银行、朝鲜银行、英国汇丰银行、美国花旗银行等外国列强银行均在哈尔滨建立其分支机构，这些银行无视中国主权，滥发货币，掠取我国资源，加

---

① 参见毕凤鹏. 哈大洋券——国人早期在哈尔滨发行的纸币[A]. 中国人民政治协商会议黑龙江省哈尔滨市委员会文史资料研究委员会. 哈尔滨文史资料：第九辑（金融专辑）[M]. 哈尔滨：哈尔滨市龙江印刷厂印刷（内部发行），1986：3-5.
② 照片来源：中国人民政治协商会议黑龙江省哈尔滨市委员会文史资料研究委员会. 哈尔滨文史资料：第九辑（金融专辑）[M]. 哈尔滨：哈尔滨市龙江印刷厂印刷（内部发行），1986.

上东三省各官银号、关内各省银行也争相发行货币,致使哈尔滨地区货币极为混乱,流通市面的中外货币多达30余种。如外国货币有美金、英镑、日本金票、沙俄卢布等,中国货币有哈大洋、现大洋、现小洋、奉票、吉帖、永大洋、江大洋、吉平银、宽平银、江平银、银元券、银两券等。①这些中外货币流通区域不同,币值各异,价格又急涨急落,商民若在不同区域使用货币进行交易就需要先进行货币兑换,由此产生了专门从事货币兑换的哈尔滨银钱交易行业,交易场所和交易方式主要有银行交易、钱桌子交易、钱庄交易、货币交易所交易等。此外,还有一些民间借贷,如储蓄会交易、放印子钱、请会、小押当和小接当,不一而足。以下阐述几种盛行于哈埠城市和乡民间的惯常银钱交易方式。

(1) 钱桌子交易

"钱桌子"是货币兑换业的一种组织形式,在帝俄货币盛行于哈尔滨时期出现,专门进行俄国货币卢布的兑换,即用官帖、奉票、汇帖等货币兑换俄币卢布,反之也可利用卢布换成所需要的官帖、奉票、汇帖等货币。钱桌子的交易场所和交易方式十分简单,以一桌一椅为营业设备,大多将桌椅摆放在交通要道、马路两旁及市井热闹处所,露天营业,专门从事货币兑换。随着市面流通币种的不断增多,钱桌子的兑换币种也应声扩展,日金券盛行就以兑换日金券为主,哈大洋券盛行就以兑换哈大洋券为主,同时兼营其他币种兑换。为形成行业优势,钱桌子逐渐集中于道外正阳大街,发展成固定集兑区域,即道外"汇兑街"。钱桌子主要靠索取兑出兑入的贴水来赚取利润。但在乡民兑换时,均不按当时市价合算,从中克扣,稍有明白钱价的人讲价,即发生争执,以致经常发生打架斗殴。还有人行使假帖、假票,欺骗乡民,以及任意左右市价,间隙拐骗潜逃等,危害商家。1916年4月,哈市俄人董事会发布《钱桌子取缔令》,规定殷实公正的商人,取具保证,发给许可证,始准摆设;专事诈骗的商人,勒令停业,并由警厅监察。② 取缔令发布之后,钱桌子开始变成小钱铺,不再像以前那样在外摆设,而是附设在各商铺内,门外挂牌匾,标明"兑换各种货币",继续经营。

---

① 参见袁学军.钱桌子·钱庄·货币交易所[A].政协哈尔滨市委员会文史资料编辑部.哈尔滨文史资料:第十五辑(经济史料专辑)[M].哈尔滨:哈尔滨出版社,1991:166.
② 同上书,第168页。

(2) 钱庄交易

1903年中东铁路通车后，极大地沟通了东北与内地的联系，大批关内商人移居哈尔滨经商谋生。最初入哈的商民并没有哈埠本地货币，仅携带了原属地的流通货币，因而需要将外埠货币兑换成羌帖等哈埠流通货币，才能便利经商、购物及返乡。随着往来商民的增多，兑换需求量增大，哈埠富商嗅到商机，开设了既经办兑换又兼营汇兑的机构，以便利商民，并获取利润，因此产生了钱庄。1910年永和兴银号在道外设立，为哈埠第一家钱庄。1919年10月哈大洋券发行之后，迅速成为北满的流通主币，影响了以兑换为主的钱庄的发展。1929年，世界经济危机波及哈埠，哈埠经济陷于崩溃的边缘，工商各业日趋萧条，钱庄也因此受到残酷的打击，虽然总的数量有增无减，但多数名存实亡。1931年哈埠全市共有钱庄174家，资本只有80万元（哈大洋），已经不及1922年的一半。1937年七七事变之后，哈埠银钱业逐渐衰落。1938年，日伪当局颁布并实施《新银行法》，钱庄更加衰败，几近绝迹。

钱庄的业务有汇兑、兑换、存放款、庄票发行及一些附属业务，如代收款项、办理信托事件、买卖有价证券和生金银等。它的资金来源，除资本金和存款外，主要靠拆款的融通和庄票的周转，往往资本不大，营业额很大，资金运用效率高。信用是钱庄办理业务最突出的特点和传统习惯。钱庄有固定的经营机构，也具有组织性，多是合资设立，因而稳定性更高。讲究信用才能使生意长久，钱庄以本身的信用吸收存款，再向具有信用的商号发放贷款。因此，钱庄通常发挥人地熟悉、因利乘便、机动灵活的优势扩展业务。

(3) 货币交易所交易

20世纪20年代前后，因哈埠币制混乱，哈尔滨的钱钞兑换市场极度活跃。从1910年最活跃的钱桌子到钱庄、汇兑庄以及后来的信托公司，都从事钱币兑换活动，从中牟利。1918年俄币暴跌，钱商深受损失，纷纷破产歇业。1919年中国和交通两大银行发行哈大洋券之后，深受各界人士的欢迎，信誉日高，流通日广，不到两年时间就在与众多货币的角逐中脱颖而出，一跃成为哈埠钱钞市场的主币，颇得中外商民信任。一些钱商感到贩卖哈大洋券较贩卖俄币、日金票、奉票、官帖等获利更丰，故而一些从前从事俄币买卖的破产钱商，很快转向专门从事哈大洋券的买卖活动。以滨江县（道外）汇兑业集中的地方为市场的货币交易所便很快形成了。货币交易所最初是作为现钞买卖的集会市场，进行的交易主要是贩卖哈大洋券，其交易人多是些破产户，没有任何权力，不受任何约束，无一定的规章制度。1922年4月1日正式改为"钞票交易所"，资本金哈大洋10万元，成为买卖钞票的、公开的、正式的、固定的场所。

钞票交易所从事的交易有哈大洋、日金票、吉林官帖、黑龙江官帖及永衡大洋票等多种货币的买卖活动，但以哈大洋对日金票的交易为主。哈大洋对日金票的交易，喊价单位为哈大洋500元，即500元哈大洋合多少日金票。然而在实际买卖当中，以1 000元哈大洋为最低，一般以1 500元、2 000元、2 500元为单位进行交易，以500元进行买卖的很少。哈大洋对日金票的牌价，从理论上说，应该是银块的价格。但实际上哈大洋的发行银行，利用人们对哈大洋的信任，过量发行，使银价和哈大洋票之间产生了差距，进而使哈大洋的价格不再完全取决于它的发行准备银元的价格。实际上是由大连的银行行情，即大连、上海方面的汇兑行情，加上大连银元价格，再参考北满的供求关系来决定的。交易方法有定期交易和现钞交易两种。定期交易将1个月分为3个期限，即在10日、20日、30日进行交易，10日当作先限（按契约在下个月末交货），20日当作中限（交易后隔日交货），每逢10日就相继产生隔日交货的新期货，然后这种先限，逐渐变为中限，与现钞一起在竞争市场上不断进行交易。①

（4）储蓄会交易

储蓄会是由民间资本创办的一种金融组织，性质与储蓄银行相近，但并不仅仅办理储蓄，也从事放款事业。哈尔滨的第一家储蓄会是1911年5月，由哈市工商设立的"联合储款会社"，地址在道外。1912年，储蓄会逐渐成为哈市金融领域的一股新兴力量，对于贫民和一般职工调剂货币余缺，临时周转使用，有很大的益处。1915年，奉天储蓄会在哈尔滨设立分会。1918年10月，道外宏仁医院职工又联合成立公合储款会社。1920年6月，天津中法国储蓄会在道外设立代理处。至1920年，哈尔滨共有9家储蓄会。之后，由于俄币卢布的跌落，有的储蓄会倒闭歇业。

储蓄会按资本的大小分为大规模储蓄会和小规模储蓄会。大规模储蓄

---

① 参见袁学军. 钱桌子·钱庄·货币交易所[A]. 政协哈尔滨市委员会文史资料编辑部. 哈尔滨文史资料：第十五辑（经济史料专辑）[M]. 哈尔滨：哈尔滨出版社，1991：175－179.

第一章 1946年前哈尔滨商事习惯的基本状况

会一般由官厅或银行牵头,与地方工商联办,资本较多,实力雄厚。如奉天储蓄会、滨江公立储蓄会、西丰储蓄会都属于大规模储蓄会。小规模储蓄会多由地方工商或同一单位的职工联合创办,资本较少,业务范围狭窄。不同种类的储蓄会的收股方法不同。大规模储蓄会和小规模储蓄会的管理方式也有很大差别。大规模储蓄会的业务主要是储蓄和放款。小规模储蓄会的业务较单一。除吸收会员存款外,不另办其他储蓄,贷款对象大多是对社员提供资金,利率较低。对有妥实铺保、与储蓄会关系密切者,小规模储蓄会也对其发放少量信用放款。

储蓄会的普遍特点和行规是:第一,股额小,易于召集;第二,业务种类繁多,特别是储蓄业务,多少均可存入,有定期存款、活期存款、婚嫁储蓄、养老储蓄、官吏薪金储蓄等14种储蓄种类,适宜不同阶层、不同类型的人参加,从而吸引了众多的顾客;第三,利润丰厚、投资安全;第四,严禁通过投机而立于不败之地;第五,勤俭节约。一般储蓄会的正副会长大多为名誉职务,不支薪水。办事员不过3~4人,月薪也不过一二十元,有时还不支薪水。①

(5) 放印子钱

放印子钱一般盛行于娼寮、戏院和饭店、澡堂。普遍是由借款人自备一小折,还一天钱就盖一戳,放印子的每天晚上收一遍钱,收进来的随手再放出去,如此利上加利,越聚越多,往往一跃而为富绅。因此,民间通称这种现象为"有钱的五八大三辈是也"。

"使印子"的惯例是凭人还债,人死债休。"只要你一息尚存,债主是绝不因你苦苦央求而肯缓容一天的,所以在收印子钱的时候,常常发生争吵打骂的事情,所谓是非之地即由此也。"②

(6) 请会

"请会"是穷人之间调处金融的一个门路。山东乡间盛行请会,随着"闯关东"的乡民被带入东北各地,流行于穷人中间。其办法如下:

首由需款人发起,备酒饭,邀请友好若干人,申诉某项正当需

---

① 参见原进斋. 昔日储蓄会[A]. 政协哈尔滨市委员会文史资料编辑部. 哈尔滨文史资料:第十五辑(经济史料专辑)[M]. 哈尔滨:哈尔滨出版社,1991:221-226.
② 哈尔滨市档案馆馆藏革命历史档案,全宗号1,目录号1,案卷号83,顺序号3。

款，欲请会若干元，经大家同意后，则商讨拨会期限，普通者十天、八天、半月不等，视情况而定。假定其请会额为一百元，被请者为五人，则于当日或次日，每人拿出二十元来，交与请会者。至第一次拨会期，仍由请会者召集，该五人共同拨会，如投标的方法，每人持一纸条，暗写上愿出利息若干。不用款者画圈，公开时，如甲写一元，乙写二元，丙写三元，丁、戊画圈，则此会应归丙拨，由甲、乙、丁、戊各付十七元与丙，请会者则付二十元。第二次如此法，但由甲、乙、丁、戊四人行之，丙与请会者则每人净付二十元。以此类推，以至最后一人时，仍不需拨，由其他五人各付二十元，此会即告结束，中间如有舛错，统归请会者负责。故请会者可不出利，而优先备用，陆续归还之。①

从上述活动来看，请会类似储蓄，可以聚零为整，十分便利于普通百姓，因而请会被长期延续。

（7）小押当

去当铺当物，当铺老板们虽然嘴上说值十当五，但如看对方穿得破，一般就只给当二三成。由此，在当铺之外便产生出有钱人经营的"小押当"的营生。小押当是同当铺般抵押贷款，但是利息高，期限短，只为了比当铺多当一些钱，逼迫得穷人不得不走这一条路。当物时均没有手续，普通都是大加三的利息，而绝赎期最多的也不过一个月。如果是当土地，不但须押老契，还须附带卖契及借约，至期不还时，将地抵偿，而不另作手续。

穷苦人能否"请会"？"赤贫的人断了下锅的米或是害病没钱买药，和那些赌徒断了本钱，烟鬼犯了瘾的人好像不能比在一起，其实在资本主义的社会里，同样是没有位置的，赤贫的人没有资格请会。"② 因而，贫苦人用钱，不好去当铺，就只好去找小押当。

（8）小接当

"河北乐亭一带的乡村镇流行着一种小接当，营此小接当者多系手中稍有余资的人。以衣物作质，贷与需款者，言明期限、利率，至期不赎时，营此小接当者，即将衣物送至城里当铺，照应得本利当掉，追债户逾

---

① 哈尔滨市档案馆馆藏革命历史档案,全宗号1,目录号1,案卷号83,顺序号3。

② 同上。

期来赎时,即将此当票付与完事。"① 哈尔滨自清朝末年被开发以来,随着河北、山东等关内乡民的涌入,小接当的民间借贷形式也随之被带入哈埠。

上述哈埠银钱业的产生与发展是旧中国币制不统一、货币发行混乱、货币割据式流通的产物。1932年伪满洲国建立后,日伪统一了货币,统一使用伪满币,日元与伪满币等值流通,并规定旧官银号货币如哈大洋、吉帖、江帖、永衡大洋票、奉票等均以统一的比率与伪满币兑换,再由伪满中央银行统一清理收回,不允许流通,禁止货币兑换活动。这妨碍了上述银钱各业的发展,它们或被打击取缔,或零星暗地交购,渐渐残存,以致衰落。民间借贷的几种形式则持续时间较长,如民国十年(1921年)由哈埠富商宋纪珊经营的滨江储蓄会曾一度"显耀一时","伪满时代,老宋家仍很财主","四二八后,工人们在共产党的领导下翻了身,老宋家也就销声匿迹了"。

(三) 洋服业

1898年,从中东铁路修筑开始,哈尔滨便成为大量外国人的云集之地,到处"金发碧眼""满口外语"的人。经商的、务工的、管理的、技术的,各种阶层、各种职业的白俄人、英国人、法国人、德国人、日本人、波兰人等在哈尔滨落地生根。哈尔滨商贸繁盛,一跃成为国际交往频繁的中心城市。一些受西方影响较早的宁波、奉化、上海等地的西服工人,开始陆续来到哈尔滨谋生,为中外人士缝制西服。因此,哈尔滨民族西服业也是随着中东铁路的修筑而诞生的。

在哈尔滨开办较早的外国西服店有1907年在道里中央大街开业的"都鲁金西服店"和1910年在道里外国四道街开业的"阿尔登西服店",中国人开办较早的是1911年春季在道里外国六道街路北开业的"哈兴洋服店"。哈尔滨早期西服业,大多集中于道里区,其次在南岗区,因这两区多居住的是商人和高级职员,所谓"富南岗,道里商,穷道外",道外区多聚居工人和穷苦人,因而几乎没有西服店。1918年,道里区由上海和宁波两乡之人开设的西服店已有60余家,西服工人有四五百人。②

俄国十月革命后,更大量的外国人来到哈尔滨,哈尔滨西服业进一步发

---

① 哈尔滨市档案馆藏革命历史档案,全宗号1,目录号1,案卷号83,顺序号3。
② 参见陈宗瑜. 哈尔滨西服业回顾[A]. 政协哈尔滨市委员会文史资料编辑部. 哈尔滨文史资料:第十五辑(经济史料专辑)[M]. 哈尔滨:哈尔滨出版社,1991:150.

展，受英国"维新时装"的影响，由初期的男女西装兼做，精进为分开经营，专做男式西装的仍称为"西服店"，专做女式西装的则定名"时装店"。

哈尔滨洋服业分做"男活"与做"女活"，以及做"硬活"与做"软活"。"硬活"包括做毛呢料西服和皮大衣，"软活"则专做西服、裘皮大衣、布拉吉①和内衣等。上海帮多做"女活"，宁波和奉化系人多裁制"男活"。洋服业与外国人打交道最多，因而行业经营者大多会俄、英、日等外国语言，以方便接待外国顾客。

洋服业的掌柜都有相当的技术水平，也擅长经营。首先，在经营中，掌柜本人亲自接待顾客，目的是彻底熟悉和掌握顾客的体形和其对服饰的要求特点，懂得顾客的心理爱好。量尺寸、裁剪、试样子，这一套工序也都由掌柜本人亲自动手做，然后向工人详细说明顾客的体形、身材和要求，交代清楚操作过程，做到如此相互配合，才能按顾客身材和要求，缝制成合身舒适、造型美观、顾客满意的洋服。为使顾客满意，在服装做成前，有的要试两遍样子，遇特殊体形的，要试三遍样子。西服做成后，为顾客着想，还备制一个领面，以备磨损更换。其次，为了方便顾客，也为了获得竞争优势，洋服店通常主动登门服务，掌柜的或技术能手到顾客住所或预约地址去量尺、试样，洋服做好后，立即送货上门。并规定新做洋服在几个月内，如穿着不合适，可以免费修整，放长或改短，放肥或改瘦。遇到顾客急需时，西服店还可突击完成。凭借这些服务，洋服店很快在顾客心目中树立了信誉，一传二、二传三，顾客长年不断，生意越做越兴隆。这样的经营习惯在哈尔滨的洋服行业一直延续。

洋服店的管理也具有行业的普遍性特点，即徒工多于技工。店主招收徒工，目的是依靠廉价劳动力来为自己谋利，徒工工作时间长，一般每天工作十多个小时，只需供给伙食等，三年不开工资。大量招用学徒工人对店主来说开销小，收入多。店主多愿意招收宁波、奉化、上海籍学徒，因为离家乡远，学徒只好老老实实学手艺。满徒后有的吃劳金，有的赚计件工资，多继续受雇，谋此营生。

（四）窑业

窑业一直是我国的传统工商业，在生产经营中已经形成了一定的商事

---

① 布拉吉是外来语,俄语"裙子"的发音。因哈埠俄人最多,因而许多俄语逐渐成为哈尔滨的本地语言。

习惯，长期沿用。伪满洲国时期，日伪政权颁行《物价物资统制法》，进行"窑业组合"，扶大杀小，形成日伪控制下的窑业垄断，继而很大程度上破坏了传统窑业的营商习惯。

哈尔滨的"窑业组合"实际上在1939年就已经开始了。从哈尔滨市档案馆珍藏的革命历史档案《窑业初步调查材料》，可以了解到日伪时期对窑业的摧残，和窑商及窑业传统习惯在被绞杀与消解之下不得已进行调整的凄凉惨景。

传统窑商的立窑习惯是大窑、小窑并存，因而在日伪"统制"前，哈尔滨仅顾乡区就立窑数百座，窑商窑号众多。小窑出资习惯为"打小股"，以劳务合伙出资，"几个有劳动力的人合在一起就可以干"。因大家都在经营中出力，极少外聘，合伙人亦主亦工，因而劳资关系淡薄，极少劳资纠纷。工作习惯为"就地挖土，当地买茅草作燃料"，大家齐心合力，随时都能烧火起炉。分红习惯也简单明了，即按股分红。销售习惯为几乎不直接外售，多是通过砖贩子转售。全市大窑数量远比小窑少得多，仅为15座。大窑开工及用工习惯为"烧两头火"，雇用推土、对土、烧火、装窑、搬砖、打扫炉灰等工种工人的数量大，有三百余人，其中还包括从事牵马、背砖、糊纸工作的青工，即年龄在十二岁到二十岁之间的青少年。招工习惯为在哈埠当地招雇山东来的贫民。雇工待遇好，"吃白面馒头，不据次数"。工资给付存在差别，与工人比，青工"只给三分之二的工资"。所招雇工各司其职，除管账先生外，包括工头在内也需做活，如"大工头一人（看火的），二工头一人，三工头一人（均为监工的）"。

日伪实行"窑业组合"后，用"配给制"扶植大窑，扼杀小窑，① 小窑逐渐减少，原有窑业习惯也被动调整。这种调整集中体现在大窑的管理与经营中。其一，工人来源扩大化。尽管"小窑的工人都转到大窑内去求生活"，但仅有当地雇工已不能满足用工需求，因而经常到关内各地再增招工人。其二，雇工待遇恶劣化。"窑中工人生活十分惨苦，吃不饱穿不暖，挨打受骂，群众为免劳工去了就不许出来"。"到光复那年的工多数都

---

① 依据《窑业初步调查材料》，窑业"配给制"的办法是："①发给燃料；②发给粮及日用品；③发给工人衣服、鞋等。到卅一年日伪将小窑的一切配给东西完全停止不给了，并将砖价也分成两样。如大窑的砖每万块贰拾肆元，小窑砖每万块十八元，还扣去一円组合费，新出的砖一定得卖给'窑业组合'，否则就送警察署处罚，砖没收。因此绞杀了顾乡、太平二区五一九处窑。到光复时只剩了五处，也是不能全年烧，仅能在夏天家人作点坯子，到冬天烧窑以维持生活。"

由各地政府要的劳工，对这些工的待遇更加惨苦。工资别人每万四百元，只给他们一二〇元。"其三，管理体制层级化。大窑内部层级分明，构成管制系统，其实质是"半封建的把头制"。大把头不做活儿，负责监督场内一切；二把头是部分管理者；三把头则是工头，领着做活儿，层层都可以打骂其下管制人员。而在各大窑之上还有"窑业组合"，"总的统治权是日本福昌公司，配给品是由福昌公司发给义和公司，再转给各窑"。其四，销售制度定卖化。销售对象和销售价格都实行指定，即出砖只能卖给日本人，售卖价格只能按统制指定价。①

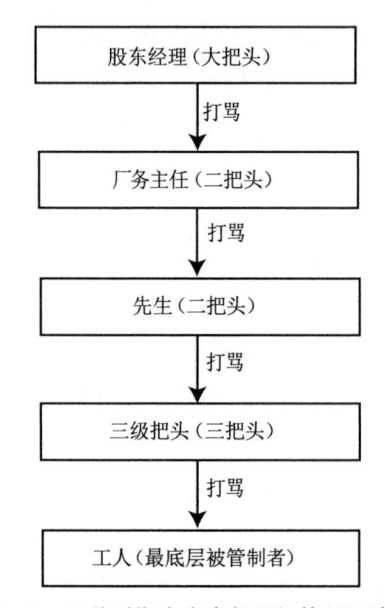

```
┌─────────────────────┐
│  股东经理（大把头）  │
└──────────┬──────────┘
           │ 打骂
           ▼
┌─────────────────────┐
│  厂务主任（二把头）  │
└──────────┬──────────┘
           │ 打骂
           ▼
┌─────────────────────┐
│    先生（二把头）    │
└──────────┬──────────┘
           │ 打骂
           ▼
┌─────────────────────┐
│  三级把头（三把头）  │
└──────────┬──────────┘
           │ 打骂
           ▼
┌─────────────────────┐
│ 工人（最底层被管制者）│
└─────────────────────┘
```

图1-7　日伪时期大窑内部层级管制系统图②

本章小结

中东铁路修筑前，哈尔滨地区一直是清朝东北边疆的军事驻地，其样貌是军府辖制下的普通村屯。铁路修筑和通商开埠带来了近代哈尔滨城市

---

① 哈尔滨市档案馆馆藏革命历史档案，全宗号2，目录号1，案卷号257，顺序号13。
② 此图为笔者根据档案材料绘制。档案材料为哈尔滨市档案馆馆藏革命历史档案，全宗号2，目录号1，案卷号257，顺序号13。

化的发展时运，由普通村屯转型为华洋毕集的商业都会。随着历史发展，从清末到伪满洲国，哈尔滨商事习惯也在历史变迁中历经了浮沉与变化，呈现了多元碰撞与殖民消解的不同时代境遇。

第二章 人民政权对旧有商事习惯的态度

哈尔滨解放后，哈尔滨解放区人民政权对哈尔滨商业发展进行了讨论，厘定了哈尔滨发展工商业的出路与原则。为贯彻新民主主义商业政策，哈尔滨解放区人民政权首先对工商典型行业及企业开展调查研究，继而依据政治立场的差异，对行业及其商事习惯施以不同策略。

第一节 新民主主义商业政策的制定

一、"发展生产、繁荣经济、公私兼顾、劳资两利"的总方针

（一）《目前形势和我们的任务》

1947年12月25日，毛泽东同志在中共中央陕北米脂县杨家沟会议上作了题为《目前形势和我们的任务》的报告。报告准确分析和论断了中国人民革命战争的形势，"中国人民的革命战争，现在已经达到了一个转折点"，"从战争第二年的第一季，即一九四七年七月至九月间，人民解放军既已转入了全国规模的进攻，破坏了蒋介石将战争继续引向解放区、企图彻底破坏解放区的反革命计划"。中国共产党领导的人民战争"不但必须打败蒋介石，而且能够打败他"。"这是一个历史的转折点。""中国人民解放军已经在这一块土地上扭转了美国帝国主义及其走狗蒋介石匪帮的反革命车轮，使之走向负面的道路，推进了自己的革命车轮，使之走向胜利的道路。""这是一百多年以来帝国主义在中国的统治由发展到消灭的转折点。这是一个伟大的事变。这个事变所以带着伟大性，是因为这个事变发生在一个拥有四亿七千五百万人口的国家内，这个事变一经发生，它就将必然地走向全国的胜利。"①

全国胜利后，中国共产党要领导人民进行新民主主义国家建设，"没

---

① 毛泽东. 目前形势和我们的任务[N]. 哈尔滨《工商日报》,1948-01-01(1).

收封建阶级的土地归农民所有，没收蒋介石、宋子文、孔祥熙、陈立夫为首的垄断资本归新民主主义的国家所有，保护民族工商业。这就是新民主主义革命的三大经济纲领"。因而，"新民主主义的革命任务除了取消帝国主义在中国的特权以外，在国内就是要消灭地主阶级和官僚资产阶级（大资产阶级）的剥削和压迫，改变买办的封建的生产关系，解放被束缚的生产力。被这些阶级及其国家政权所压迫和损害的上层小资产阶级和中等资产阶级，虽然也是资产阶级，却是可以参加新民主主义革命，或者保守中立的。他们和帝国主义没有联系，或者联系较少，他们是真正的民族资产阶级。在新民主主义的国家权力到达的地方，对于这些阶级，必须坚决地毫不犹豫地给以保护"。①

"新民主主义革命所要消灭的对象，只是对封建主义和垄断资本主义，只是地主阶级和官僚资产阶级（大资产阶级），而不是一般地消灭资本主义，不是消灭上层小资产阶级和中等资产阶级。由于中国经济的落后性，广大的上层小资产阶级和中等资产阶级所代表的资本主义经济，即使革命在全国胜利以后，在一个长时期内，还是必须允许他们存在；并且按照国民经济的分工，还需要他们中一切有益于国民经济的部分有一个发展；他们在整个国民经济中还是不可缺少的一部分。这里所说的上层小资产阶级，是指雇佣工人或店员的小规模的工商业者。此外，还有不雇佣工人或店员的广大的独立的小工商业者，对于这些小工商业者，不待说，是应当坚决地保护的。"②

毛主席进一步指出，"对于上层小资产阶级和中等资产阶级经济成分采取过'左'的错误的政策，如像我们党在一九三一年至一九三四年期间所犯过的那样（过高的劳动条件，过高的所得税率，在土地改革中侵犯工商业者，不以发展生产、繁荣经济、公私兼顾、劳资两利为目标，而是以近视的片面的所谓劳动者福利为目标），是绝对不许重复的。这些错误如果重犯，必然要损害劳动群众的利益和新民主主义国家的利益"。③

关于新民主主义经济政策下新中国的国家经济构成和指导方针，毛主席总结道："总起来说，新中国的经济构成是：（1）国营经济，这是领导

---

① 毛泽东. 目前形势和我们的任务[N]. 哈尔滨《工商日报》,1948-01-01(3).
② 同上.
③ 同上.

的成分；（2）由个体逐步地向着集体方向发展的农业经济；（3）独立小工商业者的经济和小的、中等的私人资本主义经济。这些，就是新民主主义的全部国民经济。而新民主主义国民经济的指导方针，必须紧紧地追随着发展生产、繁荣经济、公私兼顾、劳资两利这个总目标。一切离开这个总目标的方针、政策、办法都是错误的。"①

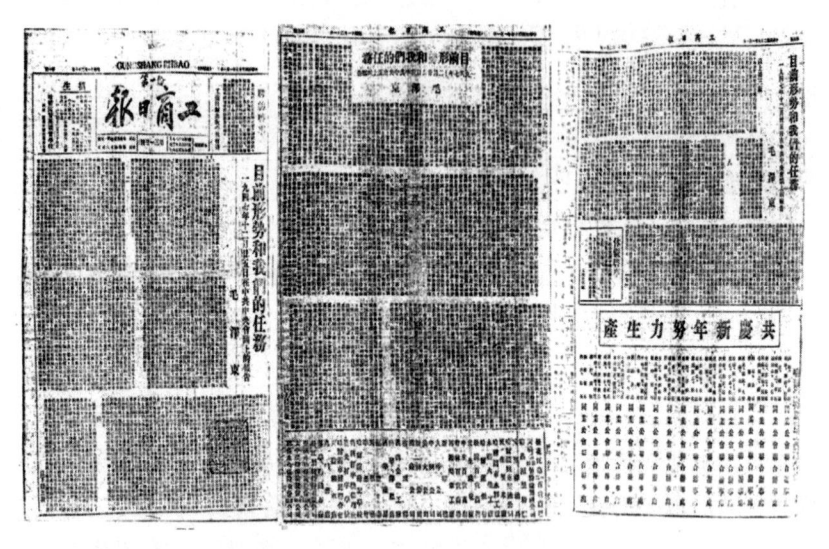

图2-1 哈尔滨《工商日报》1948年1月1日刊发的《目前形势和我们的任务》②

哈尔滨市委将毛主席《目前形势和我们的任务》的报告作为哈市经济建设工作的准绳，政策思想检查的标尺。时任哈尔滨市委书记的张平化同志发表讲话："我们应当检查，我们的一切方针、政策、办法是否紧紧地追随着这个总目标。"③

（二）"二七社论"

毛主席在《目前形势和我们的任务》中指出，真正的民族资产阶级，包括上层小资产阶级和中等资产阶级，以及独立小工商业者的私人资本经济，是新中国经济构成之一，对这些私人资本经济必须坚决地毫不犹豫地

---

① 毛泽东. 目前形势和我们的任务[N]. 哈尔滨《工商日报》, 1948-01-01(3).
② 照片来源:哈尔滨市图书馆藏哈尔滨《工商日报》,1948年1月1日第一版、第三版、第四版。
③ 哈尔滨市档案馆. 解放战争时期哈尔滨经济资料文集(上册)[M]. 哈尔滨:哈尔滨工业大学出版社,1994:59.

予以保护。要以"发展生产、繁荣经济、公私兼顾、劳资两利"为目标进行经济建设,任何不以这一总目标开展的活动都是错误的。在公私关系上,"资方"与"劳方"关系上,1931年至1934年所发生的"以劳动者福利为目标"的片面运动损害了劳动群众的利益,重复这一错误也必然会损害新民主主义国家的利益。

1948年2月7日,新华社为纪念二七罢工二十五周年发表社论《坚持职工运动的正确路线,反对"左"倾冒险主义》。社论指出,在解放区的公营企业与合作社经营的企业中,企业工人已成为企业主人,企业中没有"资方"与"劳方"的对立,没有剥削和压迫。在解放区的私营企业中,工人则具有既是社会主人翁又是被剥削者的两重地位。社论强调,新民主主义社会与社会主义社会不同之处,就是在新民主主义社会里,私人资本的企业在生产中还是不可缺少的成分,解放区职工运动的方针,应当严格地符合于新民主主义的经济政策,坚持发展生产、繁荣经济、公私兼顾、劳资两利,使新民主主义的社会生产力大大提高,逐步地有依据地发展到将来的社会主义的方向去。

毛主席提出的"发展生产,繁荣经济,公私兼顾,劳资两利"十六字总方针是一个完整的方针,是不可分割的,"发展生产、繁荣经济"要依靠"公私兼顾、劳资两利"来实现,只有"发展生产、繁荣经济"才能"公私兼顾、劳资两利"。但在解放区私营企业劳资关系处理及职工运动中,对资产阶级政策的认识与执行上仍然发生了偏差,容易出现"左"倾冒险主义偏向。1948年2月27日,毛主席为中共中央起草了对党内的指示——《关于工商业政策》,指出:"某些地方的党组织违反党中央的工商业政策,造成严重破坏工商业的现象。对于这种错误,必须迅速加以纠正。这些地方的党委,在纠正这种错误的时候,必须从领导方针和领导方法两方面认真地进行检查。"① 他还在文章中对"关于工商业政策"的领导方针和领导方法做出了指示,"应当向工会同志和工人群众进行教育,使他们懂得,决不可只看到眼前的片面的福利而忘记了工人阶级的远大利益。应当引导工人和资本家在当地政府领导下,共同组织生产管理委员会,尽一切努力降低成本,增加生产,便利推销,达到公私兼顾、劳资两

---

① 中共中央毛泽东选集出版委员会.毛泽东选集(一卷本)[M].北京:人民出版社,1964:1180.

利,支援战争的目的。许多地方所犯的错误就是由于全部、大部或一部没有掌握上述方针而发生的。各中央局、分局应当明确提出此一问题,加以分析检查,定出正确方针,并分别发布党内指示和政府法令"。①

哈尔滨是全国第一个解放的大城市,最先在城市公营与私营工商业中开展了职工运动。1947年10月间,在中共中央驻东北的代表机关——东北局的领导下,展开了反对职工中的"左"倾危险的运动。东北局也于1947年12月31日在党内发表《关于1948年的任务决定》,突出强调"对城市私人工商业家,在不违犯政府禁令及劳动保护法下保证其自由营业,并吸引他们的资金及工厂设备为兵工军需生产"。

毛主席1947年12月25日所作的《目前形势和我们的任务》报告发表后,特别是在中央发表二七社论以后,哈尔滨对开展反对职工运动中"左"倾危险的认识更加深刻,对运动的领导也更加有力。1948年2月中共哈尔滨市委拟定了《哈市1948年的工作任务(草案)》,把经济与生产工作摆在第一位。首先,以最大努力组织军工军需生产,支援革命战争,不仅保证数量,而且特别要保证质量地完成,使军需及人民需要的公企与私企都正常活跃起来,并整顿与发展合作社事业。群众工作特别强调工人运动,提高工人的劳动热情、劳动纪律意识,积极从事生产,并适当解决工人的生活待遇与职业问题。为了使全市干部深刻学习毛主席报告、二七社论、《关于工商业政策》等文件,了解情况,检查思想,哈尔滨以整党学习为中心,组织干部学习,作为生产运动的准备工作。②同时加强了对工商业职工运动的领导,提高工人阶级的觉悟,纠正侵犯工商业、损坏经济的严重现象。为了发挥私人资本主义经济为战争、为人民服务与发展生产的作用,哈尔滨市委提出了"要区别私人经济中的工业与商业,要分析工业与商业中何种应该发展扶助,何种应给以限制、监督以致打击、禁止"的方针,③并在1948年1月27日颁布《哈尔滨特别市战时工商业保护和管理暂行条例》后,于1948年3月14日颁布了《哈尔滨特别市政府关于保护工商业问题的布告》等政府法令。

---

① 中共中央毛泽东选集出版委员会. 毛泽东选集(一卷本)[M]. 北京:人民出版社,1964:1180.

② 参见哈尔滨市档案馆. 解放战争时期哈尔滨经济资料文集(上册)[M]. 哈尔滨:哈尔滨工业大学出版社,1994:59.

③ 同上书,第90页。

第二章 人民政权对旧有商事习惯的态度　　　　　111

图 2-2　哈尔滨《工商日报》1948年2月14日转载新华社纪念"二七"二十五周年社论文章《坚持职工运动的正确路线　反对"左"倾冒险主义》①

　　哈尔滨市、区人民政权组织召集各区内工商业营业者座谈会，对毛主席的报告及新华社的"二七社论"、市政府重申保护工商的布告颁布后全市各阶层的言论和行动进行了解，"自毛主席报告及'二七'社论发表后，建设城市的生产思想逐渐为劳资双方所接受"，"在干部与会员中检讨教育我们自己，经过与资本家关系搞好而使商店营业好转的事实，打通了大家发展生产、劳资两利的思想，店员的顾虑减少了"，②"我认为政府实行保护工商政策是最好的，现在我们工厂实行劳资两利，工厂方面买卖做得很好，也有利钱的，工友对工资也很满意，这样一来双方都好，工厂也有发展，大家都有饭吃，今年没有宣布保护工商业的时候，有钱放在家里也不敢做买卖，怕工人斗争"，"可是公布保护工商业后，那就大不相同啦，政府处处是扶植工商。如现在的劳资两利和现在东北各地物资也方便运输，这样一来买卖也

---

① 照片来源：哈尔滨市图书馆藏哈尔滨《工商日报》，1948-02-14(2).
② 哈尔滨市档案馆馆藏革命历史档案，全宗号1，目录号1，案卷号97，顺序号9。

好做了"。① 哈尔滨市、区人民政权还专门召集资本家座谈会，三次研究劳资关系与相关问题，"通过集体谈、各个谈，拟出提纲来给各家写。了解了资本家的态度或宣传了我们的政策，资本家最后提出了他们的要求，也承认了店员的权利"，"劳资合同经过很长时期的酝酿讨论，由劳资双方签订了。最后，双方都很满意。从这三方面的努力给我们以可能确定双方的权利义务：首先全体干部是接受了新的精神，接受也批评了资方提出来的各条款，再通过资本家座谈会，再经他们讨论，最后我们能圆满地解决了劳资的权利义务问题"。②

毛主席的《目前形势与我们的任务》所造成的政治影响，二七社论纠正了哈市职工运动的"左"倾错误，以及哈尔滨关于保护城市工商业的政策、法令的颁布，都成为稳定工商业者的心情与活跃工商业者的力量来源。

（三）"五一口号"

1948年4月30日，在即将迎来五一国际劳动节之际，中国共产党为动员全国各阶层人民实现建立新中国的光荣使命，撰写了纪念五一劳动节口号。5月1日，《晋察冀日报》头版头条刊发了《中国共产党中央委员会发布"五一"劳动节口号》。5月2日，《人民日报》头版头条又进行了全文刊载。

1948年5月1日的劳动节具有历史意义，"是中国人民走向全国胜利的日子"，"是中国人民死敌蒋介石走向灭亡的日子"，"是中国劳动人民和一切被压迫人民的觉悟空前成熟的日子"。在这一伟大的节日里，中国共产党高呼"中国劳动人民和一切被压迫人民的团结万岁"！国民党反动派的统治行将崩溃，一个独立、民主、和平、统一的新中国即将诞生，中国共产党以醒目的口号对外公布共产党人的政治主张，提出新中国政权的蓝图，振奋人心！

面对解放战争尚未彻底结束，"五一口号"专门对解放区的职工和经济工作者提出多项号召，如"坚定不移地贯彻发展生产、繁荣经济、公私兼顾、劳资两利的工运政策和工业政策！""一切为着前线的胜利。解放区的职工拿更多更好的枪炮弹药和其他军用品供给前线！解放区的后方工作人员，更好地组织支援前线的工作！""解放区私营企业中的职工与资本家建立劳资两利的合理关系，为共同发展国民经济而努力！"

---

① 哈尔滨市档案馆馆藏革命历史档案，全宗号1，目录号1，案卷号77，顺序号13。
② 哈尔滨市档案馆馆藏革命历史档案，全宗号1，目录号1，案卷号97，顺序号9。

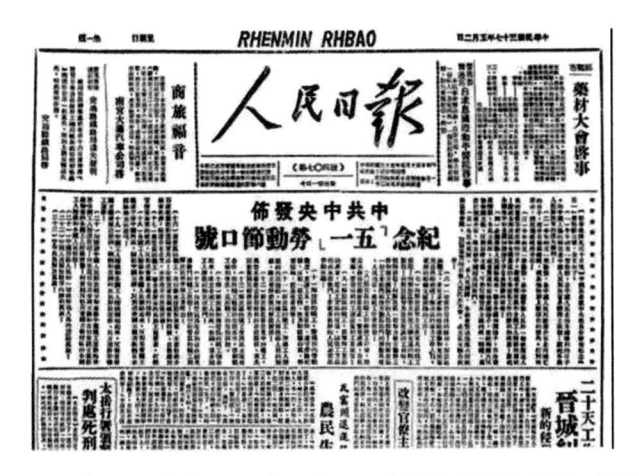

第二章　人民政权对旧有商事习惯的态度

图 2-3　《人民日报》1948 年 5 月 2 日头版全文刊发"五一口号"①

在 1948 年五一劳动节这一天，哈尔滨市热烈地召开了哈市第二届职工代表大会，与会的 397 名代表完全由职工民主选举产生，代表哈市公营的 130 余家工厂，私营的 63 种行业，549 个公会，68 000 余名会员及十余万名职工。大会集中了哈市全体职工的愿望，体现了全市工人阶级和劳动人民的大团结，有利于团结生产，全力支援人民战争，建设繁荣的哈尔滨。哈尔滨《工商日报》在头版头条做了报道，"哈尔滨全市劳动人民以加紧支援战争的紧张欢愉态度，欢庆自己的节日。本市第二届职工代表大会于今日隆重揭幕。"②

哈尔滨市 1948 年"五一"职工代表大会，虽然不是党的会议，但经过了哈尔滨市委的领导，代表了哈尔滨市委的思想，与党中央、东北局的指示和总精神是一致的。"五一"职工代表大会强调了生产，并适当保证职工生活；通过了劳动条例草案，提出新的工薪方案补充办法；总结了过去的工作，规定了之后职工运动的五项任务。五项任务分别是：第一，发展生产支援战争；第二，拥护政权参加政权；第三，继续加强职工教育，提高阶级觉悟；第四，继续举办福利事业，必须尽可能保证职工战时的生活，关心职工的日常利益；第五，巩固组织，扩大队伍。③

---

① 资料来源：民革中央网站."五一口号"原文回顾[EB/OL].(2021-02-13). http://www.minge.gov.cn/n1/2018/0502/c415581-29960911.html.
② 哈市工代大会开幕 明确标志全市劳动人民的团结气象[N].哈尔滨市图书馆藏哈尔滨《工商日报》,1948-05-01(1).
③ 参见哈尔滨市档案馆.解放战争时期哈尔滨经济资料文集(上册)[M].哈尔滨:哈尔滨工业大学出版社,1994:60.

图 2-4　哈尔滨《工商日报》1948 年 5 月 1 日报道哈尔滨市职工代表大会揭幕①

哈尔滨市的"五一"职工代表大会伴随着"五一口号",历时 13 日,在火热的"生产立功"的口号下胜利闭幕。"五一"职工代表大会发表了宣言,在宣言最后突出表达了"开展生产立功运动,支援人民革命战争,打倒蒋介石,解放全东北,解放全中国!中国人民解放万岁!"的决心和志愿。

图 2-5　哈尔滨《工商日报》1948 年 5 月 27 日刊载哈尔滨市第二届职工代表大会宣言②

---

① 资料来源:哈尔滨市图书馆藏哈尔滨《工商日报》,1948 年 5 月 1 日,第一版。
② 资料来源:哈尔滨市图书馆藏哈尔滨《工商日报》,1948 年 5 月 27 日,第二版。

二、对哈尔滨商业发展的讨论

（一）无产阶级的经济路线

1947年12月5日，毛主席在《目前形势和我们的任务》报告中指出，新民主主义经济是由三个部分组成的，其一是国家经济，主要是大企业、银行、铁路和矿山，是新民主主义经济的领导成分；其二是农业经济，即土改以后的农业经济；其三是独立的小工商业者和小的、中等的私人资本经济。《目前形势和我们的任务》报告是对全国新民主主义经济构成的分析与判断。

以彭真为书记的中共中央东北局[①]全权代表中央，指导东北一切党的活动，东北局也发出指示：党的经济路线是发展国营经济为主体，普遍地发展并紧紧地依靠群众的合作社经济，扶助与改造小商品经济，允许与鼓励私人资本主义经济，尤其是国家资本主义经济，防止与反对商品的资本主义经济所固有的投机操纵的经营。这是一条无产阶级领导的经济路线。它是发展新民主主义社会经济，保证革命胜利，保证能顺利转变到社会主义的经济路线，哈尔滨必须贯彻执行。[②]

（二）哈尔滨发展商业的出路与原则

中国共产党在哈尔滨解放前已经取得了诸多革命斗争的胜利，积累了丰富的农村革命根据地建设经验，然而"不管过去延安也好，其他解放区也好，虽然有许多经验，但是东北有许多和上述不同情况的经验。东北有几万人的铁路，几千人的工厂，在这样的大规模的工厂铁路里工作，我们是没有经验的，在私人企业里也是如此，因为过去解放区私营企业很少，毛主席所说的十六个字的总方针要把它具体化，的确是一个很困难的问题。"[③] 因此，必须认真分析哈尔滨城市发展的历史，结合新民主主义经济发展和支援全国革命解放战争的需求，进行哈尔滨经济建设。

[①] 1945年9月，中共中央确定"向北发展，向南防御"的战略方针和争取控制东北的决心之后，进一步加强对东北的工作。1945年9月15日，成立了以彭真为书记的中共中央东北局（简称东北局），彭真、陈云、程子华、伍修权、林枫为委员，东北局全权代表中央，指导东北一切党的组织及党员的活动，并于9月16日电告各大解放区。

[②] 参见哈尔滨市档案馆. 解放战争时期哈尔滨经济资料文集（上册）[M]. 哈尔滨：哈尔滨工业大学出版社，1994：114.

[③] 哈尔滨市档案馆馆藏革命历史档案，全宗号1，目录号1，案卷号22，顺序号1.

九一八前，哈尔滨是东北部的心脏，素为国际商业城市。"由于日本统治的结果，'八一五'前，私人工商业的状况是很坏的。但那时日本各大经济系统直接经营的工厂、商店（特别是军需工业）数量是很大的，所以当时的工人数量据估计不下 10 万人（不确）。八一五事变后，公营工厂、大的商店都遭到破坏，许多私营工厂也无法开业（如建筑业、制材业、窑业、洋灰业等），既［即使］有些工业现在虽还未关门，实际上也是奄奄一息（如烧酒业、印刷业、化学业、毛织鞋帽业、粮谷业）。油坊、面粉［业］虽然情况较好，但基本上是无出路的（上述的行业在今天哈市的情况下是规模最大而用人［也］是最多的）。商业的情况也更困难。工商业情况的主要困难是因为战争和交通断绝，农村经济尚未恢复，有的是无原料，有的是无销路。因此，工商业基本上是无出路的。即或有出路，而资本家在政治上顾虑很多（如资本家的人权、财权无有保证，随便清算、罚款、没收财产、劳资关系等），也不敢经营任何事业。因此，哈市今后的经济情况是日趋下降，人民的生活也无法维持。"[1]

城市多元复杂的经济发展模式不同于农村单纯注重农业发展的经济模式，工商业是城市发展的重要基础，尤其是哈尔滨曾经是北满地区的经济中心，工商业活跃，日伪统治和殖民地经济政策使哈尔滨的工商业十分困难，濒临倒闭和破产，没有"出路"，而刚解放的哈尔滨作为消费性城市，市场呈现一派混乱，物价昂贵，货源奇缺，供不应求，人民生活极度贫困。因而对于哈尔滨来说，城市工商业不恢复，一切工作都无从谈起。哈尔滨解放区人民政权适应当时政治经济形势和国计民生的需要，以及长期支援全国解放战争的大方向，针对哈尔滨城市工商业情况，认为"一般的城市经济都不应轻易破坏，除去那些有害于国计民生的工商业（如奢侈品、迷信品、旅馆、饭店等）外，政府应在政治上保护、扶植，在可能条件下发展它们。"[2]

1946 年 7 月哈尔滨召开了哈尔滨市临时参议会，通过了《哈尔滨市施政纲领》，在经济建设领域"确立了以城市领导农村、以工商业经济带动农村经济的发展方向"[3]。《纲领》以多项条文对此进行了规定：恢复与发

---

[1] 哈尔滨市档案馆.解放战争时期哈尔滨经济资料文集（上册）[M].哈尔滨:哈尔滨工业大学出版社,1994:141.
[2] 同上书,第 142 页.
[3] 孙光妍.新民主主义宪政立法的有益尝试——1946 年《哈尔滨市施政纲领》考察[J].法学研究,2006(5):153.

展工商业,以繁荣市面。除囤积居奇、扰乱金融之营业须受取缔外,工商业家享有正当营业之充分自由,并由政府予以保护。对于极关民生之工商业应予以可能之帮助(第一条)。采取有效办法,促进与协助尚未开工之公私工厂复业,以减轻失业,繁荣经济(第七条)。采取公私合作办法,增进哈市与各县的粮食燃料及日用品之贸易,以平抑物价,改善市民生活(第八条)。整理与统一税收,废除苛杂部分,以减轻市民负担(第九条)。在劳资双方自愿原则下实行分红制度,以促进劳资合作,发展生产,合理地实行增加工资,改善工人待遇,以稳定工人店员生活(第十条)。

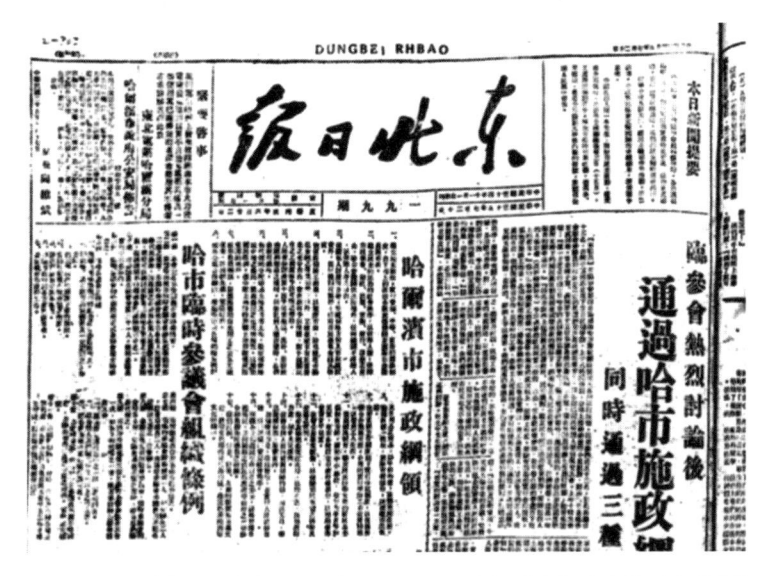

图2-6 《东北日报》1946年7月20日刊发《哈尔滨市施政纲领》[①]

《哈尔滨市施政纲领》全文共17条,其中有5条关于哈尔滨经济建设,有4条关于工商业发展,占全文近1/3。哈尔滨民主政府保护、扶植正当工商业的发展,使哈尔滨工商业在新民主主义经济政策下真正有了出路,也为哈尔滨经济建设指明了方向。

为什么要恢复与发展工商业?怎样恢复与发展工商业?发展工商业的原则是什么?哈尔滨人民政权都做了认真思考、呈请和汇报。1946年7月14日,时任中共中央东北局书记的彭真同志作了《关于当前形势和哈尔滨

---

① 资料来源:哈尔滨市图书馆馆藏《东北日报》,1946年7月20日,第一版。

市工作的基本方针》的讲话,对甫解放的哈尔滨工商业发展问题,彭真指出,工商业问题"是城市政策中的一个焦点。现在是保护与恢复工商业,将来是发展工商业。只有工商业恢复和发展了,工人生活才能改善,一定要使工人知道这一点。工商业没有恢复和发展,就过多地提高工资,这是失败的经验。大革命时期的武汉,土地革命时期的苏区及抗日战争时期的冀中,都有这个经验。对工商业资本家的方针,是要使他有利可图,又要改善工人生活,劳资合作,发展生产。要反对两种倾向,一是只照顾资本家,使工人积极性不能发挥。一是只照顾工人,使工商业无利可图而垮台","恢复工商业怎样着手?一是保护资本家的人权、财权。二是适当订立劳资合同,建立生产分红制。三是恢复交通。四是废除苛捐杂税。决不要以对待地主的态度对待工商业资本家"。①

  哈尔滨市委在《城市工作几个基本问题和我们对这些问题的几点意见》中也指出:"为了解决人民生活,维持城市经济和久远的利益打算,除积极的发展公营经济和合作经济外(也不是今天和短期所能解决的),必须利用私人的人力、财力大胆放手地扶植私人经济。"②"过去为了打垮城市中敌伪反动势力的统治,发动基本群众,彻底改造旧政权而进行的反奸清算运动,基本上是必要的与正确的。但在这个目的初步达到之后,即应停止城市中的清算运动,而把注意力转移到繁荣工商业方面去。沉溺于城市的清算运动,模糊对于资本主义与对于封建主义根本的原则区别的偏向,必须纠正。应该劝告与鼓励纯正的工商业者恢复与继续工商业的活动,同时,在一切可能方面帮助他们,保护他们的生命财产与经营工商业的自由与安全。一切侵犯工商业者正当权益的行动,必须严格禁止。"③ 因此,必须坚决地、不发生偏向地贯彻执行"发展生产,繁荣经济,公私兼顾,劳资两利",这是新民主主义经济的总方针,也是哈尔滨工商业发展的根本原则。

  1947年夏季,农村土改算剥削账、清浮产的斗争波及哈尔滨市,大批农民进城,不经政府批准,揪斗资本家兼地主的工商业者,中共哈尔滨市委党和政府及时采取了果断措施,制定和颁布了《战时工商业保护和管理

---

① 哈尔滨市档案馆.哈尔滨解放(上)[M].北京:中国档案出版社,2010:134.
② 哈尔滨市档案馆.解放战争时期哈尔滨经济资料文集(上册)[M].哈尔滨:哈尔滨工业大学出版社,1994:143.
③ 参见东北解放区财政经济史编写组.东北解放区财政经济史资料选编(第三辑)[M].哈尔滨:黑龙江人民出版社,1988:1.

暂行条例》，呈请东北行政委员会批准，于 1948 年 1 月 27 日公布施行。《战时工商业保护和管理暂行条例》首先规定了立法宗旨，"为有计划发展战时经济，安定民生，并'保护工商业者的财权及其合法的经营不受侵犯'，特颁布此条例"。同时还有多项保护和管理工商业条文，如第三条规定："承认公营、公私合营、私营、合作社经营之工厂、商店均为合法营业，政府保护其财产所有权及经营之自由权，在遵守政府法令的条件下，任何人不得加以干涉及侵犯。"

图 2-7 哈尔滨《工商日报》1948 年 1 月 28 日刊发《战时工商业保护和管理暂行条例》①

此外，哈尔滨解放区人民政权还先后制定和颁布了《哈尔滨特别市政府工商业保护和管理实施细则（草案）》② 《工商业保护和管理条例细则

---

① 资料来源：哈尔滨市图书馆馆藏哈尔滨《工商日报》，1948 年 1 月 28 日，第一版。
② 哈尔滨市档案馆馆藏革命历史档案，全宗号 2，目录号 1，案卷号 149，顺序号 4。

（草案）》①　《哈尔滨特别市对战时工商业保护和管理暂行条例暂行的意见》②等，对保护和管理工商业做出了特别规定和补充规定。如 1948 年 3 月 14 日，哈尔滨民主政府颁布《哈尔滨特别市人民政府布告关于保护工商业问题》，规定：凡在本市之工商业者兼地主，或地主兼工商业者，除其在农村之土地财产已由当地农民处理外，其在本市之工商业一律予以保护，不得侵犯。（第一条）；工商业者必须遵守民主政府之法令，发展生产，支援战争。工商业者之自由营业受到保护，但不得阴谋破坏，"携款"逃亡，消极怠工，投机捣乱。如果有犯罪行为时，其处理需经市政府之直接处理或批准。其他任何机关团体，均无没收罚款之权利（第三条）。继《战时工商业保护和管理暂行条例》之后，除对"公营、公私合营、私营、合作社经营之工厂、商店"正当、自由经营给予保护外，明确规定对"工商业者兼地主或地主兼工商业者"也给予保护。

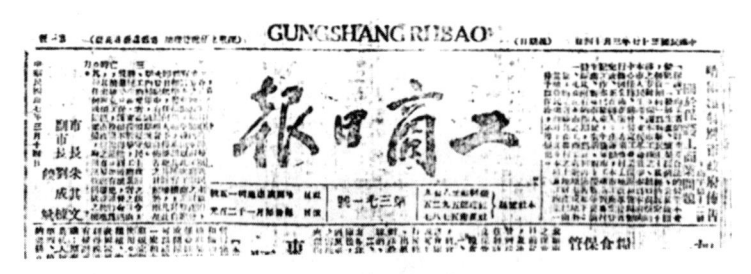

图 2-8　哈尔滨《工商日报》1948 年 3 月 14 日刊发《哈尔滨特别市人民政府关于保护工商业问题布告》③

保护、恢复、扶助、发展工商业是党的既定经济政策，发展生产、繁荣经济、支援前线是哈尔滨的总目标。作为最先解放的大城市，哈尔滨是全东北的"战时首府"，哈尔滨的政策是"把哈尔滨由消费的城市变成生产的城市"④。哈尔滨市委提出"商业对工业起桥梁作用"，⑤工商两进，

---

①　哈尔滨市档案馆馆藏革命历史档案，全宗号 2，目录号 1，案卷号 308。
②　哈尔滨市档案馆馆藏革命历史档案，全宗号 1，目录号 1，案卷号 308。
③　资料来源：哈尔滨市图书馆馆藏哈尔滨《工商日报》，1948 年 3 月 14 日，第一版。
④　哈尔滨、沈阳市工商行政管理局．东北解放区的工商行政管理[M]．北京：工商出版社，1988：74.
⑤　哈尔滨市档案馆馆藏革命历史档案，全宗号 1，目录号 1，案卷号 111，顺序号 10。

"商业一定要服从于生产",①"商业也是发展生产"。哈尔滨市民主政府颁布和实施了多项保护、恢复、发展工商业的政策、法律和措施,加强了组织与领导,使干部在思想上统一,步调上一致、行动上一致,保护民族工商业不受侵犯,扶助与发展民族工商业正当经营。由于采取措施及时,调动了各阶层的积极性,使哈尔滨市的私营工商业得到恢复和发展,在不到两年的时间里,就使全市的工业和商业开业户数成倍增加,逐渐形成国营、私营、公私合营、合作社营等多种经济形式并存的局面。

三、1949年战时军需生产取向转为和平民用营商取向

哈尔滨历史上是北满的经济中心、国际化商业大都市,经济发达,资源丰富。1946年4月28日哈尔滨获得解放,作为全国第一个解放的大城市,哈尔滨成为支援解放战争的大后方和"东北解放区之中心"②,"发展生产""繁荣经济""支援革命战争"始终是哈尔滨人民政权组织和领导工作的重心。1947年2月20日,中共哈尔滨市委发布《关于紧缩开支节约生产的通知》,通知指出:"在国民党反动派进行反共反人民内战的情况下,我们的财政经济必然十分困难,为减轻人民负担,支援前方战争的胜利,渡过目前的难关,响应东北局紧缩财政开支的号召,特决定以下紧缩开支节约生产办法。"③ 实行紧缩开支节约生产的目的是"支援前方战争的胜利",渡过因国民党发动内战而造成的财政经济十分困难的难关,因而在紧缩开支节约生产的办法中,多处体现了这一总目标,"为支援前方战争,我们后方机关,必须把生活降低到必要的最低限度","号召个人制定节约生产计划,贯彻后方苦于前方的精神,鼓励捐赠支援前线","以上办法望各部门严格遵行,各单位收到通知后,应动员每一个同志进行生产节约运动"。④ 1948年年初,中共哈尔滨市委发布的《哈市一九四八年的工作任务》中同样指出,1948年哈尔滨经济与生产工作"首先应以最大努力,组织军工军需生产,支援革命战争,不仅保证数量,而且特别要保证质量地完成","调查工商业情况,研究工商业的具体政策,采取有效步

---

① 哈尔滨市档案馆馆藏革命历史档案,全宗号1,目录号1,案卷号75,顺序号3。
② 哈尔滨市档案馆.解放战争时期哈尔滨经济资料文集(上册)[M].哈尔滨:哈尔滨工业大学出版社,1994:18。
③ 同上书,第3页。
④ 同上书,第3-6页。

骤，使军需及人民需要的公营与私营的企业都正常地活跃起来"，"整顿与发展合作事业，组织军属、工属、失业工人、贫民及广大的独立小生产者，从事生产"。①

"经济建设是压倒一切的中心任务"，而这一"中心任务"的总目标则是为了支援人民解放战争，取得最终胜利。哈尔滨解放后，人民政权组织私营、公营多种经济转入战时轨道，大力进行军工、军需生产，支援前线。"为了支援解放战争，任何工厂——不论私营的、公营的、民用的只要有可能，就动员他们参加战时军工、军需生产"。② 其中，哈尔滨三十六棚铁路工厂，在解放战争时期既完成了机车、客车、货车的修理任务，又完成了军工动员生产任务，在军工生产高峰时期，军工生产任务约占该厂总生产能力的15%～20%，对支援解放战争做出了重大贡献。1948年5月1日，哈尔滨市举行了声势浩大的群众游行，热烈庆祝五一国际劳动节，庆祝人民解放战争已经取得的胜利。许多工人怀着无比自豪的心情扛着他们自己制造的六〇迫击炮，展示对支援解放战争的贡献。③ 一直到1948年下半年，战时军需生产都是十分活跃的，中共哈尔滨市委在《关于哈市私营工业（呈报东北局材料）从登记以来变化情况的总说明》中汇报，"1948年下半年，由于各机关部队均集中哈市，采购与加工可购机器及其他零件，机器及金属工业是一直向上发展的"。④

1948年11月2日沈阳解放后，东北全境获得解放，东北解放区的经济政治中心转移到沈阳，"各个机关部队南迁，不仅军工加工任务停止，一切工矿机器也都不再在哈尔滨购了"，"十二月后，铁工业开始走下坡路，现在则处于半停顿状态"，"洋铁、铜制品变化不大，轻铁制品因原料需统制，无法生产，锅釜业一直颇好，受南满解放影响，本地或原料贵，沈阳成本低，哈市锅釜业荒了大半"。⑤ 大机关和部队向南迁移，对哈市军工需求量大幅减少，1947至1948年为支援战争而大力投入的公营、私营军

---

① 哈尔滨市档案馆.解放战争时期哈尔滨经济资料文集（上册）[M].哈尔滨：哈尔滨工业大学出版社,1994:28.
② 刘正栋.解放战争时期哈尔滨的军工生产[A].中国人民政治协商会议黑龙江省哈尔滨市委员会文史资料研究委员会.哈尔滨文史资料：第八辑（纪念哈尔滨解放四十周年专辑）[M].哈尔滨：哈尔滨出版社,1991:94.
③ 同上书,第95－102页。
④ 哈尔滨市档案馆馆藏革命历史档案,全宗号2,目录号1,案卷号308,顺序号10。
⑤ 同上。

工加工及其相关行业由盛转衰，生产过剩而逐步废业，如铁工业、被服、鞋子、扣子、格布、窑业、皮革、印刷等行业。哈尔滨市委对1948年末哈市私人工业情况调查研究后做了分类，概括了四种情况：第一，"已全部或大部停工者"；第二，"半停工维持比较困难的"；第三，"目前主要受季节性影响，一般尚可能维持者"；第四，"少受影响或未受影响者"。

图 2-9　解放战争时期在哈尔滨生产的六○炮，待送前线，支援解放战争[①]

军需加工及其相关行业，如铁工业、纺织、被服、鞋子、扣子、格布、烟支、麻袋、电线、印刷等行业，几乎全部或大部分停产停业，停产以及失业比重最大的是纺织、被服、窑业、卷烟和麻袋业。纺织业失业人员8 000人，被服业失业人员1 000人，窑业和卷烟业失业人员均为1 000多人。因产量过剩和质量原因而半停产停业的，如颜料行业等，处于坐吃山空的消极状态。也有因受"困季向来四月至八月"影响暂时不好，但"将来有前途"的行业，还有不受或少受影响的行业，这些行业多是农民必需、市民必需和建设必需的行业。

在分析了1948年年底解放战争和哈市经济发展的新变化后，中共哈尔滨市委做出了判断："东北解放后，东北解放区的经济政治中心已移沈阳，

---

① 照片来源：中国人民政治协商会议黑龙江省哈尔滨市委员会文史资料研究委员会. 哈尔滨文史资料：第八辑（纪念哈尔滨解放四十周年专辑）[M]. 哈尔滨：哈尔滨出版社，1991.

哈市仅为北满的经济中心，但由于整个东北对全国革命与建设关系的重要，城市对于乡村领导作用的加重，特别是经济建设尤其是工业建设已成为东北全党压倒一切的中心任务，而哈市在生产与交换的分工上又有其特定作用，故哈市的重要性并未因全东北解放而降低，相反地，它的任务是更加繁重。哈市与北满广大农村与绵亘森林相联系，对农业、林业、山货的产销关系极大；哈市在军工军需与民用生产上曾起过很大的作用，今后仍将起相当的作用；哈市素为国际商业都市，今后在对外贸易上仍居重要地位。但如适应新的形势的发展，某些行业（如被服与纺织等）的缩减，某些经济局部改组，是不可避免与需要的。"① 同时，在对1949年哈市的工作方向与任务设定中提出"今年的最中心的工作任务，仍然是经济建设，特别是恢复与发展工业生产"。

1949年，哈市的经济建设由最大化满足战时军需生产转为以城市、农村发展所需的工业、农林畜牧业和对外贸易为主的和平民用营商为取向。其中，针对哈市私人工业存在的上述"四种类型情况"，哈尔滨市委提出，"对于过剩的与无前途的工业，许其废业或缩小，不以过高的解雇金去限制，如纸烟、鬃尾、被服、电线、麻袋、纺织、颜料、皮革、锅釜、印刷、窑业皆可全部或局部废业"。② 对失业工人积极设法安置，如安置到金矿和煤矿去，或者安置其进行街道建设，同时"希望国家工业建设吸收一批"，如"输出贸易上，适当考虑使用私人生产力，铁工可做一般机器零件，木材、面粉、油争取加工后出口。胶合板（地方公营）、水胶出口量大加提高，是否可以"。③ 对国计民生有利的行业，提出为暂时有困难的组织和人员提供必要的支持，尤其是毛棉麻类制品等都是人民所必需的，政府要从贷款、销路、税收、劳资关系、工商管理限制上，在其有困难的情况下，给予必要的照顾和支持。此外，吸收游资参加林业、农业、畜牧业生产，或引导他们参加农村建设、国家建设、文化建设、特产品工业其中有前途者的建设。在开业、废业以及行业划分等方面尺度适当放宽，以鼓励生产经营。组织城市工业为农村服务，进一步调查农民所需要和喜欢的

---

① 哈尔滨市档案馆.解放战争时期哈尔滨经济资料文集(上册)[M].哈尔滨:哈尔滨工业大学出版社,1994:54.
② 哈尔滨市档案馆馆藏革命历史档案,全宗号2,目录号1,案卷号308,顺序号10。
③ 同上。

农具和日用品，如大车、割草机、犁、铧、花布格布等。政府帮助改进技术，派人到平津、上海等地参观，设法解决一些技术人才，尤其是胰腊、火柴、铅笔、文具、西药、电池等民生需用行业，并加强质量监督，对质量不好的顺其自然地淘汰；对质量较好的，国家贸易机关、合作社、银行，都给予必要的支持。

哈尔滨市工业局在《工业局关于一九四九年上半年的工作方针与任务的规定》中也提出，关于公营企业生产要"全面贯彻民生管理"，"加强与重视合作社的工作"，"准备转变部分军需加工生产合作社，应为民用生产合作社，各方面给以帮助及支持"，"完成剩余军需任务，争取订立军工生产任务"，"强调统一计划统一领导，并组织过剩的军需加工业，为百货公司及其他机关加工，以减少失业"。哈尔滨市商业局在1948年也突出加强了城乡民生商业经营和对外贸易工作，在物资供应和物价调控、扶助合作社、私商管理、公私结合等建设与管理上做了多种工作，并在此基础上提出了《商业局一九五〇年工作计划大纲》，"更加加强城乡结合工作，增加国营商店满足群众贸易要求的能力"，"组织给农村最好的生产需要物资，凡是能从贸易上解决农村提高生产困难的事，都尽力地去办"，"给农村各种农业产品找出路，组织公私力量，推销山货土产"，"扩大国营商店网，到五〇年年底达到'健全或建立四十个到五十个市街各种零售店、专业营业部及综合零售店'"，"以更大的力量，扶助合作社，特别是各省合作总社和市合作总社"[①] 等。

因此，无论公营私营，无论工商各业，1949年哈尔滨的经济政策都对其做出了明显调整，即由战时军需生产取向转为和平民用营商取向。但转型是逐步的、有计划的，也并不是完全不再进行军工生产，因为全国解放战争还在进行中。哈尔滨市委指出，"一九四九年的任务，就是要巩固与发挥已有的成绩，纠正与防止已经发生或可能发生的错误，在现有基础上把我们工作效果提高一步，使之适应当前革命形势与革命需要"，"支援全国解放战争，仍然是我们当前战斗口号"。

第二节 人民政权开展的工商业典型行业及企业调查

1898年中东铁路修建后，哈尔滨成为中东铁路的交会点，交通的便利

---

① 哈尔滨市档案馆馆藏革命历史档案，全宗号2，目录号1，案卷号294，顺序号4。

使哈尔滨逐渐成为我国东北部的经济中心和商业贸易中心。九一八以前，哈尔滨外商云集，商贸鼎盛。以大豆为主的大量农产品由广大乡村向哈尔滨集中后，再向欧美、日本出口；大批自欧美、日本进口的，以及从关内输入的日用工业品经过哈尔滨再向东北部广大农村分散。据1930年的资料统计，外国人在哈开办的商号总数为1 809家，华商开办的商号5 800家。1931年九一八事变后，日本帝国主义加紧对哈尔滨的经济"统制"和掠夺，商业呈倒退趋势。许多商号因无法维持而倒闭，新商号也开业艰难。1945年8月15日日本投降，国民党接收哈尔滨，仍执行伪满洲国时期的商业政策，民族工商业倒闭者多达五分之四。[①]

1946年4月28日，东北民主联军接管哈尔滨，建立了新民主主义城市政权，哈尔滨从此成为全国解放最早的大城市和解放战争的后方中心基地。为了建立巩固的东北根据地和可靠的战略后方，东北局制定了"发展经济、保障供给"的总方针，为了贯彻这一总方针，哈尔滨市政府组建了工商管理专门机构，对全市工商业者开展普查登记注册工作，同时，对典型行业、典型企业的历史发展、商事习惯、现存状况等进行详细调查，通过对全市工商业的具体调查，尽快掌握了全市各种经济力量情况，依据哈尔滨政治经济的历史发展和客观实际确定工商业政策。

一、调查的宗旨与程序

（一）为具体确定工商业政策提供可靠依据

"一切从实际出发，实事求是"是中国共产党领导人民进行革命斗争和解放区建设的重要方法。为了发展工商业，繁荣经济，支援战争，哈尔滨市人民政权制定了"以国营经济为基础，发挥国营经济的领导作用，尽快地促进私营经济的恢复和发展"的总方针，而如何落实这一总方针，还需要通过制定具体的、有针对性的工商业政策、法令、制度去引导和推进。"过去在历史上，哈尔滨的工商业（其实主要是商业）曾经有过极其繁荣的时代。现在，这种情况变了。在日本帝国主义14年的压榨下，广大农村经济处于破产状态，从去年的土地改革到今年春耕，才开始进入新的复兴建设阶段，实际效果在今年秋收后能看到。真正恢复九一八前后的生

[①] 哈尔滨市档案馆. 哈尔滨解放(上)[M]. 北京：中国档案出版社，2010：12.

产水平，恐怕还要经过一个时期。"① 因此，哈尔滨城市工商业政策的制定不能简单依据农村土改斗争的经验，更不能凭空想象，任意妄为，而是必须依据哈尔滨城市经济发展的历史和客观实际制定工商业政策。

如前所述，哈尔滨历史上工商业的发展经历了开埠通商、外商云集到九一八事变前的商贸鼎盛，九一八事变后，民族工商业衰颓，不得不依附日本统制勉强维持。至八一五日本投降，国民党接收了哈尔滨，继续执行伪满旧政策，因而民族工商业不但没有复兴，反而多数倒闭。现存工商业的具体情况到底如何？应该怎样制定符合哈尔滨的工商业政策？对于这些问题的回答，"必须了解这些工商业在敌伪统治时代的政治经济情况：哪些是完全被剥削而日趋没落的；哪些是在经济上被迫依靠敌伪资本而分化一部利润或苟延残喘者；哪些又是在政治上经济上完全依靠敌伪支持所谓'大东亚战争'而大发其财者；也有的是勾结敌伪特务投机取巧、发财致富的；哪些是现在确实与蒋美勾结，进行特务破坏活动的；哪些是以工商业为掩护的蒋美特务机关……了解这些情况就容易决定哪些应该打击，哪些应该宽大，哪些应该帮助"。②

为了掌握全市各种经济力量，了解哈尔滨城市经济发展的历史，剖析工商业典型商事组织的实际状况，哈尔滨市人民政权贯彻"一切从实际出发"的精神，通过深入调查，为具体确定工商业政策提供了可靠依据。在开展具体调查前，哈尔滨市政府通过会议和文件强调了这一宗旨，"为了使我们调查工作做得很好，我们首先要说明，我们这次调查工商业典型的目的是具体决定我们的工商业政策。总的方面说，我们目前对工商业采取扶持和发展的方针，但这仅是一个笼统的概念，我们还必须更进一步具体化"。③

（二）设置调查机构与调查人员

哈尔滨市政府首先组建了工商管理专门机构，1947年7月成立工商局工商科，由工商科领导在全市范围内开展工商业的登记注册和深入调查工

---

① 哈尔滨市档案馆. 解放战争时期哈尔滨经济资料文集(上册)[M]. 哈尔滨:哈尔滨工业大学出版社,1994:12.
② 哈尔滨、沈阳市工商行政管理局. 东北解放区的工商行政管理[M]. 北京:工商出版社,1988:14-15.
③ 哈尔滨市档案馆馆藏革命历史档案,全宗号2,目录号1,案卷号105,顺序号1。

作,"由于工作人员缺乏,进行了干部培训",① 加强人员力量。同时联合各种有关部门,如工业局、工商联合会、各个同业公会、各个合作社、街区基层政权组织等,多单位积极配合,共同开展调查工作。

在领导全市有关部门进行各行业多种调查时,工商科帮助制订调查计划、确定被调查的典型商事组织、详细拟定重点调查大纲、协调人力物资的组织与筹备等。各种有关部门给予了配合,组织人员进行调查。例如,家具同业公会在其事业计划书(《哈尔滨特别市家具同业公会事业计划书》)中就列明了关于"调查"和"统计"的规定。

(三) 明确调查分析方法与调查方式

1898 年中东铁路修建后,哈尔滨迅速发展成为北满的经济贸易中心,中外商贾林立,行业繁多,而在清末民国、日伪统制、国民党政权接收的不同历史时期,工商业由百业兴盛转为坎坷、依附与凋敝,遭遇了敌伪破坏与投机乱市的打击。面对复杂的行业状况,哈尔滨市工商局确定了一般调查与重点调查、典型调查相结合的调查分析方法,同时注重历史状况调查与现实状态调查,以便高效、准确、充分地收集材料,获得信息。

其中重点调查、典型调查与历史调查是调查活动中的最重要方法。"重点调查是为了纵深地分析一个行业中一家的内在问题,从这一家找出本行业内在问题的一般情形,和一般调查的材料结合研究,找出办法。因此,选择重点时要注意:这家应是能代表本行业一般业者的情形的。"② 而历史调查则"既是了解过去,也是解决今后问题的参考",③ 但在调查中也要注意"避免烦琐的历史叙述",要依据调查大纲进行重点问题调查。

除了先行设定调查中需要着重注意的问题,拟定重点调查大纲外,对于具体问题还运用制定表格、填写调查表的方式以获得翔实的数据,以便通过调查记录进行数据统计与分析,从而总结出一般规律,掌握共同性、个别性的行业特征和商事习惯等。"各项调查所需要的表格,由调查人根据主要项目和该行业特点自行制定",④ 根据主要项目和该行业特点制表的调查方式"便于灵活去收集材料,而不受提纲的束缚"。

---

① 哈尔滨市档案馆馆藏革命历史档案,全宗号 2,目录号 1,案卷号 93,顺序号 4。
② 哈尔滨、沈阳市工商行政管理局. 东北解放区的工商行政管理[M]. 北京:工商出版社, 1988:15 - 16。
③ 同上书,第 16 页。
④ 同上书,第 18 页。

通过对行业及典型商事组织的历史发展、目前的情况与今后的问题进行历史分析、政治分析、习惯分析、账簿分析、原因分析、条件分析等多重分析，对行业及商事组织确定有针对性、具体的工商业政策与工作计划。

(四) 制订工作计划

对哈市经济条件的具体情况，如果没有系统的调查研究，就很难分析透彻，更无法制定适时适当的工商业政策。因此，通过调查研究以"具体决定我们的工商业政策"是哈尔滨市人民政权依靠和团结劳苦大众稳定社会秩序后，加强经济建设的首要工作。哈尔滨市政府在一九四七年七月专门成立了工商局工商科，计划即刻开始进行全市工商业调查，并首先进行典型商事组织调查，之后进行普遍调查和复查工作。但由于"七月份工商局成立之际，正是农民来哈清算开始，因之极大部分时间用于处理清算斗争问题"，"迨至八月份，清算逐渐减少，开始整理"，从七月底八月初开始的"半年中，大部时间进行了调查，八九月份着重于典型调查，十几个典型是我们第一次调查的结果，十月份进行普遍调查，十一月份复查，十二月份组织了一部分力量进行早市调查，其他的具体调查很多"。[1]

在调查前，哈尔滨市工商局工商科首先拟定了全局工作计划，下发给联合调查的各个相关部门，明确调查宗旨、调查对象、调查内容等重要问题，如"对哈市的大的资本家的调查，对工商业的派系、发展历史、动态、作用等的调查，用以分析研究，以便确定政策"。[2] 通过会议宣讲、明确计划等工作使调查人员统一思想、统一步骤，有计划、有重点地进行工商业的调查研究工作。

哈尔滨市工商局不仅领导全市进行工商业调查，同时注重对搜集资料的保管和利用。具体工作计划为：

第一，建立健全资料室，搜集保管资料；

第二，出版工商刊物，以便有计划、有系统性地报道工商业情况。

二、调查的范围与内容

(一) 以三种类型划分调查对象

哈尔滨市工商局调查的宗旨是"为了具体决定我们的工商业政策"，

---

[1] 哈尔滨市档案馆馆藏革命历史档案，全宗号2，目录号1，案卷号93，顺序号4。
[2] 哈尔滨市档案馆馆藏革命历史档案，全宗号2，目录号1，案卷号105，顺序号3。

而工商业政策的制定则是为了服从和服务于"发展生产，繁荣经济，公私兼顾，劳资两利"的经济政策总方针。因此，围绕这一总目标，对哈尔滨市的全部工商业调查是通过分类法确定调查对象进行调查的。

以是否能够与"目前自卫战争相结合"，并能满足人民群众生产生活需要为标准，哈尔滨市政府将工商业划分为三种类型。第一类是"进步的"行业，即对自卫战争的胜利有帮助，是群众生活所必需的行业；第二类是"中间的"行业，即与国计民生虽无直接关系，但亦必须无害处，而对政府财政收入确有莫大帮助的行业；第三类是"反动的"行业，这类行业直接或间接影响国计民生，影响政府收入和物价波动。

以"进步的""中间的""反动的"三种类型划分调查对象，以便于有针对性地确定具体工商业政策，对解放初期哈尔滨"稳定政权，发展生产，繁荣经济，保障供给，支援战争"的大目标的实现是积极有效的。

（二）设定调查中着重注意的问题

哈尔滨工商业的调查是以行业为范畴，并在行业中以典型商事组织为首要调查对象而开展的，"了解我们今天调查典型的目的，就便于灵活去收集材料，而不受提纲的束缚"，进而"作为确定工商业具体工作计划的重要依据，即依据各行业与国计民生的关系和它们的资金、生产力、原料、销路等条件，确定哪些应该扶植发展，哪些应保持或加限制，哪些应着重限制以至组织转业。不但确定方针，而且对应发展的要找出需要和可能发展的程度，和发展它的办法（如怎样诱导私人投资，怎样使用政府贷款，怎样吸收技工，怎样保证供给足够的原料或保证供给多少，销售给谁及怎样开辟销路、组织运输等）；对应适当保持和限制的，应限制到什么程度，在这程度上应怎样取得原料，销售给谁，其因限制而停顿了的部分如何处理；对应着重限制与组织转业的，须考虑能转何业，转业中有什么问题须加以解决。总之要达到有计划地发展工商业的目的，同时减少失业人口"。①

围绕上述思路，哈尔滨市工商局设定了调查中应着重注意的问题。包括以下四个方面。

第一，该行业在"九一八"前和伪满经济统制时期，存在和发展的有利条件是什么，不利条件是什么？目前这些条件有什么变化？有什么新

---

① 哈尔滨、沈阳市工商行政管理局. 东北解放区的工商行政管理[M]. 北京:工商出版社, 1988:15.

条件?

第二,目前究竟有多大生产力?市场上究竟需要多大生产力?究竟用什么办法才能取得原料?究竟什么地方的什么人是这行业的消费者?究竟有多少资金在这方面活动?一定要在这些方面取得充分准确的数目和材料。

第三,注意和本行业有关行业的情况。

第四,转业中的问题。

(三)拟定重点调查大纲

为了使调查顺利开展,充分获得有效信息,哈尔滨市工商局围绕上述三种类型调查对象和"着重注意的问题",在调查前制定了重点调查大纲,主要以哈尔滨政治历史各发展阶段为分界,调查哈尔滨工商业在不同时期的经营性质、经营状态、资本构成、贸易往来、销售方式、行业习惯等问题。

第一,九一八事变之前。

重点调查行业中典型商事组织的资金额是由什么阶级的什么人投资的?为什么要投这一行业?原料由何处来,用多少,如何供应?有多大的生产力?工人多少?由何处培养?机器设备多少及由何处来?一年开工日数与生产实量是多少?销售给谁?什么地方的什么阶层用多少,作何用?赚钱数(一段时间的)多少?还要分析当时该行业发展的有利条件与不利条件(资金借贷、原料购买、订货、物价等)及发展的最高程度。

第二,伪满经济统制时期。

重点调查敌伪对行业的态度:敌伪怎样组织使用或控制一个行业的(这个行业存在发展或衰落的条件变化)?行业中典型商事组织那时的地位如何?行业中典型商事组织的资金增减状况如何?其资金由何处增来,或减到何处去了?生产力与生产规模的变化是什么?工人、机器设备、开动机器数与开工日数是多少?生产量、原料消耗量、原料来源、原料价与成品价的比较分别都是多少?其将货销售到什么地方,销售给什么人?销售多少,赚钱数多少?为了能够获得较为充分全面的信息,调查组提出应尽可能调查有一年的数字,或者至少是一段时期的。

第三,"八一五"后至一九四六年四月底。

重点调查解放初期环境对行业的影响,包括行业从业者的政治态度如何?被调查的行业中,典型商事组织的资金、原料、销路等情况的变化如何?资金流动方向如何?实用资金数有多少,由何处来?解放初期被调查的商事组织，其生产规模如何？职工、机器设备、开工日数、生产量都是多少？这期间用的原料数是多少？原料从什么地方什么人手里来，来多少？价格与成品价的比较是多少？这期间其将货卖给什么地方的什么人，各卖多少，怎样运去，赚多少钱？被调查的商事组织所赚钱数等，有账本的要详看账本，做好调查记录。

第四，民主联军进驻以后。

重点调查行业中典型商事组织感觉到的一年多来的变化，包括原料、销路、运输、劳资关系变化等，以及这些变化对业者产生的影响。行业中典型商事组织在此期间的旧资金额是多少，及资本增减数字实况是多少？其工人数、机器设备数、开动机器数和开工日数都是多少？实际生产量是多少？是订货加工，还是制成品发卖——对其习惯的方式进行调查研究。此外，其原料买入多少？由什么地方什么人手里来？买来多少？来的价格与成品价格相比较如何？其销售的方式是什么？其将货卖给什么地方，什么人，各卖多少？怎样运去的？结果是赚是赔？为了能准确地为市委、市政府相关部门提供参考，调查组依据翔实客观的原则，还对上述重点调查问题特别做了调查指导说明，如对被调查的商事组织的旧资金确定及资本增减数字实况进行调查时，需要特别注意的是，应依当时物价状况确定，而不要仅抄营业执照上的估定资本；对被调查的商事组织的工人数、机器设备数、开动机器数、开工日数和实际生产量的调查，应按月份分别列出1946 年 4 月至 1947 年（调查当年）9 月份的数据；对被调查的商事组织的销售方式、销售习惯、盈利亏损状况还应查账、算账和找原因。

此外，工商业目前存在的问题也是重点调查大纲中的一个方面，包括：目前是否能完全开工？发展一家企业需要解决什么问题？是否需要转业？如果需转业，则可转什么业？有什么困难？如果不能发展，则限制到什么程度？

三、调查的作用与特点

（一）调查所产生的作用

为掌握全市各种经济力量，以供给制定政策提供可靠的依据，哈尔滨市政府在组建工商管理专门机构以后，对全市工商业者进行了三次登记注册与调查工作：第一次是 1947 年 7 月，为掌握全市工商业者的基本情况，进行了一次调查摸底工作；第二次是在1948年2月，《战时工商业保护管理暂行条例》颁布后，哈尔滨市的工商业者有了较大的发展，为准确掌握全市经济力量，进行了一次比较全面的普查登记工作；第三次是在1949年8月，为适应支援解放战争的需要，以经济建设为压倒一切的中心任务，重新对工商业者进行了一次全面登记调查。

第一次调查工作获得了很大成绩，为1948年工商业政策的制定提供了可靠的依据。哈尔滨市政府在1947年的工作总结中指出，"具体调查很多，也有很大的成绩，占我们工作中很主要的地位"，调查所获得的"成就"是"对哈市工商业有了初步的了解，对今后工作打下了有利的基础"。在1947年的基础上，调查不断深入，1948年上半年的经济工作初步总结对调查工作也给予了积极肯定："对经济情况的调查研究工作，很有成绩，基本上贯彻了这种从实际出发的精神，半年来介绍了不少宝贵材料，并用以考虑了各种政策及具体工作方针，这种精神还要坚持下去"。同时，也指出了调查中存在的问题："目前要严密注意纠正偏向之产生，如只实研历史数字，少联系变化的、活动的实际材料。又如尽量了解材料、了解情况，但迟迟不提出问题、不解决问题，这种偏差虽不严重，但已不容疏忽了。"因此，还必须要继续"加强调查研究工作，分辨先后缓急，以行业了解其情况，研究如何办法"，如"目前商业中以经纪人、代理店、银行、百货业最为突出，进行对他们的管理工作"，"及时了解税收情况，提出对商业税收的意见"。1948年下半年更要"用大力推行调查研究工作"，"以便有根据地对供销给予可能的帮助与指导"，"以行业为单位，先从主要行业着手，根据具体供销情况、确定对该行业的具体政策，研究该行业最高战时利润（根据情况不同又应有变化），并反映在税率及物价上。期于一年内将一百○八种行业情况及主要的资本家发家史调查清楚，并提出全面具体政策供研究"。[①]

一直到1949年，坚持"一切从实际出发"的精神和"注重调查研究，从调查研究中提出问题、分析问题"的工作方法始终被贯彻和普遍执行，如哈尔滨市工业局在《工业局关于一九四九年上半年的工作方针与任务的规定》中将"调查研究工作"作为第六大项重点工作，强调"加强调查研

---

① 哈尔滨市档案馆馆藏革命历史档案，全宗号1，目录号1，案卷号75，顺序号2。

究工作,掌握并有步骤、有系统地调查各行业发展动态,提出问题,以供领导的参考,并供指导业务的进行。加强对公营与公私合营企业的典型的调查研究,对年终奖金与工资问题搜集材料并加以研究"。

(二)调查所具有的特点

第一,开展普查、复查与深入调查。

1947年下半年的"大部时间是进行了调查,八九月份着重于典型调查,十几个典型是我们第一次调查的结果,十月份进行普遍调查,十一月份复查,十二月份组织了一部分力量,进行早市调查,其他的具体调查很多"。[①]注重调查研究已经成为一种基本的普遍的工作方法,在1948年和1949年的调查工作中也贯彻了普查、复查与深入调查相继进行和相互结合的工作方法。

第二,翔实与求真的工作策略。

调查的目的,是要为确定工商业具体政策和工作计划提供可靠的重要依据。即依据调查,结合哈市工商业发展的历史和当时经济条件、特点等实际状况,对哈市战时经济发展趋势和规律加以分析,针对"进步的""中间的""反动的"三种类型行业及商事组织确定不同的经济政策及制度措施。只有经过翔实、客观、准确的调查与研究,才能提出适时适当的策略与方案。因此,在繁忙工作的同时,调查人员以翔实与求真为工作原则,进行了广泛、大量的调查工作,搜集、整理、汇总了数量繁多的表格与统计数据,"这些成绩的由来,主要是全体同志努力与艰苦工作的结果,如有时同志们连开几次夜车突击工作,跑到下边去调查,积极工作,起了模范领导作用,这些都是值得表扬的"。

第三,多元的调查机构与较严谨的调查程序。

1947年7月,哈尔滨市政府组建工商局工商科,由工商科作为全市工商管理的专门机构,领导工商业调查工作。由于工商业行业众多,从业者家数和历史情况复杂,为了达到调查目的,哈尔滨市政府积极调动各有关部门,如工业局、工商联合会、各同业公会、各合作社、街区基层政权组织等,联合起来,共同进行调查工作。不仅如此,工商科还积极发动群众,组织学生参与调查、帮助调查。

在调查中注意调查方法和调查程序。首先,组织好调查人力,并进行

[①] 哈尔滨市档案馆藏革命历史档案,全宗号2,目录号1,案卷号93,顺序号4。

培训，使调查人员明白调查的宗旨与作用，进而坚持务实求真、不敷衍、翔实可靠、不作假的工作原则；其次，调查前先做好调查大纲，制作好调查表，并在实际调查中围绕大纲灵活机动、求真务实地进行调查；最后，对回收的调查信息注意保存与保管、总结与分析。

第四，详尽的调查项目与格式拟定。

如前所述，调查的前置程序之一是拟定重点调查大纲，绘制调查表格，根据调查对象所涉及的主要调查项目和该行业特点，调查人员可以自行制作各项调查中所需要的表格。如针对1948年上半年商业变化情况的调查，调查人员将"大登记结果""登记后增加""登记后减少""六月末实况""实增减与比率""家数""职员""店员""资本"共9个调查项目绘制成表格，数据清晰可见，方便查对。

表格绘制与填写中还注意预留备注栏或说明栏，使数据表格与书面说明相结合，便利于信息的翔实与精准。例如，哈尔滨特别市工商业登记工作队印制的《一九四七年主要行业货物买卖加工情形调查资料》中的《货物卖出情况统计表》，对"印刷""鞋帽""制粉""罐头""糖果""五金""毛皮""电料""代理业"等22个工商行业的"家数""卖给军方金额""卖给其他机关团体额""合计金额""合计"等调查项目绘制成数据表格，同时在表格右侧与底端加上"备考"与"说明"栏，针对"铜制品""漂染""铁工"的情况做了备考，如"备注"了"漂染"业的"卖给军方金额""卖给其他机关团体额""合计金额"三项空白是因为该行业"种目繁多、价格不详"。在表格底端的总"说明"栏中，对表中所有栏目内涉及的价格情况、货物出售对象情况以及商事组织账簿情况做了统一说明。

随着政策的不断调整，哈市商情不断发生变化，为换发新营业执照，哈尔滨市政府进行了广泛调查。1949年8月24日，哈尔滨市政府发布了布告——《为填报表格发给营业执照由》，[①] 号召全市工厂、商店、公司行号按表格内容如实填报。由哈尔滨市商业局统一规制表格，包括职工情况调查表、职店员调查表、主要贩卖商品调查表、工业登记表、资产负债表、损益表。

---

① 《为填报表格发给营业执照由》,哈尔滨特别市政府公报第三十二期,哈尔滨特别市政府秘书处编印,中华民国三十八年(1949年)九月,第20页。

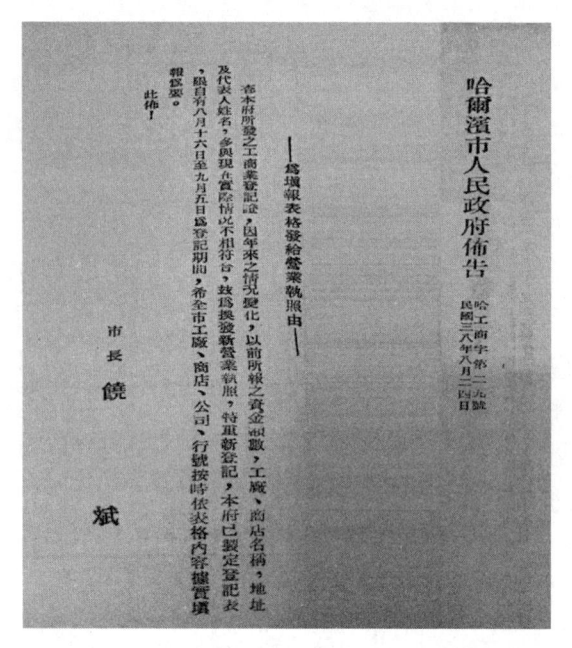

图 2-10　1949 年 8 月 24 日哈尔滨市政府布告《为填报表格发给营业执照由》[1]

图 2-11　1949 年哈尔滨市商业局制表[2]

---

[1] 资料来源:哈尔滨特别市政府公报第三十二期,哈尔滨特别市政府秘书处编印,中华民国三十八年(1949 年)九月,第 20 页。

[2] 同上书,第 24 页。

第五，关注变化，注重分析判断。

随着工商业政策与法令的制定与实施，哈尔滨的工商业总在不断地发生变化，如1948年1月宣布保护工商业条例，3月14日又进一步宣布了停止清算的命令，根据哈市具体条件推动生产、组织生产。到6月底，哈市工商业有了新的变化。哈尔滨市通过调查、绘制数据表和对比分析，判断出1948年3—6月期间"商业也见活跃，新增加八百二十四家，增加二千七百四十九名店员，增加三十一亿五千多万资本，却减少了三百三十三名职员"。①

再如，对渔业行业的调查，也注意掌握从"过去"到"现今"的商业习惯状况。通过调查，渔民的生活方式没有变，依然采用固定网和游动网打鱼；渔商叫行掌秤的交易习惯也没有变化，在道外渔业总批发市场仍有一人负责叫行，业务股长也可以兼做叫行，而叫行方式依然是"一手托两家"的旧的不合理的经纪状态；分红办法，一般也是原封未动，依然按照过去老的办法来分红。对这些习惯有的进行保留，有的则予以废止。例如，在生产方式上，既肯定渔民运用固有习惯打鱼，又号召渔民根据自愿两利的原则，适当地、有步骤地组织集体生产，由暂时到长期，由小到大，由少到多，逐渐走向集体化，尽可能地保证渔民生产，扩大利润，提高福利，而对于"一手托两家"的叫行经济则予以取消。

第六，注意总结工作缺点。

哈尔滨是全国第一个解放的大城市，历史上工商业繁盛，在城市复杂的社会背景、经济模式下进行全市范围内各个工商行业及典型商事组织的调查研究尚属首次。1947年甫进行调查，时间紧、任务重，调查热情高、投入多，但"主要问题是计划性差，调查了一次又一次，有时项目差不多，或者调查完这一项又差那几项，前后重复，浪费人力，有时任务很紧，突击性很大。另一个问题是有调查没有研究，至少是缺乏认真的研究，这样就使对问题的深刻了解及发现问题较差了"。因此，在1948年进行的调查中，注意加强了调查的计划性，并且不仅仅只进行材料搜集，还加强了对材料统一掌握、分析整理和细化研究，使调查研究更有问题性和

---

① 哈尔滨市档案馆馆藏革命历史档案，全宗号1，目录号1，案卷号75，顺序号4。

效率性，不断精进。同时，通过"出版工商简报，大家负责反映情况，提出问题，有的可连续报道，不拘形式，不拘长短"，① 向社会广泛征集意见，使调查研究更加真实准确。

第七，商事习惯调查具有分散性。

通过商事习惯调查可以了解行业的诸多情况，如行业交易习惯、管理习惯、分红习惯、待遇习惯、假期习惯等，其对工商业政策的制定具有一定的影响，在调查与研究后，对合理的商事习惯给予认可与保留，对不合理的商事习惯进行削减和改造。由于调查是以"进步的""中间的""反动的"三种性质对象为核心的，以便有针对性地确定具体工商业政策，实现"稳定政权，发展生产，繁荣经济，保障供给，支援战争"的大目标，因此，调查活动并不是单纯对商事习惯进行调查，商事习惯调查只是调查所包含的一项内容，对有的被调查对象进行了集中的行业商事习惯调查研究，有的则没有进行完整的行业商事习惯调查。

四、典型行业及企业商事习惯调查成果

（一）百货业

1. 秋林洋行

"秋林"的创始人伊万·雅阔列维奇·秋林，是俄国西伯利亚地区伊尔库茨克城人，年轻时就开始经商。起初，如同众多商行创始人的经历一样，伊万本小利薄，背着口袋往来于城乡之间行商，把城里的轻工产品、日用品、简单农具带到乡间交易，再把收购的农副产品带回城里销售，反复往来，从中获利。1857年，伊万与同乡合资创办了伊·雅·秋林股份无限公司，通称"秋林公司"，董事长和经理由伊万担任。1882年"秋林公司"改组，由伊万的同乡、大股东阿·沃·卡西雅诺夫接任公司董事长和总经理。之后仅十几年间，秋林公司分支机构已遍布整个西伯利亚，甚至后来又延伸到俄国在欧洲的各大城市，莫斯科成为秋林公司董事会所在地（总店）。到了20世纪初，秋林公司已成为俄国有名的资本集团。随着中东铁路的修建，1900年秋林公司进入中国，在哈尔滨香坊建立了跨国公司——秋林洋行。1902年又搬迁到秦家岗（现南岗区），同年又在道里中

---

① 哈尔滨市档案馆馆藏革命历史档案，全宗号2，目录号1，案卷号93，顺序号4。

国大街（现中央大街）靠江沿码头附近，增设了秋林支店。1904 年香坊秋林洋行在秦家岗大直街与新商务街（奋斗路）交叉口处破土动工，秋林洋行百货大楼于 1908 年 9 月竣工使用。秋林洋行是带有地下室的两层商业大厦，具有独特的欧式风格，优美的穹顶，镶嵌着闪闪发光的鱼鳞形铅皮，仿佛闪耀着银色光芒的罗马战盔，雄伟壮观。窄长的双窗以科林斯式雕花壁柱间隔，打造出均衡的节奏。檐口装饰丰富，布满花叶状浮雕的托檐石两两成组，每组之间装饰精美的雕刻。出挑的屋檐上是丰富而优美的女儿墙，柱瓶与花饰构成迷人的光影效果。秋林洋行还自设发电厂，百货大楼内设有取暖、上下水设备，整个营业室宽敞明亮，巨大的橱窗使人赏心悦目，增加了购物的愉悦感。环绕商场周围的是一片绿荫和休闲的长椅，在阳光明媚的日子里，购完物的人们靠椅闲聊，既舒适又愉悦。当夜幕降临，各家还在用煤油灯照明时，秋林洋行却电灯通明，彩灯闪烁，炫目的华光让人向往。外观设计的美感使秋林洋行不仅是百货业龙头，还成为哈尔滨的一大景观。秋林洋行注重购物环境的美感和愉悦感，感染和带动了哈尔滨的商业发展，成为商家学习的榜样。营造良好的购物环境也成为商家经营时必须考量的一种经营习惯。

图 2-12　民国时期的南岗秋林洋行外观①

---

① 照片来源：https://www.sohu.com/a/242800652_641792，2021 年 2 月 18 日访问。

此外，秋林洋行积累了许多好的经营方法，也被大家学习，成为哈尔滨众多商家的经营习惯。秋林洋行的经营方法主要体现在六个方面。

第一，以商为主，工商相补。

自创品牌，以工续商，工商相补是秋林经营成功的要素之一。秋林公司在经商过程中，注重工业，特别偏爱化工和农机具等工业，而这些工厂的产品主要是为充实秋林洋行的商品服务的。秋林公司成立不久，就在海兰泡、海参崴、伯力等地建立了葡萄酒厂、肥皂厂、染料油漆厂和农机具站等。在哈尔滨建立秋林洋行后，秋林看到俄国非常短缺茶叶，特别是红茶，而红茶又是俄国人的生活必需品，于是利用中国茶源和锡兰茶源，在哈尔滨开办了秋林红茶工厂。由于工艺考究，配方恰当，工厂每年都能产出可观的上等红茶，受到广大俄国消费者的欢迎。"秋林红茶"在民国时期曾获中国最优上之赤金质奖章，使秋林公司获利不小。继茶厂后，秋林又在哈尔滨建立了肉食品加工厂、油漆料厂、服装加工厂、卷烟厂等工业。在老巴夺卷烟厂的竞争下，秋林卷烟厂不断更新技术和机器，制作出当时最优质的香烟，秋林优质香烟也曾获得过金质奖章。

由于工商并重，从1928年至1933年秋林洋行年销售额都达到了1 600百万元哈大洋以上。以其中最低的一年，1933年的获利记录来看：（1）各农工用具：自制产品为20 855元哈大洋（以下均为哈大洋），俄国输入商品为6 500元，外国输入商品为5 500元；马拉机自制产品为16 525元，俄国输入商品为4 375元；（2）各种机械类：自制产品为37 500元，俄国输入商品为20 840元，外国输入商品为10 605元；（3）杂具类：自制产品为25 000元，俄国输入商品为12 000元，外国输入商品为9 510元；（4）烟草、饮食类：自制产品为105 300元，俄国输入商品为25 500元，外国输入商品为2 855元；（5）铜铁材料：自制产品为19 300元，俄国输入商品为6 500元，外国输入商品为8 500元；（6）建筑材料：自制产品为53 500元，俄国输入商品为30 000元，外国输入商品为10 850元；（7）肥料类：自制产品为92 560元，俄国输入商品为7 500元，外国输入商品3 300元；（8）药品及染料：自制产品为28 256元，俄国输入商品为17 500元，外国输入商品为3 405元；（9）纸和纸制品：自制产品为31 000元，俄国输入商品为5 500元。外国输入商品为5 200元。以上自制产品利润均占总利润的一半以上。而纺织类、皮革类、农机具类、汽车类、棉丝布类、毛绒呢类等商品利润都占总利润的 1/3 左右。当时报界评论:"该行除运售外货外,本行附设各种工厂,自制之货品,其品质亦良好,久为各界赞许,为本行获得高额利润。"①

在 1914 年第一次世界大战期间,由于货源困难和中断,秋林公司的经营曾陷入困境。1917 年十月革命胜利后,俄国羌帖(卢布)毛荒,不仅使中国商民深受其害,也危及秋林的经营和全店职店员与工人的生活,使秋林经济损失很大。1932 年 2 月,日本帝国主义侵占哈尔滨后,封锁海关,紧缩经济,大量倾销日本货,使秋林洋行的经营从第二年开始日趋衰落。因秋林无力偿还汇丰银行的贷款,1937 年 7 月 23 日,英国汇丰银行以秋林洋行的股票抵欠债务,把秋林洋行改组为"英商哈尔滨股份有限公司"。1941 年 12 月,日本帝国主义发动太平洋战争后,视秋林公司为敌国财产,指令伪满洲国中央银行接管秋林,使已经由"英商哈尔滨股份有限公司"改为实际被日本人控制的"秋林株式会社",进一步被日本掠夺。由于日伪政府采取帝国主义掠夺式经济政策,还颁布了"七二五停价令"等残酷的经济政策,许多外埠秋林的分支机构纷纷倒闭。1944 年,秋林株式会社召开紧急股东会议,宣布改组,改变由日本人独控经营大权的局面,增加俄国人为理事,但并未能扭转"秋林株式会社"走下坡路的局面,其经营继续恶化,只能勉强维持。1945 年 8 月 15 日日本投降后,苏联外贸部接收了秋林,苏联政府重新组建了"秋林股份有限公司",以经营进出口贸易为主,以东北的特产品换取苏联的工业、日用、农机具等产品,扩大了秋林公司的经营范围。秋林公司的发展不是一帆风顺的,但纵观秋林公司发展的起落历程,其每次的发展、高潮、维持、复苏和再发展,其实都离不开工业的建设和支撑。

以商为主,工商相补,是秋林公司经营的一大特点,也是秋林公司迅速发展的主要因素。"前店后厂"的经营方式也成为哈尔滨众多行业、企业常年保持的一种经营习惯。声震东北甚至名播外国的哈尔滨同记股份有限公司,老巴夺烟草公司,公和利呢绒绸缎百货店,松江号灌肠工厂,永

---

① 孔玉九,孙继周,刘学礼,口述.李今诠,整理."秋林"独特经营和美味食品[A].政协哈尔滨市委员会文史资料编辑部.哈尔滨文史资料:第十五辑(经济史料专辑)[M].哈尔滨:哈尔滨出版社,1991:79.

源发商号，聚兴成铁业，成泰益、同成和、双合盛、义昌信、同聚祥、和聚公、天兴福、万福广、益昌太、天兴福、裕大、久大等油坊、火磨，中东、三九聂味、五洲、哈尔滨、敖特连啤酒，增盛、裕济成、汇源涌、天源涌、泰兴永、万泉永烧锅，惠通源、益兴、鼎丰、老鼎兴、广泰、同兴、协兴、大通、恒兴德酱业，都鲁金西服店等，都是以"前店后厂"的形式进行经营。注重工商结合，以工续商，既能够不断开拓经营范围，又能及时补充商品销售，增强市场竞争力。

第二，紧跟市场需求，扩大经营项目。

随着中东铁路的修建，哈尔滨涌进了大量的外侨和外埠移民，满足侨民和移民的需求成为秋林商品销售的首要定位。侨民和移民中既有高级职员，也有普通职员、工人、技师、医生、护士、教师、商人及各业家属，不同国家、不同阶层、不同群体的需求不尽相同，秋林则尽力充实货品，从高端商品到百姓日常餐饮，从俄侨特产到欧洲洋货，一直紧跟市场需求，不断扩充货源、更新商品。1908年9月，位于秦家岗（现南岗区）大直街与新商务街（奋斗路）交叉口的秋林洋行百货大楼竣工开业，地面二层营业，地下一层用于酿酒和储藏食品；1919年11月，道里秋林三层商业大厦也竣工并投入使用，营业面积基本和南岗秋林相同。20世纪30年代，秋林设有饮食部、书籍部、布匹部、电料部、玩具部、靴鞋部、皮革部、旅行用品部、男女服装部、家具部、钟表部、照相器皿部、金属部、机械部、铜铁杂物部、烟草部、药品部、建筑材料部、燃料部等，商品种类繁多，琳琅满目。

对于哈尔滨本埠市郊及外埠农户的需求，秋林也着重给予关照，并且针对农户需求着力扩大经营项目。秋林较为全面地调查了东北农民生产所需要的农机具型号和数量，积极组织人力从外国购进各种农机具，如手用机、马拉机、火犁机等，同时开设农务部，专门代人开地、种地、割地、打场及粮物代运，在就近车站销售出口。秋林对机具的售后服务也是其经营管理中的一大特色。为了销售更多机械，秋林非常重视技术，设有技术部，特别聘请专门技师进行技术指导，解决技术难题。同时技术部还代人采购和安装火磨、油坊、轮船厂、电灯厂及其他各种工厂所需的机器部件。

图 2-13　民国时期秋林公司内景①

第三，严格把关商品质量。

严格的商品检验制度是秋林经营管理的又一大特色。秋林设有商品中

---

①　上图照片来源：https://www.360kuai.com/pc/918cc304d3f7ca8af？cota=3&kuai_so=1&sign=360_57c3bbd1&refer_scene=so_1, 2021 年 2 月 18 日访问。下图照片来源：https://www.sohu.com/a/242800652_641792, 2021 年 2 月 18 日访问。

心站，内设有仓库，专管存货和出货，业务部专管中心站业务。每个仓库设有六七名检验员和仓库保管员，商品必须经过严格的检验后，才能销售和出口。商品检验员是经过严格培训的，合格后才能上岗工作。商品检验员必须掌握广泛的商品知识，才能担当这项工作。商品检验员不能经常调动，十分注重商品知识和经验的积累。商品检验员以其具有的丰富的商品知识和经验，保证了商品检验和鉴定的准确性和权威性。

各种特色商品还有特别的、更加严格和复杂的商品检验程序。如中心站检验瓷器品有一套规定的程序。检验瓷器，要一箱一箱地开封检查商品，然后逐箱登记，标明破损程度，再一件一件地检验。碟碗上口要圆，稍有瓢形就一律甩出为次品；碗底要平，放在玻璃板上平稳无缝；检验员再用小木棒轻轻敲打每个碟碗，发出清脆声者视为正品，不然为次品；敲打过后，再用手摸摸上口，再摸摸下底，如粗糙、磨手则视为次品；最后看碟碗上口金边匀不匀，烧花彩绘好不好，是否有色彩不匀的地方，如果上口金边粗细不匀，花绘色彩不正或有漏掉的地方，一律视为次品，连同破损商品退回厂方。盘碗检验后按数装箱，签上检验员的名字，然后才能入库。当营业各部提货时，还要由各部提货人开箱检验。如发现破损或质量有问题的商品，可以甩出不要，换成合格商品。因此，中心站出库的商品，一般不会出现破损和不合格的。出现了不合格品，如果查出原因，就由相应环节的人赔款。不论商品多么昂贵都得赔款。检验员和库员都非常认真负责。所以，从中心站提出的商品基本上都质量过硬，柜台的营业员和付货处的付货员从不为商品质量担忧。当时人们称赞秋林商品："品质精良，坚固耐久，随意检选，故所有主，无不称便"。①

食品虽然不能像上述流程那样逐一开箱检查，但也要经过检验，通过取样检查、化验证明，才能定是否可以对外销售。如果查出毛病，所有商品就要全部退货。肉食品、糕点类要求不卖隔日产品，违者必罚。

秋林不仅对小件商品认真检验，对大件商品也同样认真严格检验。例如，对国外输入的汽车，秋林聘请专门技师进行各部件检验，对钢质还要进行化验，看看是否符合要求。各部件检验完好后，再进行外观检查，看

---

① 孔玉九,孙继周,刘学礼,口述. 李今诠,整理."秋林"独特经营和美味食品[A]. 政协哈尔滨市委员会文史资料编辑部. 哈尔滨文史资料:第十五辑(经济史料专辑)[M]. 哈尔滨:哈尔滨出版社,1991:80-81.

看车体油漆是否有刮碰、划痕等瑕疵,如果有外观瑕疵,就称之为不合格商品,或者退货,或者标明后折价销售,最后进行"走合"检验,确保优质无损,才能售出。

第四,销售机构严密合理。

秋林的销售机构十分有特色。虽然秋林的组织机构和一般商店没有差别,公司亦设有股东会、董事会和经理,股东会是投资人的最高会议,秋林的日常经营管理是董事会领导下的总经理负责制,董事长和经理领导十几个部长、工厂厂长开展业务,但是秋林商品的销售机构与众不同。一般百货店是由各部营业员直接向顾客付货,而秋林却专门设有付货处,虽然每部都陈列商品,也允许顾客挑选,但各部营业员无权直接向顾客付货。营业员只是热情招待顾客,向顾客做商品介绍,顾客看中商品后,营业员给开取货交款的三联单,两联给顾客,请顾客去交款和到付货处取货,营业员则把剩下一联和选中的货送给付货处,再由付货员包好,付给顾客。收款员直接受会计室领导和选派,不归各部领导,收款员只收钱不结账,结账由会计室总出纳负责,最后由会计入账。这种销售机构是一环扣一环、层层制约的,防止了内外勾结盗窃商品和货款,也杜绝了熟人多付货少交款的弊病。

第五,文明服务,制度严格。

秋林要求营业员言行举止都要有礼貌,秋林公司制度明确要求每个营业员都要待人和气、热情周到、不高声说话、站立要正、不许相互说话、不能聚堆,更不可靠、扶、倚柜台。上班前不得吃异味食品,更不允许吸烟、喝酒。营业员都有销售指标,每人一本货单,完成者就获得一定奖励,因此店职员都加倍努力工作。

秋林制度严格,出现违纪问题基本上由各部长处理,涉及公司的大案件、大事件由人事部、法律部(有专职大律师)负责处理。秋林公司制度中明确指出,职员店员上班时必须走通勤口,不得穿过营业室,违者开除。进入通勤口先要挂牌,然后到更衣室穿换工作服。个人东西不得带入柜台,进入柜台前还要到卫生间整理好自己的头发和脸面,指甲长的要剪好,洗净手后再进柜台。当时女营业员都是俄国人,喜欢化妆,但秋林要求进柜台不得化浓妆,只能化淡妆,再扎上白色三角巾,这样给顾客一种明快、漂亮之感。食品部营业员的个人卫生比其他部门要求更严,部长天天检查，每个人的白服装不能脏污，俄国白色帽（高顶大沿）要戴正，手指甲天天要剪好洗净。货架卫生包给售货员个人，货架天天都要擦净，不得有一点灰尘。营业员不论上班和下班都不允许到营业大厅，违者第一次警告，第二次开除。各部长最能掌握店员的售货情形，有对店员进行警告、教育和开除的权力。店员下班也要走通勤口，先到更衣室换好衣服、摘下挂牌后再回家。

第六，特色食品经久不衰。

秋林不仅具有独特的经营方法，还有许多传统的美味食品，常年畅销。以面包为例，有一种面包大家称之为"列巴""大列巴"，它分大、小、长、圆不同形状，质地也不一，颜色有白面包、黑面包及半白半黑面包，口味有夹馅面包、果脯面包，都始终保持着传统风味。秋林销售的面包中有很多种都十分受欢迎，成为人们的日常主食和方便食品。就拿小面包"拉斯克"来说，它不仅外形美，而且非常好吃。一共有三种形状：一种是菱形的，一种是缠花的（俗称牛屎形），还有一种是麻花形的。"拉斯克"面包有蛋奶香味，属甜口，上面抹上金黄奶油，再抹上一层蛋清或豆油，表面亮而红，非常好看。由于配方合理，奶油纯正，面包非常松软，是老少皆宜的美味食品。再如黑面包，是用油麦面特制的长形面包，因为装入长槽中烤制，中国人俗称为"长槽子列巴"。长槽子列巴也非常好吃，有嚼头。再者，有名的还有"列巴圈"。列巴圈有3种。一种如同算盘珠，香甜酥形，孩子们最喜欢，穿上一大串，套在小脖子上，一个一个地揪着吃，相互比着吃，好玩极了，好吃极了。另一种是大列巴圈，直径8厘米左右，和大拇指一般粗，带咸味，非常有嚼头，外形也烤制得漂亮，外圈深橘红色，里圈渐渐发白。大列巴圈是俄国人、中国人都喜欢的美食，有些俄国人把它当作早点，两个列巴圈，一杯奶，吃完后就上班。中国人则另有吃法，西点中吃，把它烩了，加些作料，也很有特色。还有第三种列巴圈，比第二种列巴圈小一点、细一点，是香脆口感，也是最受人们喜欢的。这种列巴圈吃起来非常酥脆，奶油味足，甜而不咸，百吃不厌，中外顾客都喜欢。

秋林的西点类，如柠檬的、花生酱的、核桃仁的"苏合力"干点心，相似于中点槽子糕的"杰克斯"，哈尔滨俄国人过圣诞节不可缺少的"古力斯"蛋糕，有大小馅类、半夹馅类等50多个品类的秋林水点心，都是驰名中外的。秋林的糖果也有几十种，如名贵的酒糖、高级的奶糖、夹心的大虾酥糖等。秋林的美味食品还有俄式酸黄瓜、酸白菜、欧式肉制品、各种果酒类，特别是果酒"黑豆蜜"闻名埠外。这些美味食品成为哈尔滨秋林的名片，至今国内外友人还都记着哈尔滨秋林和其中的美食与美酒！

2. 同记商场

同记商场在哈尔滨道外靖宇四道街，地处民国时代哈尔滨商业最繁华的地段，于民国十六年（1927年）八月二十七日开业，是哈市第一大百货店，在全东北也是数一数二的，甚至在全国各大商埠都很闻名。

同记真正的大股东，同时也是同记的创始人，即武百祥。武百祥（1879—1966年）是河北省乐亭县人，13岁跟随母舅"闯关东"，由学徒起步，学习做生意。到21岁时当货郎，肩担挑子卖杂货，再到24岁在哈尔滨与朋友三人合资开创同记，失败后又重整旗鼓，29岁时与志同道合的朋友赵禅堂重新成立同记商号，逐步拓展，先后拥有同记、同记批发部、同记钱庄、同记工厂、同记齐齐哈尔商场、大罗新环球货店、同记茶庄、同记商场、同记巴彦百货商店、大同百货店等企业以及6个驻外办事机构。[①] 1945年以后，又建立了同记牙刷厂、同记猪鬃厂、同记皮革厂、同记铁工厂、同记麻袋厂、百善牧养场等。武百祥是著名的爱国实业家，对民族工商业的发展做出了贡献。

同记是东北民族工商业的代表，在动荡多变、风雨飘摇的民国时代，其发展既经历了高潮，也经历了衰减。1911年（清宣统三年），武百祥经营的同记货店已经小具规模，生意发达。1921年（民国十年）10月10日，武百祥又创办了大罗新环球货店，生意兴隆。1927年8月27日，同记商场开业，同记商业达到了全盛时代，同记商场和大罗新、同记工厂一起，一跃成为哈尔滨著名的巨商。同记货店原本为银本位，民国十八年（1929年），第二次世界经济危机冲击哈尔滨，金贵银贱，同记商场要购买西洋货物，必须用银大洋买金子，将金子交到外国人的银行，致使同记在上海将30万两现银全数赔完，同记及各支号拟关门还债。债权人成立了银行团。同记经理李明远作为当时哈尔滨市商工公会会长，认识很多官厅，如公安局长高起栋、市政筹备处长钟毓，为了哈市的市面繁荣与稳定，帮

---

① 参见中国人民政治协商会议黑龙江省委员会文史资料委员会编辑部. 武百祥与同记[M]. 哈尔滨:黑龙江人民出版社,1989:1.

助同记解决面临的困难，他们出面牵头，提出与银行团协商，三年陆续交息还本，并且利息减轻。等到第二年金价平稳，同记营业渐渐好转。同时，在同记内部，大股东武百祥、徐信之、李明远提出职员入股（分红入股），用外债变内债、内债变股东的办法筹集资本。内外合力使同记得以继续营业，三年后便还清了全部外债，而同记内部则以此为契机进行改革。伪康德四年（1937年）七月一日，同记工商两大企业都改为股份制经营组织形式，即同记商场股份有限公司和同记工厂股份有限公司，同记货店（本店）改为同记商场售品部，同记商场改为本店，大罗新为支店，同记商场与同记工厂联东不联伙，分开经营。伪康德七年（1940年）七月二十五日，日伪政权实施货物停价令，不准涨价，物品统制，哈市成立多数配给店，生活必需品全部配给，私卖则被定为经济犯。尽管日伪政权要求商家不准"黑买卖"，但哈市工商业因为没有货物来源，多数工商业由缩小走向垮台。同记商场被选定为配给店，有配给品和保留品，但配给品拉来就配给出去，保留品等待配给时间指令销售，因而同记在配给品上并未盈利，只是勉强维持。日伪政权用各种名目搜刮钱财，发行公债，强制商家摊派，无一幸免。同记商场刚刚交上20万元摊派，随之又被强令购买储蓄债券、公司股票、各式各样的公债等，数不胜数，不堪惊扰。同记商场百万资金中，各项债券竟高达120万元以上，生意艰难。日伪时期，哈尔滨许多一、二流的商店相继倒闭，并想方设法将资本转移到华北或华中。而同记商场和同记工厂这种零零碎碎的事业，难以躲藏，一般店员也因日伪征兵抓丁，纷纷自动辞职逃回家乡。大罗新关门，同记工厂停工，同记商场二层楼房在被迫关闭楼上后，又关闭楼下三分之二，仅剩一小部分作为营业卖场，店员由280名减至30名。同记在黑暗统治下挣扎求存。1946年4月28日，东北民主联军进驻哈尔滨，建立人民政权，保护和帮助工商业发展，同记才真正迎来了柳暗花明。同记商场随之得到了迅速恢复和发展，到1948年，同记商场的销售额达76亿元（东北流通券），相当于1946年的38倍，到1950年，年销售额达697亿元，[①] 同记再次走上了光明之路。

  同记经营的兴盛与武百祥先进的经营思想和经营方法密不可分，"同

---

  ① 参见中国人民政治协商会议黑龙江省委员会文史资料委员会编辑部. 武百祥与同记[M]. 哈尔滨:黑龙江人民出版社,1989:161.

记经验"在当时具有很大的影响,许多营商思想与管理方法具有开创性,也不断被大家学习,成为哈尔滨众多商家的营商习惯。同记发展的特点主要有以下六个方面。

第一,经营思想先进,立章制除旧革新。

武百祥讲"凡百事业,即都是以思想和机会而底于成功","考中外之大思想家、大实业家,焉得以功成名立者,则不外乎下列两端:一思想,二机会。空有思想不得机会则事业终难有成,即使有成亦须大费经营,能先有思想,后有机会,再本诸思想以相机而行,则成功矣,名立矣。倘若机会临头不能攫而利用,白白地使其错过,则虽有伟大思想亦只是成一空谈,不能给予实事一些补益也"。① 在思想与机会的关系上,武百祥首重人的思想,没有思想的变革,机会来临也不会把握时机,不能成功,因而思想对人的发展、商业的发展都至关重要。

我国重农抑商的传统由来已久,闭关自守,交通不便,处在旧时代的中国营商者也是恪守旧辙,因循传统。海禁大开,外商云集之后,相比较而言,中国商业远远落于洋商,除交通、工业、政治等差异因素外,最根本在于中国商人因循旧法、不求革新,而旧有商事习惯存在诸多陋习,不是进步文明之举,相反具有欺瞒枉诈、盲目妄进、不讲卫生等弊病。面对汹涌如潮的外商侵夺势力,中国商业必须发生变革,改良商业,革故鼎新,才能抗衡外力,谋求经营。在这一变革的时代,中国商业的每一位从业者都担负有改良商业、革除陋习、精进商业、振兴图强的重要责任。武百祥曾讲道,"往近里说,在哈尔滨就是哈尔滨的商人来担负,再切近一点说,在我们大罗新店内就是你我他来担负,同来担负这个研求商业进步的责任","大罗新虽是一个资本不甚雄厚的商店,处在这商务要冲的哈尔滨,又承同业垂注,引以为法,不期然地就把这个大罗新推置在一个引导者的地位,虽不敢说是群以大罗新唯马首是瞻,但大罗新的进退却实在是与哈尔滨的商业之进退有切肤的关联,所以我们经营大罗新店务的同人,就不能不努力前进了,也正是时代给予我们的良好机会,逼迫着我们不能够不进了"。②

---

① 参见中国人民政治协商会议黑龙江省委员会文史资料委员会编辑部. 武百祥与同记[M]. 哈尔滨:黑龙江人民出版社,1989:236-237.

② 同上书,第237-238页.

武百祥注重对店章进行改革，创制新的制度，与同人约定共同遵守。而店章的改革都是针对旧商业的弊端，进行除旧布新。"如从前的旧商业也有一种口传训练，那种训练是对于顾客专取用一个纯卖与的主义，只要能把顾主卖上，就算是个商业中的好手，因为人人心中存有这种成见，所以手段上，也就不遑择取，遂致常有虚诈欺伪以愚顾客等事，而商业之信用失、道德坠矣！其不知顾客受欺不过一次，归结来说，像此种欺人方法终久必得失败，其欺人者正是欺其自己也，故处在现下这种时代，经营商业者第一须挽回此种颓风，处处顾念商业上的信用，随时体察顾客的心理，使顾客均得满意，必以顾客满意，商务才可发达，然而求顾客之满意的办法，乍行，虽觉是商店吃亏，若长远地办下去，终久还是收得利益的，所以本店处处要求顾客的满意者，亦就是处处谋求商务的发展也。"①

　　武百祥主张商业的政策是"利公司、利劳资、利顾客、利同业"，这些营商思想在今天也具有先进性与文明性。同记商场和大罗新环球百货实行的"货真价实""明码实价""言不二价"，以及禁卖赌博器具、顾客至上、讲文明、兴教育、大力投入广告宣传等，都极大地促进了同记商业的迅猛发展，成为哈尔滨商业改革的先锋领袖。

　　　本埠东三省商报，对于哈尔滨的商业评论曾有一段说过，大罗新是改革的先导，吾今节述如下：

　　　"……自大罗新首先革故鼎新，事事遵行新法，崛起于举界懵懵之日，幸而天心人愿，两不相负，业务得以日渐昌盛，于是一般实力充足者，咸憬然知新法之确而仿行也，因之舍旧谋新，接踵而至，或径仿大罗新成法而亦步亦趋，或参以匠心而别树一帜，然一经革新，靡不利市 3 倍，从知旧思想之不可为法，而改弦易辙实为当务之急矣。"②

　　第二，前店后厂，广开商业。
　　武百祥善于观察和琢磨。光绪三十三年（1907 年），总有从京奉路北

---

　　① 参见中国人民政治协商会议黑龙江省委员会文史资料委员会编辑部. 武百祥与同记[M]. 哈尔滨：黑龙江人民出版社，1989：240.
　　② 同上书，第 238 页。

来的商人戴着英式绒皮帽子，引人注意，颇得好感，时常有人问向摆摊的武百祥。东三省并没有做英式绒皮帽的作坊，最近的需要到天津进货购买，为了最快应对需求，获得盈利，武百祥自己动手，自己试造，亲自缝纫，昼夜琢磨，反复改进，不以为苦，夜间制造，白天售卖，大获成功。英式帽逐渐变得流行，成为阔绰时髦人的标配之选，甚至有俗语流行"不带子表不算漂，不戴英式不自豪"。民国建立后，都要剪去发辫，西式英帽更成了人们的必需品，按时代的需要，武百祥创制了多种样式，不但有英式、俄式（即大头），还有礼帽；不但有冬天的帽子，还研究出春秋两季帽子；不但做便帽、绒帽（各类羌绒），还派人赴东洋留学研究毡帽和草帽。同记帽子畅销东北，三省驰名。随着销量增加，原有作坊已经不能满足加工生产，武百祥在门店后院建起楼房，安设机器，正式设立同记工厂。从此，武百祥"前店后厂"的同记帽店打开了同记未来"前商后工""商工并进"的商业新格局。只要商业需要，就尽可能辅之以工业加工和生产，同记工厂逐步发展为占地40余亩，拥有4层厂房，雇用800多名工人的规模，著名的同记糖果、同记糕点、同记袜子等商品，源源不断地就地加工，上架销售，货品充足，种类繁多。

同记不仅自制销售，还经营代销代售，广开商路，不断维新。欧战期间，哈尔滨各行业生意都是很好的，但同记的资力仍感薄弱。1916年同记开始设立代理代销业务。从为日商三井洋行等代销棉布、棉花、纱布等，继而扩大为杭州大兴庄代销各种扇子、为上海先施公司代销化妆品及代理火灾保险等。九一八事变后，又增加代理印纸、彩票、邮票、度量衡器等，还为百代、长城、胜利等7个公司代销唱机、唱片等产品。在代理代销业务中，各家所规定的付款方式不一样，有的是一两个月结一次账，有的则是按年中三节，即在春节、端午节、中秋节结账。代理代销不仅增加了营业额，还额外获得了代销手续费，更为重要的是，同记因此可以在规定交款期限内，将入账的款额临时在企业内自由支配使用，对占用的资金不必付任何利息的同时，还增加了企业流动资金的周转，最大化地利用外部资金，扩大经营。

为了丰富货源，广开商门，同记不仅从本埠购货，还在国外、外埠大城市及商品主要集散地派员常驻，选购货物。同记凭借两个渠道从外国进货：一个是通过日本大阪的驻庄进行采购，另一个是通过哈尔滨的外国洋行进行办理。从日本采购的品种主要有：绸缎、呢绒、布匹、钟表、化妆品、眼镜、文具、玩具、各种毡帽、草帽以及日常用品等。通过洋行采购的货物主要来自西欧资本主义国家，在品种上有英国的呢绒、马箭哗叽、油漆布、代乳粉，德国西药、颜料、小五金，波兰的呢子、毛毯，法国的化妆品，意大利的防水扣子等。这些外国货占进货总额的40%～60%。①从外埠大城市进货主要是通过上海、北京、天津、营口等地驻庄，由当地驻在员负责采办。采购的主要品种包括绸缎、呢绒、布匹、瓷器、化妆品、茶叶、针织品、皮货、毛巾、手帕等。这些货物中也有一小部分是外国货，主要通过申庄即上海驻庄采购，占申庄采购总额的60%～70%。②

对名优特产商品，同记实行直接从产地购货的方式，如苏杭的丝绸，景德镇的瓷器，福建、江浙的茶叶，温州的凉席和雨伞，以及北京的京胡，山东周村的口袋片带、响器，常州的木梳等。直接为了避免商品脱销，保持商店销售正常进行，对外地一时购不进来的短缺商品，同记也采取从本市工厂、手工业者和批发商处进货的方法，缺什么补什么，从而极大地丰富和保障了同记各商场的货源，销售广泛。

鼎盛时期的同记通过多种渠道进货，且购入商品的比重变化不大。一般来说，从外国进货的数额占60%～80%，国内进货比重占20%～40%。直到日伪实行经济统制后，各渠道进货的比重才发生显著变化。③

同记进货的另一习惯是抢先进货。为了抓到好的季节性商品，必须抢在同业之先，迎季采购。如茶叶、毛皮等商品，迎季时采不到手，就会影响一年的经营。当时采购茶叶，一般在清明节前夕，就通过上海驻庄，派经验丰富的人去产区或集散地抢购原茶，并立即加工运回哈埠本店，抢夺市场。至于市场急需、奇缺和时兴的商品，更是不论价格高低，抢先购进，尽快出售。

第三，注重销售，大力宣传，广开销路。

销售是商品流通的重要环节，只有通过销售，商品才能实现其价值，商家才能获得利润。同记十分注重销售，注重采用各种方法广泛宣

---

① 参见中国人民政治协商会议黑龙江省委员会文史资料委员会编辑部. 武百祥与同记[M]. 哈尔滨：黑龙江人民出版社，1989：115.
② 同上书，第116页.
③ 同上书，第117页.

传，以独特的方式位居哈埠民族商业首位，成为吸引众商家效仿的又一特点。

同记的销售途径有两大方面，其一是批发，其二是零售，二者兼营。批发业务由专设的批发店来承担，主要批发外国商品。1921年前后，批发额平均占总销售额的60%。1926年以后，逐步改变销售方式，以零售为主，但仍兼营批发，也把批发中的经营方法融入日常零售中，薄利多销，随行就市。

同记零售业务灵活多样，有柜台出售、送货到门、代客加工、函售、冷背残商品的处理、发放礼券6种经营方式。柜台出售的最大特点是明码实价，言无二价，极受好评与信赖。成交上采用顾客柜台交钱、取货方法。顾客选好商品后，营业员算账开票，与钱一并用送钱机交收款处，收款员将款收讫或找回零钱时，售货员已包好商品，再用唱收唱付的方法，把货交给顾客，表示货、款清楚交付，货真价实，不欺骗顾客，便利顾客。对买货较多的顾客，营业部长亲自接待，营业主任陪同唠嗑，并采取专人跟班销售的方法，烟茶招待，取货送看，直到成交捆扎、包装、算账，再送至门外。送货到门主要是在顾客购买商品多、不易携带或商家电话订货时，由店员送货上门，随买随送，随要随送。代客加工则主要是服装类商品。店内设有裁衣室，能加工各种衣服，可以根据顾客的要求设计、裁剪、加工，尽力满足顾客要求，很快做好。针对外埠顾客销售，同记专门设有函售部，专门办理来信购货业务。顾客先来信联系，写明要求，商店立即复信，寄去商品样子、价表或部分商品，顾客邮款至同记，款到即刻发货。为了不积压资金，对冷背残商品的处理，同记的方法也是灵活多样的，及时处理，低价出售，不计赔赚。如柜台减价配套出售或加工，将滞销的花色及幅面不对路的布匹类商品，及时交工厂制成床单、被套等，或染色加工后出售。发放商品礼券是同记广开销路的又一特点和经营方式。礼券迎合人们交往相互馈赠的传统习惯，在春节、灯节、端午节、中秋节等重要节日来临之际发放，平时顾客有要求也会发放，礼券面额不一，从1元、5元、10元、20元、30元到50元不等，送礼人先付款购买礼券，馈赠亲友，亲友再持礼券到商店选购自己心爱的商品。礼券方便，各取所爱，而同记则先行获得售款，打开销路，抢占商机。

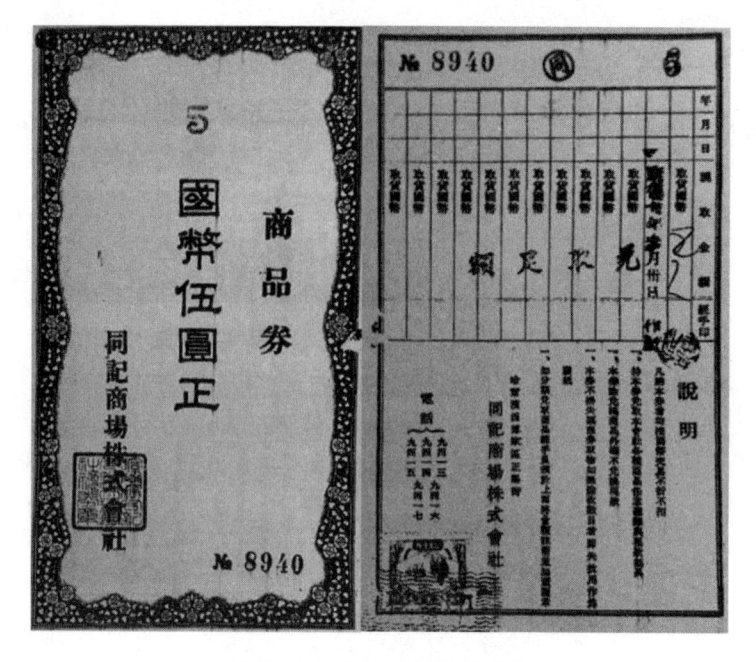

图 2-14 同记商场商品券①

以客为主,顾客至上,是同记销售的核心思想。同记店员都对顾客殷勤主动接待,与顾客交"朋友",对不同的顾客采取不同的接待方法,百问不烦,百拿不厌,竭诚服务。所以同记顾客盈门,整日络绎不绝,营业极为兴旺。

在销售中,同记十分注重商品宣传,如广告宣传、柜台宣传、三节时减价售货、加强门面装潢、美化内部、陈列商品以利醒目、发行彩票(奖券)刺激顾客等,宣传方式多种多样,极富特色。

同记广泛利用报纸、电台广播和电影院放映机会进行宣传,逢年过节,还奉送大年画、画片、月份牌,并派人到铁路沿线各城镇张贴标语。哈尔滨周围的安达、绥化、齐齐哈尔、双城、阿城等地,甚至郊区、乡村,同记的宣传都必达至,男女老少无人不知、无人不晓。同记广告色泽艳丽,图案既新颖又适于风俗习惯,并印有"到了哈尔滨,必须逛逛大罗新""哈尔滨有个傅家甸,同记商场在中间,物美价廉品种全,不买东西随便看"等广告语。广告文字朗朗上口,图文并茂,鲜活生动,引人向

---

① 哈尔滨市档案馆馆藏革命历史档案,全宗号2,目录号1,案卷号367,顺序号3。

往。同记广告的印刷数量巨大，下足功夫，令人瞠目。1927年以后，每年印刷用纸最多需用3火车皮以上，大约90吨。① 逢年过节，同记还敲锣打鼓吹喇叭，实行商品大减价，减价幅度为最高九五折。减价宣传每年都会搞几次。

发行彩票是同记刺激顾客多买货的一种方法，也是极力推销商品的一种手段。顾客买1元钱以上的商品就可抓彩一次，彩奖从糖果（同记自产小人酥糖）到牙刷、扇子、手巾、脸盆等，彩彩不空。最大奖品是毛毯，每天当营业额达一定程度时，就由经理或主任把毛毯彩票放入奖池，顾客抓到毛毯，同记当场就将真人真事写出榜来，吸引顾客围观，多看多买货。

同记在哈尔滨首创大招牌、立式广告牌和大玻璃窗，并陈设橱窗广告及模特人等。店内四季陈列鲜花，按季节变化，应时布置，引人愉悦购物，流连忘返。店内门口设置两面大大的哈哈镜，顾客每至必照，照必生趣，印象深刻。同记的诸多首创打破同业旧规，轰动一时，引发同业模仿，引领商界时尚文明的进步新风。

> 大罗新的开业是本埠商界空前的新鲜事。一则真正的明码实价，二则货好价廉，三则对顾客取极欢迎之态度，四则用种种方法广告宣传，所以营业蒸蒸日上。因此也就不能不引起同业的嫉妒。那时得了老多的匿名信，谩骂大罗新：有的说，非有圣旨不能挂竖匾，这是要造反的表示；有的说不配称为环球货店；有的说看了几次怎么未见陈设棺材，也无炕席铁锹，等等，骂得各式各样。但是他们只知谩骂而不知竞争。因此大罗新的生意很是得做。终日汽车、马车、人力车在门前排出很远，同业家哪能不红眼睛。
>
> 到了1926—1927年间，同业者逐渐觉悟了，有的因陋就简地开了大大的玻璃窗，或重修大玻璃门，更有数家资力较厚的修起大楼。虽是旧字号，也都改用立式牌匾，或称中外货店，或称华洋货店，或称世界货店，种种竞争就激烈起来。②

---

① 参见中国人民政治协商会议黑龙江省委员会文史资料委员会编辑部. 武百祥与同记[M]. 哈尔滨:黑龙江人民出版社,1989:122.
② 同上书,第72页。

图 2–15　民国时期同记广告①

第四，"言不二价"，诚实守信。

同记实行明码实价、"言不二价"在当时是首创，不仅影响了全体哈尔滨洋货店，也远播埠外，声震关外；不仅是对整个商界的贡献，也是对旧中国社会文明进步的贡献，开辟了旧中国商业变革的新时代。在旧中国社会，天津、北京、上海等各大商业都市的洋货铺，没有一家不是卖货时要谎价的，卖者善诈欺，买者多疑虑，互相砍价，互斗心机，所谓"买的没有卖的精"，累心费力，耗时耗神。"从前哈尔滨这种恶习更甚。"②同记同人开会商酌，要勇于创新，勇于尝试，改变撒谎耍诈的不合理旧习，尽管可能面临其他同行的抵制，抑或民众诧异生疏不肯接受而失败，但卖货耍谎终究是不文明、不道德的商业行为，改变也是为大家好，同记宁可失败，也不做撒谎发财、不讲信用的不道德买卖。

明码实价就是在样品上明确地公开标示出该商品以其分量或个数而确定的具体售价，"言不二价"则是商品售价一经标示出，就不会在销售时来回变价，即按标价出售。明码实价、"言不二价"让买卖双方减去了讨价还价的冗时费力和尔虞我诈，让买者买得省时省力，明明白白，也约束卖者公平公道、诚实守信。

武百祥的这一主张，同人们心里抱着试试看的念头遵从了，但是让大家没想到的是，自从实行之后，不但没有失败，而且还发了财。"不但'同记'发了财，而且还影响了全体商家。一般苦于购物不另还价的顾客们，一旦经了'同记'的'言不二价'，初则以为诧异，有的不买就走了（这是极少数），而仍是买去的多，均认为'言不二价'的办法再好不过

---

① 资料来源：https://www.sohu.com/a/212108583_728289,2021 年 2 月 19 日访问。
② 中国人民政治协商会议黑龙江省委员会文史资料委员会编辑部. 武百祥与同记[M]. 哈尔滨：黑龙江人民出版社,1989：28.

了，竟有因此'言不二价'而特地来买的。日子久了，'同记'因'言不二价'买主多，卖项好，名誉自然更好。在哈尔滨一般模仿性强的商人们，还能让过这个吗？所以不下两年的工夫，全市的商家、洋货铺（即稍大的商家）全都不说谎了。这在中国是别开生面的。"① 明码实价、"言不二价"是"同记"对同行、对商业、对社会做出的贡献。

第五，善于学习，不断维新。

同记的许多创新开创了哈尔滨商业变革的新纪元，这与同记同人善于学习、不断维新密不可分。武百祥说："我们倡工业屡次失败，实因我等外行瞎干，工业非有专门人才难以成功。"② 经理徐信之说："东北商业过于守旧，而华中、华北、华东及海外的日本，工业较发达，商业做法日日维新。因此我们要谋求更大的发展，要想在东北称雄，就必须不断地革新。工业要革新，商业也要革新。怎么个革法呢？那就是走出去，学习和借鉴人家的成功的经验，再不能夜郎自大、闭门造车了。"③ 武百祥进一步补充说："我们哈尔滨自己的民族工商业面临着被扼杀的局面。这种形势之下，我们同记不但要考虑到自身的生存，也要为全哈尔滨市的民族工商业的生存和发展负起责任来。因此，我们应当走出去，向先进的地区、先进的国家学习，学工业、学商业、学经营、学管理，借鉴人家的专长、技术、品种、花色，融会贯通，而后形成我们自己的更新、更好的东西，同时也可以结识更多的商业伙伴。我想这就是我们同记的出路，这也是确保我们同记永远立于不败之地的法宝。而且也只有如此，我们同记才能为哈尔滨民族工商业的生存和发展做出一点贡献。"④

1919年，武百祥率领同记同人走出哈尔滨，"出洋考察"，学新图变。首先到上海考察工商业，问朋友江西瓷出产何地？得知出于景德镇，于是经南京、九江等处，到景德镇实地考察，拜访商会和同业会，参观窑户、坯店等处所。两天后重回扬子江流域各市参观，继而回转上海，转赴日本。在日本几大城市参观了各种工商业，在东京参观了高等工业学校。经过数月考察，看到各处百货店的做法非常活跃，多有可取之处可以仿照，

---

① 中国人民政治协商会议黑龙江省委员会文史资料委员会编辑部. 武百祥与同记[M]. 哈尔滨:黑龙江人民出版社,1989:28-29.
② 同上书,第69-70页.
③ 钟福祥. 松江文史:同记风云录(1)[M]. 哈尔滨:北方文艺出版社,2012:294.
④ 同上书,第295页.

因而通过考察，开阔了眼界，增长了见识，更加注意到人才的重要性，也坚定了同记维新和勇于创新的决心。

1921年10月10日，同记创办大罗新环球货店。"大罗新"的名字以及大罗新环球货店的竖立式匾额首先就是一种维新。"大——就是这个商店是哈尔滨最大的，四层楼，2 200平方米，在全国也是够一说的；罗——就是搜罗天下各地的稀珍奇货。这个'新'字，就更符合您老人家的思想了——商店是新的，经营方法是新的，商品式样是新的，门面装潢是新的，一切一切都是新的。"① "大罗新"这个名字也是新来不久的年轻店员陈元复所想。针对"大罗新环球百货店"的竖式立匾是破坏"非有圣旨不能挂竖匾"的"历来"规矩并以此说同记"造反"的争议，武百祥回复道，"就是要造陈规陋俗的反，造旧传统、旧观念的反。……阻碍中国发展的，正是这些陈旧的东西"。②

"大罗新"开业当日，《东三省商报》以《武百祥经营之同记分号"大罗新"隆重开业》为标题，将同记开业的消息登载在头版头条的醒目的位置上；《大北新报》也在头版头条的位置上登出了题为《武百祥的杰作 中国商界的骄傲》的报道；《露亚时报》载文的标题是《民国商店之一大权威 品种俱全、价格公正 百货店大罗新开张》③——哈尔滨几十家中外媒体都纷纷发布了全新消息。人们看到的"大罗新"则是崭新的四层洋式楼，金灿灿的巨幅招牌立式醒目，偌大橱窗，洋门脸，楼面上镶嵌几何雕饰，橱窗内的商品和饰物摆布有序，门口还摆放着一个电动模特，身着洋装，满面微笑，一会儿鞠躬，一会儿摆手，一会儿说"欢迎"，一会儿讲卖品，人们耳目一新，赞叹称奇，纷纷围观，进店浏览。营业厅内人声鼎沸，熙熙攘攘，还没站稳就被挤走，热闹异常。店员们则是统一着装，烟色西装，枣红领带，洁净袜子，亮黑皮鞋，头发齐整，面目清秀，个个都是面带微笑、热情得体。商品货架、物品陈列尽显种类齐全、摆放严整、明码标价的特色。顾客买货无论大小，店员都用印有大罗新大楼和套色宣传广告的包装纸麻利美观地将货物包裹好，大件捆扎好，亲手交给顾客，感称谢意，温暖再邀。购物的开心，观赏的尽兴，伴随着店门外侧

---

① 钟福祥. 松江文史：同记风云录（1）[M]. 哈尔滨：北方文艺出版社，2012：365.
② 同上书，第366页.
③ 同上书，第357页.

邀请助兴的西洋乐队乐鼓演奏的欢快节奏，人们喜不自胜，流连忘返。

大罗新的维新引发了模仿效应，同业竞相变革，改窗换门，装饰立匾，文明售货，明码实价。大罗新则更加精进，以经理徐信之的话说，"'大罗新'的灵验是在内里，每日晚间各营业室均有讨论会，研究如何努力前进；每隔一星期必有全体商业常识会，由上级执事讲话；尤其是每年必派人去到外埠学习一些经营新法，将远处的法子拿到哈尔滨来用，就算是新法子。各界以为'大罗新'的一切都是新的，其实不过是从外埠搬来的一套"。①

第六，讲文明树新风，培养改造职店员。

"在哈尔滨的进步商店，大罗新是首屈一指了"，同记的进步不仅在于经营思想、经营理念、经营方式先进上，还体现在培养和改造职店员上。中国旧商业从业者有很多陋习，习惯紧盯顾客防偷盗，虚伪诈欺愚顾客，光问不买就变脸，叽里呱啦乱骂人，口吐脏字爱赌博，衣衫不整不清洁。武百祥提倡讲文明树新风，注重对职店员的训练和培养，改善工人和职店员的生活。同记"在内部，东伙制定规矩，每隔数日召开全体职店员会议，讨论营业进行的方策。又规定了养成清洁之习惯，不许骂人，口出脏字，也不许赌钱、野游、看剧及无故下饭馆喝酒，倘有违犯者，即行记过。乍然实行，人人感到不方便。按以往说话习惯，一天不定说多少个'他妈的'，为改掉这一句话，就费了相当的时间。又规定营业部决不许买卖赌钱器具，大烟枪更是不准预备。新立此项规矩，同人中多有不满意者。经过一年之久，全体都有很大改进"。② 曾任同记商场股份有限公司常务董事、大罗新环球货店经理、同记商场经理的徐信之在《"同记"沿革概略》中叙述道："过去每年到了正月休假的日子，都是以耍钱为戏，这回每到新年，即在工厂内操办同乐大会，有音乐、戏法、双簧等游戏。每年还托人请几位地方名流来演说。这个大会倒是很好，但是对于会务程序都是外行，就知道开会必须有个主席。所以就找一位老先生，把娶媳妇的新衣服穿上，体体面面地端坐在台口右边，一言不发。一坐就是五六个小时，真是苦不堪言，但作为主席，又觉得很是

---

① 中国人民政治协商会议黑龙江省委员会文史资料委员会编辑部. 武百祥与同记[M]. 哈尔滨:黑龙江人民出版社,1989:73.

② 同上书,第67页。

幸运。"① 讲文明树新风，革除陋习，创立文明店风，团结同人进行健康文体娱乐，这些变革改造了同记职店员，开创了哈尔滨商业革新的新纪元，也引领了哈尔滨商圈新风尚，推进了哈尔滨商业文明的健康发展。

武百祥本人更是身先示范，勇开"新貌"。"1911年辛亥革命爆发，全国开明一些的老百姓，无不欢喜称庆。武百祥本来就厌恶专制，这回可得自由了，其精神快乐比别人尤甚。他赶快地将辫子剪掉，又做了一套洋服，并大氅、毡帽、革履，全都换上了。可是当时商界之人，剪发易服者很少见，市人见武百祥如此打扮，皆以为奇。"②

为了开创文明新风，武百祥不但提倡"剪发易服"，更一心改造工人生活，行教育、讲文化。武百祥在《五十年自述》中对这一举措也是高兴开怀、深感自豪的，"我看到，陈腐的手艺人，实在是不可妥靠，一方面思想鄙陋，一方面是行为不良，尤其是少知无知，没有求进的勇气，若想在他们身上希求工业发达，岂不是难乎其难。当时我就一心要改造工人生活，然而没有绝妙的法子，想了一个笨法出来，就是多用学徒，少用师父，每天晚上我教他们读书识字，这是我对于改造工人工作的起首，……我才慢慢地创立规则，使学徒们不仅有各样的聚会和书读"，还置买鼓号，开设游戏场，以增助工人兴趣。"这样的设备，人们都以为我胡闹，然而结果是，从前没读过书的学徒们，到现在不但能唱诗、能看书、能写信，而且每星期还能出一张'工人周报'（主笔彭景鳌），这也是我对学徒施行教育的成绩，也可以说是第二个贡献。"③

武百祥始终将培养人和改造人看作商业发展的重要因素，"为中国工业前途计，不能不别开生面，以立更稳固的基础。我嗣后办这个工厂，要打破旧时代的一切制度，要确立未来之政策，既不要唯利是图，也不要慈善救济，而是要按照现时代的需要和社会的转变，造成一批有技艺有思想的新工人，把他们的举止言动，另装入一个'新的方式里，就是改造工人生活'。我的政策不为私利计较，处处为工人们着想，为他们开一片较好的生活，改良他们的恶习，增长他们的知识，启发他们的思想，陶熔他们

---

① 中国人民政治协商会议黑龙江省委员会文史资料委员会编辑部.武百祥与同记[M].哈尔滨:黑龙江人民出版社,1989:67.
② 同上书,第61页。
③ 同上书,第51-52页。

的人格,尽一点应尽的友谊,使他们在社会上,在文明社会上,有他们的地位。……现在我虽为厂主,我自身也曾做过工人,我必须要把工人生活提高一些。从前一切教育课程,都是工厂经理主办,现在已将这些改造工人生活的事,交付本厂职工青年会,让青年会的干事们去负责办理。将来职工们若能自己办理青年会的时候,让他们自己选举董事接办。还有食堂、宿舍、医院等,这都是帮助同人们走向新生活的途径"。① 同记的革新是进步的、团结的,塑造和培养是先进的,工人店员都得到了提高,深感认同,"总起来说,同记商场是一个进步的团体,是新的商店,为同人的福利,为同人的","民国十二、十三两年(1923、1924年),哈尔滨市面骤衰,许多的营业都支持不住,受了淘汰。同记幸赖经营得法,信用素著,尚未动摇根本"。② 也正是这样一种团结向上的精神,极大地凝聚了同记全体同人,在风雨飘摇的时代,努力坚守,尽力发展。

(二) 保险业

1898年,东清铁路以哈尔滨为中心分东西两段进行建筑,开启了哈尔滨银行与保险等私营金融业的开端。

随着中东铁路的修建,哈尔滨成为交通便利、商贾云集的国际化商都,俄国、日本等外国工商实业进驻哈市,关内、南满等地来哈经商者不断增多,产业资本和金融资本通过船舶、铁路等大量流入哈尔滨,商事机构和商业组织不断增长,货物仓储不断增加。1900年5月,松花江第一江桥开始架设,内地移民、谋生商人和贫苦农民大量涌入。由于松花江水连年泛滥,无人治理,春季干燥,冬季酷寒,水灾、风灾、火灾、寒灾的自然毁损多有发生,给中外商民的生命和财产安全带来很大威胁,为了保障财产安全,降低风险,保险行业应运而生。

1900年11月设立的"福安公司"是哈尔滨最早的保险机构。"福安公司"属于香港华商福安保险股份有限公司在哈设立的分公司,全称为"滨江福安水火、人寿保险公司",是哈尔滨规模最大的华资保险公司之一,地址设在道外,主要从事水险、火险、人寿保险三种业务。外资最早抢占哈尔滨保险行业的是1902年设立的俄商莫斯科水灾保险公司,其业务是专

---

① 中国人民政治协商会议黑龙江省委员会文史资料委员会编辑部. 武百祥与同记[M]. 哈尔滨:黑龙江人民出版社,1989:60.
② 同上书,第58页。

门为俄国商人财产承担水险。

1904年日俄战争爆发,帝俄军需品大量运入哈尔滨,甚至生产军需品的工厂也搬迁至哈埠。1905年12月,依据日俄缔结的《朴次茅斯条约》,宽城子(长春)以南割让给日本。与此相关联,清朝政权被迫与日本签订《中日东三省善后条约》,哈尔滨被辟为对外商埠,日本商船航旅和货物大量涌入,英国、法国、德国、美国、意大利等国的商人纷至沓来,倾销商品,搜刮财富,哈尔滨成为列强掠夺经济、进行激烈角逐的场所。为了维护各自商品的输出利益免受损失,各国的保险公司作为经济侵略队伍的一个侧翼,陆续在哈设立机构,保障资财的同时,大量掠夺货币资金。1908年,英国桑来生命保险公司和亚脱拉、脑生两家火险保险公司作为英国满洲股份有限公司的附设机构设立并营业,地址在哈尔滨新城大街(今尚志街),经营生命和财产火灾保险。1910年,哈尔滨第一借款公司成立,开始办理火灾保险,主要承办房屋、货物等财产保险。到1914年,外国在哈尔滨共设立了5家保险机构。

第一次世界大战爆发后,各国商人更加大力开拓保险行业,纷纷在哈开设保险机构。俄国有白露西亚火灾保险公司、露西亚第一火灾保险机构;英国有皇家保险公司、灵芝保险公司、香港水灾保险公司、广东保险公司、益兴保险公司、公裕太阳保险公司、商业联合保险公司、南洋保险公司、老晋隆保险公司、怡和保险公司、德利保险公司、永兴保险公司;日本有三井物产、铃木、竹内、日俄实业、国际运输、北满兴业、哈尔滨土地房屋、朝鲜火灾保险等株式会社。上海联保水火保险公司、华安合群保寿公司、先施实业有限公司、金星人寿保险分公司、华安水火保险公司、联泰水火保险公司、富滨保险公司、滨江水火保险有限公司、天安水火保险有限公司等先后设立。截至1919年,哈埠保险机构共33家,其中外国保险机构23家,华商保险机构10家。①

东北银行哈尔滨分行于1947年对哈尔滨的保险公司进行了专门调查,分别调查了"九一八"以前的哈尔滨保险业,"九一八"后日本采取限制与管制方针时期的哈尔滨保险业,以及"八一五"以后的哈尔滨保险业,调查中包含哈尔滨保险业的沿革历史、不同时期的业态与习惯、特点等

---

① 徐静君.解放前哈尔滨保险业[A].政协哈尔滨市委员会文史资料编辑部.哈尔滨文史资料:第十五辑(经济史料专辑)[M].哈尔滨:哈尔滨出版社,1991:204.

项目。

1. "九一八"以前的哈尔滨保险业

"九一八"前，中国保险公司在哈尔滨者有华安、联保、永宁、福安、阜成、平安、先施、肇泰、通益、太平共10家。外国保险公司有花旗、美亚、永保、老金龙、由宁、老边昌、阿良斯、三井、巴鲁士、三菱、德利祥、太古、益［怡］和共14家。

由于洋商资金雄厚，故大部分保户都向洋商投保。华商资本较小，营业情况较差。前者占保险总额的70%以上，后者占30%以下。政府对保险公司采取放任政策，洋商依靠其治外法权，在被保户发生火灾后常使用无赖方式，以达少赔款或不赔款的目的，使被保户没有足够的保障。亦有公司资金过少但被保户发生火灾情况较多，致保险公司赔款倒闭的例子。

2. "九一八"后日本采取限制与管制方针时期的哈尔滨保险业

西洋保险公司陆续撤退后，伪满对中国保险公司每家要30万元保证金，因此华安、永宁与太平合并为一家，其他皆相继撤走。日本保险公司即独霸哈市保险业，有三井、三菱、满洲、海上、帝国数家。中国太平业务上受到限制，并且由于与上海总行不能通汇，加之敌伪的限制与压迫，只是苟延残喘。

3. "八一五"以后的哈尔滨保险业

因政府提倡及市民需要而相继开业的有太平、中兴、阜成、联保、亚洲、华东6家保险公司，其中华东保险公司因感资本不足已经关闭，其投保户已经移交亚洲保险公司承接，剩下5家中除太平、联保是老保险行外，其余3家皆为新成立的保险公司。外国保险公司有阿良斯一家，阿良斯原为德商公司，调查时已为苏方管理。由于多数市民长期保持着"以险救险"的保险习惯，同时因为保险业从业公司数不多，因而营业一般比"九一八"以前要好。[①]

通过表2-1可见，各保险行资本金不多，甚至过少，且差距较大。阜成保险的资本金只有72万元，承保金额却高达资本金的712.5倍。据调查，阜成的资本主要是一些房产。亚洲与中兴尚多少有些资本，但为数不大。按

---

① 参见哈尔滨市档案馆.解放战争时期哈尔滨经济资料文集(下册)[M].哈尔滨:哈尔滨工业大学出版社,1994:546-547.

保险业习惯,大保险行可以保小保险行,但若资金少且无再保门径,一旦火灾较多则极易倒闭,对市民的财产难以保障,也易"牵动市面"。

表2-1　1947年哈尔滨保险业状况①

公司名	资金（万元）	保险总额（万元）	保险费（万元）	地段保险额（万元）	开业期
太平	250	210 000	1 500	1 000	
亚洲	2 500	80 000	790	1 500~30	民国三六年四月二八日
阜成	72(现洋)	51 300	625	400~100	民国三六年一月一日
中兴	1 250	72 151	13 10X	500	民国三六年三月二〇日
联保	100	81 417	489	100	民国三五年一月一日

此外,根据调查,"八一五"以后的哈尔滨保险业还存在以下现象。

第一,保险费一般有惊人提高。同一般的最低费率在"九一八"以前为0.08%,"九一八"以后为0.24%,光复后初期为0.40%,调查前后为0.70%。费率比"九一八"以前一般上涨10倍左右。产生此种现象的原因是,保险业的习惯为:生活提高,费率就提高,但实际上这个理由并不能成立。由于保险费是按保险额及费率增加的,这样就会加重其投机性质,也加重了保户的负担,致使多数保户不愿或无力再投保。

第二,保险公司的股东大多是哈市工商业资本家或房产持有者,如亚洲保险的主要股东是资本家张庭阁、徐信之、罗福德、徐德山、郑柏良等人,也包括哈市主要的油坊、火磨与百货业者。中兴保险的主要股东王锡三、郑伯良、曲元滋、何治安等人也都是富有者。保险业应为服务一般人民的福利事业,同时又是易于吸收游资的行业。因此,一方面要改进哈市的保险业,使其符合人民的要求;另一方面,政府财经事业中应设保险部门或以合资作保险方式代替私营保险业,以免保险业为大资本家所垄断。

第三,资本金的特点是多为囤积物资,很少有存款,存物有煤、木、豆油、皮子等物。保险对象的特点是投保房屋者少,只占1%~2%,多为投保货物。

---

① 本表系笔者依据哈尔滨市档案馆馆藏革命历史档案,全宗号2,目录号1,案卷号105,顺序号15档案绘制。

(三) 家庭手工业

1. 家庭纺纱业

哈尔滨解放后，百姓普遍认为解放后的妇女不受气，有活干，感觉再好没有了。复华街的刘老太太，宽城街的吕孙氏，司令街的孙老太太都说："妇道人家伪满时代可受气了，漂亮的不敢出门，人家乱来，丑者到处倒运，妇道常常被动员去防空演习，日本人看笑话，演习不好受人家打骂。"① 因此，解放后纺妇的生活状况与伪满时期有很大不同。

通过调查得出的结论有两方面。其一，纺纱与纳鞋底占家庭手工业中从业人数的较少数量，但这一家庭手工业所起的作用很大，能够帮相当大部分的贫困家庭解决生活问题。同时，纺纱与纳鞋底业还存在着许多弱点，一方面是缺少组织与教育；另一方面是过去领导方针不明确，提高质量没经过酝酿与准备，工资低。其二，纺妇绝大多数是穷困的苦力，来自贫民、失业工人、小摊贩等家庭，今后应用更大力量来开展这一工作，合租公社可以适当地增加女职员，由总社与妇联协同领导之。在组织与教育方面还存在着许多困难，如妇道心眼、闹架杂乱、开会难、妇女家务绊身等琐碎问题，都不是一时能搞好的，应有重点地逐步来搞，创造典型，以奖励、展览会、小型晚会等方式来加以推动。

2. 家庭纳鞋底业

从业者绝大多数都是山东人，他们多数因在关内生活无出路而来到东北，一部分是卖苦力、打桩子，另一部分是工人、小贩，他们大部分都是从各鞋工厂成立后才从事这一行业的。纳鞋底是妇女帮助男人维持家庭生活的重要副业之一，作为家中生活补助者占百分之八十，专靠纳鞋底为生的占百分之二十。慢手一个人两天能纳三双，平均一个人一天能纳一双（获得六百元），最多的一个人一天能纳两双（获得一千二百元）。纳鞋底业从业者家庭生活都是现挣现吃。

通过调查可知，纳鞋底这一行业是帮助家庭生活的主要副业。从业者生活一般是贫困的，勉强能够维持生计，较富裕的并不多，因而还应加强组织领导，加强教育工作。

---

① 哈尔滨市档案馆馆藏革命历史档案，全宗号2，目录号1，案卷号227，顺序号2。

3. 打格布

打格布者绝大多数是山东人，因关内生活无出路而来东北，他们大部分都是在山东时学过三年徒。打格布业也是他们维持生活的主要出路之一。他们的生活水平都很一般，现挣现吃，并无多大本钱。这一行业的从业者情况大致相同。打格布者有多少钱就做多大买卖，一般每人每天仅能生产四张，如当天自己到工厂去卖，工厂又嫌少，不卖又压不起本钱，所以他们必须十数人攒到几十张，找到一个转送的人，再送到工厂去。如果他们卖给转送的人是八百五十元，转送的人到工厂去则卖九百元，转卖的人从中渔利五十元。

通过调查可知，打格布这一行业基本上是家庭手工业，并与军鞋加工有密切关系。打格布的从业者家庭生活一般比较贫困，因为没有大的资本，都是刚够维持。这一行业应设法扶助，使他们和鞋工厂相结合，取消中间渔利者，以利加工者及鞋厂双方。

4. 制造鞋钉业

制造鞋钉者大多数是山东人，有一部分人在关内就是铁匠。伪康德五年（1938年）因铜铁被日寇统治，制造鞋钉的材料来源与销路被严格限制。他们感觉生活无出路而移居东北，托亲靠友，被介绍到本市铁工厂当学徒，或者自己在家手工制钉。他们的习惯都是早起晚睡，每日紧忙，两个人能制出成品七八百个。如能将鞋钉积蓄万个送到商店去，以每个九元的价钱售出，则每个就能得工利三四元钱。但若不是积蓄万个，而是零送到商店去，则商店给每个鞋钉价格为六七元，每个鞋钉能得工利一元多到两元多。由于从业者都是小本经营，没有资本将鞋钉积蓄万个，因而都是当日出品，当日送到商店去得工利，以维持家庭生活。

与伪满时期比较，"伪满时代在经济上受些统制，我们这行不能发展，因铜铁统制就得偷买原料，暗地制造，暗地偷销，挣钱不多又提心吊胆。现在就不同了，民主政府成立以来，铜铁也不统制，自由买卖，又让我们这行数量发展，所以我们的生活，比较以前安定多了"。①

通过调查可知，制造鞋钉业基本上是独立小手工业，其中一般仅够维持生活的占多数，因为他们都是小本经营，本钱均不充足，这一行业今后

---

① 哈尔滨市档案馆馆藏革命历史档案，全宗号2，目录号1，案卷号227，顺序号2。

应当扶助,并和各军鞋工厂结合,援助他们的销路。

5. 打桩子业

打桩子者绝大多数是山东曹州户籍,多数因在关内生活无出路而移居东北的。一部分是干苦力、卖零工,另一部分租地主的土地务农。伪康德七年（1940年）,土地都被日寇收回由日本人经营,或由汉奸承包,导致许多人生活无出路而流入此行。从业五年以上者多于从业一年以上者。他们的习惯都是早出晚归,有地的春夏种地,无地的靠卖零工、修马路、卖菜蔬、卖瓜过活,秋冬则以打桩子过活。

与伪满时代相比较,最大的变化在于:"伪满时代抓劳工,真邪乎!不小心出外打桩子,一会儿就给抓走了,给家捎个信也不可能。每天卖力挣钱不多,又要提心吊胆的。现在可不同了,哪怕吃坏些,也是强,不受惊,大家平等民主,可和区长坐着谈话,以前哪行,讲话都得发抖,现在街公所、区政府可以随便去。"①

通过调查可知,打桩子业基本上是苦力,生活一般是贫困,刚够维持,较富裕的家庭不多,极困难者也不多,但其前途是黯淡的,最好组织他们上矿山或下屯种地去,或筑铁路去。改业一时不容易,他们之中普遍存在着不能离家、怕做伪满时代劳工的情况。如果组织他们上矿山,最好事先将当地较有威望的人组织一个参观团,先去看看,回来好影响其他人。还要想办法解决子弟教育问题。

（四）南岗区各种车业

1. 各种车业概况

南岗区的各种车辆大部分盘踞于城区东、西两端,但胶皮车当以第一、第二村及宽城街为最多,马车和斗车则以新发、宽城两街为主。因伪满时代出荷粮（公粮）过重,地主剥削残酷,苛税杂捐颇繁,许多人无法应付而流入此行业。其中,有一部分人是由于工业萧条而转入的,有一部分人是由于商品"统制"而转入的,还有一部分人是由打桩子业转入的,也有原本即为本行业从业者的。原为本行业从业者中,有的操业1~3年,有的操业4~6年,有的操业已长达7~10年,更有的操业10年以上。他们的从业习惯是有的使用自己的车辆,有的使用租车从业,还有的采取合

---

① 哈尔滨市档案馆馆藏革命历史档案,全宗号2,目录号1,案卷号227,顺序号2。

股经营。此外，他们中间有的自己赶车，还有的雇佣他人赶车。他们中间除主业赶车外，靠副业补助生活者占85%，其主要副业为纺花，其次则为纳鞋底，捡煤核等其收入亦可占生活费的20%。第二中心村的各车户，则以土地为主业，平均每人可分3~4亩土地，以白菜、萝卜、土豆等蔬菜为产物，春秋种地，夏冬赶车。其土地之收入可占全年收入的1/2，对生活补益甚大。其中自有草房者占75%。

车业从业者们普遍过着省吃俭用的生活，习惯是每天早出晚归，不吃午饭，以免损害他们的收入。每天胶皮车（双马的）多时能拉七八千元，少时能拉三四千元，除掉马吃三千左右外，人口多的人家，维持生活是很勉强的，人口少的则有些蓄积，但有时遇到修车、挂掌、打气补带、马歇工、人有病等不可预测之花销，每月也只可维持粗粮的低生活水准，燃料是以煤核、马粪、谷糠等代替之。大部分人近年没有添补过衣服，有少数人在光复后买些日本人的衣服弥补。马车、斗车及单马大板车的赶车人，则大部分靠副业（纺花、拾煤核）弥补其生活缺欠，若无副业弥补，其生活有时无法维持。

车业从业者们对下乡种地普遍存在着不正确的思想，大部分是抱着怀疑和不愿意的态度。究其原因，一是由于农业转入者在伪满时代的失败经验，和受劳而不获的恶劣思想影响，加上自己有车马，可以混一天算一天；其二，由其他行业转入者对种地是没有认识的，以为种地是苦事，是没有前途的。因此，车业从业者普遍存在着这些不正确的思想。

2. 与伪满时代的比较

"在政治方面来说，那可强多了，以前赶车这行人，见着警察就吓麻骨头了，走错路就打，坐车要钱也打，车走得慢了也打，话说错了还打，真像耗子见猫似的，想不到什么时候就大祸临头，那是过着人间地狱的生活，现在可不然了，不管政府有点儿什么事，还得把我们这行人找去商量商量，若有不满意的时候，也可以随便向政府提出意见，现在就是再少挣点也痛快的。"①

通过调查可知，应加强车辆公会对车业的领导，及以教育进一步提高从业者的觉悟。关系斗车、马车前途的问题，今后电车、汽车继续发展，

---

① 哈尔滨市档案馆馆藏革命历史档案，全宗号2，目录号1，案卷号227，顺序号2。

车数量的增加，马草、马料价格继续飞腾，那么其前途是很微小的，除留相当一部分外，应设法动员其下乡或转业。

第三节 人民政权对商事习惯的立场

1946年4月哈尔滨迎来了解放，成为全国首个获得解放的大城市，稳定秩序、巩固政权、发展经济、保障民生是甫成立的哈尔滨人民政权要解决的重要问题。1946年7月，哈尔滨各阶层、各团体代表胜利召开了哈尔滨市临时参议会，并通过了《哈尔滨市施政纲领》，确立了经济发展的方向，明确规定："恢复与发展工商业，以繁荣市面，除囤积居奇、扰乱金融之营业须受取缔外，工商业家享有正当营业之充分自由，并由政府予以保护。对于极关民生之工商业，应予以可能之帮助（第4条）；采取有效办法，促进与协助尚未开工之公私工厂复业，以减轻失业，繁荣经济（第7条）[①]。"这些条文为哈尔滨的经济建设与发展指明了道路，提出了纲领，因而解放后的哈尔滨工商业政策的总方向是对工商业采取扶植和发展方针，但"恢复与发展""扶植""帮助""取缔"不能仅是一个口号，也不能仅是一个笼统的概念，还需要更进一步的具体化。为了具体确定哈尔滨的工商业政策，1947年10月前后，哈尔滨特别市政府在工商业中选择重点行业与典型企业举行了认真、有计划的调查研究工作。经过调研，明确了哈尔滨的工商业政策，对"进步行业""中间行业""反动行业"及其商事习惯确定了不同的政策立场。

一、积极扶植和帮助发展"进步行业"及其习惯

哈尔滨人民政权首先明确了"扶植和帮助发展"的商业政策。对能够和当时自卫战争相结合，即对于自卫解放战争的胜利有帮助、是"群众生活所需"、对改善群众生活有帮助的工商业给予了充分的肯定。哈尔滨市政府称之为"进步行业"，[②] 对"进步行业"及其商事习惯进行积极扶植

[①] 孙光妍. 新民主主义宪政立法的有益尝试——1946年《哈尔滨市施政纲领》考察[J]. 法学研究, 2006,(5):153.

[②] 参见哈尔滨、沈阳市工商行政管理局. 东北解放区的工商行政管理[M]. 北京:工商出版社,1988:14.

和帮助发展。

在当时哈尔滨的经济结构中,按照党的无产阶级的新民主主义经济路线,允许存在国营经济、合作经济、国家资本主义经济、私人资本经济和小商品经济五种形式,各行各业即以上述五种经济形式而存在。但根据是否符合支援全国解放战争和满足人民生活需求的整体经济需要,对不同经济形式,哈尔滨人民政权采取不同的态度。

> 在城市里边恢复与发展大的企业,当然应依靠公营,但一般的工商业和社会经济必须依靠全体市民和私人工商业资本家的资本,使他们在合理营利、服从新政府法令、改善工人生活待遇和改变旧的管理方法的原则下,应予他们很多的便利条件,在交通运输、原料购买、市场销路、动力供给等方面帮助他们。这不仅对资本家有利,对工人阶级有利,对政府的税收和整个的人民生活方面都是有利的。如不然,一切依靠公家统治包办,不仅使广泛的城市经济在短期内难以恢复、发展,而且有更进一步破坏的可能,并使私人的资本变成游资在市场上投机倒把,扰乱社会金融。长此下去,在经济的发展上是不堪设想的。如现在完全依靠合作社来协助政府恢复目前的社会经济,也尚有许多困难。现在一部分的消费合作社虽在各区、街成立起来,而生产合作社还只在开始试办,但真正好的(为群众谋利益的)还不是多数,这也还是因为群众的觉悟程度不高,人民尚未发动起来。即或群众发动起来,短期内在经济上还难以起着决定作用。[①]

因此,国营经济是具有领导地位、发挥领导作用的一切经济形式之首,在哈尔滨的工商业中,国营经济是最为重点扶植和帮助发展的,许多行业都掌握着哈市的经济命脉,"如铁路、邮电、银行、自来水、电车、汽车、统为国营"[②]。除上述具有显著重要地位的行业外,对其他有国营经济参与的行业也给予了扶植和帮助,包括铁工业、造纸业、纸烟业、火柴业、猪鬃业、粮

[①] 哈尔滨市档案馆. 解放战争时期哈尔滨经济资料文集(上册)[M]. 哈尔滨:哈尔滨工业大学出版社,1994:6.

[②] 同上书,第71页。

第二章 人民政权对旧有商事习惯的态度

谷加工业、火磨业、油坊业、糖稀业、被服业、织布业、纺纱业、制材业、窑业、印刷业。从1948年的统计中可以看出这些行业的发展（见表2-2）。

表2-2 1948年哈尔滨市公营与私营完成任务的比较①

行业	公营完成占比(%)	私营完成占比(%)	公私合营完成占比(%)	合作社完成占比(%)
铁工业六〇炮	31	69		
铁工业炮弹	57	13	30	
铁工业信号枪	81	19		
造纸业包装纸	98	2		
造纸业新有光纸	78	22		
造纸业书皮纸	100			
造纸业月份牌纸	100			
纸烟	28	72		
火柴业	54	46		
猪鬃业	57	43		
粮谷加工高碴	88	12		
粮谷加工小米	75	25		
粮谷加工大米	84	16		
粮谷加工碴子	45	55		
火磨	26	74		
油坊	28	72		
糖稀	100			
被服单军服	7	93		
被服棉军服	39	37		24
被服大公衣	23	46		31
织布	16	84		
机器纺纱	100			
手工纺纱		100		
制材	95	5		
窑业	46	54		
印刷业	62	38		

---

① 此表系根据《哈市1948年经济工作总结》（饶斌同志报告）绘制。参见哈尔滨市档案馆. 解放战争时期哈尔滨经济资料文集（上册）[M]. 哈尔滨：哈尔滨工业大学出版社，1994：70.

依据上表的统计情况来看，获得扶植与帮助的行业，无论是国营经济，还是私营经济，均获得了发展。此外，商业上的销售额：全年平均（按物质指数算）国营经济占 55.5%，私营经济占 44.5%，即国营经济为私营经济的 1.22 倍。① 因而国营经济在经济力量上已占据重要地位，但允许和帮助私营、公私合营和合作社经济在上述行业中的发展。

从历史发展来看，上述行业中的诸多行业都属于哈尔滨传统工商业，如火磨业、油坊业、铁工业、造纸业、纸烟业、猪鬃业、粮谷加工业、窑业。这些行业均具有固有的和带行业特征的商事习惯，哈尔滨市政府在积极扶植和帮助发展中对其"正当商业习惯"也给予了充分的肯定，许多"正当商业习惯"继续延用，如合股习惯，生产制造习惯、经营习惯、交易信用习惯、寄卖习惯、借贷习惯等，这就使企业与行业能够保持原有生产和销售的经营秩序，并在此基础上获得更大发展。

同时，为掌握全市各种经济力量，为制定政策提供可靠的依据，哈尔滨市政府在组建工商管理专门机构以后，对全市工商业者进行了三次普查登记注册工作：第一次是 1947 年 7 月，为掌握全市工商业者的基本情况，进行了一次调查摸底工作；第二次是在 1948 年 2 月，《战时工商业保护管理暂行条例》颁布以后，哈尔滨市的工商业者有了较大的发展，为准确掌握全市经济力量，进行了一次比较全面的普查登记工作；第三次是在 1949 年 8 月，为适应支援解放战争的需要，以经济建设为压倒一切的中心任务，又重新对工商业者进行了一次全面登记。② 普查登记注册后，哈尔滨市商业局认真分析哈尔滨市的经济状况及支援解放战争的客观需要，对近 70 个行业的营业范围做出了行业规定的调整，明确各行业的营业范围，对直接或间接有利于国计民生的正当业者，保护其经营权利，并给以保护、鼓励和更多的优越条件，引导发展方向，使各行业专为完成其行业所负的经济任务而努力发展。如 1948 年 12 月 4 日，市府商业局就"关于办理商业开业休业废业营业变更注册登记手续由"③ 发出通知。

---

① 参见哈尔滨市档案馆. 解放战争时期哈尔滨经济资料文集(上册)[M]. 哈尔滨:哈尔滨工业大学出版社,1994:70-71.
② 参见哈尔滨、沈阳市工商行政管理局. 东北解放区的工商行政管理[M]. 北京:工商出版社,1988:1.
③ 《关于办理商业开业休业废业营业变更注册登记手续由》,哈尔滨特别市政府公报第二十四期,中华民国三十八年(1949年)一月,第43页.

哈尔滨特别市政府商业局通知
中华民国三十七年十二月四日

本局于十二月六日开始办理开业、休业、废业、营业变更注册登记手续，特此通知。

……

三、准开的行业：

建筑材料、木器、炭柴、靴鞋材料、日用器具、估衣、书籍文具、农品杂货、谷草、青菜、酱业、豆芽、家禽、旅店、食品杂货、煎饼、中药、三等饭店、三等西餐、鲜货、水产、大车店、运输。

……

八、下列行业准许增资：

汽车零件、屑物、油漆、照相、西药、鞋帽、棉丝杂货、商亭、家具、理发、澡堂、食肉、回民肉商、自行车、面油食品、粮谷、纸花、五金（准开的行业亦许可增资）。[①]

1949年3月10日，市府商业局再就"为通知商业之开废及其他问题之规定"[②] 发出通知。

哈尔滨市政府商业局通知
商字第九号
中华民国三十八年三月十日

根据目前新形势的发展及本市供求情况，关于今年三月至六月各行商业之开废及其他问题，有下列各项规定，特此告知。

---

① 《关于办理商业开业休业废业营业变更注册登记手续由》，哈尔滨特别市政府公报第二十四期，中华民国三十八年(1949年)一月，第43页。
② 《商业之开废及其他问题之规定》，哈尔滨特别市政府公报第二十七期，哈尔滨特别市政府秘书处编印，中华民国三十八年(1949年)四月，第36页。

局长　刘明夫

副局长　傅大陵　李坚

计开

一、准开业、增资之行业：

1. 工业原料。2. 木材。3. 中药。4. 自行车修理。5. 日用器具。6. 花场（蔬菜花窖）。7. 纸盒。8. 建筑材料。9. 农品杂货。10. 估衣。11. 书籍文教品。12. 家禽。13. 食品杂货。14. 青菜。15. 水产。16. 鲜货。17. 豆芽。18. 菜籽。19. 屑物。20. 酱业。21. 运输。22. 煎饼。23. 旅店。24. 水馆。

……

三、准增资不准开业之行业：

1. 五金瓷器。2. 汽车零件。3. 电料。4. 油漆颜料。5. 山海杂货。6. 西药。7. 棉丝杂货。8. 家具。9. 炭柴。10. 鞋帽。11. 食肉。12. 回民肉商。13. 饭店（三等）。14. 回民饭店。15. 西餐（三等）。16. 澡堂。17. 理发。18. 面油食品。19. 糖果。20. 照相。21. 鞋帽材料。22. 谷草。23. 商亭。①

到1949年，"哈市商业，据目前的初步统计有68种不同的大小行业，在这些行业中有大小商店12 669家，有职员（包括经理）22 134名，店员13 065名，总共有职店员35 199名。"②

二、保持与保护"中间行业"及其习惯

在思考如何具体实现毛主席提出的"发展生产，繁荣经济"的总方针时，哈尔滨人民政权对不同的工商业进行具体分析，采取不同的态度，尤其"对私人商业也不是笼统地提出一律限制，也要区别其作用，用不同的态度对待之。总之，要主张有发展也有限制，有扶助也有打击，限制与打击的目的是更有利于国计民生、支援战争的生产，能得到正当顺利的发

---

① 《商业之开废及其他问题之规定》，哈尔滨特别市政府公报第二十七期，哈尔滨特别市政府秘书处编印，中华民国三十八年（1949年）四月，第36—37页。

② 《中共哈尔滨市委关于哈尔滨目前商业及有组织的商店一般情况》（1949年），哈尔滨市档案馆. 哈尔滨解放（下）[M]. 北京：中国档案出版社，2010：357.

第二章 人民政权对旧有商事习惯的态度

展"。① 因而,哈尔滨市政府将与"国计民生虽无直接关系(但亦必须无害处),而对政府财政收入确有莫大帮助"的工商业称为"中间行业",② 对"中间行业"及其商事习惯给予保护与保持。

1947年2月,钟子云③同志在给彭真同志的报告中,就"哈市经济情况及对工商业的态度、政策"指出:"今天要使工商业在现在条件下能有所恢复和维持,就必须使境内贸易自由(各省、县都统制自己的粮食及其他物资不准自由出口),各地解除统治封锁,使政府予工商业各方面的有利条件,如交通运输、供给燃料、原料、动力、市场等;修正税率,继续调整劳资关系,否则,像今天的状况也难以维持。"④ 同时对不正确的认识与做法也提出了批评:

> 党的既定政策是扶助发展工商业。但有些同志的实际行动是相反的,到处实行统治、封锁,不许自由买卖,税目繁杂,税卡林立。有些同志盲目地怕商人赚钱,一切要统治包办。这种思想的主要来源,一方面是由于单纯的阶级仇恨;另一方面是由于我们干部长期在那种贫困的农村中,以至在与敌人的经济斗争中所遗留下来的那套旧的办法,在东北这种新的环境中是不适当的。东北的经济情况和我们任何根据地的情况都有所不同。而东北过去是一个比较现代化的经济地区,其基本的特点是轻重工业及交

---

① 哈尔滨市档案馆. 解放战争时期哈尔滨经济资料文集(上册)[M]. 哈尔滨:哈尔滨工业大学出版社,1994:45.
② 参见哈尔滨、沈阳市工商行政管理局. 东北解放区的工商行政管理[M]. 北京:工商出版社,1988:14.
③ 人物简介:钟子云,1913生人,系直隶(今河北省)东光县人,曾用名苏宗泉、王友。熟悉东北,1932年起于兰西县、满洲里、哈尔滨等地从事抗日救亡工作。解放战争时期工作在哈尔滨,1945年11月调任中共哈尔滨市委书记,后任中共哈尔滨特别市市委书记、副书记。期间曾分别担任过中共滨江地区工委书记、中共松江省委副书记、松江省军区副政委、松江省政府党组书记、哈尔滨市卫戍司令部政委等多项职务。1948年11月调离哈尔滨,先后任中共阜新市委书记,阜新矿务局局长,北京矿业学院副院长,煤炭工业部党组副书记、副部长、顾问,中共中央顾问委员会委员。为中共十二大、十三大代表,第三、五届全国人大代表。(参见政协哈尔滨市委员会文史资料编辑部. 哈尔滨文史资料:第二十辑(哈尔滨文史人物录)[M]. 哈尔滨:哈尔滨出版社,1997:90. 另参见孙光妍,隋丽丽. 道路的选择:哈尔滨解放区法治建设经验及其历史意义——以革命历史档案为中心的考察[J]. 求是学刊,2019,(1):148.
④ 哈尔滨市档案馆. 解放战争时期哈尔滨经济资料文集(上册)[M]. 哈尔滨:哈尔滨工业大学出版社,1994:5.

通运输业都比较发达，大部都电气化了。经过这次事变，使这个完整的经济体系［的］大部分破坏不堪，需要我们［以］极大的力量来重新收拾、整理和恢复。①

因此，对"进步"和"中间"的工商业，哈尔滨市政府的态度是积极的，在法律地位、财产权利保护、经营权保护、交通运输、供给燃料、原料、动力、市场、税收、税率等多方面采取了保护性和调整性措施，颁布了诸多法令。如《哈尔滨特别市战时工商业保护和管理暂行条例》第一条规定："为有计划地发展战时经济，安定民生，并'保护工商业者的财权及其合法的经营不受侵犯'，特颁布此条例。"②哈尔滨市税务局"为市内既往旧存之进口货物不征税亦不登记问题"③发出通告：

进出口物资管理及课税暂行办法中入口货物税目表
（凡本表内未列入之既往旧存的进出口货物一律不征税）

一、布类
各种市布　　各种土布　　洋纱　　口
二、文具
各种毛笔　　铅笔　　　　自来水笔　　腊口口
印刷机　　　油墨　　　　油印机
三、杂货类
各种瓷器　　生熟铜及其成品　　铅货成品
粗细铁丝　　眼镜　　　　　　　花椒大料茴香
玉兰片　　　各种茶叶　　　　　红糖白糖冰糖
各种染料涂料④

---

① 哈尔滨市档案馆．解放战争时期哈尔滨经济资料文集（上册）[M]．哈尔滨：哈尔滨工业大学出版社，1994：5．
② 哈尔滨市档案馆．哈尔滨解放（下）[M]．北京：中国档案出版社，2010：270．
③ 《为市内既往旧存之进口货物不征税亦不登记问题》，哈尔滨特别市政府公报第十七期，哈尔滨特别市政府秘书处编印，中华民国三十七年（1948年）六月一日，第35页。
④ 同上。

第二章 人民政权对旧有商事习惯的态度

对"中间行业"及其商事习惯给予保护，突出体现在外侨商事管理方面。新中国成立前，外侨在哈尔滨市经营的历史已有数十年之久。外侨包括苏联（多系"八一五"后加入者）、朝鲜、挪威、日本、美国、英国、波兰、立陶宛、捷克、德国、法国、南斯拉夫、丹麦、土耳其、瑞士等十七国国籍之侨民，且有部分尚无国籍者。侨商经营有工有商，小业者共七百多家，行业种类也非常多。由于历史原因及"八一五"后的各种条件，使得侨商手中积存了大量货物，如就1947年年底盘存的货物统计数字来看，侨商仅占3.16%，而存货竟达华商的44.6%。1946年4月28日，哈尔滨解放后至工商业保护条例颁布之前，尤其是土改高潮侵犯到工商业的时期，华商徘徊犹豫、畏缩恐惧之际，又给了侨商收买物资、囤积居奇、抬高物价之经营机会，再加上外侨负担较轻，因此侨商具有很强的经济实力。[1]

哈尔滨解放初期，政府对侨商的管理仅限于对商业呈报者予以办理，呈报者须缴纳营业执照费，对不来呈报者也不加追究。但由于"在去年我们政策上某些过'左'偏向，侨商业者是很清楚的，也引起他们极度的不安和恐慌，买卖也不敢大做，认为中国人斗争完了，就轮到他们了。另一方面又仗着已获得苏联国籍，可取得领事馆之保护，因而表现在极力反对、拒绝、拖延工商业登记，表面上又似乎很镇静。业者们开口'领事馆'，闭口'卡比旦'，充分暴露出内心之恐慌与不安。有些业者抱着应付的态度，装腔作势，多少还存在着以往在中国洋人有些特权的观点"。[2]

1948年哈尔滨市工商局专门成立了侨商科，对外侨工商业状况及其商事习惯进行了调查研究。第一，从企业管理方面来看，外侨组织"管理科学化，规模大的工厂都有几十年的历史，经营有方。例如，平和洋行胶合板工厂自1946年6月间停工，至本年10月间方正式开工，在此停工期间，其管理以自给自足之方法研究制造火柴、盐酸加里（氯酸钾），种菜，养牛，弹羊毛，以种种生产补给工人生活，不使离去，并尽力避免外购物资，节省开支，而工人生活又不降低，又能安心，工人经常实施机械的擦拭修理与爱护，今年10月间一旦开工，马上顺利进行。这不能不说外侨经营管理方式之得当"。[3] 第二，从技术与人才方面来看，外侨组织注重吸纳

---

[1] 参见哈尔滨市档案馆. 哈尔滨解放（下）[M]. 北京：中国档案出版社，2010：346-347.
[2] 同上书，第347页。
[3] 同上书，第348页。

与培养人才，他们"有很多技术人才，虽然谈不到发明，可是所做出来的制品都是现时现地缺乏的一些东西，为国人所不及，且又都是些军需民用的东西。如兴亚铁厂所做的大炮件，其他工厂是做不出的。苏联人民会软硬木工厂及依万刨乐金所制造的软硬木品出品，现在在本市来讲，是首创可以用作机器垫、鞋后跟、瓶堵等的，过去全靠输入。偏考无线电修理所，现在本市之无线电修理所虽很多，可是据一般的评论，它是首屈一指可以修理别人所不能修者。高噶呢，生产筑业用砂土、石灰、刨木花及秫秸等，所制之刨木花板可以做房盖及墙壁之用，既轻便价又低，为建筑上之佳品。郭罗保夫工厂所制造之火玻璃，也是国人工业所未有的，可安装汽车之小窗，坚固不易破损。该工厂用云母制造电话机上的云母膜及各种机械垫上之隔缘板等。再如各工厂所制造之汽车零件及牙膏铅管等，也都是哈市急需的东西"。① 第三，从设备配备方面来看，外侨组织讲究设备的规模性，"有些工厂的设备规模宏大，出品又极特殊，如哈特尼影片公司（苏联国营），专门制造各种电影机附属品。现在该工厂的出品，可以销售到各解放区。在全东北来讲也是唯一的。……秋林公司人造冰厂也完全是机械化的设备，有冷冻机及冷冻仓库，能制造人造冰。司志任吉斜尔毛皮缝纫工厂，设备有制手套机一组共八台，为德国制的，斯项机器为东北不可多得者"。② 第四，从商业经营方面来看，侨商家数仅占全市商业家数之3.98%，其资本却占26.2%，商业活动码子很大。所有侨商几乎无商不委托，行业极度混乱，尤其是经纪账房，什么有利做什么。毛商用辗转倒手的办法，经营对外输出（如阿布拉莫维志者）。侨商的经营方式小大不同于国人，每天只开三四个钟头的板，星期例假，夏天消暑，然而营业仍然赚钱。很大的商店没有专任会计，或者一个会计兼着好几家，一两个礼拜不记账，或者是记上一笔总账了事，买卖全靠经纪人。③

从上述调查情况来看，外侨工商业有其不同于国人的商事特点与固有的商事习惯。其经营具有多种优点，如管理得当、经营有方、重视人才、设备有规模，这使得侨商组织在很多方面优于国人，有的在商业上起着重要作用（如秋林、老巴夺等），"有的甚至为国人所不及或没有者"。同时，

---

① 参见哈尔滨市档案馆. 哈尔滨解放(下)[M]. 北京:中国档案出版社,2010:348.
② 同上书,第348页.
③ 同上书,第348－349页.

侨商组织也具有明显的"混乱""投机"等缺点,这些缺点容易扰乱社会经济秩序。

对侨商的态度,哈尔滨市政府的政策、方针与法律适用是明确的。第一,保护外商的财权及其合法的经营不受侵犯;第二,"凡在生产上有利于国计民生者,我们无不赞助,在工作人员的思想上一再教育,一年来并不存在因国籍而有所歧视的狭隘民族主义的观点和表现"①;第三,对与"国计民生虽无直接关系(但亦必须无害处),而对政府财政收入确有莫大帮助"的工商业给予保护与保持;第四,制定各种法令并深入宣传,以法令严格管理与排除商业中的投机操纵及经纪人的倒把活动。尽管"要资本家老老实实、服服帖帖地跟着我们走向社会主义不可能,就是建设新民主主义也不是没有斗争的。他们是想尽一切办法逃脱国家的管制。在今天我们国家经济力量尚不能照顾到各个面的时候,就不能不绳之以法"。②

因此,哈尔滨人民政权对侨商是进行保护、保持与管理的,既保护其合法的财权及经营,保持其正当的商事习惯,同时以法令严格管理与排除商业中的投机操纵及经纪人的倒把活动。如对西欧侨民,尤其是业主本人不在、由别人代理的工厂与商店(如瑞商百利洋行,比商远东当铺,英商乎和洋行、英美的启东公司及老夺公司之部分),不允许代理人在保护外商财产的名义下揩油。再如,"保别达铁工厂与军工机关订立制雷管合同,因经理生病,至期未能交货,待病愈后,钱已用完,无力完成任务。经调查属实,与军需生产科联络,给予千万元之贷款,并限其展期交货等"。③ 因此,这一时期,国人与外侨合资经营工商业的开业者最多,至1948年"12月份止,国人与外侨合资经营之工业5家,商业10家,共15家"。④

三、着重限制及打击"反动行业"及其习惯

哈尔滨人民政权对"直接影响国计民生,影响政府收入和物价波动"的工商业称之为"反动行业",⑤ 对"反动行业"及其商事习惯予以着重

---

① 参见哈尔滨市档案馆. 哈尔滨解放(下)[M]. 北京:中国档案出版社,2010:349.
② 同上书,第353页.
③ 同上.
④ 同上书,第355页.
⑤ 参见哈尔滨、沈阳市工商行政管理局. 东北解放区的工商行政管理[M]. 北京:工商出版社,1988:14.

限制及打击。

在新民主主义经济结构中,国营经济、合作经济、国家资本主义经济是无产阶级领导的新民主主义国家制度之下的具有社会主义性质的经济形态,而私人资本经济和小商品经济则多以利为上,追求资本的最大化,甚至不择手段,在市场上投机倒把,扰乱社会经济秩序,破坏社会主义经济建设和为支援解放战争而积极生产的奋斗目标。因此,"民主政府对私营工商业政策,一贯地保护正当业者,使之向有利国计民生的方向发展。保护正当商业的合法经营,另一方面又坚决反对其投机倒把、囤积居奇及各种违法窃利的行为。因为它们是破坏国民经济的毒素"。这一思想是非常明确的,在这些政策之下,哈尔滨人民政权做了诸多必要的工作与斗争。

1949年3月,哈尔滨市市长饶斌在哈市党代会上做了《哈市1948年经济工作总结与1949年经济工作任务》的报告,指出,"与私人资本主义经济中的投机性、操纵性、无政府无组织、破坏性的经济活动做斗争,尤其在私营商业方面是更加激烈的。因此经济手段、法令限制、政治攻势、群众监督的压力,要配合使用。而且在精神上要有准备,在这种大量资本主义普遍存在的时期,这种斗争是长期的。它主要是经济上和平竞争的性质,坚持这种斗争、不麻痹是重要的一面,但也不能普遍采取不适当的行政上的办法,不要空喊口号,不能急躁,要经过调查、分析,分别提出具体办法、具体步骤,组织力量,进行战斗。对待这种经济问题,要用经济力量去斗争,才能有实效"。[1] 他同时总结了哈尔滨市政府为此做过的着重限制及打击的"斗争",突出体现在两个方面。

第一,用经济办法做斗争。基本的指导方针是壮大国营商业力量,扩大业务范围,多掌握商品,逐渐采用经济方法占领商业阵地,支持供销合作社,组织消费合作社,与直接消费者及公家采购者尽量争取直接联系,或通过合作社去联系,削弱商人的中间剥削机会,减少私商的商业利润。

针对典型行业的办法有:其一,对于流通领域物资尚能起若干作用但投机性较大的代理业,采取了监督利用的方针。设立以公为主、公私合营的代理店,如信托公司。一方面借以集中全市主要行业的经纪人,建立代理业的营业报告制度,从业务上取得联系,了解商情;另一方面

---

[1] 哈尔滨市档案馆. 解放战争时期哈尔滨经济资料文集(上册)[M]. 哈尔滨:哈尔滨工业大学出版社,1994:103.

也可以借此批判地学习与运用私商办理物资，流通经济，准备于适当时机，取而代之。其二，对于私人银行以试验的精神，允许存在并采取合格的管理。只准经营存放款，不准经营投机贸易及买卖金银。并决定私人银行的存款，以50%存放在国家银行，其中一半作为定期存款，一半作为活期存款，其余50%存款，可作为放款之用。但放款中又规定其60%作为工业贷款，40%可做其他活动，而且千万元以上的贷款，还要经过国家银行批准。账目随时可以被检查，并不准公家向私行存款。对于私人银行，在必要时可以随时取而代之。其三，对于私人保险业，采取联合保险公司的办法，由银行投资支持，保险费60%存入联保，剩余40%存入该保险业，限制保险业者用保险金进行投机的机会，并监督其对业者应负的责任。其四，对于小贩市场，采取分别处理，逐渐缩小的方针，动员了约1万个小贩改业。创立了旧物寄卖部，采取明码定价的办法，便利贫民，减少小贩投机。其五，对于农村服务社，有重点地与外省、县农村合作社取得联系，采用贷款、贷货、提价收买、寄存或代卖等办法，给垄断者以打击。

第二，用行政命令与法制做斗争。对于应着重限制及打击的行业，哈尔滨市政府坚定地用法制的方法进行规制，具体表现在以下几个方面：其一，颁布法令，依法实施开废业管理。如前述1948年12月4日和1949年3月10日，哈尔滨市商业局发出的"关于办理商业开业休业废业营业变更注册登记手续由"与"为通知商业之开废及其他问题之规定"的行政法令，就是依据当时及调整变化后的供销情况，为制止无政府、无组织的经济破坏性行业而制定。其二，颁布法令，依法划清行业营业范围。保护正当商业的经营权利不受非法侵犯，打击投机商人擅自超出营业范围、进行非法倒卖与兼业、混乱市场、危害国计民生的行为。[①] 其三，产品采取商标登记，检查质量，规定质量等级，来限制低劣质量及欺骗性生产。如对

---

① 1949年3月1日，哈尔滨市政府发布通告："本市原工商业旧行业已不适合要求，兹特按各行业的性质重新划定行业，仰各业者依照新划分的行业范围经营，不得经营其范围以外之营业（各行业种类及其行业范围之具体内容，因篇幅关系已印发给各同业公会）。"（哈尔滨、沈阳市工商行政管理局. 东北解放区的工商行政管理[M]. 北京：工商出版社，1988：23.）"为此，在3月1日开始具体划清营业范围，共分五项九类，六十九行业，并按各行业之范围，以各商品类别为标准，规定主要商品，在不超出主要商品范围内，允许贩卖附带商品。"（哈尔滨、沈阳市工商行政管理局. 东北解放区的工商行政管理[M]. 北京：工商出版社，1988：20.）

牙刷、铅笔、洋火、药品、化学品等进行检查。① 还创造了集合业者共同评定办法。一方面弥补了无专家、不懂技术的缺欠；另一方面又起了宣传制裁之效。对质量好的，予以必要的扶植或奖励，以资提倡。其四，对于垄断性的私营企业，采取禁止囤积、抬高物价的政策。当群众购买力强时，用勒令出售的办法加以管制。② 如新年前对火磨、油坊提价不卖的行为，经政府以命令形式对其禁止后，平稳了哈市物价，减少了私营企业的投机利润。其五，对不遵守开废业及呈报制度并有投机行为者，处以罚款。③ 计划在1949年举办部分行业物资登记，并试验建立统一私商的会计制度。其六，颁布税收法令，设置行业税收差异，限制投机发展。④ 各种不同行业有不同之税率，如投机性较大之代理业，打破正当税率最高30%的原则，规定60%的利润所得税。

---

① 1949年3月1日，哈尔滨市政府工业局发布通知："查最近发现有铅笔业者故意粗制滥造，投机取巧，追求利润，破坏生产与全体铅笔业者之利益，政府为发展生产，提高工业产品质量，保护正当铅笔业者利益起见，特此通知如下：一、各铅笔业者，不准粗制滥造，严禁使用外文商标冒充舶来品，必须附上自己的商标，以鉴别货色；二、各商店及摊贩，不准贩卖无商标和冒充舶来品的外文商标之铅笔。"(《工业局对铅笔业者的通知》，哈尔滨特别市政府公报第二十七期，哈尔滨特别市政府秘书处编印，中华民国三十八年八月四日，第36页。)

② 1948年12月17日，哈尔滨市政府发布布告："查本市各私营制粉工厂，积存大量面粉及小麦，足供市民平日及新旧两个年关之需要。国营东兴公司亦已掌握足够之面粉及小麦，正在大批出售，本市面粉价格本可不致上升。乃各该私营制粉工厂近日竟拒不卖面，投机操纵，影响面粉价格发生不应有之波动。本府对于各该投机行为原应严以处罚，但为使其有实际改悔之机会，仍本教导精神，暂予宽大处理。除令其即日按照未涨价前之面价大量分散卖面，直接供给市民需要外，仰全体市民协助政府，齐予监督，严禁操纵垄断，倘有故违或其他行业之私商亦发生类似行为时，本府即当依法处办。此布！"(《严禁面粉商投机垄断》，哈尔滨特别市政府公报第二十四期，哈尔滨特别市政府秘书处编印，中华民国三十八年一月，第44页。)

③ 1948年5月31日，哈尔滨市政府发布通知："为有计划地发展哈市经济，避免工商业者浪费财力、物力及私自开废转业起见，特再通知如下：一、开业筹备前，来本府工商局呈请开业；二、营业变更前，来本府工商局办理变更手续；三、废业或休业前，来本府工商局办理手续。今后若有不按手续，擅自开废转业等情，定依法予以严惩。(《关于开废转业问题》，哈尔滨特别市政府公报第十八期，哈尔滨特别市政府秘书处编印，中华民国三十七年七月一日，第47页。)1949年4月28日，哈尔滨市政府发布布告："……六、关于资金转移问题：凡在本市公私营工厂，欲向外埠转移或设分厂者，必须经过本市政府工业局批准登记介绍，并取得转移所在地之政府批准设立后，再向本府工业局注销。倘私自转移资金，以违法论……"(《为规定五六月工业开废业原则由》，哈尔滨市人民政府公报第二十期，哈尔滨市人民政府秘书处编印，中华国三十八年六月，第10页。)

④ 1948年12月20日，哈尔滨市政府发布布告："……第三条，凡有利于国计民生之工商业及合作社事业，分别课以轻税或免税；第四条，本办法按营业性质分别行业，依各自所获利润额，以不同之差额累计税率征收之，其分类税率表附后……"(《为公布哈尔滨特别市三十六年下半年营业税补征办法》，哈尔滨特别市政府公报第二十四期，哈尔滨特别市政府秘书处编印，中华民国三十八年一月，第67页。)

对有害国计民生，具有投机性、无政府性、影响政府收入和物价波动的"反动行业"依法予以着重限制及打击的方针是明确和坚定的，法制的推行对这些行业及其商事习惯产生了影响。从《中共哈尔滨市委关于哈尔滨目前商业及有组织的商店一般情况》（1949年）的报告中可以了解到，1949年哈市"毛皮业全行业垮了台，代理业、饮食业、旅店业等行业营业的情况逐渐地下降，大部分已趋向垮台，其他的行业有的没事可做，有的勉强维持"。① 以投机为营商习惯，以不良商业思想与商业道德以及其他有害于国计民生的"不合理的"商事习惯为基础和方向的商事行业及组织逐步"削减"。

尽管取得了一定的收获，但"对商业投机的斗争，零碎地做了一些，有重点地做了不少调查准备，但还未组织力量给予严重打击。如何有效地打击投机，思想也不够明确具体"。② 因而饶斌市长指出："经验证明，只要政策方针明确，私人资本家可以了解军需民用供求的关系，就能很快向利润大的行业的活动追逐起来。这时，我们的责任就要注意防止和制止其投机、操纵，以及无政府无组织的带有破坏性的经济活动，这种经济斗争也是阶级斗争，应该是我们经常的任务。"③

本章小结

《目前形势和我们的任务》与"二七社论"是哈尔滨解放区紧紧追随的总目标和施政标尺。依据新民主主义的经济方针，哈尔滨解放区人民政权制定了恢复与发展工商业的原则与具体的工作方案，对典型工商行业历史、商事习惯等进行调查，以政治立场划分差异对策，立法创制，统一整理。在"商业服从于生产"、支援前线的战时总目标下，将哈尔滨从消费性城市变为生产性劳动城市，积极生产，保障民生，承担好战争后方供给的重要使命。

---

① 哈尔滨市档案馆. 哈尔滨解放（下）[M]. 北京：中国档案出版社，2010：360.
② 哈尔滨市档案馆馆藏革命历史档案，全宗号1，目录号1，案卷号75，顺序号4。
③ 哈尔滨市档案馆. 哈尔滨解放（下）[M]. 北京：中国档案出版社，2010：293.

第三章　人民政权对旧有商事习惯的继承与改造

哈尔滨解放后,建立了人民民主革命政权,开展清匪反霸斗争,贯彻新民主主义革命的三大经济纲领,没收封建阶级的土地归农民所有,没收蒋、宋、孔、陈为首的垄断资本归国家所有,没收敌伪工厂、房产、会社、仓库、商店,收归市有,恢复哈市因战争而破坏的工商业,繁荣市面。哈尔滨解放区人民政权对商事习惯的态度是以"进步""中间""反动"的三种不同政治视角,施以不同策略,对不同行业及其商事习惯通过法规施以整治、扶持和保护,因而形成了商事习惯与法制的对接、博弈与整合。

第一节　对商事习惯的逐步削减与继续延用

1946年4月28日,松江省人民自卫军(前东北抗日联军)进驻哈市,哈尔滨获得解放。松江省人民自卫军在《松江人民自卫军司令部、政治部为进驻哈尔滨告哈市同胞书》中宣告,要用一切来维护哈尔滨人民的利益,"彻底地肃清土匪特务及日寇法西斯残余势力,协助哈市的和平民主运动,保障各阶层的人权、政权、财权及言论、出版、集会、结社、信仰的自由,彻底推行民主政治,真正按照人民的公意选举代表,树立人民政权,管理自己的政事,协助工商业的发展,改善工人、店员、教员、职员的生活待遇,提高妇女的政治经济地位,兴办教育,救济失学青年,赈济灾难民,建设卫生,防止疾病流传,帮助哈市同胞从事一切政治、经济、文化改革,建设繁荣幸福的哈尔滨!"[1] 哈尔滨市成立了哈尔滨市人民政府[2],刘成栋为市长[3],

---

[1] 哈尔滨市档案馆.哈尔滨解放(上)[M].北京:中国档案出版社,2010:89.

[2] 哈尔滨刚获得解放时,遵照东北各省市行政联合办事处的决定称为哈尔滨特别市,市政府称为哈尔滨特别市政府。1949年2月6日,东北行政委员会发布了《东北行政委员会为各特别市政府一律改为市政府由》的通知,告"各省(市)县政府:兹决定各特别市一律取消'特别'字样,改为某某政府,仍归本会直辖,仰即遵照并转饬所属知照"。因而,1949年2月6日,哈尔滨特别市改称为哈尔滨市,哈尔滨特别市政府改称为哈尔滨市政府。但为简便,哈尔滨特别市时期的许多公文、通知等均使用简称"哈尔滨市""哈市""哈尔滨市委""哈尔滨市政府""市政府""市府"字样。为行文方便,本书亦使用简称。

[3] 参见哈尔滨市档案馆.哈尔滨解放(上)[M].北京:中国档案出版社,2010:99.

组织领导哈尔滨市人民政府接管与建设哈尔滨。"哈尔滨民主市政府市长刘成栋先生就职刚刚五天,但这个人民自己的政府,已用实际行动,和国民党的接收部门划了一道深深的鸿沟。刘市长在就职讲话中,开宗明义第一章就提出为哈市八十万市民服务的方针,按照大多数人民的意见办事。"[1]

以人民利益为依归,回应人民诉求,哈尔滨民主政府为人民兴利除弊,在开展经济工作中既注意逐步削减不合理的商事旧例,又肯定和延续使用"正当商业习惯",积极恢复和推动工商业健康发展。

一、逐步削减不合理的旧例

(一) 废除资本家封建特权

资本家是大股东,开工厂、开商店。掌柜、经理、把头受雇于资本家,是资本家的代理人,同时因"放份子"也成了股东,同样站在资方角度管理和剥削工人店员。所以在旧社会工商业经济中,掌柜、经理和把头也可以被看作"资方"。

"资方"的权威非常大,就是股东们内部也是出资多的权利大,出资少的权利小。生产资料、工人、店员都属于资本家,"资方"订立店规厂制,工资、分红、借红、公积金、滚存金、酬劳金、退职慰劳准备金、死老金、补助金、伙食、休假、雇佣、辞退等一切薪资待遇都由"资方"定,劳方是被雇用者、被剥削者,资本家可以剥削工人店员的劳动和剩余价值。"那时无论工厂商店,资本家可以随便算人,经理在商店内处处说了算",[2] 工人和职店员必须"绝对服从"。许多行业和工厂店铺里"资方"都"轻视店员,说店员三不怕:'不怕赚钱多,不怕吃得好,不怕少干活','借口怕店员学坏了而把店员关在家里',呵斥他们'你不好好干我就算你'"。[3]

旧社会里一般的店员生活大都如此,店员从入店起到升入大柜,须经十五年或二十年的工作过程。在这一过程中有很多白白苦熬十年八载,中

---

[1] 参见哈尔滨市档案馆. 哈尔滨解放(上)[M]. 北京:中国档案出版社,2010:251.
[2] 道外店员联合会,《商店一般情况》(1947年11月5日),哈尔滨市档案馆藏革命历史档案,全宗号1,目录号1,案卷号41,顺序号4。
[3] 哈尔滨市档案馆馆藏革命历史档案,全宗号1,目录号1,案卷号97,顺序号9。

途因为人情不好，得罪了掌柜的，或工作上犯了部分的错误，而被辞退，失掉职业。1947年11月，道外店员联合会调查"商店的一般情况"后了解到，在旧社会，当店员是难到了极点，时刻存在着失业的危机。店员受到家庭及掌柜们的影响，存在着浓厚的"向上爬"的思想与发财致富的观念。旧社会商店里的内部管理是股东管经理，经理管大柜，大柜管二柜，二柜管吃劳金的，吃劳金的管年轻的，就是在吃劳金与年轻的当中，也分为大小两级劳金，商店内部阶层划分极其明显，在这一基础上建立起来的管理制度，完全是带有半封建性的层层剥削制。

其他行业的"资方"也都带有明显的剥削性，权威极大。在渔行中，大拉网主有着"干吃劈钱""扣费用""独吞财物品""操纵任用解雇"等统治与剥削特权。甚至在哈尔滨解放初期，网主与小股子仍然是雇佣劳动的剥削关系，大网由网主请把头先生，把头再招小股子，除松浦区对雇佣小股子加以限制外，一般对小股子的任用解雇权仍旧掌握在把头手里。

当铺行业劳资分红的规矩是西三东七，每年结账一次，三年开分一次。"西三东七"的分红已经是不公正的，分红中掌柜的还有"留亡份"等多项特权。更有一种奇怪的事情是，当铺的看门犬却顶着很大的"生意"，老掌柜的死后还要留三账，所以三年期满结账的时候，首先提出若干"公存"，美其名曰"东方获本，西方获身"，再除去"犬份""亡份"，此外所余钦差老板和二老板就能分去十分之九，剩下的归整年劳动的小掌柜们分劈。店员和工友们却等于牛马般的终年受着剥削压迫之苦。

哈尔滨解放后，哈市旧有的半殖民地半封建经济体系解体，人民民主革命政权主持废除一切不平等的压迫和剥削的旧制度，对"在资本家压迫剥削的基础上建筑起来的，完全是从上而下的来压迫的"管理制度，"我们一定要铲除它，并建立一种新的管理制度"。①

1948年1月20日，中共哈尔滨特别市委员会公布了《战时暂行劳动法（草案）》，明确规定"取消半封建的剥削"，规定"工作时间""工资""雇用工人与解雇工人""社会保险"及"劳动保护"等法律制度，如"禁止打骂和侮辱工人及学徒的行为（第一条）"；"禁止采用把头、包工头及包身工等半封建的劳动制度（第二条）"；"禁止使用工人学徒做职务

---

① 哈尔滨市档案馆馆藏革命历史档案，全宗号1，目录号1，案卷号22，顺序号1。

外的，替雇主及其家属服役家庭事务的工作（第三条）"；"禁止使用14岁以下之童工做有害健康及繁重的工作（第四条）"；"假日规定为每两星期休假一日，每年固定假日为一月一日，春节三日，五月一日，八月十五日，十月十日。此外，工人每年有两星期之休假，可依工人自愿一次或数次利用之（第七条）"；"凡公营、私营、合作社经营的企业雇用工人需经工会介绍或同意，不得通过工头及其他代理人。新用工人规定一月之试用期（第十六条）"。①

1948年8月下旬，哈尔滨市政府颁布了《哈尔滨特别市战时暂行劳动条例》，全文由十章内容和一个附则构成，共45条。其中诸多条文涉及"取消半封建的剥削"。如第一章总则的第二条第四款明确规定，"适当的改善劳动条件，保证劳动者战时之必需生活。废除对工人施行的半封建的超经济剥削"。第十八条规定，"同工同酬。不分年龄、性别，做同工作，有同等技术者，得同等工资"。第三十条规定，"私营企业之内部规则由企业主提出，经职工会及职工大会讨论取得一致，作为定案，交市政府劳动局备案。如发现不妥之处，令其修改与重新制定之"。②

《战时暂行劳动法（草案）》以及《哈尔滨特别市战时暂行劳动条例》的出台，将"资方说了算"的诸多特权以民主协商的法律制度进行了规定。过去是资本家以不平等的条文来压迫工人，而现在是以民主条文来维持资本家和工人职店员的纪律。经过两年多的工作，哈尔滨市大部分商店在管理制度上得到了改进，与过去发生了极其显著的转变。

（二）打击投机倒把

投机倒把，即利用时机钻空子，以囤积居奇、买空卖空、操纵价格、制假售劣等手段牟取暴利。投机倒把对市场物价、社会生产乃至社会稳定带来了较大影响，是一种脱序和失范的社会经济现象，在任何形态社会、任何历史时期都被判定为不正常现象或者不法行径，都受到了不同程度的规制或惩处。

投机倒把在哈尔滨是有历史的，在旧社会营商思想的影响下，商人多习惯于投机倒把。以粮行交易习惯为例，民国三年（1914年）间，哈尔滨

---

① 哈尔滨市档案馆. 解放战争时期哈尔滨经济资料文集(下册)[M]. 哈尔滨:哈尔滨工业大学出版社,1994:715-718.

② 同上书,第720-727页。

本地有王姓土豪劣绅，号召以繁荣地面为名，以买卖发财为最终目的，投机取巧，共同出资，于道外升平北五道街路西青砖楼房设立"粮食交易所"。每天有欲买卖者，可任意前去讲盘，妥事后须交押金若干，期限为十天、半月、二十天不等。粮食运到后，须直接拉至王八区交易所仓库，而后再动收交，如果逾期运不到，按现行市价给算赔钱，押金退还。交易所得之代价为佣金，每十石为五分，一石约四十三斤，而当时白布仅为二分。民国七年（1918年），大有恒、滨昌丰、天丰东、益发合、义丰祥、东合洪、龙全美等粮业代理店，相继而起，交易所营业日益兴旺。

　　随着哈尔滨商事贸易的飞快发展。投机倒把也变得极为猖獗，新陈代谢不断，竞争十分激烈。当时代理店也不只代理客事，有时发财心切，也时常趁势买空卖空，一盘做不正，数日内垮台者很多。老客荒账过多，也有连累倒闭的。而交易所则毫不关心，"去了穿红的，仍有挂绿的"，因此整日繁忙热闹之情况，终年如一日。

　　再以钱币交易为例，东北曾处于军阀割据之下，军阀各据一方，动植矿物皆成为军阀私产，因此东北各省皆发行数种纸币作为交易工具，以致金融秩序非常紊乱。当时哈尔滨通行哈大洋。在民国十年（1921年）左右，士绅们见到有机可乘，遂在哈市南三道街路东设立"钱市"。[①] 享有特权者，有银号、钱庄、钱粮业代理店三行，共二百余家，每家占有小屋一间，设有直线电话，通报行情，院内尽有玻璃天窗，风雨不能阻止。终日讲盘，按冬季每日午前十点开行，十二点下市，午后一点开行，三点下市。钱市共讲五种钱，计奉票、金票、永衡、吉钱、江钱。民国十七年（1928年）天合盛见到奉军屡败，竟和东三省官银号过不去，将奉票做"毛"，由哈大洋一元买奉票两元做至三元八。张作霖为此大怒，以破坏金融罪将天合盛全部没收，并枪决掌柜数名。

　　在旧社会，哈尔滨还设有"股票取引所"，[②] 同样是投机倒把的典型行业。民国二十八年（1939年）哈尔滨"粮食交易所"被取消后，一般士绅们又鼓动日本人，以繁荣地面为名，于粮市取引所旧址设立"证券取引所"，以日本国内股票新东、邮船、钟纺、伪满大兴电业、实业兴业等股票为赌品，供诸人投机倒把。但因日本人对经济管制太严，一般极有戒

[①] 哈尔滨市档案馆馆藏革命历史档案，全宗号1，目录号1，案卷号83，顺序号4。
[②] 同上。

心，且富有财富者大都逃亡关内，致使市场内冷寂非常。其讲盘和粮市无异，不久亦宣告取消，从此交易所遂告终了。

哈尔滨解放后，人民政权一直与这种囤积居奇、操控物价、扰乱经济、影响生产和市民生活的不法行为做斗争，并在政策、法律的制定与实行中，注意区分正当从商与投机经营，对不同目的的从商者给予不同的态度和措施。1947年2月，哈尔滨市委在《哈市经济情况及对工商业的态度、政策》的报告中指出，应使工商业在合理地营利、服从新政府法令、改善工人职店员生活待遇和改变旧的管理方法的原则下，给予他们很多便利条件和交通运输、原料购买、市场销路、动力供给等方面的支持，来帮助他们。不使私人的资本变成游资在市场上投机倒把，扰乱社会金融。"现街市上表现最繁荣的是摊贩，这是经济生活中的反常现象。这样下去发展了投机倒把的流氓商人，影响了政府的税收，扰乱了社会金融和造成经常的物价波动，使城市的秩序很难管理，正常的工商业无法发展。这种情况在市政府今后的工作中应设法改变。"[①] 1947年5月，哈尔滨市政府在《哈市一年来工作情况的报告》中总结道，今后财政工作方针仍然是开源和节流，必须克服过去工作中的缺点，要"整理市产，开辟税源（向与民生无关及投机囤积者课税）"。[②]

1948年12月1日，中共哈尔滨市委员会在《哈市情况的新发展与一九四九年的工作任务》中强调指出："必须加强对私营工业的管理，引导它向有利于国计民生的方向发展，坚决反对投机倒把与怠工破坏等行为。"[③] 1949年3月22日中共哈尔滨市委在《哈市目前情况与一九四九年的工作任务决议》中再次强调："对私人资本主义继续实行严格而合理的管理，使之向对国计民生有利之方向发展，并以经济斗争为主，配合行政力量，以反对投机倒把。对目前资金逃亡（逃向黑市投机）的现象严加制止，对私人资本工商业无区别地扶植与无区别地排斥都是不对的。"[④]

1949年3月哈尔滨市召开了第一次党代表会议。在这次会议上，饶斌同志（时任哈尔滨市市长）做了《哈市1948年经济工作总结》的报告，

[①] 哈尔滨市档案馆.解放战争时期哈尔滨经济资料文集(上册)[M].哈尔滨:哈尔滨工业大学出版社,1994:7.
[②] 同上书,第9页.
[③] 哈尔滨市档案馆馆藏革命历史档案,全宗号1,目录号1,案卷号141,顺序号3。
[④] 哈尔滨市档案馆馆藏革命历史档案,全宗号1,目录号1,案卷号141,顺序号2。

总结了用经济办法与私商的投机性、破坏性、操纵性做斗争的经验。在对"私人资本主义经济应有的认识及当前应注意的问题"中,他指出"对那些带有投机性、操作性、破坏性,不服从战争与人民所需要的活动,特别对资方面抵制工会的活动,也要发动工人予以应有的打击","对减少资本主义经济的破坏性,增加其建设性的斗争是一种长期的经济斗争"。①

(三) 取消饭店女招待

饭店雇佣女招待是从旧社会一直流传下来的饭店业商事习惯,"雇佣女招待不是为了正当从业,而是为了迎合一小部分好玩弄女人的饭客(商人流氓)的癖好,用以拉饭客的招牌,甚至于有的无异于游娼"。② 这一商事习惯是"侮辱妇女人格的带有封建性的职业",为人民所不齿和唾弃,但在旧社会的剥削统治下人民无力反抗。

1945年8月15日,日本帝国主义投降后,国民党开始接收东北。1945年8月31日,国民党中央任命中央设计委员会秘书长熊式辉为国民政府军事委员会东北行营主任,负责接收东北。熊式辉上任后即派遣杨绰庵为哈尔滨市市长,组建接收委员会,接收哈尔滨。③ 1946年元旦,杨绰庵等国民党接收大员正式到哈尔滨市上任履新。④ 然而国民党的接收大员们并不是来为哈尔滨人民谋福利,解济哈尔滨人民贫苦的,而是"以高高在上的统治者的优越感,君临在哈市八十万市民的头上。大员们开口'伪民',闭口'伪化',从牙齿缝里进出轻蔑的声音:'取缔一切。'一切被宣布取缔的是中国式,大加提倡的是'美国式'。就这样,烫发、高跟鞋、吃大餐、玩女护士、进跳舞场……沸沸扬扬地盛行一时了"。⑤ 接收大员卖官贪污,优越感十足,看不起本地人,大吃大喝不干正事,提倡并亲自干起下流无耻的事情。市长杨绰庵公开说"男人要闯,女人要浪",亲自给

---

① 哈尔滨市档案馆馆藏革命历史档案,全宗号1,目录号1,案卷号137,顺序号2。
② 哈尔滨市档案馆馆藏革命历史档案,全宗号6,目录号1,案卷号294,顺序号6。
③ 1945年12月25日,国民党军事委员会委员长东北行营主任熊式辉发布《军事委员会委员长东北行营为据呈报接收办法三项分别指示由》,以"三项办法"统一接收哈尔滨:"(一)哈尔滨市区在接收期间暂准按照伪满省市旧有管辖分别接收;(二)原伪满中央各机关之在该市区内者暂准由该市接收委员会统一接收;(三)松江省职权行使范围应于接收后由该市政府与松江省政府妥迅详订计划界办法呈候核夺。"哈尔滨市档案馆.哈尔滨解放(上)[M].北京:中国档案出版社,2010:17。
④ 参见韩文达.杨绰庵先生印象记[A].政协哈尔滨市委员会文史资料编辑部.哈尔滨文史资料:第十四辑[M].哈尔滨:哈尔滨出版社,1990:98。
⑤ 哈尔滨市档案馆.哈尔滨解放(上)[M].北京:中国档案出版社,2010:92。

两女护士六千元令买高跟鞋、丝袜穿,学美式女子服装篮球赛……①"伪满时的警察特务,在国民党接收后,依然被重用,他们对人民的态度依然如故。哈市有许多青年男女所组成的剧团,当他们在剧场演出时,特务们即闯入后台,强迫女演员坐在他们腿上唱歌,强迫亲嘴,浑身乱摸,极为下流,因此影响到前台不能演出,以致观众在台下大哗,而他们却不顾一切地在胡闹着。倘若拒绝了这些特殊人物,他们就借口搜查土匪而硬打开门进去,当地华伦剧团团长因为拒绝开门,就被他们打得鼻青面肿。"② 国民党大员接收哈尔滨的四个月间,歌照唱、舞照跳,饭店依旧雇佣女招待拉拢食客,广大穷困妇女依旧在社会底层被任意欺压。"国民党接收要员来之前后,一般群众中间势力、商工业资本家,都对国民党中央抱很好的幻想,认为国民党政府是正统,能解除他们的痛苦,能降住毛子兵,故在任何场所都能听到'中央军、中央政府来了就好了',工人生活没办法,也说中央来了就有办法了。"③ 然而,看到国民党接收下的哈尔滨的社会情况,哈尔滨人民由幻想、期望到失望,以致"部分起而反对"。④

哈尔滨解放后,妇女翻身得解放。为改正社会旧风劣习,哈尔滨人民政权坚决"取消这侮辱妇女人格的带有封建性的职业,并使这一部分人转入正当职业,但因为不可能一下子都解决了她们(320名)的职业问题,所以便采取逐步削减的办法,于1948年6月进行登记。无登记证者禁止饭馆采用,配合税收限制,用开会的方式对女招待进行教育,使其认识此一职业在未转变旧社会风气以前有辱自己的人格,并使其自谋其他职业,到今年(1949年)5月减少到33名,于5月14日通知饭店业同业公会全部取消女招待,不准再用。老百姓普遍感到满意,女招待也都找到了正当职业"。⑤

"取消饭店女招待"既是为了改正封建性商业恶习,又是解放妇女的重要工作,更是哈尔滨市人民的呼声。在哈尔滨十五万人民举行的热烈欢迎民主联军的盛会上,妇女代表孔焕书曾兴奋地说:"我们妇女界,占哈市全人口之半数,我们竭诚拥护民主联军,并愿与民主联军共同为建设民

---

① 哈尔滨市档案馆.哈尔滨解放(上)[M].北京:中国档案出版社,2010:21.
② 同上书,第32页。
③ 同上书,第21页。
④ 同上书,第21页。
⑤ 哈尔滨市档案馆馆藏革命历史档案,全宗号6,目录号1,案卷号294,顺序号6。

主的新哈尔滨市而努力。"①

事实上,"取消饭馆女招待"只是哈尔滨人民政权破除旧习、解放妇女工作的一个方面。为了真正"提高妇女政治经济地位",哈尔滨市委积极开展城市妇女运动。1948年2月,哈尔滨市委在《中共哈尔滨市委关于城市妇女工作的指示》中特别强调:

> 城市妇女工作的基本方针是与发展城市经济相结合,组织女工、贫妇及军属的生产(家庭妇纺、军需生产、工厂劳动与妇女生产合作),帮助妇女就业(职业介绍),因此城市妇女工作的基本对象是女工、贫妇、军属及职业妇女(小学教员、机关及企业职员、护士、助产士等),以这些妇女为骨干组成妇女联合会,团结其他阶层反美反蒋的妇女,进行福利事业(如托儿所、廉价产科医院等),进行妇女教育(如夜校、识字班、某种技术训练等),培养妇女积极分子。
>
> 组织妇女和解放妇女是全市党员,首先是女党员女干部不可推诿的责任,在党的任务下,好的女同志应自觉地积极参加这一工作,克服脱离革命实际的某些轻视妇女和妇女工作的观点。市委号召:全市女党员、女干部均应加入妇联并参与其主要的活动,把自己组织起来,互勉互助、学习进步、提高工作、解决困难,并用党内妇女的团结进而团结党外妇女。
>
> 市委专门委责成妇委有步骤地筹组市区妇联,并在市府直属各机关单位学校成立妇女分会或小组,并着手妇女积极分子和干部的训练。责成各区委加强妇纺军属及其他妇女工作的经常领导,责成妇联及时开展职员、女护士、女教员、女学生的工作,责成工会系统加强女工工作,特别动员与组织纺织、被服、鞋工等有关军需生产的女工,以新的劳动态度积极生产,提高质量,减低成本,为支援战争开展生产立功运动。②

哈尔滨市委以具体方针、具体步骤、多种方法全面开展妇女运动,不

---

① 哈尔滨市档案馆. 哈尔滨解放(上)[M]. 北京:中国档案出版社,2010:92.
② 同上书,第201页。

第三章　人民政权对旧有商事习惯的继承与改造　　　　　　　　　　193

轻视各阶层妇女，解放和组织妇女参加正当职业，使妇女成为建设哈尔滨、发展生产、支援前线的重要力量。

（四）取消房屋租赁"二房东"

哈尔滨解放后，为最快稳定与建设哈尔滨，1946年6月26日，哈尔滨市成立临时参议会筹备委员会，筹备召开由哈尔滨市各阶层代表组成的哈尔滨市临时参议会，并向参议会代表们征集"教育关系""文化关系""卫生关系""外侨关系""财政·经济·金融·工商关系""行政·交通·治安·军事关系""农民关系""妇女关系""工人关系""生计关系"，共十大类有关哈尔滨城市建设、市民生活等多方面的提案。哈尔滨市临时参议会于7月16日正式召开，经两度延长会期，于7月21日午后胜利闭幕。[①] 会议中针对参议会代表们所提出的上述十大关系问题的提案做出了决议。

在参议会代表7月17日的正式提案中，提案人闫中石、刘劼忱代表市民提交了"为减轻房租取消二房东由"提案，提案理由为："本市之房价增高多由于二房东之整租零赁，盖二房东由本房主处整租之，租契年限至少为一年，有多至数年者，故房租轻易不能增加，而二房东向外零租，并无租契，则月月皆可增租，每易一户，更可增加数倍，二房东依此生活而成无业游民，既影响市民之生活又偷漏国税，故请明令，严加取缔。"[②]

房屋承租人再次转租所承租房屋，与原房屋产权人或一次承租人相区分，房屋转租人即被称为"二房东"，有时甚至存在"三房东"等多次转租的情况。"二房东"现象是哈尔滨历史上就存在的房屋租赁习惯之一。在1945年8月15日光复后，由于日伪破坏、国民党接收大员不闻不理等多种原因，哈尔滨市民住房情况紧张、房屋租住矛盾较为突出。

根据东北局城市工作委员会的调查，其一，哈尔滨"市内房产大部分建筑于20年以前。日本统治时代，并未在市内建筑新房屋。太平洋战争爆发前，日本即已统制建筑材料，如洋灰、石头、砖、铁材、玻璃、油类等。太平洋战争爆发后，各种建筑材料供应更加困难，日本对市民已根本停止配给建筑材料（当然，特殊的、日本认为对增产有益的例外）。因此，

[①] 孙光妍. 新民主主义宪政立法的有益尝试——1946年《哈尔滨市施政纲领》考察[J]. 法学研究,2006(5):151.

[②] 哈尔滨市档案馆藏革命历史档案，全宗号12，目录号1，案卷号2。

在光复前三四年,修理房屋亦十分困难。故大部分房子均已停修。从'八一五'到现在,当然更无人修理房子"。① 其二,"伪满时代各公司、会社均有住宅。伪军政机关亦均自有公厅、宿舍。光复后,此项房屋均破坏。全市被破坏的房子至少在 10 万平方米,价值 100 亿到 150 亿元"。② 其三,"我们机关、部队所占房产约占全市住宅面积之 9%"。③ 其四,"苏联国家机关及侨民都还空闲一部分房子未用。我们机关、部队也有不少多余的被浪费的房子"。④ 因此,哈尔滨市民能住、可住的房屋使用情况较为紧张。以西傅家区为例,1948 年,西傅家区总人口 120 602 人,房屋总面积 529 471 平方米,人均房屋占用面积仅为 4.39 平方米(详见下表 3-1)。⑤ "开设工厂、商店或者新找住宅十分困难,而且要出高价,才能从房户手里兑来房子。"⑥

表 3-1 哈市各区人均占用房产面积比较表⑦

区名	总人口(人)	总面积(平方米)	人均占用面积(平方米)
道里区	69 284	326 833	92
西傅家区	120 602	529 471	39
东傅家区	106 779	501 159	4.69
南岗区	56 925	601 509	10.56
马家区	40 342	364 150	9.62
香坊区	29 201	200 057	6.85
颐乡区	31 162	162 715	23
松浦区	23 584	81 501	1
太平区	77 816	390 002	1
新阳区	81 471	531 075	52

---

① 哈尔滨市档案馆.解放战争时期哈尔滨经济资料文集(上册)[M].哈尔滨:哈尔滨工业大学出版社,1994:405.
② 同上。
③ 同上。
④ 同上。
⑤ 同上书,第 411 页。
⑥ 同上书,第 406 页。
⑦ 本表系笔者依据东北局城市工作委员会《关于东北城市房产问题调查》一文中《目前哈市房屋现状及对房产政策的意见(草案)》所绘制。参见哈尔滨市档案馆.解放战争时期哈尔滨经济资料文集(上册)[M].哈尔滨:哈尔滨工业大学出版社,1994:411.

第三章 人民政权对旧有商事习惯的继承与改造

哈尔滨市房屋使用情况较为紧张，加上因袭了历史习惯，因此"二房东"现象一直存在。哈尔滨人民政权经过分析认为，根据哈尔滨当时房产情况、房产所有者职业分类情况[①]，以及保护财产所有权的政策，尚"不能排除出租和承租制度的保存［存在］"。[②] 然而，"二房东"在理论上看是纯依靠出租房产为业者，是封建性的东西，这一历史习惯应该加以消灭。[③] 此外，"二房东"在转租中因无房屋产权，因而不能与再承租人签订租房契约，即代表们所陈述的"无租契"，实际上产生了多重危害。其一，"二房东"以口头约定或实收租金方式向外零租，因而投机取巧，"月月皆可增租"，损害再承租人利益；其二，"每易一户，更可增加数倍"房租，增加再承租人的生活负担；其三，纯以投机方式过日子，谋取"剥削"性利益，养成懒惰、不参加生产的无业游民状态；其四，因"无租契"，没有证明和核算依凭，产生逃避税收的违法现象。因此，"二房东"习惯既影响市民之生活，又偷漏国税，应严加取缔。市民对此呼声很高，因此由参议会代表提案，希望"明令公布取缔二房东，并令房主或三房户向房产公会请求调解，若调解不服由房产公会证明，请求政府处罚"。

取消房屋租赁"二房东"提案是普遍影响市民"生计关系"的提案，得到了临时参议会的高度重视，临时参议会以第五十三号决议案进行了讨论与决议，并通过了议案。

1948年6月1日，为了进一步"保护公私房产完整"，调整与规范房屋租赁关系，哈尔滨市政府发布布告，颁布《哈尔滨特别市公私房产管理保护暂行条例》，其中规定"凡于承租期间内，承租人变更房产用途及原承租人名义变更时，须事先取得出租人之书面同意或重新另订承租契约

[①] 房屋产权情况如下：国人私产42 920座（内含私人社会团体1 305座，44 200平方米），4 094 204平方米，占全市房屋总面积的64.4%。国人私产中又分房主在哈，房主不在有人代管，房主不在无人代管及私自占用公家地基所盖之小板房、土房四种。苏侨及其他外侨私产7 484座，1 031 425平方米，占全市房屋总面积的16.07%。市公产1 664座，474 899平方米，占全市房屋总面积的7.3%。房屋租期至1959年为止者677件，至1977年为止者1 964件，至1983年者2 953件。（参见哈尔滨市档案馆. 解放战争时期哈尔滨经济资料文集（上册）[M]. 哈尔滨：哈尔滨工业大学出版社, 1994：404.）综上可见，私人产权所有者占比最大，其房产达到全市房屋总面积的64.4%。此外，苏侨及其他外侨私人房产占比也较高，达到占全市房屋总面积的16.07%。已签订的契约中，房屋租期情况也很复杂，短期和长期租期情况均存在。

[②] 哈尔滨市档案馆. 解放战争时期哈尔滨经济资料文集（上册）[M]. 哈尔滨：哈尔滨工业大学出版社, 1994：411.

[③] 同上书, 第410页。

（第六条）"；"承租未取得出租人之书面同意，不得将所租房产之全部或一部转租和转让（第七条）"；"出租人或承租人任何一方均不得借故出兑房产（第八条）"。同时，明确规定："承租人如有违反本条例之规定时，出租人得斟酌情形予以解除契约（第三十七条）"；"出租人如有违反本条例之规定，承租人有向政府申诉之权（第三十八条）"；"凡违反第八条之规定时，政府得根据情节之轻重按出兑价处以定额罚金（第三十九条）"。以法制"明令取缔二房东"。

（五）取消渔业"二批发"

黑龙江省"江河遍于四境，产鱼最富"[①]。哈尔滨居于松花江上，鱼产量也十分丰富，自古就有沿江而居，靠捕鱼贩卖为生的渔民。据伪满康德六年（1939年）统计，哈市附近渔场为24所，皆散置于松江两岸，位于江南、江北、江中、江南北等多处，以其渔业之组织及渔具种类之不同，可分三种，即如大拉网渔场、张网渔场、想动网渔场，[②] 渔户及操业人数较多（见表3-2）。

表3-2 1940年哈尔滨市渔业概况表[③]

渔场名	渔户数	渔具数	渔船数	操业人数	位　置
十字岛	30	30	30	82	江　北
正阳河	33	37	37	130	江　南
扬明滩	13	13	13	38	江南北
四方台	16	24	16	101	江　南
双口面	18	22	18	174	江南北
二道岗	11	11	11	22	江　南

[①] [清]徐宗亮.黑龙江述略(外六种)[M].李兴盛,张杰,点校.哈尔滨:黑龙江人民出版社,1985:93.

[②] 参见陈绍南.哈尔滨经济资料文集(1896—1946)(第二辑)[M].哈尔滨:哈尔滨市档案馆(内部发行),1991:101.补充说明:上述伪满康德六年(1939年)统计的哈尔滨市渔业概况中,"渔场可分三种,即如大拉网渔场、张网渔场、想动网渔场"的表述是由该书作者摘录自哈尔滨市档案馆藏《北满经济月报》伪康德六年第十二月号。其中"想动网渔场"应是笔误,经核对哈尔滨市档案馆藏革命历史档案《关于哈市渔业合作社的初步调查》(全宗号2,目录号1,案卷号229,顺序号10)中有关渔具分类中的"电铃网",可以确定"想动网渔场"是笔误,应为"响动网渔场"。

[③] 本表系笔者依据《哈市渔业概况》(康德六年)一文所绘制。参见陈绍南.哈尔滨经济资料文集(1896—1946)(第二辑)[M].哈尔滨:哈尔滨市档案馆(内部发行),1991:101-102.

（续表）

渔场名	渔户数	渔具数	渔船数	操业人数	位置
大亮子	7	10	7	107	江北
长沟子	5	5	5	62	江南北
报马	4	7	4	84	江南北
桥畔街	11	11	11	102	江中
新江桥	37	37	37	116	江南北
糖场屯	28	28	28	36	江北
江夹信子	25	25	9	30	江北
牛角滩	8	9	9	168	江北中
六号照	9	11	11	60	江南
合计	255	280	246	1 312	—

长期以来，渔业贩售过程中形成了一定的交易习惯。在伪满统治之前，江鱼交易为自由交易，即打鱼业者可以任意卖鱼给批发商、小卖商或消费者。鱼业贩售交易从打鱼业者至消费者可以是多向性关系（见图3-1），但以批发商批发交易为主。

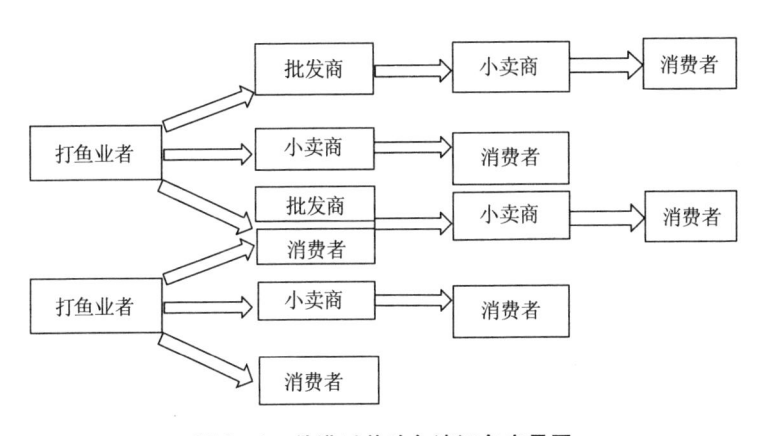

图3-1 伪满以前哈尔滨江鱼交易图

1934年10月，伪满政权哈尔滨特别市公署公布《哈尔滨特别市中央批发市场法》，依据该法成立了伪满时期最早的哈尔滨特别市批发市场。该市场的批发人将过去的批发业者的经营权和伪满哈尔滨特别市公署的现金出资结合起来，成立了半官半民的特许会社——哈尔滨中央批发市场株式会社（中国人称作哈尔滨批发股份有限公司）。该公司在1934年12月

27日登记、批准的基础上，于1935年1月20日在哈尔滨市八站中马路104号开始临时营业。在同年7月于原市公署燃料厂及其附近地址施工，新建新市场大楼，同年10月12日竣工，移至新址，正式营业，对外招牌为"哈尔滨市中央批发市场"，对果蔬（青菜、鲜果、干菜类）和鱼类（海鱼、江鱼、贝介类及咸干鱼贝类）进行统一批发。中央批发市场成立后，伪满政权哈尔滨特别市公署在道外设江鱼部，对全市江鱼进行经济统制。① 尽管伪满政权哈尔滨特别市公署认为"查向来消费，生产两造一任居间之人从中剥削"，是"为两造谋利益"② 而设立中央批发市场的，但实质上是为进行经济统制而充替了原来的批发商人。因此，渔业交易在实际中形成了单向性交易手续的习惯（见图3-2）。

打鱼业者 → 中央批发市场 → 仲买人 → 小卖商 → 消费者

图3-2 伪满时期哈尔滨江鱼交易图

上图中的"仲买人"，即二手批发商，俗称"二批发"，本为伪满成立前的批发商人。因伪满政权施行经济统制，鱼类贩卖改由哈尔滨市中央批发市场道外支店统一专卖，所有渔民捕打的鱼虾水产均须经过批发市场压价叫行，较好的鱼由关东军统一收购，剩下的破鱼烂虾才准渔商（仲买人）购买，再由渔商（仲买人）批发给小卖商（零售商），最后卖给消费者。因而渔商（仲买人）是中央批发市场至小卖商（零售商）交易环节中的二次批发者，故被称为"二批发"。仲买人商号悉设于道外江鱼新市场内，用叫行法将鱼买到，复卖于小卖商。道外江鱼新市场仲买人商号多达25个，有聚利成、三兴成、同聚兴、洪泰鱼店、福祥鱼店、郭家床子等。③

"八一五"光复以后，敌伪统治崩溃了，渔商趁机"复活"，重新回到一级批发商的地位，但延续伪满时期单向性交易手续习惯，实行原"二批发专卖"习惯，即依旧专由渔商将鱼卖给小卖商（零售商），小卖商（零售商）再卖给消费者。

---

① 参见陈绍南．哈尔滨经济资料文集(1896—1946)(第二辑)[M].哈尔滨:哈尔滨市档案馆(内部发行),1991:110.
② 同上书,第109-111页.
③ 同上书,第102页.

哈尔滨解放后，渔业"二批发"的旧习惯仍然没有改变，渔商操纵鱼价，多算"筐皮"占便宜，"货到街头死"，渔民干吃亏。渔民要求政府帮助，组织起来成立合作社，取消"二批发"的中间剥削。

哈尔滨人民政权积极回应渔民诉求，帮助渔民建立渔民合作社，"根本改变现有的'一手把两家'的经纪性质。以便更有效地在销售过程中，保障渔民的既得利润，限制渔商的过高利得及扩大批发面，取消二批发的中间剥削"。哈尔滨人民政权还"在批发市场之外，加设零售部，建立生产者与消费者的直接关系，抵制渔商中间操纵，两头盘剥"。在党和人民政府的深入领导与具体帮助下，通过建立渔民合作社，带有剥削性质的渔业"二批发"逐步被消灭了，渔民从过高的剥削中被解放出来，积极生产，改善生活，支援前线。

二、正当商业习惯的继续延用

社会经济形态的产生与发展有其自身的内在规律性，并不因政治形态的不同而完全断裂。哈尔滨人民政权首先认为，传统商事习惯中符合社会经济发展规律、无害于国计民生、不具有剥削和投机等封建不平等性质的正当习惯与"发展生产、繁荣经济"的总目标并不对立；其次，哈尔滨曾经是北满的经济中心，商事繁盛，在长期的商业发展中已经形成了诸多促进商事发展、被大家认可的传统习惯，保持正当商业习惯的继续延用，可以稳定社会秩序，团结一切有利因素，最快地恢复与发展经济，保障民生需求，促进生产经营，支援解放战争。

哈尔滨解放后，哈尔滨解放区人民政权制定了积极的商业政策，通过学习毛主席报告、"二七社论"，领会党的经济路线、方针，及时纠正"左"倾偏向，对有利于战时生产、国计民生的行业、商事组织给予扶助，尽快恢复经济，发展生产。因而对私人资本商事组织长期形成的合股出资、生产制造、交易信用等一般行业的正当商事习惯都给予认可。

（一）合股习惯

合股出资、共同经营是一种古老的商事习惯，可以为出资人解决资金、技术、管理、时间、地域等因素不充足的问题。合股出资的股东之间多因熟识、相互认可而同心同德、共获盈利。哈尔滨众多商事组织都是合股出资设立经营的，并长期保持了这一商事习惯。如创立于1905年的哈尔滨老字号"天丰涌",就是在光绪三十一年(1905年),因经理李雨亭和乔智信都是双城广兴和的伙计,李家贫,赚的薪金不够养家,与乔智信计议到哈尔滨做买卖,几个朋友凑了1 000两银子开办的。由于是知己朋友互利互助做起生意,大家共同艰苦创业,支撑着天丰涌的发展,"一九二一年已发展到资本金一万余两",之后"一直向上,到一九三九年达到最高峰,每年利息金由五千两到三万两三十万两之巨"。①

日伪帝国主义残酷的压榨和国民党接管后的搜刮,使解放初期的工商业十分困难,中共哈尔滨市委执行党的新民主主义经济路线和经济政策,以扶持和发展为主,对一般的城市经济都不轻易破坏,除有害于国计民生的工商业(如奢侈品、迷信品、旅馆、饭店等)外,政府都在政治上给予保护、扶植,在可能条件下发展它们。"日本帝国主义摧毁了天丰涌",在国民党接管下"做好买卖的迷梦算是打破了",只有人民民主革命政权真正地帮助天丰涌,在哈尔滨市政府和店员联合会的帮助之下,继续延用合股习惯,使其"基本精神没变",并订立了新的劳资合同,极大地恢复和促进了天丰涌的发展。从"天丰涌"1948年的营业情形看,"一九四八年一年卖货款达八百零五万元,流动金周转速度年达二十次以上,这年利润为六十六万元,资本利率为百分之一百五十,买货人的拥挤是哈市属一属二的,这是天丰涌的全盛时代"。②

再以哈尔滨私营制鞋业情况来看,据1947年4月末统计,共有422家,工厂零星分散,东傅家区46家,西傅家区94家,北傅家区89家,南岗12家,马家区10家,道里区72家,新阳83家,故乡4家,太平区5家,香坊区7家。生产方式为100%手工生产,作坊与独立劳动者占多数(1~5人的371家,6~15人的49家,16~25人的1家,26~50人的1家)。全行业独资的占49.5%,打小股的占12.5%,合资的占13.5%,独立劳动者占24.5%。③ 从调查统计数据来看,独资为多数,占近一半比例,合资为第三。1947年哈市的私营制鞋业是兴盛的,"哈市各皮鞋工厂得到军方订货者,利润匪浅"。

胶皮业是"八一五"光复后哈市新兴工业中的一个行业。最初为顾乡电运车工厂,系于1946年3月筹备,雇佣日本技师,原拟制造胶皮鞋,后

---

① 哈尔滨市档案馆馆藏革命历史档案,全宗号1,目录号1,案卷号83,顺序号6。
② 同上。
③ 哈尔滨市档案馆馆藏革命历史档案,全宗号2,目录号1,案卷号412,顺序号15。

被铁路局租用至1948年始返还。1947年5月后,大华、北新、瑞成、新光工厂先后开业,当时全为财政落后的军需部与林务局等相继开始生产加工,1948年4月后,复有时光、大北、运昌、大陆、建华、再生、密源等胶皮工厂先后筹备开业,制造民需之五眼鞋儿、水袜子、棉靰鞡与胶板胶滚等。从行业劳资关系上看,由于生产条件较好,劳资关系在整个行业中基本上还是较为正常的。从行业生产情况看,每个工厂的生产情况不一,但整个行业基本上生产条件是正常的。如时光工厂1949年2月产鞋1 678双,3月份产鞋6 844双,4月份产鞋8 724双,5月份产鞋6 967双,6月份产鞋3 262双,1949年上半年每月平均产量为4 594双,生产情况是较好的。大北、运昌、建华工厂的生产情况与之相似。晨鸣工厂现出品之球鞋,则更是供不应求。胶皮业的资金全部为合资,股东出身中小商人的较多,头脑灵活,追逐利润的方法上也各有一套,大家齐心合力,努力提高质量,降低成本,因而胶皮业是"有前途的"行业。①

从"天丰涌"杂货店、私营制鞋行业、胶皮行业等哈尔滨私营工商业的发展来看,无论是在老字号商店,还是在传统手工业,抑或是在新兴工业,合股习惯一直得以延用,集中了人力、财力、物资、技术和经营的信心,在人民政权的帮助、扶持与引导下,快速恢复生产经营,加快发展。

(二) 生产制造习惯

1. 制定厂规

如何建立正确的劳资关系,自毛主席《目前形势和我们的任务》报告及"二七社论"发表后,建设城市的生产思想逐渐为劳资双方所接受。但应该怎样把业务搞好?怎样发展生产、繁荣商业?工人店员与资本家有不同的见解。为了打通大家"发展生产""劳资两利"的思想,哈尔滨市政府多次召集资本家座谈会和工人店员座谈会,研究劳资关系、加工生产、商业管理等问题。通过集体谈和个别谈,拟出提纲来给各家写,了解资本家的态度和要求,了解工人店员的想法和诉求。资本家们集中对"雇佣与解雇""厂规""工资""工作时间和假日""童工""劳得福利""奖惩制度"七个方面进行了讨论,②再经过和工人店员集体协商,各个工厂、商店大都制定了厂规厂法、营业规则,保持及适当修订原有规范。

---

① 参见《胶皮业调查》,哈尔滨市档案馆馆藏革命历史档案,全宗号2,目录号1,案卷号356,顺序号2。

② 哈尔滨市档案馆馆藏革命历史档案,全宗号2,目录号1,案卷号389,顺序号1。

哈尔滨市针织业订立了集体合同。其中，第七条规定，"凡一贯工作消极及违犯厂规，经劳资双方共同批评或教育，经五次而终不改者，得解雇之"。第八条规定，"凡职工有犯刑事处分，或故意违犯厂规。致使工厂受到巨大损失，得解雇之；但不给解雇金"。此外，《哈尔滨市针织业集体合同草案》中的《第四章　制定厂规》共包含18项条款，以专章规定"厂规"。如第二十二条规定，"全场工友应对工厂所出职品质量或数量，应随时研究，以求其改进"；第二十七条规定，"厂内人员如携带物品出厂时，需经账房检查后，方许出厂"；第三十一条规定，"为保护全厂物资机械之设备不受损失。全厂职工人员应严加注意'防火'及周密检查以防意外之损失。夜间对于门窗亦应注意，严防宵小潜入。各职工应特别防范"。① 哈尔滨市针织业集体合同中的厂规制定，是对正当商业习惯的保持，得到劳资双方共同的认可与遵守。

天兴福第四制粉厂建立于1925年，在组织形式、管理方式、原料选购、面粉销售商等方面都有规程，管理得当，经营有方，营业兴旺，居于哈尔滨制粉业的大厂行列。由于伪满时期遭受日伪经济"统制"的残酷剥削与打击，天兴福经营惨淡，几近破产。哈尔滨解放后，人民政府对私营工商业采取"既照顾又改造，既扶助又管理"的政策，天兴福第四制粉厂焕发生机，经过短时间筹备，重新开机生产。在生产经营中，天兴福第四制粉厂依然保持了原来的组织架构和规程，从总经理、副理、监理、经理，到厂长、工场长、会计课、业务课、总务课，各司其职，各守规程。天兴福第四制粉厂一直延续到1966年。②

解放区新设立的工厂，在开工前也都要按工业生产制度及工作中应注意的事项定出厂规。如1948年7月17日，哈尔滨《工商日报》第一版刊载了《四个絮行被服厂全部开工　工友讨论订出公约、厂规》，报道了南岗区四个絮行厂订立公约、厂规，厂规规定"……保证不偷工减料，坚持行密絮匀；加工厂负责配给及保管原料；絮行厂负责厂内行政工作；军需部负责指导技术及检查质量"。③

---

① 哈尔滨市档案馆藏革命历史档案，全宗号2，目录号1，案卷号412，顺序号17。
② 哈尔滨市档案馆藏革命历史档案，全宗号2，目录号1，案卷号251，顺序号9。另外还可参见邵越千.天兴福的创立和发展[A].中国人民政治协商会议黑龙江省哈尔滨市委员会文史资料研究委员会.哈尔滨文史资料:第四辑(内部发行)[M].哈尔滨:哈尔滨市龙江印刷厂印刷,1984:39-53.
③《四个絮行被服厂全部开工　工友讨论订出公约、厂规》，哈尔滨市图书馆藏哈尔滨《工商日报》,1948年7月17日,第一版.

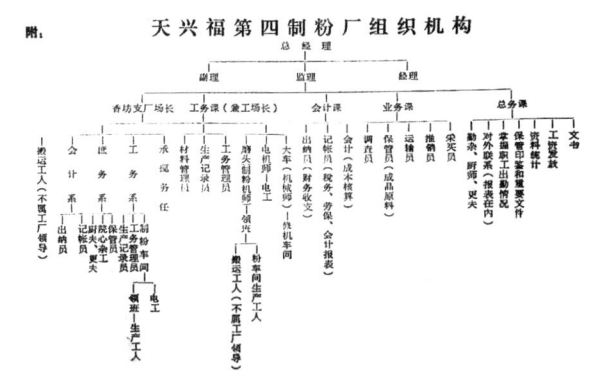

第三章 人民政权对旧有商事习惯的继承与改造 203

图 3-3 天兴福第四制粉厂组织机构图①

图 3-4 哈尔滨《工商日报》1948 年 7 月 17 日刊载
《四个絮行被服厂全部开工 工友讨论订出公约、厂规》②

---

① 资料来源:中国人民政治协商会议黑龙江省哈尔滨市委员会文史资料研究委员会.哈尔滨文史资料:第四辑(内部发行)[M].哈尔滨:哈尔滨市龙江印刷厂印刷,1984:54.
② 资料来源:哈尔滨市图书馆馆藏哈尔滨《工商日报》,1948 年 7 月 17 日,第一版。

2. 注重打造产品标牌

标记产品标牌是指产品生产者在所生产的商品上标注品名或厂名，用以区分不同生产经营者的商品，以及同一生产经营者的不同商品，同时具有广告的功能和商业信用的功能。标记产品标牌的商事习惯在我国历史悠久。

1898 年中东铁路在哈尔滨动工修建。1900 年 5 月 14 日，俄国著名的资本集团秋林公司随着中东铁路的修建进驻哈尔滨，首先在香坊开设了跨国公司——秋林洋行。1904 年，地上两层、地下一层的新秋林洋行在南岗大直街与新商务街（现哈尔滨奋斗路）交叉口建成营业。南岗秋林是中东铁路建成后在哈尔滨开立的第一家大型百货商店，销售众多品牌货物，顾客盈门，获利丰厚。前店后厂，以商业带动工业，以工业供补商业是秋林洋行的一个特色。秋林洋行围绕城乡民众基本生活生产所需，创办工厂，生产加工了许多自有品牌商品。1914 年，秋林卷烟厂竣工开厂。"开始生产的卷烟是大箱包装，1923 年后，生产小包卷烟，如'莲花''神鸟''东方'等近 10 种标牌"。"秋林洋行自己生产的产品，曾多次获伦敦、罗马、伯力、中东铁路出口展览会的优质产品金质奖牌。由于产品久负盛名，赢得了广阔市场，攫取了可观的利润。"[①] 1923 年以后，秋林洋行更加注重对工业的经营。"引进了欧战后的新技术，更新了卷烟、制茶、灌肠和酿酒等技术设备；新建了'伏特加'酒厂、肥皂厂和化妆品厂。以优良的产品质量，与欧美产品抗衡。如对卷烟厂投资 20 万巨款，专门生产'带纸嘴的俄国名烟'，标牌繁多，不仅畅销东北，还出口国外，占有广阔市场。"[②]

"八一五"光复后，秋林更加注重工业建设，先后建立了近 20 个工厂和加工厂。比较出名的有机器维修厂、汽车修配厂、皮革厂、油漆厂、木材加工厂、水泥厂、制酒厂、酿造厂、食品厂等。各个工厂都极重质量，以打造品牌。以食品为例，秋林有许多传统的美味食品。面包类主要有"大列巴""拉斯克""黑面包""列巴圈""古斯斯拉克"等多种风味、款式，列巴圈好吃又好玩，古斯斯拉克是面包类上品，大列巴至今仍是哈尔

---

① 宋保华. 哈尔滨秋林公司史话（二）[J]. 黑龙江史志,2007(2):40-42.
② 宋保华. 哈尔滨秋林公司史话（三）[J]. 黑龙江史志,2007(4):43.

滨秋林的代表性食品。西点类主要有"苏合力""杰克斯""古力斯",有夹馅类、半夹馅类等 50 余个品类;秋林水点类中有十多种,都驰名国内外。糖果类主要有"毛巴舍""金牛其克""吉费勒""什锦糖"等。① 从名贵的酒糖、高级的奶糖、夹心的大虾酥糖,到硬水果糖、软皮糖果等,老少皆爱,吸引众人。

同记商场也极为重视商品标牌,从武百祥最初的小作坊——同记帽店加工制作的帽子开始,在前店后厂式的经营中,同记工厂自创品牌出产的同记英式皮帽、白熊牌袜子、永年牌小人糖、大罗新月饼、同记鱼皮豆、同记电光球糖,都备受社会各界赞誉,其行销之广,普及全国多个城镇,成为全国公认、人人称道的名牌产品。

同记十分注重以质量打造品牌。同记工厂的白熊牌袜子,在生产流程和出品中,严格掌握技术标准,把好质量关。凡是能贴上"白熊"标牌的,都必须经过精选,必须没有一点毛病。在使用同样原料的条件下,只要在检验中达不到规定的标准,即为副品,副品中又分为 3 种:有跳线、掉针,经修整后看不出毛病的,贴"鹦鹉"标牌;经修整看出一点毛病的,贴上"玫瑰"标牌;经修整看出明显毛病,但能够投入使用的,贴"虎头"标牌。三种标牌销售价格上也很悬殊,以作区分。

同记不但以质量打造品牌,也注重以宣传打造品牌。为了扩大宣传,第一批产品白熊牌袜子问世之前,同记首先做了一个 7 尺高的大白熊,用 4 人抬着游行,前面是两个人手持"肃静""回避"的两个大标牌开路,后边是乐队伴奏,俨然就像出行的钦差或巡抚,非常引人注目。同时还从日本烧制了大批搪瓷广告,派人去全省各城镇打广告。同记工厂的白熊牌袜子投放市场不久,便以其优良的质量,博得了社会各界的赞誉。为了进一步扩大销路,同记还抽调 20 名外柜,做了百余面彩旗,奔赴东北各城镇,雇吹鼓手,以彩旗开路,鸣锣敲鼓进行宣传,白熊牌袜子家喻户晓,首先在东北成了压市产品。

白熊牌袜子不仅质优物美,耐穿耐用,而且还采取有奖销售的办法,吸引了成千上万的顾客,而上海的船牌和墨菊牌袜子则相形见绌。因此,

---

① 参见孔玉九,孙继周,刘学礼,口述. 李今诠,整理."秋林"独特经营和美味食品[A].政协哈尔滨市委员会文史资料编辑部. 哈尔滨文史资料:第十五辑(经济史料专辑)[M]. 哈尔滨:哈尔滨出版社,1991:82 – 85.

质量佳、宣传广、购买多，使白熊牌袜子登上了全国名牌的宝座。而继"白熊"创牌子之后，同记又设计生产了"雄鸡"牌女袜，与"白熊"并驾齐驱，成为争霸称雄的名优大名牌。同记两种名袜在全国市场树立了信誉，带动了同记针织科的毛衣、手套、毛巾、头巾、护膝、耳包等多种产品的生产，同记针织科更加兴旺发达。

同记工厂建立后，先后设有20个科（即分工），生产各种畅销品500余种，仅糖果、糕点一科就不下400种。不单有大众食品，还生产中高档食品，如酒心糖、咖啡夹馅糖及月饼、水点心等。同记食品厂生产的大罗新月饼用料精良，工艺考究。从八月初应市，同记、大罗新400余名店员，每天晚上包2个小时，仍是供不应求，其销售量占全市总销量的80%以上。据哈尔滨另一大糕点品牌"老鼎丰"已退休的郝经理讲："当时不到30万人口的哈尔滨，大罗新月饼年销50万～60万斤，而老鼎丰只销15万斤左右。"大罗新月饼名贯全市，行销东北三省，北销讷河，东销绥芬河，西销满洲里，南销四平、长春、奉天、大石桥等地。每年节日临近，多地都抢销抢购，甚至提前购买。

同记大罗香糖果厂生产的糖果，也赫赫有名，行销全国各地。同记大罗香糖果厂生产的高级糖果有酒心糖、咖啡糖等数种。酒心糖是以法国名酒做夹心，咖啡糖是以桃仁、榛仁、瓜子仁、蛋白做酥芯馅，料足味美。同记对高档糖果的包装也很讲究，里面裹一层江米纸（软纸），中间夹一层蜡纸，外面包一层金银纸。著名的永年牌小人糖一经问世，就以其"滋味佳美、材料丰富、人人爱吃"成为全国闻名的小食品。电光球糖在哈尔滨是首创，被人们誉为新奇货，在当时全国也屈指可数。北京的食品店把哈尔滨同记工厂的糖果，在广告板上宣传为"东来香"，"东来香"的美誉使同记产品更加名噪关内外。①

哈尔滨解放后，"同记""秋林""老巴夺"等诸多企业继续保持了这一习惯，依然可以在当时的报纸、各式广告、各类产品上看到既代表商品信誉，又具有广告功能的产品标牌。

---

① 参见王立民. 哈尔滨同记工厂名牌产品的形成[A]. 中国人民政治协商会议黑龙江省委员会文史资料委员会编辑部. 武百祥与同记[M]. 哈尔滨:黑龙江人民出版社,1989:181-190.

第三章　人民政权对旧有商事习惯的继承与改造　　207

图 3-5　同记工厂股份有限公司的白熊牌名袜①

图 3-6　20 世纪 40 年代老巴夺父子烟草股份有限公司的香烟标牌②

---

① 资料来源：https://www.sohu.com/a/212108583_728289。
② 资料来源：哈尔滨卷烟厂. 百年烟标荟萃[M]. 广州：岭南美术出版社，2002：78.

图 3-7 哈尔滨国营秋林公司食品工厂纯葡萄酒标牌①

(三) 经营管理习惯

1. 制定营业规程

商事组织多由众多人员组成,企业经营离不开营业规程。哈尔滨老字号"同记商场""天丰涌"杂货店、"天兴福制粉厂""双合盛油坊"、"哈尔滨灌肠厂"等大小企业都有营业规程、办事细则。设章立规的经营管理习惯不仅在传统社会存在,在解放区城市经济发展中同样需要企业规范,上通下达,共同遵守。

同记商场订有内部规则——《同记商场股份有限公司办事细则》,细则首先在"叙"中写明规程的重要性:"定合理化之办事细则,以期吾人有所标准之遵循,俗云'法立而弊生',斯言实属大谬,凡立法规皆属最善之用意,而防生弊","如果养成守法之习惯,吾人相信本公司必获模范商店之荣誉,吾人须要彻底明了者,商店乃事业之身体,吾人服务其中,即事业之灵魂,吾人名誉之如何,须随商店事业名誉而转移,公司成立即吾人新生命之产生,戒除日久生懈之积习,以新精神努力前图,何患不成功哉。"②《同记商场股份有限公司办事细则》除"叙"外,由"总则"

---

① 资料来源:姜朋.商事制度考据集[M].北京:清华大学出版社,2017:231+245.
② 中国人民政治协商会议黑龙江省委员会文史资料委员编辑部.武百祥与同记[M].哈尔滨:黑龙江人民出版社,1989:278-279.

"资产""结算""营业""责任""待遇"六章组成,共88条,详细界定了公司宗旨、资产核算、账目结算、营业规范、各司其职、各承所责、薪金待遇的规定。此外,同记还订立有《同记商场股份有限公司宿舍规则》《同记商场股份有限公司厨房饭厅规则》。同记商场不仅是哈尔滨的老字号,也曾享誉东北,闻名关外。

哈尔滨解放后成立的哈尔滨企业公司、哈尔滨百货公司、第二屠宰合作社等也都有企业内部的营业规程、办事规章等。哈尔滨市政府、商业局等机关也推出了多项经营管理中的相关规则。

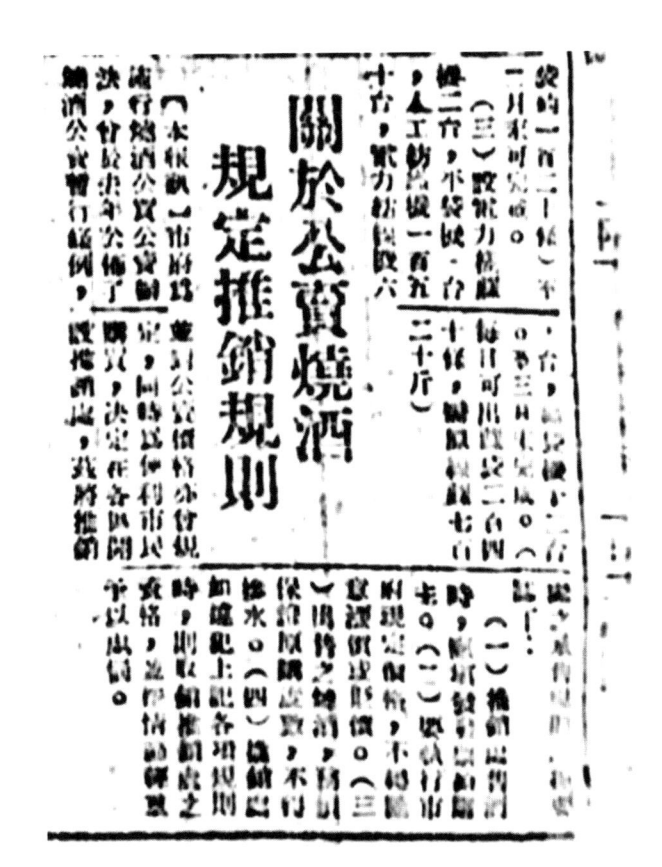

图3-8 哈尔滨《工商日报》1948年1月4日刊载
《关于公卖烧酒规定推销规则》[1]

---

[1] 资料来源:哈尔滨市图书馆藏哈尔滨《工商日报》,1948-01-04(1).

2. 编制营业结算书

营业结算书是整理与列写商事组织机构在一定时期内资产情况的书面统计,营业结算书可以使投资人及相关主体掌握商事组织的资产情况。营业结算书是商事组织处理有关分红、转产、债务处理,以及商事组织成员退股、入股权利义务等问题的数据基础,亦可通过比对商事组织其他时期的营业结算书,了解商事组织资产变动的情况。因而商事组织在章程或企业规则中都要规定,须按固定时期编写营业结算书,并予以告知。

通过营业结算书还可以比对商事组织的盈利负债,并分析原因及行业趋势等。如民国十九年(1930年),《中东半月刊》第一卷第八号上刊载了《裕庆德毛织工厂概况》,对裕庆德毛织工厂的厂址及面积、沿革及资本、组织及设备、制品及价值、销路及营业、工人及薪金和将来之计划等进行了调查和分析。

表3-3 1930年哈尔滨裕庆德毛织工厂"历年出货价值及收支"与"历年亏欠盈余及存货价值"调查统计表①

(甲)历年出货价值及收支表			
年 限	出货价值(万元)	货价收入(万元)	支出(万元)
十二年	80	60	60
十三年	100	100	100
十四年	120	100	100
十五年	150	170	170
十六年	150	150	150
十七年	200	150	150
十八年	200	180	180
(乙)历年亏欠盈余及存货价值表			
年 限	亏 欠	盈 余	存货价值
十二年	无	无	20万元
十三年	无	无	无
十四年	无	无	20万元
十五年	无	20万元	由存货减20万元
十六年	无	无	无
十七年	无	无	50万元
十八年	无	无	50万元

---

① 资料来源:陈绍南.哈尔滨经济资料文集(1896—1946)(第三辑)[M].哈尔滨:哈尔滨市档案馆(内部发行),1991:258.

根据上表对裕庆德毛织工厂的出货价值及收支、亏欠、盈余及存货价值的"营业结算"进行统计，再结合销路及营业情况，可以分析出裕庆德毛织工厂的毛毯与呢绒在初办厂时，第一年仅销哈埠与哈埠附近之各地。逾年以后，行销于东三省，内地各省仅略有销数。民国十五年（1926年）以后，行销于全国。民国十七年（1928年）以后，毛毯一项还行销朝鲜及日本。该厂成立以来，因系纯粹国货，一般人士皆表欢迎，且因远销海外，所制货品时有不足销售的情况，故历年营业日渐发达，逐年上涨。该厂在营业上表面似有利可图，实则皆为存货占去，资本原有定数，因而周转不灵。鉴于国内毛绒、毛线的销路颇旺，并纯系对外销售，因而对于毛绒、毛线部分亦应加以扩充，以便供应国内市场需求，同时加强与外国货品的竞争。[1]

另以同记商场为例，伪康德四年（1937年）三月二十八日，同记商场制定了《哈尔滨同记商场股份有限公司章程》，其中第五章第三十四条和第三十五条对同记商场"营业结算"进行了规定。第三十四条规定，"本公司会计年度，每年七月一日起至次年六月末日为营业年度"；第三十五条规定，"本公司账目每年度终结算一次，应造具左列各种书薄，由董事长提文交董事会议决，通过后送交监察人复核，提出于股东会，请求承认。"[2]

伪康德五年（1938年）五月一日，同记商场制定《同记商场股份有限公司办事细则》，其中"第二章资产"和"第三章结算"对同记商场的营业结算的相关规程做了进一步规范。

第二章 资 产

第八条：本公司资本国币一百万元，预算固定资本须占六十五万元。

固定项目：

一、购置营业占用之土地

---

[1] 参见云峰．裕庆德毛织工厂概况[A]．陈绍南．哈尔滨经济资料文集（1896—1946）（第三辑）[M]．哈尔滨：哈尔滨市档案馆（内部发行），1991：256-260．
[2] 中国人民政治协商会议黑龙江省委员会文史资料委员会编辑部．武百祥与同记[M]．哈尔滨：黑龙江人民出版社，1989：276．

二、建筑营业所用之房屋

三、营业用器具

流动项目：

一、贩卖之货物

二、有价证券

三、兼营其他之生利业务

第九条：本公司所有之土地无论在任何时期，购置者均按原置价记账，如因市面盛衰、价值涨落，仍照原价不增不减，结账时期按实计算。

第十条：房屋建筑成分不一，须按成分逐年分别折扣其消耗，所有房屋分列如左：

……

第二十二条：代理货物收入或卖出均须详载于账，至结算时可清点数目，按原价无扣点存，但未付之价须注存货主之账。

第三章 结 算

第二十三条：本公司由阳历七月一日起至次年六月三十日为一年会计年度，所有资产负债以及营业经过均须按实清算以观成绩之如何，所有一切须分类列表，以备对于关系方面详为报告。

第二十四条：所有动产或不动产应如何点存，均参照前条资产类之规定计算。[①]

由上可知，同记商场以"阳历七月一日起至次年六月三十日为一年会计年度"，在一年会计年度期间，商场经营过程中的营业所得及资产负债等实际情况，均须按规定分类，以列表方式编写营业结算书，并报告股东会、董事及监察人等"关系方面"。同记是民国时期哈尔滨商事组织的代表之一，明晰的营业结算规程亦是其他商事组织的效仿对象。

哈尔滨解放后，这种营业结算规程依然沿用。通过哈尔滨市档案馆所

---

① 中国人民政治协商会议黑龙江省委员会文史资料委员会编辑部. 武百祥与同记[M]. 哈尔滨：黑龙江人民出版社，1989：280－284.

第三章 人民政权对旧有商事习惯的继承与改造　　213

保存的档案可以了解到，1946年7月1日至1946年12月31日，同记商场股份有限公司的营业结算情况为：以半年为一度进行结算，资产结算项目包括房产地基（房屋、土地）、营业用器具（铺垫）、有价证券（出资他方）、商品（货物）、本埠往来欠款（他方欠款）、暂记欠款、现金、存放银行（银行存款），以及上述各项的总和。

　　1948年哈尔滨市政府颁布的《商业保护、管理实施细则》第四十七条规定："凡本市工厂、商店，其日常交易及原料商品出入逐一明细记载账簿，每半年作概算一次，一年一结算，并做出资产负债、损益计算表及不动产（以现价折算）目录呈交工商局，凡与营业有关之账簿、单据、书简，应留存十年。"①

　　3. 广告宣传

　　清末民国以来，哈尔滨商家都注重广告宣传。尤以同记为首，同记的广告宣传、商品宣传、促销宣传多种多样，形式丰富，在顾客的喜闻乐见中宣传同记，推销产品。注重商业宣传也是同记营商的重要原则和主要手段，1927年开始，同记每年用于店内带有广告的商品包装用纸、店外散发的商场宣传和商品广告用纸，最高达3火车皮，重约90吨。②

图3-9　1902—1914年老巴夺烟厂的烟盒广告③

---

① 哈尔滨、沈阳市工商行政管理局. 东北解放区的工商行政管理[M]. 北京:工商出版社,1988:65.
② 参见中国人民政治协商会议黑龙江省委员会文史资料委员会编辑部. 武百祥与同记[M]. 哈尔滨:黑龙江人民出版社,1989:122.
③ 资料来源:哈尔滨卷烟厂. 百年烟标荟萃[M]. 广州:岭南美术出版社,2002:1+6+7.

图 3-10　民国时期秋林烟草公司和秋林洋行广告①

　　注重广告宣传的商事习惯在哈尔滨解放区也一直盛行，众多行业、众多商家、众多厂家都大发广告。翻看1947年至1949年的哈尔滨《工商日报》，所发行每期报纸的第二、三、四版面都有广告宣传：兆林电影院广告"高尔基的童年"，松江省贸易染色厂"染布的好消息！"，荣昌公司"修理下水道"，"伦敦饭店"，"燕医生医院"，"雁月汤"，松江舞台"英雄儿女"，虹剧社公演"粮食"，小儿良药"保灵丹"，"民国医院"，"司令牌"香烟，松江省政府公营"松群制杼厂"，松江评剧院"水泊梁山"，"美丰机器铁工厂"，同发福"永乐"钢笔水，"松北商场开幕"，"专卖穆棱煤批发！零售！"，育英补习学校"招生"，"新年大减价"……公司、工厂、医院、药品、舞台、剧社、电影院、文化学校、技术学校，无论是公营还是私营，涉及国计民生的各行各业广告可谓"你方唱罢我登场"！

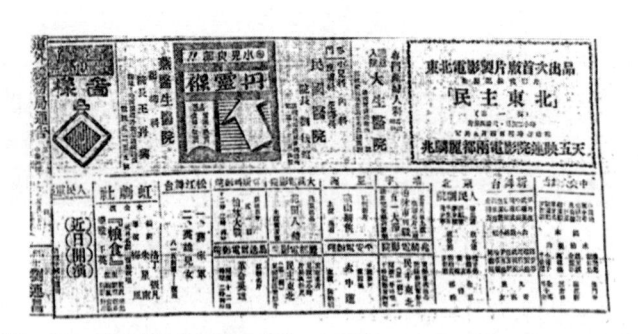

图 3-11　哈尔滨《工商日报》1947年5月8日第二版上的广告②

---

① 资料来源:姜朋.商事制度考据集[M].北京:清华大学出版社,2017:231+235.
② 资料来源:哈尔滨市图书馆馆藏哈尔滨《工商日报》,1947年5月8日,第二版.

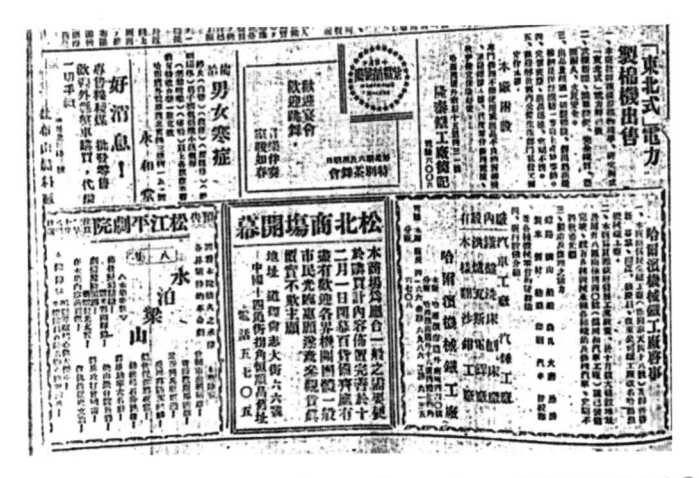

第三章 人民政权对旧有商事习惯的继承与改造 215

图 3-12 哈尔滨《工商日报》1947 年 12 月 28 日第四版上的广告①

图 3-13 哈尔滨《工商日报》1948 年 2 月 1 日第三版上的广告②

图 3-14 哈尔滨《工商日报》1948 年 2 月 1 日第四版上的广告③

---

① 资料来源:哈尔滨市图书馆藏哈尔滨《工商日报》,1947 年 12 月 28 日,第四版。
② 资料来源:哈尔滨市图书馆藏哈尔滨《工商日报》,1948 年 2 月 1 日,第三版。
③ 资料来源:哈尔滨市图书馆藏哈尔滨《工商日报》,1948 年 2 月 1 日,第四版。

图 3-15　哈尔滨《工商日报》1948 年 5 月 4 日第三版上的广告①

4. 发给年关补助金

年关补助金按习惯通常被称为"花红""年关花红",也有的称为"实奖金"②"年终补助金""酬劳偿与金"③,即商事组织在年末给予组织成员,包括店员、学徒的年终奖励。"花红"是在工资之外给予的额外奖励,因而是商事组织内部管理中的一种激励机制,对激发组织成员生产经营的积极性具有较大作用。同时也影响同行业之间吸收人才和雇工的竞争。大家都盼望着企业好,年终可能获得些许奖励;大家也都想去有"花红"习惯的企业,做活有盼头。"花红"不同于工资,通常以企业经营尚好为前提,因而并不是所有行业、所有企业都有"花红"。当企业尚好,"花红"作为一种习惯通常都会被实行。

哈尔滨解放后,人民政权以"劳资两利"为总方针,一方面遵循企业管理中的激励机制,保留企业中的"花红"习惯,另一方面也纠正了工人运动中的"左"倾偏向,即一刀切地将"花红"习惯作为私营企业资方的强制义务,要求在所有企业中都实行。哈尔滨市东傅家区委会在 1949 年专门对"私营工厂过去年关补助金"情况进行了调查,对几个工厂和行业都进行了解,调查内容包括"八一五"光复以前年关补助金和解放后年关补助金的发放情况,客观地展现了在"劳资两利"的方针下实行"花红"习惯的经验与成效。

第一,铁工业情况。

---

① 资料来源:哈尔滨市图书馆馆藏哈尔滨《工商日报》,1948 年 5 月 4 日,第三版。
② 胶皮业称为"实奖金"。"粘鞋女工没有副待遇,只月薪的职工在年终有的得到'实奖金'。"《胶皮业调查》,哈尔滨市档案馆馆藏革命历史档案,全宗号 2,目录号 1,案卷号 356,顺序号 2。
③ 同记商场将花红称为"年终偿与金",参见《同记商场股份有限公司办事细则》第六章《待遇》第六十条。中国人民政治协商会议黑龙江省委员会文史资料委员编辑部. 武百祥与同记[M]. 哈尔滨:黑龙江人民出版社,1989:288。

在铁工业，一般的工厂过去没有什么补助金，只有个别工厂有这种待遇。如东和铁工厂，在1945年时，一般的工人能得约相当于五个月工资的补助金（三年一次）；天信炉铁工厂是一年一次，大约每人能得相当于两个多月到三个月工资的补助金，因为天信炉铁工厂生产情况很好，在全市的私人工厂里，做电锤杠机器活的只有它一家，工人多系大连来的（因为工厂是从大连过来的），一般的工人待遇是比较高的。

1948年总工会布置年关补助金时，金额一般不许超过两个月工资，这两个工厂都给了相当于三个月工资的补助金，另外也有工厂给相当于一个月或一个半月工资的补助金。

第二，印刷业情况。

在1948年时，有给两个月的，如建业印刷厂、汇丰祥印刷厂；有给三个月的；另外还有给两个月福利基金的。此外，大新印刷厂工人又提出要求，让资方出钱给做棉衣，因为过去每年都有，所以资方已无条件地答应了。1948年左右，从长春、沈阳一带来了大批工人，生产很忙，每天加班，公休也不休息，因而大新印刷厂工人除获得一个月工资外，资方还另给十天的工资。

第三，染业情况。

这个行业的工人待遇相比一般行业要高些。染业工人的工资从1948年7月到12月都比其他一般行业的工资高，尤其是比公企的工资高得更多。根据调查，他们的年末补助金（伪满时被称为"花红"）大约相当于一年工资。但当时工资很低，如裕成染厂1942年时最高的工资只有40元，1943年时最高工资是45元，1944年是50元，一般工人的工资只够一个人的生活费，因而主要依靠年关花红增补生活。另外，一年中还能分到给别人染布偷下来的布头，由于染布时要涨尺，大约每匹布能撕下四五尺来，30斤左右。

染业行业在1942年到1944年年末期间补助金的发放额很不平衡。通常在大工厂里，年末补助金是每人约得相当于一年的工资，如裕成染厂；一般的工厂得7~8个月的，如泰和染厂；小的工厂得2个月的，如东兴染厂。染业行业在1948年最低的补助金数额是分到2个月工资，高者如裕成染厂可以分得8个月的，一般的工厂约得4个月的，比之过去，差异缩小了些。

一般的大工厂对发放花红是有习惯的，一般的小工厂没有这种待遇。东傅家区委会在1948年年初对花红习惯问题规定："年末补助金最好不限定数目，可依各工厂情况由劳资双方协商决定，但工人不得强要，须经工会具体掌握，这样一方面不致脱离群众，又防止了资方钻空子；另一方面又照顾到真有生产情况不好的工厂，不使资方产生负担。"① 这一规定是正确的，符合当时哈尔滨经济的客观情况，因而保护和促进了工人店员和资本家的生产经营与工作劳动的积极性。

东傅家区委会的调查结果与规定施行经验给了市委、市劳动局很大参考，哈市劳动局仲裁科制定的《哈市战时集体合同试行办法（草案）》②第35条规定，公营企业年关奖励按东北行政委员会规定执行。1949年1月8日，中共哈尔滨市委对内（党和工会干部）发布《关于年关分红问题的通知》，规定企业对"年关分红"应依合同，或以劳资双方公开公正、民主协商的方式进行决定。

市某些私营商店与工厂，在历史上有年关分红或赏余的习惯，我占哈后曾推过分红制度。去年年关除少数有红可分者外，一般曾发一个月到两个月的双薪。因此，今年工人店员对年关分红或双薪还寄托很大希望，对此问题，我们分别采取以下各种办法。

一、今年订有新合同者（如同记、天丰涌、东发合）按合同办。

二、无新合同者，根据营业情况好坏，由劳资双方协议，一般发给半月至两月的双薪，个别的发给三月双薪，作为年关奖励金。

三、虽无新合同，但劳资双方都愿意实行年关分红者，也根据营业情况，由劳资双方协议，职工所得红利估计一般不会多于三个月工薪之数，个别企业（如双合盛）可能超过此数，由工会民主讨论，争取将超过数提作职工福利金。

---

① 哈尔滨市档案馆馆藏革命历史档案，全宗号1，目录号1，案卷号117，顺序号7。
② 《哈市战时集体合同试行办法(草案)》，哈尔滨市档案馆馆藏革命历史档案，全宗号2，目录号1，案卷号354，顺序号1。

四、奖励金或红利之分配原则，应以工薪为比例，并照顾生产与参加工作之成绩好坏，先由职工民主讨论，再与资方协议决定之。不能由资方片面决定，以防止分化职工团结及资方利用金钱收买落后者、打击积极者的阴谋。

五、此件只在党和工会中口头传达，现在年关分红或双薪问题，已在工会干部中传达，并基本上按上述原则解决，但为便于处理未决事项起见，特作此补充通知。①

第二节 商事习惯与法制的博弈与整合

一、1948年《哈尔滨特别市摊贩管理条例》的制定与实施

（一）生存与乱象：哈尔滨解放区摊贩状况考察

1946年4月28日东北民主联军进驻哈尔滨，哈尔滨获得解放。解放初期的哈尔滨因战争的破坏，工商业衰退、物资匮乏、流亡失业者增多，市民生活困窘。哈尔滨人民政权大力恢复国营经济，发展国营、市营工商企业，开展生产合作社，但短期内完全依靠政府恢复社会经济尚有许多困难，社会生活仍然必须依靠全体市民。市民涌上街头小市摆摊设点谋取生活，小资本商人依借少量资本、利用市民需要从中交易获利，哈尔滨各个地区都活跃着大批摊贩。1947年2月，时任哈尔滨市委书记的钟子云同志在给时任东北局书记的彭真同志的报告中指出："现在街市上表现最繁荣的是摊贩，这是经济生活中的反常现象。这样下去发展了投机倒把的流氓商人，影响了政府的税收，扰乱了社会金融和经常的物价波动，使城市的秩序很难管理，正常的工商业无法发展。这种情况在市政府今后的工作中应设法改变。"②

到1948年，哈尔滨市摊贩已形成有组织的摊贩市场和无组织的摆摊贩售两种类型。其中有组织的摊贩市场共15处，分布在道里区、西傅家区、东傅家区、新阳区、南岗区、马家区、香坊区和太平区，业者人数8 181余人。③

---

① 哈尔滨市档案馆. 哈尔滨解放(下)[M]. 北京:中国档案出版社,2010:326.
② 哈尔滨市档案馆馆藏革命历史档案,全宗号1,目录号1,案卷号20。
③ 参见哈尔滨市档案馆. 解放战争时期哈尔滨经济资料文集(下册)[M]. 哈尔滨:哈尔滨工业大学出版社,1994:445.

而无组织的摆摊贩售，又可以再分为三种具体情况：第一，自发聚集、逐渐形成较集中的摊售市场；第二，街头分散、自设固定地点的零散摊贩；第三，自在意志、随意游走的流动摊贩。据1948年4月哈尔滨市政府工商局商业科调查，无组织的摆摊贩售从业人数共达8 641人，但对无组织的摊贩市场调查时，没有包含老巴夺后身早市。老巴夺后身早市于1947年调查时，其业者有2 000余人，据1948年工商局商业科估计，其业者人数已增加一倍以上。① 因此，无组织的摆摊贩售从业人数应为12 641人，甚至更多。基于上述情况，1948年哈尔滨全市摊贩从业人员总数已达20 822余人（见图3 - 16），而1948年哈尔滨市人口总数为761 503，② 摊贩从业者占全市人口的2.7%以上，可见其人数之众，活跃度之高。

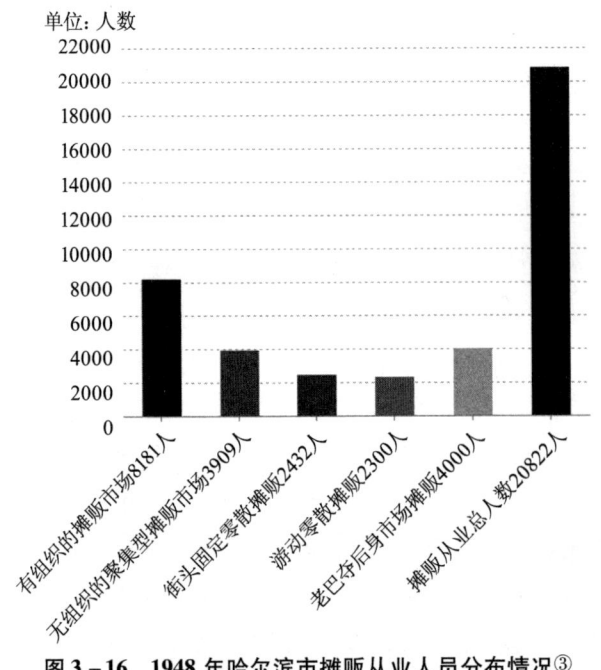

图 3 - 16　1948 年哈尔滨市摊贩从业人员分布情况③

---

① 参见哈尔滨市档案馆. 解放战争时期哈尔滨经济资料文集(下册)[M]. 哈尔滨:哈尔滨工业大学出版社,1994:443 - 446.
② 参见哈尔滨市档案馆. 解放战争时期哈尔滨经济资料文集(上册)[M]. 哈尔滨:哈尔滨工业大学出版社,1994:147.
③ 数据来源:哈尔滨市档案馆. 解放战争时期哈尔滨经济资料文集(下册)[M]. 哈尔滨:哈尔滨工业大学出版社,1994:443 - 445.

在解放后的哈尔滨城市经济发展中，摊贩的作用具有一定的积极性，是解放后尚需较长一段时间来收拾、整理和恢复经济的状况下城市不可或缺的保障民生的经济形态，是当时哈尔滨市经济体系的组成部分。但同时，摊贩经营也具有很大的消极作用，对稳定物价、商品交易秩序、正当工商业发展、城市社会治安、交通、市容等多方面产生了较大影响，甚至是破坏作用。据哈尔滨市革命历史档案记载：

> 摊贩市场除了解决一部分失业人（包括工人、店员、技术人员、旧职员）生活，满足一部分贫苦市民买卖便宜旧货的要求外，其危害方面是很严重的，有以下数点：
> 1. 已造成群众性倾向小市的投机心理，这是对生产建设有破坏性的风气。
> 2. 在业的工人、店员不安于工作、生活，逃向市场活动，而新开业的公私企业无处找工人。
> 3. 正当的工商业者正常经营其事业受到影响，由于以上危害已表现出有缩小劳动军、扩大闲散消费阶层的趋势，并起了破坏发展生产、繁荣经济的作用，因此值得严重注意，迅速解决之。①

摊贩经济不是城市大工商领域，却是最贴近城市生活的基本经济方式和底层商业群体的经济活动，在解放后的哈尔滨经济结构中占有一定比例，从业人数多、涉及行业广、分布地区杂。同时，它也是链接生产和生活的中间环节，体现着城市市民生活的基本需求，促进着城市工商业的恢复和发展，影响着物价的高低和经济的安全，影响着城市生活的秩序与稳定。因此，摊贩管理逐步成为哈尔滨获得基本稳定后城市工作的重点。

（二）从引导至规范：哈尔滨解放区摊贩管理探索

哈尔滨解放后对摊贩的管理经历了引导式管理、"整顿"式管理、试点管理和全面管理四个阶段。

1. 1946年秋季起对摊贩进行引导式管理

"哈尔滨市作为共产党独立掌控的第一个大城市，要解决的主要问题

---

① 哈尔滨市档案馆. 解放战争时期哈尔滨经济资料文集(下册)[M]. 哈尔滨:哈尔滨工业大学出版社,1994:457.

是城市社会秩序的稳定，发展工商业，繁荣经济。"① 因此，在接管哈尔滨后，市委首先进行建立和巩固市、区、街人民政权，并以1946年7月哈尔滨市临时参议会上通过的民主宪政法案《哈尔滨市施政纲领》为纲要，积极实行民主政治，恢复与发展工商业，繁荣经济，稳定城市社会秩序，安定民心，支援前线。1946年秋季伊始，哈尔滨市政府逐步引导摊贩定点经营，对散布在城区各市场周围的零散摊点统一划入就近区域指定市场，政府在市场里面选出委员，组成管理委员会，或者雇用事务员对涉及市场环境卫生、食品质量、市场秩序以及其他惯习性事务进行一定的管理，使零星小贩、摊点进入集中统一的市场管理模式。但在特殊的战争历史条件下，市场的组织机构并不十分健全，同时，市场虽有政府引导，政府和各市场机构之间配合不够充分。

2. 1947年冬季起对摊贩进行"整顿"式管理

"为照顾市民生活，取缔投机倒把，加强工商业管理，整顿摊贩营业"，② 1947年11月12日，哈尔滨特别市政府颁布了《哈尔滨特别市政府为指定摊贩营业地点布告》（以下简称《布告》），对街道摊贩和市场摊贩进行经营地点指定，明确了允许进行摆摊贩售的各区指定市场及街道营业地，以及各区指定市场及街道营业地许可贩售的商品。同时，制定了登记管理、废业许可、移转许可等整顿规则。但仍存在一些问题，如《布告》没有涵盖流动小贩、指定的贩售商品类别过于狭窄等。因此，并没有很好地达到整顿摊贩、便利市民、改善交通的目标。同时，各项整顿措施不够具体和完善，在管理中出现了很多缺点。③

3. 1948年4月末至1948年7月末对摊贩进行试点区域管理

1948年4月19日，哈尔滨市政府工商局商业科制定《哈尔滨特别市摊贩初步管理办法》（以下简称《办法》），经过对"过去"经验教训的总结，有针对性地确定了"初步管理的具体办法及工作步骤"。依据《办法》，在认真开展摊贩情况调查后，由宣传工作开始，依次开展准备工作、

---

① 孙光妍. 新民主主义宪政立法的有益尝试——1946年《哈尔滨市施政纲领》考察[J]. 法学研究,2006(5):153.

② 哈尔滨特别市政府：《哈尔滨特别市政府布告（工商字第五〇号）》,中华民国三十六年（1947年），十一月十二日。

③ 哈尔滨市档案馆. 解放战争时期哈尔滨经济资料文集(下册)[M]. 哈尔滨:哈尔滨工业大学出版社,1994:446.

登记工作、整理工作、组织工作和管理工作。在开展管理工作时，以西傅家区和道里区为先行试点区域，开展有步骤、有秩序的管理工作。这次由于工作方案可操作性强，工作方法紧跟管理需要，工作开展取得了较好效果。

4. 1948年7月末起对摊贩进行全面规范管理

在历时3个多月的试点管理的基础上，哈尔滨特别市政府于1948年7月22日制定、公布了单行法规《哈尔滨特别市摊贩管理条例》（以下简称《条例》），《条例》涵盖了全市"各市场或街头之摊商贩及行商小贩"[①]，规定了灵活多元的治理方案，确立了针对多种类型的管理制度及违法处罚规定。随后即依据《条例》在全市全面开展摊贩管理，有步骤地进行了宣传、准备、审查、登记、发放证章、组织和管理，依法惩治违法行为人。这标志着哈尔滨特别市对摊贩的管理进入规范化与制度化阶段。

（三）1948年《哈尔滨特别市摊贩管理条例》的主要内容

《条例》共十四条，内容涉及立法目的、调整对象、对摊贩实行多种类型管理、摊贩权利及义务、违法处罚、成立摊贩团体等多个方面，《条例》体现了哈尔滨特别市政府在摊贩管理中，首先照顾了社会底层人民的生活需求，也肯定了摊贩是城市经济恢复中的有益形态，但在界定其商业劳动者合法地位的同时，又与当时急需"发展生产""先工后商""参加劳动""支援前线"的战时大目标相结合，在保障民生、服务群众、稳定秩序的前提下，引导与管控摊贩合法经营、健康发展。概括其内容，主要涵盖如下7个方面。

1. "动员失业人员，参加劳动生产"

《条例》首先明确了立法调整的目的，"为发展正当工商业，动员失业人员，参加劳动生产，并对因不能参加劳动生产而经营摊贩之小商人加以合理管理（第一条）"。这是符合当时哈尔滨市情的。其一，不良从业者投机倒把，囤积居奇，搅动市场，抬高物价，掺杂掺假，缺斤少两，扰乱市场，破坏工厂设备，影响工业生产，增加贫民生活负担，占道经营，妨碍交通，影响市容，破坏交易秩序，扰乱社会治安；其二，工人、店员等群众与摊贩收入差距大，负担不均衡，"退职跑小市"不断增多，破坏了工

[①] 《哈尔滨特别市摊贩管理条例》(1948年7月22日)，哈尔滨市档案馆藏革命历史档案，全宗号2，目录号1，案卷号308。

商业劳动力市场。① 解放后的哈尔滨需要城市秩序稳定，发展生产，繁荣经济，支援前线，因而迫切需要立法调整，以法规保护正当工商业的健康发展，动员小商人参加生产，促进城市繁荣，进而发挥在解放战争中支援大后方的中心作用。

2. 以市场准入制引导就业

《条例》第三条规定："凡经营摊贩业者，除真正老弱残疾，或未成年之幼童，而不能参加劳动生产及经营市民需要之营业时，经呈请登记，领有许可者外，一概不许经营摊贩。"《条例》第十条规定："工厂商店一概不得经营摊贩。"《条例》不仅明确界定了摊贩业者的营业资格条件，通过立法，也进一步调整了社会就业结构，合理引导社会劳动者的从业取向和就业选择，使他们积极走向生产。同时，也解决了"商店空着，门市挤到马路上"，"许多工人店员，不安于正业，而且直接影响了生产"② 等不利于发展的问题。

此外，《条例》中"贩卖季节性物品的摊贩，应于事先经街公所呈请区政府许可后方准营业（第三条第 5 款）"的规定，还界定了贩卖季节性物品摊贩的营业准入要求。

3. "指定营业地点"，以利市政

《条例》第四条规定："摊贩必须在指定之地点营业，不得随意迁移或游动贩卖（但有许可之行商例外）。"并在第四条第 1、2、3 款中规定了指定地点，包括指定市场、指定集中摊点、不影响附近门市营业的适当地点、经政府许可的地点。这些指定地点，一是延续了1947 年《布告》的规定，二是有新的规划与调整，如对老巴夺后身承德街及南极街上的早市，哈尔滨站、滨江站前的摊贩都予以取消。这种调整既符合当时对城市市容、交通、公共安宁、治安管理的需要，也满足了正当工商业者的诉求。

4. 以经营许可制保障民生必需

《条例》第四条第 3 款、第 4 款以限定性立法规定了街摊许可经营行业和行贩许可经营行业。《条例》第四条第 3 款规定："许可经营小本之街

---

① 哈尔滨市档案馆. 解放战争时期哈尔滨经济资料文集(下册)[M]. 哈尔滨:哈尔滨工业大学出版社,1994:448.

② 同上.

摊行业如下：修理鞋、刷鞋油、照相、烟卷、瓜子、棒子、煎饼、馒头、烧饼、切糕、熟鸡子、凉粉、烤土豆、粽子、糕点、酱肉、豆腐脑、爆米花、糖果、书摊、纸花、鲜花、栟子、刷帽子、黄芽及其他认为不妨害附近门市营业且为市民所需要之摊贩。"《条例》第四条第 4 款规定："行贩只许可下列各行业：青菜、豆腐、修理笼屉、洋铁匠、收买破乱、馒头、煎饼、烧饼、货郎、烟卷、烤土豆、糕点、修理伞、玩具、磨刀剪及其他认为便利市民需要之游动行贩。"

5. 严禁违法经营，规制市场秩序

《条例》以禁止性立法规定，"行贩不得在主要道路、公园、广场上停留，但另有许可者例外（第四条第 6 款）"；"摊贩不得随意搭盖板棚，及随地投弃污秽物品，已有的建筑物须另呈请本府建设局许可（第七条）"；"摊贩严禁摊卖有碍卫生的物品，及作带赌博性、投机性或有碍社会秩序及其他违反政府法令规则之营业，严禁卖死病肉类、吹糖人、摊营西药、挑担理发、抽签、抓彩、游动买卖钞票、银元、钟表、串大院、修理灯泡。（第八条）"《条例》以照顾民生、稳定秩序、发展正当工商业为宗旨限定、取缔、禁止妨害门市、不利民需、扰乱社会的摊贩经营。

此外，《条例》第九条还规定了"不得投机倒把，欺行霸市，高抬物价，贩卖假货，少给分量，强买强卖，欺骗拐诈及有其他不正当之行为"，稳定市场经济秩序。

6. 订立公约，民主管理

《条例》第十二条规定："摊贩为维持共同之秩序、卫生及办理政府所指示的事项，得成立团体、制定公约，摊贩团体受所管区政府领导，必要时经区政府呈请本府工商局许可后，得向会员征收费用。"该条体现了摊贩阶层拥有在政府领导下的公约制定权，实现了商事团体真正享有独立的主体地位，肯定和保护了商事团体诚信约定、民主协商的管理机制。协商、共治的商业民主管理方式成为《条例》的亮点与特色。

7. 惩处违法，保障秩序

《条例》第十三条以 4 款条文规定了对不同违法情形的处罚，处罚既包括行政处罚，也包括刑事惩处。如对"投机倒把，欺行霸市，高抬物价，贩卖假货，少给分量，强买强卖，欺骗拐诈及有其他不正当之行为（第九条）"，"取消其营业并处以其货物所值之两倍以下之罚款或五年以下之徒刑

(第十三条第 1 款)"；对未领经营许可、不在"指定营业地点"经营、"经营违反政府法令之物品"、工厂商店经营摊贩的现象，规定"取消其营业，并处以其货物所值以下之罚款，或一年以下之徒刑（第十三条第 2 款）。"

（四）1948 年《哈尔滨特别市摊贩管理条例》的施行

《哈尔滨特别市摊贩管理条例》的出台是哈尔滨人民政权从 1946 年到 1948 年探索摊贩整理的智慧结晶，各区坚决执行了哈尔滨市政府所规定的摊贩管理条例。

道里区街公所组织专门工作人员对已登记摊贩业者按条例进行审查，发现有个别业者隐瞒和顶替现象。1948 年 7 月 2 日的哈尔滨《工商日报》刊载了道里区进行的审查与处理。"市政府自公布哈市摊贩管理条例之后，市一中工商专科同学分别到各区配合区政府、街公所、工作人员，对已登记的摊贩业者进行审查。按照条例的规定，取消有碍卫生、带有赌博性、有碍社会秩序的各种摊贩，对有劳动能力、能从事生产者（18 岁到 45 岁），发给临时证章，限于两个月内改业，对合格者发给营业证章。现各区正普遍进行审查工作。道里区在开始之前，为使工作顺利进行，更彻底地审查，把每□个街编为一个组，互相帮助审查。在各组积极工作下，至昨日（本月 29 日）每个组大部都完成了一个街以上的审查工作。在审查中，前往受审者非常踊跃。但有个别业者因认识得不够，有故意隐瞒年龄、资金等情形，竟有冒名顶替，以老年人顶名者。工厂街有一业者，当问他家庭状况时，他以一个月收入 1 万元的谎言欺骗审查工作人。"①

再如，南岗区市场管委会为执行摊贩管理条例，特召开全体会员大会，对会员讲解摊贩管理条例的内容，并通过会员公约：第一，决定遵守政府公布之摊贩管理条例，如有违反者情愿接受政府规定之罚则；第二，各商号摊贩在每月市场定休日必须服从组织，不得随意营业；第三，商号门前或摊床附近每日保持清扫，不得随意投弃废物；第四，各商号及摊贩每月必须在 15 日以前交纳会员费及摊贩税，如有逾期加倍征收，超过一个月者停止其营业；第五，会员开会或召集委员组长临时会议时，必须遵守

---

① 《对既登记摊贩业者各区按条例进行审查　道里发现个别业者隐瞒和顶替现象》，哈尔滨市图书馆藏哈尔滨《工商日报》，1948 年 7 月 30 日，第二版。补充说明，遵循忠实于资料原文原则以及报纸整理一般规则，报纸中"把每□个街编为一个组"中无法辨认的字以"□"代替。

时间，并须坚持散会。①

图 3-17　哈尔滨《工商日报》1948 年 7 月 30 日刊载
《对既登记摊贩业者各区按条例进行审查　道里发现个别业者隐瞒和顶替现象》②

哈尔滨市各区工商行政组织对各区摊贩审查工作结束后，又展开了统计与复查工作，并在复查中对虚报和乱开证明现象注意纠正。1948 年 8 月 1 日，哈尔滨《工商日报》报道，"全市审查摊贩工作，在各区街努力进行下，将全告完毕，有的区业已展开统计和复查工作。在审查工作中有的街因为没把整理摊贩的意义和重要性加以深入解释，和与间长联系得不够，因而或多或少地发生虚报和乱开证明的现象。如有的间长对亲戚朋友乱发合格证，对应当发给合格证的，因为平常没有交情，则故意不给。这种偏差除由各街负责纠正外，在复查工作时应当特别注意，以免错到底"。③ 1948 年 9 月 9 日，哈尔滨《工商日报》又以《摊贩整理工作进入

---

① 参见《对既登记摊贩业者各区按条例进行审查　道里发现个别业者隐瞒和顶替现象》，哈尔滨市图书馆馆藏哈尔滨《工商日报》，1948 年 7 月 30 日，第二版。
② 资料来源：哈尔滨市图书馆馆藏哈尔滨《工商日报》，1948 年 7 月 30 日，第二版。
③ 《审查摊贩工作将告竣　各区展开统计与复查　对虚报和乱开证明现象在复查中注意纠正》，哈尔滨市图书馆馆藏哈尔滨《工商日报》，1948 年 8 月 1 日，第二版。

最后阶段　规定"整理组织摊贩工作办法"　预定本月 10 日至 17 日全市一齐进行》[1] 为标题,继续报道了全市摊贩整理工作的新进展。

图 3-18　哈尔滨《工商日报》1948 年 9 月 9 日刊载《摊贩整理工作进入最后阶段　规定"整理组织摊贩工作办法"　预定本月 10 日至 17 日全市一齐进行》[2]

依据《哈尔滨特别市摊贩管理条例》,各区对本区内违法摊贩进行了处罚。如,1948 年 11 月 27 日,哈尔滨《工商日报》以《严守市场公约！摊贩李秉昆、董春华不守场规分别受处罚》为标题,报道了东莱市场管理委员会对两名违法业者给予处罚。"东莱市场管理委员会自从建立公约以来,市场秩序骤形巩固。但仍有个别分子,不守秩序,如青菜贩李秉昆经常违反会规,每日在街头门头前贩卖,虽经数十余次劝告并解释,仍赖门头做他的护身皮,每日问他,答□门头□伙的。该管委会为了彻底了解此事,于 24 日将门头的业者招到委会,结果判明李秉昆经常在冒充门头业者□伙,因此当即召集大会。会上大家对此破坏秩序、不守公约的分子坚决一致要按公约罚

---

[1] 《摊贩整理工作进入最后阶段　规定"整理组织摊贩工作办法"　预定本月 10 日至 17 日全市一齐进行》,哈尔滨市图书馆藏哈尔滨《工商日报》,1948 年 9 月 9 日,第一版。

[2] 资料来源:哈尔滨市图书馆藏哈尔滨《工商日报》,1948 年 9 月 9 日,第一版。

第三章　人民政权对旧有商事习惯的继承与改造　　　229

款 10 万元，以儆效尤。"① 1948 年 11 月 30 日，哈尔滨《工商日报》又报道了另一则处罚——《延爽市场整顿摊贩，对不守秩序者予以处罚》。②

图 3-19　哈尔滨《工商日报》1948 年 11 月 27 日刊载
《严守市场公约！摊贩李秉昆、董春华不守场规分别受处罚》③

通过立法、行政等措施对摊贩进行整顿与加强管理是有成效的，获得了市民的普遍认可与支持。1948 年 11 月 6 日，哈尔滨《工商日报》以《保障集摊管委会扩大组织根绝奸贩》为标题，报道了保障市场集摊管理委员会的工作与成效。"保障市场，为了加强执行会的工作任务，曾于上月 29 日□道外保障街三育学校礼堂举开全体大会，到会有委员 10 名，组长组员 400 余名，会上该会

---

①　《严守市场公约！摊贩李秉昆、董春华不守场规分别受处罚》，哈尔滨市图书馆馆藏哈尔滨《工商日报》，1948 年 11 月 27 日，第二版。补充说明，遵循忠实于报纸资料原文原则以及报纸整理一般规则，报纸中"每日问他，答"□门头□伙"以及"经常在冒充门头业者□伙"中无法辨认的字以"□"代替。
②　《延爽市场整顿摊贩，对不守秩序者予以处罚》，哈尔滨市图书馆馆藏哈尔滨《工商日报》，1948 年 11 月 30 日，第二版。
③　资料来源：哈尔滨市图书馆馆藏哈尔滨《工商日报》，1948 年 11 月 27 日，第二版。

主任李□□，事务主任□先久二同志做工作总结报告，并指出了今后的任务。该管委会从9月1日正式建立以来，两个月间扩大了组织，巩固了会的初步基础。由900余会员增加到1 200余名，他们都到市场里做早市营业，并由管委会给编成组，选出组长。现在该市场与过去在南岗下坎时大不相同，如投机倒把、抬高物价、卖假货、欺骗拐诈等不正当奸贩，已完全绝迹了。"① 1948年11月20日和1948年11月21日，哈尔滨《工商日报》分别以《摊贩自觉走向生产 保障市场20余名转业》②和《兴业市场如何改变了新的面貌》③为标题，报道了保障市场和兴业市场经过整顿与管理后的新变化。

图3-20 哈尔滨《工商日报》1948年11月6日刊载
《保障集摊管委会扩大组织根绝奸贩》④

---

① 《保障集摊管委会扩大组织根绝奸贩》,哈尔滨市图书馆藏哈尔滨《工商日报》,1948年11月6日,第二版。补充说明,遵循忠实于报纸资料原文原则以及报纸整理一般规则,报纸中"会上该会主任李□□,事务主任□先久二同志"中无法辨认的字以"□"代替。
② 《摊贩自觉走向生产 保障市场20余名转业》,哈尔滨市图书馆藏哈尔滨《工商日报》,1948年11月20日,第二版。
③ 《兴业市场如何改变了新的面貌》,哈尔滨市图书馆藏哈尔滨《工商日报》,1948年11月21日,第二版。
④ 资料来源:哈尔滨市图书馆藏哈尔滨《工商日报》,1948年11月6日,第二版。

二、制定与实施《哈尔滨特别市战时暂行劳动条例》

哈尔滨人民政权建立后，公营企业里工人店员当主人翁，对私营企业则要改造旧企业为新民主主义企业，"改造旧企业的过程也就是民主化的过程，要把过去压迫的管理制度变成新民主主义的管理制度。"① 废除资本家的封建特权，建立"公私兼顾、劳资两利"的新民主主义商事组织管理制度，改善劳动者的劳动条件，平衡劳资关系，是哈尔滨人民政权削减不合理的商事旧例的重要举措。

哈尔滨解放后，经过组织各业职工长期酝酿、讨论，中共哈尔滨特别市委员会最早于1948年1月20日制定了《战时暂行劳动法（草案）》（以下简称《劳动法（草案）》）。《劳动法（草案）》的立法目的是"为了改善工人的劳动条件，保障工人的福利，以及提高工人战时的劳动热忱。但是，由于当时处于战争环境，有的条款内容提得过早、过死，影响了资本家发展生产的积极性"。② 经过修改，在1948年5月1日召开的哈尔滨市第二届职工代表大会上通过了修改后的《战时暂行劳动条例（草案）》。根据1948年7月17日中共中央向东北局的电文指示及修改指导，③ 哈尔滨解放区再次对《战时暂行劳动条例（草案）》进行了修改，并向1948年8月在哈尔滨召开的第六次全国劳动大会做了汇报，提交大会进行讨论，最终通过了《哈尔滨特别市战时暂行劳动条例》（以下简称《劳动条例》）。哈尔滨解放区继而颁行了该新法，并废止了1948年1月20日制定的《劳动法（草案）》。

1948年1月20日制定的《劳动法（草案）》共28条，规定了企业工资、工作时间、社会保险等劳动者的劳动条件、权利、福利等内容，但"存在欠明确或不恰当"之处，"仍有须加改正或斟酌的地方"。④ 1948年8月制定的《劳动条例》经过反复打磨和锤炼，做了系统的、较全面的、符

---

① 哈尔滨市档案馆馆藏革命历史档案,全宗号1,目录号1,案卷号22,顺序号1。
② 孙光妍,孔令秋. 苏联法对哈尔滨解放区劳动法规的影响——以1948年《哈尔滨特别市战时暂行劳动条例》为例[J]. 学习与探索,2009(2):105.
③ 中共中央关于"哈尔滨战时暂行劳动法大纲"给东北局的电文(1948年7月17日)[A]. 哈尔滨市档案馆. 解放战争时期哈尔滨经济资料文集(下册)[M]. 哈尔滨:哈尔滨工业大学出版社,1994:728.
④ 同上。

合战争时宜的劳动法规定，以新民主主义经济政策为原则，平衡劳资关系，促进生产，支援前线。

1948年《劳动条例》分为总则、劳动者之权利与义务、工作时间与工资、女工与童工、雇用与解雇、企业内部规则、集体合同、劳动保险、劳动争议、劳动局、附则，共11个部分，45项条文。

图3-21　1948年8月《哈尔滨特别市战时暂行劳动条例》全文①

相比较于1948年1月20日的《劳动法（草案）》，《劳动条例》有了长足的进步与提高。

第一，增加了"总则"章。在第一章"总则"中，明确规定了立法原则与立法目的，以"发展生产，繁荣经济，公私兼顾，劳资两利"为原则，以确定正确劳资关系，发展公营企业与合作企业，帮助私人工商业之正常发展，适当地改善劳动条件，废除对工人施行的半封建的超经济剥削，在人民解放战争时期发挥、发扬工人、职员之劳动热忱，发挥劳动创造力，以支援战争，供给国计民生之需要。

第二，增加了"企业内部规定"章。在第六章"企业内部规定"中明

---

①　资料来源:哈尔滨市档案馆.解放战争时期哈尔滨经济资料文集(下册)[M].哈尔滨:哈尔滨工业大学出版社,1994:720-727.

确规定了企业内部规则应包括的事项，以及制定程序，并严明一切企业均须制定企业内部规则，内部规则不得违反《劳动条例》。

第三，增加了"劳动争议"章。在第九章"劳动争议"中明确规定了劳动争议处理的主体、程序和多元解决途径，即厂内调解、劳动局调解与仲裁，直至向法院提起诉讼。

第四，增加了"劳动局"章。在第十章"劳动局"中明确规定了劳动局的主体地位、管辖范围及经常工作任务。哈尔滨特别市政府设立劳动局，管理哈市有关劳动问题的一切事宜。劳动局"统一筹划劳动保险事宜"，"办理有关劳动争议的事项"，"办理劳动检查与劳动保护事宜"，"督促工厂之安全设备与卫生设备之可能的改进"。

第五，在"附则"章中增加了法规适用对象。《劳动条例》"适用于本市一切公营、私营之工厂，大中商店及其他企业。但对季候[节]工人、无一定雇主之零工、家庭雇工、小手工业作坊工人及普通小商店之店员，不适用此劳动条例"。

第六，对劳动者之权利与义务、工作时间与工资、女工与童工、雇用与解雇、企业内部规则、集体合同等内容规定得更加合理、周全，更加适宜操作。如关于"工作时间"，由普遍 8 小时制及 14~16 岁的 7 小时制、自愿延长制，[①] 修改为更加灵活多样和适宜行业特点、满足延长意愿、符合和遵循劳动习惯、须经批准的规定。[②] 再如，关于"集体合

[①] 1948 年 1 月 20 日《劳动法（草案）》中关于"工作时间"共有 3 条规定，即第 5 条至第 7 条，其规定内容分别为"公营、公私营、私营、合作社经营的企业中，工人工作的时间规定为八小时，但工友为支援爱国自卫战争，得自愿延长工作时间（第五条）"；"14 岁至 16 岁之青工工作时间规定为 7 小时（第六条）"；"假日规定为每两星期休假一日。每年固定假日为一月一日，春节三日，五月一日，八月十五日，十月十日。此外，工人每年有两星期之休假，可依工人自愿一次或数次利用之（第七条）"。参见哈尔滨市档案馆. 解放战争时期哈尔滨经济资料文集（下册）[M]. 哈尔滨：哈尔滨工业大学出版社，1994:715.

[②] 1948 年 8 月《劳动条例》中关于"工作时间"共有 3 条规定，即第 12 条至第 14 条，其中第 13 条共分 2 款，第 12 条至第 14 条的具体内容分别为："国营、公营、私营企业中，工作时间：在战争时期一般规定为八小时至十小时制度，对特别有害健康的生产部门，如气体化学工业，可规定六小时，但须取得市府或国营企业领导机关之批准为有效（第十二条）"；"遇有紧急生产任务，在取得工人同意与政府批准后，得延长工作时间，但每日劳动时间连加工在内，最高不得超过十二小时。加工，连续不得超过四天，全月不得超过四十八小时。农业工人、手艺工人及店员之劳动时间得按照习惯处理，不适用于十二、十三条之规定（第十三条）"；"假日一般规定每星期休息一次［天］（特殊情况按习惯处理），每年固定假日，遵照东北行政委员会之规定（第十四条）"。参见哈尔滨市档案馆. 解放战争时期哈尔滨经济资料文集（下册）[M]. 哈尔滨：哈尔滨工业大学出版社，1994:722-723.

同",对从前仅"有权利"的、赋权性的原则性规定①进行了专章细化,明确了合同订立的主体、订立原则、合同要点、权利义务与订立程序。②

《劳动条例》对《劳动法(草案)》进行的补充、修改与完善,对调整劳资关系、规定劳资双方权利义务、劳资双方争议解决等关乎劳资双方利益的重大问题都做出了明确、细致的规定。结合解放战争时期的特殊历史条件和支援战争的总目标,《劳动条例》使工人、职员的权利有了明文规定与法制保障,有利于平衡劳资关系,促进生产。

为了进一步落实《哈尔滨特别市战时暂行劳动条例》,1949年7月10日,哈尔滨市政府颁布《哈市劳动争议处理暂行劳动办法(草案)》,全文共十二条,专门针对所有公营、私营、合作社经营企业中发生的"劳动争议处理"制定规范,对劳动争议的范围关系也做了明确界定。

第三条,所指劳动争议之范围关系。

甲、关于职工劳动条件事项(包括工资、工时、生活待遇等)。

乙、关于职工之任务、解雇、奖罚事项。

丙、关于劳动保护事项(包括劳动保险、安全卫生等)。

丁、企业内部规则事项(包括劳动纪律、厂规、生产计划等)。

戊、其他战时劳动条例及公营企业管理人、私营企业主与职工间所订集体合同与劳动契约事项。

己、一切企业之开设、停业、暂歇、转业、缩小等事宜,由工业局或商业局处理,如涉及劳动争议,其劳动争议部分得按本

---

① 1948年1月20日《劳动法(草案)》中关于"集体合同"仅有1条规定,即第25条:"工会有与企业主签订集体合同之权。"这一条仅体现为享有权利的原则性规定,但缺乏可操作性。参见哈尔滨市档案馆. 解放战争时期哈尔滨经济资料文集(下册)[M]. 哈尔滨:哈尔滨工业大学出版社,1994:717.

② 1948年8月《劳动条例》中关于"集体合同"的是第七章专章,共包括2条,即第31条和第32条,具体内容分别为:"集体合同为代表工人、职员之职工会与公营企业管理人或私营企业主根据劳动条例原则订立。关于职工劳动条件,职工之任用,解雇与奖励,劳动保护与职工福利,厂规要点等内容,一经双方协议成立集体契约并经市劳动局登记备案后,双方均有遵守之义务(第三十一条)。集体合同的条件适用于所有工作于本企业之工人和职员,不论其是否参与合同签字,亦不论其是否为职工会会员,均须一律遵守(第三十二条)。"参见哈尔滨市档案馆. 解放战争时期哈尔滨经济资料文集(下册)[M]. 哈尔滨:哈尔滨工业大学出版社,1994:725.

第三章 人民政权对旧有商事习惯的继承与改造

办法处理之。

庚、一切企业所发生之偷工减料，囤积投机，及其他违犯政府法令行为由有关局院依法处理，如涉及劳动争议事项，及争议部分，亦得按本办法处理之。①

劳资斗争、公私斗争始终是很尖锐的，工会领导工人对资本家做了很多反抗与斗争。在斗争中总结出资本家具有的多种活动表现："思想上麻痹工友的阶级意识、阶级觉悟，如'劳资两利，劳资同心'这种意思的说法，又如'咱们加工业，公家是东家，你们是工人，我是公家雇的管理的就是了'，又如'咱们是沾亲带故老交情'"；"用威胁的办法：如强调'这是支援战争，不能调皮'，或非法解雇"；"曲解劳动法和政府法令，挑拨政府与工人、工会与工人的关系，甚至政府与工会的关系"。②

劳动局成立后继续支持工会领导工人对资本家做斗争，并弥补了工会与经济部门配合不够的缺点，保证了工人利益，减少了经济上的破坏性。解放区政府和工商联合会、劳动局、工商管理等部门在进行法制宣传与教育中指出，"革命胜利之下，私人资本主义经济中有益于国民经济的部分必然有一个发展，在一定限度内也是必要的，而且不是可怕的。其原因就是国家力量对战争与人民的需要，有力所不及的地方，并且合作经济的普遍发展还要经过一个时期，而且要在自由贸易的情况下，故必然发展"。但"私人资本主义的过渡是不能允许其自流"，"对那些带有投机性、操纵性、破坏性，不服从战争与人民所需要的活动，特别对资方抵制工会的活动，也要发动工人予以应有的打击"。③ 同时，对资本家也进行教育，通过召开资本家会以及报纸报道等，宣讲"哪些应该发展，哪些是违法的，使他们安心生产，懂得劳资两利政策"。④

---

① 哈尔滨市档案馆. 解放战争时期哈尔滨经济资料文集(下册)[M]. 哈尔滨:哈尔滨工业大学出版社,1994:741-742.
② 饶斌. 哈市1948年经济工作总结[A]. 哈尔滨市档案馆. 解放战争时期哈尔滨经济资料文集(上册)[M]. 哈尔滨:哈尔滨工业大学出版社,1994:109.
③ 同上书,第110页.
④ 中共哈尔滨市委员会. 哈市半年工作中几个问题的初步总结[A]. 哈尔滨市档案馆. 解放战争时期哈尔滨经济资料文集(上册)[M]. 哈尔滨:哈尔滨工业大学出版社,1994:137.

图 3-22　哈尔滨《工商日报》1948 年 9 月 24 日头版报道了
《哈市少数业主违反劳资两利　无理解雇工友忽视劳动福利》
以及新华社对此现象的短评《正确执行劳资两利方针》①

三、防范与打击"投机倒把"

哈尔滨解放区在政策上对"反对投机倒把，给予严厉打击"是明确的，"有发展也有限制，有扶助也有打击，限制与打击的目的是更便于有利国计民生、支援战争的生产得到正当顺利的发展"在政策上也是明确的，但"由于领导上斗争经验不足，很难及时提出恰当方案，故在实际行动中表现出辅助多于斗争，发展多于限制。"② 因而 1948 年，哈尔滨市委、市政府除与投机倒把做斗争外，还更加积极地做实际调查，了解情况，力图提出有效办法。如在《商业情况、工业资方的要求及其思想动态》中对哈市 1948 年的商业情况以"下半期较上半期价钱及升价增减倍数""沈阳解放前后价钱情况〔（前）1—10 月份平均卖钱、（后）11 月 1 日—12 月 20 日平均卖钱）〕""全年情况（卖钱数、升价倍数）""商品来源""销售

---

① 资料来源:哈尔滨市图书馆馆藏哈尔滨《工商日报》,1948 年 9 月 24 日,第一版。
② 哈尔滨市档案馆馆藏革命历史档案,全宗号 1,目录号 1,案卷号 75,顺序号 6。

情况""本市或外埠生产""原因""影响"等多个方面进行了详细的调查分析,为"严厉打击投机倒把"政策、法律、制度、措施的制定提供了有力的参考。

沈阳解放后,全东北解放区的经济、政治、交通中心即将转移到沈阳,哈市商业有了新动态,投机商借此活跃起来。为了将他们与正当商业者相区分,确定扶助、鼓励、支持与控制、打击、取消的不同对象,哈尔滨市人民政权通过与资本家的谈话和群众反映分析指出:哈市商业资本家的动态是正想要积极活动,有的已活动起来了,这反映了商业要发展,但另一方面,的确有些资本家正在打主意,想办法,想投机。新解放区商业正在迅速发展,商人为了便于投机,说哈市税重,新解放区税轻,或说新解放区在最近几个月内免税,想在哈市或去长春、沈阳把货物卖掉一部分。据资本家谈,去沈阳做买卖在半年内不会上税,并且好做。有些人已去沈阳找房子开买卖,也有些资本家打算不找门市,不挂牌子,偷偷捣当,因捣当不显山不露水,能赚钱。因此商业局对商业的管理上是对"起着城市与城市物资交流作用的正当商人"要加以扶植,对"投机取巧,想卖掉一部分货,拿这钱几个人打伙,不起许可,不挂牌子,捣当捣当"的商人,要了解清楚,加以管理和处罚,对过去没有起许可、也不挂牌子、捣当货的这些坏商人,加以详细的调查,并给予严重的处理,防止他们钻这个空子。①

1949年3月,哈尔滨市召开第一次党代表会议。在会议中,时任哈尔滨市委书记的张平化同志做了总结报告,报告中专门针对哈市合作社发展应注意的问题做了讲话:"先从社员需要出发,对生产要有利,与农村相结合,反对中间投机剥削,严守政府物价政策。更详细的东西,市府可专门颁布成文的条例或命令。"②

事实上,哈尔滨解放区对"反对投机倒把,给予严厉打击"的政策是一以贯之的,通过多种法令,在工商管理、税收、民政、合作社商业、工会工作等多个领域开展了"打击投机倒把",引导公营、私营、公私合营、合作社经济、小商小贩走"有利国计民生、支援战争"的生产经营的正当道路。

---

① 哈尔滨市档案馆馆藏革命历史档案,全宗号2,目录号1,案卷号360,顺序号3。
② 哈尔滨市档案馆. 解放战争时期哈尔滨经济资料文集(上册)[M]. 哈尔滨:哈尔滨工业大学出版社,1994:68.

表3-4　解放后哈尔滨市实施的防范与打击"投机倒把"的主要法律法规①

发布主体	法律法规名称	发布时间
哈尔滨市人民政府	为维护政府之货币政策的布告	1946年6月8日
哈尔滨市人民政府	关于商业登记的布告	1946年7月23日
哈尔滨市财政局	哈市建设复兴公债条例	1946年8月5日
哈尔滨市政府	关于严禁抬高物价的布告	1946年9月23日
东北行政委员会	关于严禁伪票流通的通令	1946年12月28日
东北行政委员会	为停用伪满币的布告	1947年1月8日
哈尔滨特别市政府	为税票有效期限及展期暂行办法的布告	1947年4月19日
哈尔滨特别市政府	哈尔滨特别市合作社组织暂行条例	1947年4月
东北税务总局	东北税务总局对整顿哈市卷烟税收暂行办法	1947年5月21日
哈尔滨特别市政府	关于内地货物税暂行条例	1947年5月21日
哈尔滨特别市税务局	哈尔滨特别市税务局关于账簿登记办法的通告	1947年7月1日
东北行政委员会	布告(关于责成东北银行发行少数五百元券)	1947年7月15日
哈尔滨特别市税务局	哈尔滨特别市税务局为公布出入口税之缉私及查验工作事项的通告	1947年7月20日
哈尔滨特别市政府	关于实施《管理经纪人暂行办法》的布告	1947年7月25日
哈尔滨特别市政府	一时营业及摊贩营业税暂行条例	1947年9月20日
哈尔滨特别市人民政府	发给营业执照规则	1947年
哈尔滨特别市政府	一时营业及摊贩营业税暂行条例施行细则	1947年10月18日
东北银行总行	东北银行总行关于生金银买卖的通知	1947年10月22日
哈尔滨特别市政府	管理烧酒业暂行条例	1947年11月6日
哈尔滨特别市政府	为指定摊贩营业地点布告	1947年11月12日
中共哈尔滨市委员会	中共哈尔滨市委员会关于移民工作的决定	1947年11月23日
哈尔滨特别市人民政府	移民暂行条例	1947年11月25日
哈尔滨特别市税务局	哈尔滨特别市税务局为规定卷烟户登记办法的布告	1947年12月3日
哈尔滨特别市政府	烧酒公卖暂行条例	1947年12月27日
哈尔滨特别市政府	为规定贩卖粮食办法的布告	1947年12月31日
哈尔滨特别市政府	哈尔滨特别市战时工商业保护和管理暂行条例	1948年1月27日
哈尔滨市政府	哈尔滨特别市文化事业税暂行条例	1948年2月1日

---

① 本表系笔者归纳整理,资料来源:哈尔滨市档案馆. 解放战争时期哈尔滨经济资料文集[M]. 哈尔滨:哈尔滨工业大学出版社,1994. 哈尔滨市档案馆. 哈尔滨解放[M]. 北京:中国档案出版社,2010.

(续表)

发布主体	法律法规名称	发布时间
哈尔滨市政府	为贯彻《东北解放区行商登记及纳税暂行办法》法令特规定各项办法通告周知	1948年2月10日
中共哈尔滨市委员会	关于进一步统一财政收支的几个原则的决定	1948年2月16日
哈尔滨特别市政府	关于保护工商业问题的布告	1948年3月14日
哈尔滨特别市政府	哈尔滨特别市摊贩管理条例	1948年7月22日
哈尔滨市政府	哈尔滨特别市战时暂行劳动条例	1948年8月
东北银行总行	东北银行总行发下生金银处收买金银暂行办法	1948年12月4日
东北行政委员会	关于公营企业粮谷加工业购粮问题的指示	1948年12月12日
哈尔滨市政府	哈尔滨特别市民国三十六年下半年营业税补征办法	1948年12月20日
东北行政委员会	东北解放区行商登记及纳税暂行办法	1949年2月1日
东北行政委员会	东北解放区货物产销税暂行条例	1949年2月20日
东北行政委员会	东北解放区酒专卖暂行条例	1949年2月20日
东北行政委员会	东北解放区酒专卖暂行条例施行细则	1949年2月20日
东北银行总行	东北银行总行颁布决定人民券与东北币比值试行办法	1949年3月18日
哈尔滨市政府	哈市劳动争议处理暂行劳动办法(草案)	1949年7月10日
东北行政委员会	处理红军票办法的布告	1949年8月1日
哈尔滨市政府	为恢复交易市场令	1949年8月7日
哈尔滨市政府	为修正筵席税暂行条例布告	1949年8月30日
哈尔滨市政府	关于合作社登记办法的通告	1949年10月12日

防治与打击"投机倒把"、惩治商人非法活动等不良现象的过程是复杂的，需要长期不懈地调整和斗争。如在摊贩整理过程中，"据承德、抚顺两街调查，估衣、破烂、挑大筐类多系地痞小偷之流，专靠欺骗偷窃手段为生。彼此使用行话、拉手等暗号，隐瞒外人视线，不懂此行的人，即便吃了亏，也不容易发觉"。[①] "摊贩里边有一种是带批发性的，从最初便聚集在一起，业经政府批准组成市场，并且已做到了初步管理，例如：道外南四道街的花纱布市场，延爽街的干鲜杂货市场，南三道街的烟市场，他们的营业时间大都从早到上午九至十点钟止，物价波动时散市早，平稳时散市晚，业者都是生活比较充裕，对于该项商品的知识消息灵通，因此

---

① 哈尔滨日报讯，哈尔滨市图书馆馆藏《哈尔滨日报》，1948年6月23日。

他们的动态对于物价的影响也最大,交易额也最多,其中有许多是另有门市的工厂和商店。"①

除了依法防治和打击"投机倒把",解放区政府还利用报纸、广播等形式揭露坏现象,教育和引导商人"走向新民主主义工商业的前途"②。

哈市工商界！应彻底去掉现存的坏现象

在"发展生产,繁荣经济"的号召下,本市工商业步步地发展起来,有的整理内容,洗刷门面,有的增资,有的改业……走向新民主主义工商业的前途。

另外还有一些投机的商人,借着发展活动起来,表面上设一小型商店,或者在商场□一地号,作为他的掩护外衣;实际上它是资本雄厚,活动力强,在市面上起的坏作用特别大。直接能影响物价,威胁到经济建设和人民的生活。他们为了能够在物价波动时发一笔财,才这样做。或者凭着私人的拉拢社会关系,勾搭借款,来"囤积""倒把",或者是"剥皮"等活动。他们为了建立关系,遇着和贷款上有关系的人,或者他的社会关系者的办喜丧事时,就大上其礼,十万、八万还恐怕礼轻。

这一流商店的商人,为了掩盖耳目,就在宿舍里或商店的角落下,来进行交易——请盘子、交货、交款等。

讲妥货价,"过来,拿过去",就这样的发了财。因为避免纳税,卖货是钱不下在商店里的账上,或者将从中所剩的余利,依现卖下在账上,甚至有不开发票根,不下账的。这是"囤积""投机""倒把""剥皮"偷漏国税方法之一。

在投机的商人脑海里,为着自己发财,将所有柜伙都放上份子(即职员或小经理)使他们一颗心地来进行捣鬼,而不能泄露风声。或者以营业不振的理由,来辞退店员。因为店员他和经理是站在两个立场上,店员有崇高的阶级性,对政府负责,是反对

---

① 哈尔滨、沈阳市工商行政管理局. 东北解放区的工商行政管理[M]. 北京:工商出版社,1988:192.
② 《哈市工商界！应彻底去掉现存的坏现象》,哈尔滨市图书馆藏哈尔滨《工商日报》,1948年11月4日,第四版.

违法买卖行为的。

例如：近来道理尚志大街同×泰的王经理，他就用这一套手腕，麻痹店员的思想，拉拢和搞社会关系。

我建议商店的经理们：在发展生产、尽全力支前的情况下，在新的社会里，这样的花招是行不通的。应当彻底去掉它，做个新民主主义下的新商人。①

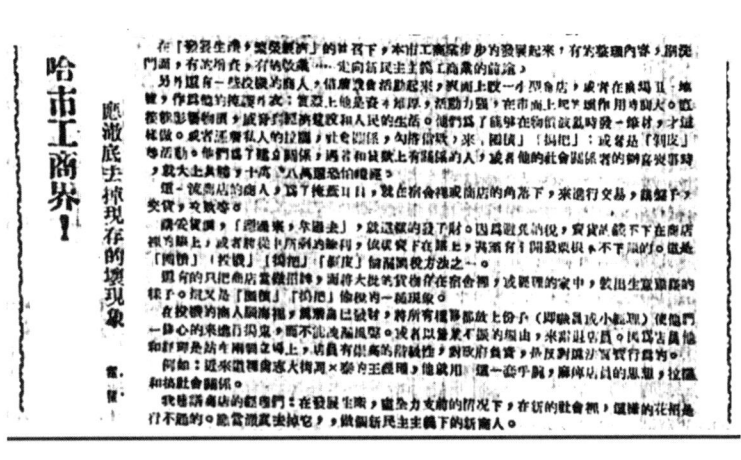

图 3-23　哈尔滨《工商日报》1948 年 11 月 4 日刊载
《哈市工商界！应彻底去掉现存的坏现象》②

第三节　新民主主义商事习惯的推行

一、发展人民的合作社商业

1945 年"八一五"前，东北有"兴农合作社""金融合作社"，并且在东北各地已存在多年。以哈尔滨金融合作社为例，其原名为"（日本）新京金融合作社哈尔滨分社"。该合作社是在日本关东州厅支援下经营的城市金融合作社之一，是为适应九一八事变后日商的新形势，在原哈尔滨

---

① 《哈市工商界！应彻底去掉现存的坏现象》，哈尔滨市图书馆馆藏哈尔滨《工商日报》，1948 年 11 月 4 日，第四版。补充说明，遵循忠实于报纸资料原文原则以及报纸整理一般规则，报纸中"或者在商场□一地号"中无法辨认的字以"□"代替。

② 资料来源：哈尔滨市图书馆馆藏哈尔滨《工商日报》，1948 年 11 月 4 日，第四版。

日本商工会议所的经营下,于1932年年末以新京金融合作社分社的名义成立的。设立后,入社人数逐日增长,到1937年年末为止,社员数476人,出资宗数达1 715件,之后对社员资格进行严格审查,以便更好地为在哈尔滨的日本人所运用。至1938年,在日本关东州厅支援下经营的城市金融合作社已在东北开设17个之多。① 这些合作社经济形式是日本帝国主义侵略者利用伪满政权所组织的、榨取东北农民的血汗、残酷掠夺东北农民财产的工具,是对东北农民极其凶恶的"吸血鬼",因而其完全是殖民主义性质的。

属于人民所有的合作社经济是在农村革命根据地"一面进行土改,一面恢复农村生产,从而支援前线"中初步产生的。"'八一五'后,中国人民解放军已经到达,并在哪里建立根据地的地区,哪里就陆续建立起合作社来。如在热河、西满、东满个别地区,早在1945年冬或1946年春即已有之。这些合作社,在那时虽为数不多,且实际上有不少是公家所经营的商店,但不管怎样,它们确是属于人民所有的一种经济事业,已与过去伪合作社本质不同。"②

东北地区早期的合作社是自发产生的,由于极度枯竭的农村生产急待恢复,并在当时"发展生产,保障供给,生产自救,支援前线"的方针下,已解放的各个农村地区,都曾一度成立了许多合作社。合作社对农村经济的逐渐恢复起到了一定的积极作用,并且基本上根据群众的需要,为群众服务,曾为群众解决了不少生产与生活上的困难。但由于"这些合作社的成立与领导,除个别省(如热河)与极少数县(如吉林汪清县)外,大部分是由工作队扶助办起,或由区村农会,或其后的区村干部自发地建立起来,而又各自不正常地分散领导的。工作队中多半是从关内来的干部,他们对于抗日战争时期合作社的情况,多少知道一些,但不一定自己搞过,业务更不懂,只知道办合作社就要搞生产,搞运输,开商店,要赚钱,多分红。当时不少斗争果实,如油坊、烧锅、粉房等,确很难分。因此,为了利用斗争果实,就办起合作社来。有的就开油坊、搞烧锅、拴大车,样样都摘。有的则开商店,专做买卖。再加,区村干部一面忙于群众

---

① 参见[日]长谷川洁. 哈尔滨经济概观[M]. 王绍灿,王金石,译. 哈尔滨:哈尔滨市人民政府地方志编纂办公室出版(内部发行),1990:216-217.
② 东北解放区财政经济史编写组. 东北解放区财政经济史资料选编(第三辑)[M]. 哈尔滨:黑龙江人民出版社,1988:268-269.

工作，忙于战勤，一面不懂业务，又无方针，致使合作社的经营，往往陷于自流状态。不少合作社就此纷纷垮台了"。①

具有"半社会主义性质"②的合作社最早是在农村革命根据地中产生的，依托和适应于农村农业生产及简单商品经济的需要。这一阶段的合作社在农村革命根据地发挥了积极作用，但也存在诸多问题，其缺乏有组织的正常的集中领导，"是自觉或不自觉、直接或间接地反映了对日抗战时期合作社的思想与办法。它的群众基础很缺乏，它的营［盈］利分红观点很普遍、很严重"③，并且不具有城市复杂多元的工商业经济背景的经验。因而在中国共产党取得城市革命胜利后，探索建立城市合作社，整理、改造与发展农村合作社，以为人民服务，改善人民生活，并加强政府经济工作与人民经济生活的联系，成为中国共产党从农村政权转向城市政权，从单纯注重农业生产向以城市工商业经济带动农业生产的转变过程中的一种重要需要。

1946年4月28日，东北民主联军接管哈尔滨，建立了新民主主义城市政权。这是中国共产党首次在中心大城市建立的新民主主义的政权，哈尔滨从此成为全国解放最早的大城市和解放战争的后方中心基地。中国共产党在哈尔滨开创了城市领导农村、工商业经济领导农村经济的新模式，④在中国共产党的领导下，城市合作社在哈尔滨蔓生开来，逐步构筑了城市解放区合作社商业经济发展的新模式。

哈尔滨是第一个诞生的合作社——新阳区大众合作社，成立于1946年8月中旬，其资本是由群众斗争伪满粮谷配给店得到的果实构成的。到1946年年末，哈尔滨市已有十几家合作社，1947年1月份又出现了12家。这些合作社的产生具有良好的条件，资本金不用老百姓自己拿，房子也有的是敌产可用。群众的情绪很高，工作队一号召，便马上组织起来，成为哈尔滨市合作社运动的先锋。1947年2月1日，哈尔滨市政府与东北贸易总公司为调剂粮价，保证民食，实施廉价售米，推动哈市合作社运动发生了巨大的变化，促生了更大量的合作社。1947年整个2月里成立的合作社数目，超过前6个

---

① 东北解放区财政经济史编写组. 东北解放区财政经济史资料选编（第三辑）[M]. 哈尔滨：黑龙江人民出版社，1988：269-270.
② 同上书，第268页。
③ 同上书，第270页。
④ 孙光妍. 新民主主义宪政立法的有益尝试——1946年《哈尔滨市施政纲领》考察[J]. 法学研究，2006，(5)：151.

月的总数。截至1947年3月13日，哈尔滨市的合作社已达84家。①

在哈尔滨84家合作社的商业经济发展中，在招股方式、联合社方式、社员与合作社的关系上形成了以下几个显著特点。

第一，在招股方式上，也就是由招股这一个侧面来观察合作社的成立形态，大体上可将这84家合作社归纳为6种不同的类型。

1. 直接利用清算斗争所得之款或遣送日侨后拍卖启封物品的钱作股设立人民合作社。如新阳抚安合作社，群众得到斗争果实5万元后，召开全体大会，一致决议用这笔款子建立一个人民自己的合作社。每甲选2名委员调查甲内户口数目，区分阶级成分，用以作为均分果实作股的尺度。凡是在伪满时代遭受此数家配给店剥削的区民都有分享的权利，光复移搬到本区参加本次斗争大会的区民，享受半数。而群立合作社，则是由群立贫民会利用遣送日侨后拍卖启封物品的钱作股设立的。同新阳抚安合作社一样，它们最初都没有要群众自己拿钱。

2. 政府领导下的依人口比例分担募股。如道里区人民消费合作社，起初是道里区政府方面及街代表组织筹备委员会议，定招募股目标为500万元，按照十个街人口比例分别负担，各街依拟定之目标数目，通过闾长、组长再按照各户财产状况去劝募，即通过分担募股而集资设立人民合作社。

3. 开放式募股。如东傅家区太古人民合作社。最初计划了200万元的目标，以中下层为对象，但结果是不得不开放门户，改变方式。中户贫户自身本来在经济生活上已很拮据，想要在中户贫户的阵营中集腋成裘，可能性很小。因而实际筹集的数目没有超过40万元，开放募股后才达到了130万元。东傅家区太古人民合作社的招股方式是一个典型。

4. 私人资本的投机性出资。如铁工业员工合作社，其在形式上是"戴着顶为工人自己谋福利的帽子"，而实质上只是一些铁工业的资本主义的私人资本的集聚，赚的钱与工人风马牛不相及，因而带有投机性。

5. 为一时目的仓促集股设立的不完整型合作社。凡是在1947年2月1日至3月13日成立的，大都属此类。即为了代卖粮食，匆匆忙忙地加紧募股，刚凑足一个相当数目，便赶来领米，实际上股金还未收齐，牌子也未挂上，人事组织也茫无头绪，便提前营业了。

---

① 参见哈尔滨市档案馆. 解放战争时期哈尔滨经济资料文集(下册)[M]. 哈尔滨:哈尔滨工业大学出版社,1994:488–489.

6. "拆东补西"设立运营合作社。新阳区贫民总会被服厂及制鞋厂，计划是成立生产性的合作社，但成立时因为照顾贫民，不使贫民有负担，故未招股。机器设备、资本尽量租借，而其活动方法除了由向政府借款外，便只有在每一次包活时，向订货主预支一部分钱款来周转，预计等到盈利达相当数目时，再用以作为股东的股本。这种拆东补西的方法，事实上很难在短期内收得足够给贫民做股的盈利数目。

第二，合作社总社与分社的系统联系度有差异。在哈市合作社运动中，设立了总社与分社的合作社，有两种典型。

1. 只存在业务上的调剂关系，但总社与分社各自独立。马家区的合作社就是这种情况。马家区首先成立了民生合作社，包括全区各街群众的投资（7 000 户，152 万元），由于仅此一处售货，不敷广大全区各街的需要，对远距离群众不方便，于是各街人民在街长的领导下，又单独集资成立了合作社，以前的社为总社，再分设了洁净、文化、分部三个分社。相互间的关系是：总社调剂全区各分社的业务，如购买可由总社统筹代办，然后分授各分社。在资本、会计、人事上每个分社都仍旧保持独立性。区政府直接领导总社，间接领导分社。

2. 联合形态，总社不论在人事、会计、营业上都与分社结为一体。太平区的合作社就是这种情况。太平区合作社总社的前身为"贫民合作社"，1947 年 1 月至 2 月间，由太平区领导将贫民合作社解散，重新组织，定名为"太平区群众合作社联合总社"，设门市部，同时区内各街既有者改组，无者增设。至 1947 年 4 月，太平区已设立分社 7 处（大有分社、三棵树分社、新乐分社、新市分社、太平分社、骆丰屯分社、韩家洼分社）。太平区群众合作社联合总社是由区政府人员充任，以下的总社经理、分社长、分社经理等干部人员由区政府委任。其下的由总社任用，账簿划一，业务上也统一调度，分社受总社的领导。盈利处置方式为：各分社盈利一齐交到总社，然后由总社再平均分配到各分社。

此外，市内 10 个区中尚有 6 个区并没有设立总社和分社，各区内只设立一个合作社，各区的合作社之间均是各自独立、分别经营的，相互之间毫无联系，每社资本都很微小，相较于有联合团结的总分式合作社，独立式合作社一旦遇到业务上的困难，便无力摆脱了。

第三，社员总人数多，贫民会员占比高，合作社总资本在全市工商业资本中占比低。据1946年年末哈尔滨公安局调查，全市人口总户数为140 000户，其中中国人总户为122 800户，以外推定［算］外国人为16 200户，全市84家合作社的社员总数约为113 021户，因此社员总户数占全市人口总户数的80.7%。合作社大都包括各个阶层的市民，但是其中更为广大的是贫户，因而合作社中贫民会员多，贫户即使入了有限的股，平时仍然不具有经常购买合作社商品的能力。就合作社总资本来看，其占全市工商业资本之比为3.52%。①

从上述84家城市合作社的历史中可以看到，哈尔滨市的城市合作社具有城市政权的领导性和帮助性。其一，从招股方式上看，政府领导下的自愿入股是主要的募股方式；其二，从合作社的组织与运营上看，管理与运营效能高的合作社都是区街政权领导下的总分式合作社；其三，从社员情况上看，社员总人数多，但贫民会员占比高，实际购买能力不强，因而更需要依靠城市政权领导下的政府经济给予扶持和帮助。新民主主义城市合作社的建立与发展离不开一切为人民利益的中国共产党的领导与支持，在实际中，人民群众深刻地感受到"合作社目前处在开始建立的过程，必须建设的事情又很多，往往都需要资本，没有公家的经济上的适当扶助与支持是难以发展起来的，因此公助与否及公助程度大小将成为合作社发展成败的重要决定关键"。合作社一切工作成果"取得的决定前提在于党及政府的深入领导与具体帮助，特别是经济上的有力援助，否则没有任何可能的"。

哈尔滨探索城市合作社经济过程中所出现的上述特点和诸多模式成为城市合作社经济发展的基本模式，许多都被固定下来。1947年4月以后，哈尔滨市政府颁布了《哈尔滨特别市合作社组织暂行条例》②肯定了生产合作社与消费合作社两种合作社业务，③规范了合作社设立的方针、条件及程序、社员入股、社员退股、社员权利与义务、合作社机构构成及职能职责，同时规定了银行、贸易局及公营企业、税收主体对合作社经济应给予多种扶持与帮助。

---

① 参见哈尔滨市档案馆.解放战争时期哈尔滨经济资料文集(下册)[M].哈尔滨:哈尔滨工业大学出版社,1994:494.

② 同上书,第495页。

③ 《哈尔滨特别市合作社组织暂行条例》第四条规定:"生产合作社之业务方针,在于组织人民的劳力、资金、技术,采办廉价原料,解决成品销售,进行生产事业,增加社会财富,减少社会失业并改善社员生活。"第五条规定:"消费合作社的业务方针,在于直接向生产部门及国家贸易机关取得人民生活必需品,避免中间商业剥削,解决社员物资需要,协助政府平抑物价,不许进行商业投机。"

第三章　人民政权对旧有商事习惯的继承与改造　　247

　　在大力发展"生产合作社"与"消费合作社"的基础上，哈尔滨解放区还探索建立了群众"产销合作社"这一新型模式。1948年11月1日，哈尔滨市群众产销合作社正式建立并开业，进一步扩大了合作社经济的发展。群众产销合作社是城市小手工业者或市郊农民（小商品生产者）的产销或供销合作社。通过产销合作社，将国家生产的原料、日用品供给小生产者，又从小生产者手中收买他们的产品，卖给国家，再分配给一部分需要的消费者。生产者与消费者之间的商事活动可以不经过商人的手，进而减少投机操纵，同时又可以使国家掌握更充足的物资，借以掌握物价。因此，产销合作社是小生产者（独立的手工业者与农民）与国家中间不可缺少的经济桥梁，它不仅是城市职工与手工业劳动者所需要的，也是农民所需要的，更是国营经济所需要的。

　　在实践中，哈尔滨市产销合作社在多个方面发挥了积极的作用：第一，扩大社员，吸收游资，解决社员们的资金困难，减轻人民负担；① 第二，组织分散的独立小手工业者，使其走向集体生产，部分消灭"某些商人看到小生产者的软弱无力，而使其得不到大宗包活，致使许多独立劳动者和小生产者失业或转业"的现象，使工人的生产情绪稳定，发挥集体创造热情，提高生产效率；② 第三，有计划地为生产合作社组织生产与销售，促成了生产者与需要者之间的直接结合，改变了传统商事活动中生产者与

---

① 便服合作社加入了产销合作社后，"为了支持毛皮合作社工人的工作，购买了大批毛皮，都做了干部服筒子、羊皮大衣、皮帽子、皮宾加克、小孩皮大衣、小孩皮帽子等。同时又为了支持毛皮工人因冬季没有工作而失业的困难，又组织了打猎团，现已有二十二名毛皮工人组成，到一面坡、亚不利方面参加打猎生产去了"。"此外，还做了干部服及马裤类七十件，棉裤、棉袄五百件，小孩皮大衣五十件，从原料到成品，（成本、加工费）合作社不另外取分毫利润"。（哈尔滨市档案馆．解放战争时期哈尔滨经济资料文集（下册）[M]．哈尔滨：哈尔滨工业大学出版社，1994:501.）

② 在总结开展合作社运动的经验时，哈尔滨市政府指出："2.他们都是独立的手工业技术劳动者，只用简单器械工具，需要集体揽活、集体劳动、集体生产（不是副业生产性质）、集体推销成品，故容易组织。3.都是在公家扶植支持下为公家加工，公私容易结合，加工中公私矛盾容易统一。4.设厂或不设厂劳动合作，是劳动者自己的生产组织，也是经济组织，又是群众组织，自己是主人，直接管理、直接分配利润，容易发挥劳动的热忱与积极性"。（哈尔滨市档案馆．解放战争时期哈尔滨经济资料文集（上册）[M]．哈尔滨：哈尔滨工业大学出版社，1994:41.）哈尔滨市群众产销合作社积极开展工作，取得了很多成绩。如"便服合作社，过去都是做零活，不能经常有活做，自从加入了产销合作社，只要好好工作就不怕没有活干。最近给长春电业局定做了四百副手闷子，是长春电业局之急需，经合作社负责管理与工友们的努力，保证不偷工不减料，提前完成任务。结果，节省了青解放布二十四尺六寸，白群众布五十九尺，线四百六十米，共节省了220余万元，并提前一天完成了任务"。（哈尔滨市档案馆．解放战争时期哈尔滨经济资料文集（下册）[M]．哈尔滨：哈尔滨工业大学出版社，1994:501.）

消费者中间受商人剥削的商事习惯,扩大了经济成果积累;① 第四,建立并扩大了与农村的联系,沟通了城乡物资交流,促进了农村生产,增进人民生活向上发展,支援了革命战争。②

从消费合作社(或职工消费合作社)与加工性手工业生产合作社(劳动合作工厂),到独立手工业与农民小生产者的产销合作社,哈尔滨解放区探索建立了三种类型的合作社经济模式,三种类型的合作社经济均涉及与城乡群众生产、消费、生活、生计密切相关的多种行业。因而哈尔滨市政府对三种类型的合作社经济及其涉及的行业在不同层面上均给予了积极扶植与帮助发展。为了进一步落实《哈尔滨特别市合作社组织暂行条例》中规定的"各社资金遇有不足,致周转困难时,由国家银行低利周济之(第二十三条)","各社有优先购买国家贸易局及公营企业之货物及产品之权利(第二十四条)","国家贸易局有尽力帮助各生产合作社推销成品、供给原料之义务(第二十五条)",以及"凡依本条例所组成之合作社,免缴各项税收(第二十六条)",哈尔滨市政府专门制定了"国营企业具体扶助合作社之方法",从这一规定中可以看到哈尔滨市政府对合作社经济给予的多主体、多方面、多方式、多途径的特别优待与专项支持。

---

① 哈尔滨市政府在《1948年上半年哈市经济工作初步总结报告》中指出:"群众往往是在反对生产中的中间剥削下,产生了自己组织起来的要求。被服工人、建筑工人及毛皮工人都是要求不经过包工,希望直接揽活而组织起来。渔民在要求低利贷款修补网具免商(高)利贷之剥削下组织起来。铁匠炉工人在要求取消五金行和大炉的中间剥削下组织起来。"(哈尔滨市档案馆.解放战争时期哈尔滨经济资料文集(上册)[M].哈尔滨:哈尔滨工业大学出版社,1994:41.)因而,通过合作社"反对生产中的中间剥削"是群众的普遍要求。哈尔滨市群众产销合作社着力调整与削减生产中受商人剥削的商事习惯,协调产销直洽,"如铁丝网合作社的许多工厂,过去都在牡丹江,因为原料不足,去年由本市郭家棚铺来哈市,当时因郭家棚铺包了哈尔滨造纸厂的一批大宗的活(铁丝网子),但郭家棚铺本身并不能制造,所以才从牡丹江把他们找来,给郭家棚铺做活,而郭家棚铺从他们身上榨取了很大一笔利润。自从组织起来以后,由于产销合作社的介绍及作保,从十一月廿七日开始,和粮食总局直接订立了加工契约,至十二月廿日,共加工了一百八十米网子。现在已经组织起来的有几台机器,十二名工人"。(哈尔滨市档案馆.解放战争时期哈尔滨经济资料文集(下册)[M].哈尔滨:哈尔滨工业大学出版社,1994:501.)

② 中共哈尔滨市委在1949年3月22日所做的《哈市目前情况与一九四九年的工作任务决议》中,对哈尔滨市在领导合作社经济工作中采取的办法进行总结,并对1949年合作社经济工作开展提出目标时指出:"合作社的组织必须根据群众需要与自愿,根据国家与社会的经济条件的需要与可能,特别是根据城乡经济联系的需要与可能,有步骤有计划地发展","近郊农村的生产,去年曾比前年增加产量百分之三十六,今年应继续加强指导与扶助,改善互助组织,积极积肥,准备春耕,组织运销合作社,发挥车马的作用,发放农贷,刺激与帮助买车买马,提倡种植工业原料,争取比去年增加产量百分之十"。哈尔滨市档案馆.解放战争时期哈尔滨经济资料文集(上册)[M].哈尔滨:哈尔滨工业大学出版社,1994:56-57.

国营企业具体扶助合作社之方法，提议做如下规定：

1. 国营企业的物资，规定优先购买制，凡国家计划出售的消费品，合作社得优先购买。对于生产器材，合作社得比任何私人有优先购买之权。

2. 国营企业委托工厂加工，在同等条件下或类似条件之下，得优先照顾合作社。

3. 国营企业的物资按照公司批发牌价再打九八折到九五折的优待价格卖给合作社。

4. 国营企业特设优待订货办法。凡合作社预订货物，其所交订金超过货价百分之七十者，货物价格得按订货当时的价格计算，不受物价波动的影响。但到货日期须按合同办理。

5. 职工合作社所领得之工薪实物，得凭证委托指定国营商店代销，不收手续费，只收实销的运输费用，只对保管一周以上的大宗物品，按规定八折收取保管费用。

6. 生产与供销合作社的产品，得委托指定国营商业机关代销，不收手续费，只收实销之运输保管费用。

7. 委托国营企业代销货物之合作社，在货物未销售以前，必要时得商请该企业酌量垫借现款。

8. 国营企业在收购某项生产品时，在同等条件或类似条件之下，得优先收购合作社的产品，并保证不低于市场私商收购的价格。

9. 加工生产合作社在与国营企业签订加工合同之后，得由国营企业先期垫付若干生产基金。

10. 银行对合作社特设实物存款，帮助合作社保本。合作社不能立时购得货物之资金，可以随时存入银行。

11. 银行对合作社特设低利贷款，原则上规定生产贷款的利息比消费性的贷款低；向国家商业机关购货用款的利息，比向私商购货的用款低。向国营商业机关购货用款，不给现金，即由银行向国营商业机关开付记名支票，凭国营公司印鉴领款。

12. 对纯职工消费合作社（与非社员无交换行为者）予以免税的优待。对产销合作社之营业税予以减免 50% 的优待。

13. 政府颁布保证合作社财产及保证其合理经营不受任何侵犯与阻碍的法令，并给予租用房、地、水、电以及登记呈报等之便利。①

在大力扶持与发展合作社经济的同时，哈尔滨市政府还注重通过法治引导与规范合作社经济。除 1947 年发布与实施的《哈尔滨特别市合作社组织暂行条例》，并通过"国营企业具体扶助合作社之方法"的各项政策，积极落实优待与帮助外，1949 年 10 月 12 日哈尔滨市人民政府专门发布了《关于合作社登记办法》的通告。通告规定，哈尔滨市所有的各种合作社，不论市内的、市郊的、生产的、消费的，以及侨民办的，统归哈尔滨市合作总联社领导，各合作社应接受市合作总联社在社务、业务上的领导；哈尔滨市所有合作社，必须到市合作总联社进行登记，凡不进行登记者，不得用合作社之名义，也不得享受政府行政上及国营企业对合作社各种之优待；同时详细规定了具体的登记办法。② 通过发布与实施法律法规、行政政策，哈尔滨市政府加强了对合作社工作的领导与协调，使合作社经济获得了进一步的巩固和发展。

作为全国第一个获得解放的大城市，哈尔滨解放区探索走出了城市合作社经济发展道路。哈尔滨的实践证明，合作社"是群众所需要的，也是发展经济所需要的，同时又是国家所需要的"。③ 合作社经济是"在无产阶级领导的，新民主主义国家制度之下的合作社经济，是在各种不同程度上带有社会主义性质的经济，是国营经济最可靠的有力的助手"。④ 它"可以做到限制商人的中间剥削，缩小私商的地盘，并在国营经济领导之下，组织消费，帮助国家制止投机，促进经济工作的计划性"，"最要要的，还是在经济上，它应该能尽到以下责任：帮助国营经济（工商）与农民（农村小生产者）经济相结合，帮助城市手工业者与农民相结合，减少私商、私

---

① 哈尔滨市档案馆. 哈尔滨解放(下)[M]. 北京：中国档案出版社，2010：285.
② 同上书，第 498－499 页.
③ 同上书，第 41 页.
④ 同上书，第 85 页.

第三章　人民政权对旧有商事习惯的继承与改造　　251

人资本主义对农村小生产者的领导作用"。① 因而，"合作社是劳动群众的经济组织，是国家经济的助手，是工人阶级与广大农民和一切小生产者的经济联盟"。②

二、实行商事组织民主管理

（一）制定新商事公约

1. 制定新型渔民公约

哈尔滨城市临江而居，市区及周围水系发达，自古就有"晒网场"之名，依江而谋生计的主要是渔民和船夫，人数较多。据伪康德六年（1939年）统计，哈市渔业概况为"总计哈市附近渔场为24所，渔户234户，操业人达1342人，使用渔具282统，渔船266只，年产总量约400万斤"。③ 从事渔行交易的已登记商号有盛记鱼店、苏记鱼店、天增利等35家。④

哈尔滨"渔民从来是过着分散流动、冒险而又贫困的生活，受着网主渔商的残酷剥削，自然的侵害，逐水捕鱼，沿江设网，开江时有冰排的冲击，开江后有时风高浪大，水势涨落不定，不仅会影响捕鱼，损坏渔具，翻船坏网，有时甚至威胁生命。此外还受着胡子、江上军、警察、特务的多重压迫，使渔民无时无刻不在威胁与痛苦之中，过着苟延残喘的生活"。"伪康德七年（1940年）度，施行经济统制后，关于鱼类贩卖即进行统制，取消渔商专卖，改由满洲生活必需品株式会社、哈尔滨中央市场道外支店统一专卖，所有渔民捕的鱼均须经过批发市场压价叫行，较好的鱼由关东军统一收购，实际上是赔价掠夺，剩下的破鱼烂虾，才准渔商购买，并将渔民强制编组，发给证明，然后才能捕鱼。生活必需品会社则配给渔民以廉价的配给品，如网线、帆布、猪血、卡子、钩子、油、盐、粮米、布匹等，胶皮鞋等必需品但还多为网主所独吞，对渔民则毫无所补，相反地，由于配给专卖关系，使鱼价压低（配给品的代价是压低鱼价统一征

---

① 哈尔滨市档案馆. 解放战争时期哈尔滨经济资料文集(上册)[M]. 哈尔滨:哈尔滨工业大学出版社,1994:84.
② 同上书,第56页.
③ 陈绍南. 哈尔滨经济资料文集(1896—1946)(第二辑)[M]. 哈尔滨:哈尔滨市档案馆(内部发行),1991:101.
④ 同上书,第102页.

购）而使渔民受到了很大的损失，只是片面地使网主得到了些实惠。'八一五'以后，敌伪统治崩溃了，渔商趁机复活，掌秤叫行又活跃起来了，渔民仍受着渔商的任意摆弄和剥削，只是岸上的江上军、警察、特务的压迫扫光了，但是胡子却多了起来，勒索抢掠更为严重，有时连人带船一齐掳去，所以渔民不敢远处捕鱼，船上连铺盖都不敢带，只是铺些乱草，夜里就钻草窝子睡，白天在近处捕点鱼，打点柴火，卖钱度日，渔民生活更加痛苦了"。①

哈尔滨解放后，1946年6月，人民政权通过松江渔业公司（初系哈东敌伪财产管理处②）开始将渔民组织起来，动员渔民，每人拿一万元入股成立消费合作社，但由于在旧社会背景下长期养成的"好疑心理"严重，疑是变相"动员"和伪满"勤劳奉仕"，渔民都不同意，无人肯入，消费合作社未能成立起来，而渔民亦随之失去依托，"像无娘孩子一样"。于是又纷纷酝酿，主动要求成立组织。为了解决一般贫苦渔民渔户的职业与生计，帮助群众生产，1947年3月10日，哈尔滨市政府工商管理局积极回应渔民诉求，协同道外工作队召开渔民代表大会，协商筹备建立渔民合作社，组织贷款，帮助渔民解决实际困难。3月21日，全体渔民大会根据自愿结合的原则编成小组，选出小组长及渔民代表。3月28日，又召集渔民代表大会，宣告渔民合作社正式组成。1947年4月后，在道外东西傅家区委领导及区政府的协助下，东西傅家区渔业生产合作社并入哈尔滨市渔民合作社（总社）。

渔民合作社全体社员订立了社员公约，新入社渔民须有社员介绍，社员联保，以街闾组证明（外县须有地方政府证明）自愿参加，亦共同遵守合作社公约。

《哈尔滨市渔民合作社社员公约》是全体渔民代表在人民政权的引导下平等协商、民主商议、共同订立的。公约共8项条文，内容简短，具有

---

① 哈尔滨市档案馆馆藏革命历史档案,全宗号2,目录号1,案卷号229,顺序号10。
② 1946年4月28日,民主联军解放了哈尔滨。民主联军进驻哈尔滨后处境十分艰难,为了稳定局面,最重要的是必须解决经济问题。为此,上级责成吉黑军区后勤部部长张永励同志负责筹建哈尔滨敌伪财产管理处,查清敌伪财产,收集物资,筹集军费。哈尔滨敌伪财产管理处,隶属吉黑军区后勤部,一名处长,两名副处长,下设办公室、四个科:第一科（调查）、第二科（管理）和财会科、总务科。1946年7月份,经上级决定,将吉黑军区管辖下的敌伪财产管理处移交给哈尔滨市政府,工作人员也一同移交过去。参见政协哈尔滨市委员会文史资料编辑部．哈尔滨文史资料:第十辑[M]．哈尔滨:哈尔滨出版社,1986:110。

纲领性，彰显了民主性、平等性、团结性、纪律性、守法性和保卫性。如"渔民爱渔民大家一条心（第1条）"；"积极生产，支援前线（第8条）"；"不维持胡子，不联络反动（第4条）"；"遵守政府法令，决不准做违法事（第7条）"；"遇着坏人可以逮捕，碰见胡子可以报告（第6条）"。

1947年4月开始，哈尔滨市渔民合作社方"处在开始建立过程"的探索阶段，社员公约的内容不够完善，"关于社员入社退社及社员之权利义务等均没有明文规定"，实践中仅按一般习惯进行规制，如"凡是正式渔民，经渔民介绍或保证即可入社"，"由合作社发给证明船旗，及享受社内举办之福利事业，退社时须将证明船旗交回"等，但公约具有的纲领性、民主性、维护全体渔民利益、改掉旧社会遗留的恶习劣惯、积极生产、支援前线的进步性十分明显，为渔民所认可，具有号召力，在渔民中产生了影响，各区渔民合作社也纷纷订立更为细致的新型公约。在哈尔滨市档案馆至今仍保存有《松浦合作社重订公约》。

2. 设立同业公会新章程

近代同业公会多是在传统行会（会馆、会所、公议所）的基础上产生的。传统行会古已有之，发挥着联系乡人、照顾伙友、维系同类行业的积极功能，但在划定价格、分配原料、控制学徒、使用帮工、限制本帮与外地人开店设坊、规定工资水平等方面[①]，亦具有浓厚狭隘的保护性。随着近代中国资本主义的发展，传统行会所具有的封建性、封闭性、垄断性和保守性阻碍了资本主义经济的发展，其对所属行号生产经营范围和雇员数量的限制，对商品价格和市场的强制性垄断等弊端使中国商业组织逐渐落后于外国资本商业。同时，随着社会分工和专业化程度的提高，大量新兴行业不断涌现，也需要组建新的行业组织，因而传统行会逐渐发生变革，符合中国经济近代化发展需求的新兴同业公会，抑或由传统行会改组而成立的同业公会应运而成。

1904年，清政府颁布《商会简明章程》；1915年，北洋政府颁布《商会法》；1918年，北京政府农商部颁布《工商同业公会规则》；1923年4月，又进一步颁布《修正工商同业公会规则》；1929年，南京国民政府颁布《工商同业公会法》及实施细则；1938年，又颁布新的《商会法》及

---

① 参见朱英．中国近代同业公会与当代行业协会[M]．北京：中国人民大学出版社，2004：84-90．

《同业公会法》。我国工商同业公会逐步走向组织的规范化与现代化，也在其本身所具有的经济性的基础上具有了明显的行政性和政治性。① 但从另一方面看，工商同业公会虽然在民国时期获得了较快发展，但仍然"保留有行会的遗迹或者弊端，如公会中存在大会员把持会务的情况，决策与运作中并没有依据章程民主行事。各地公会林立，互相之间缺乏沟通，造成行业内部的人为阻隔或者地方保护，等等。均使同业公会受到非议，仍保留着旧式行会的形象，难以摆脱"。②

　　油坊（制油业）、火磨（面粉业）、烧锅（酿酒业）等是哈尔滨的传统工商业，历史悠久。哈尔滨开埠后，华洋杂居，中外工商业组织在这些行业中纷纷展开激烈竞争。民国八年（1919年），哈尔滨面粉火磨同业公会拟定章程，立案设立。民国十九年（1930年），遵照《工商同业法》，重新订立章程，进行改组，以哈尔滨全市面粉火磨业之组织，定名"吉林省哈尔滨面粉火磨同业公会"。1937年10月，伪满洲国颁布《商工公会法》，1938年4月1日，根据伪满洲国《商工公会法》，日伪政权将哈尔滨地区五大商会合并，以日本人的哈尔滨商工会议所为主，成立了哈尔滨商工公会，同时整顿了同业公会，此后的哈尔滨商工公会的基本会员就是各同业公会，日伪政府按日本人习惯统一改称为"同业组合"③。从此，哈尔滨面粉火磨同业公会由"附设于哈尔滨总商会内（民国十九年哈尔滨《火磨公会简章》第二条④）"的组织完全变为在日伪政权操纵下，推行其经济"统制"政策的宣传部门和执行部门，哈尔滨面粉火磨工商同业也遭受了水深火热的严酷殖民经济统治。

　　哈尔滨面粉火磨同业公会的设立与发展，在哈尔滨工商同业公会中具有清末民国以及伪满洲国时代的典型性，其章程具有代表性。哈尔滨《火磨公会简章》共二十四条，主要设定了公会事务、会员资格及权利义务、

---

① 南京国民政府成立后，注重加强对民间团体的管理与引导。政府对人民团体进行法令重组，商会与同业公会划归职业团体之中。从这个划分中，可以看出南京国民政府不仅注重商会及同业公会的经济功能，更重视其潜在的政治动员能力。客观地说，南京国民政府在20世纪30年代对行业组织现代化的推动力是相当大的。参见朱英. 中国近代同业公会与当代行业协会[M]. 北京：中国人民大学出版社，2004：128 - 129.

② 朱英. 中国近代同业公会与当代行业协会[M]. 北京：中国人民大学出版社，2004：163.

③ 参见全宗林. 哈尔滨商会史略[M]. 哈尔滨：黑龙江人民出版社，2017：38，47.

④ 陈绍南. 哈尔滨经济资料文集(1896—1946)(第三辑)[M]. 哈尔滨：哈尔滨市档案馆（内部发行），1991：123.

内部组织机构及职权、会议类型及召集、公会会费诸多方面,基本形成了较为完善的组织架构与运作机制,具备了分科办事与科层化的组织特征。但在实践中,面粉火磨同业公会历经了民国的混乱与日伪的统制,仍然带有明显的不科学、不民主、不平等的行业管理体制,以及上述政治上与经济上的痼疾。

首先,从政治上看,旧社会同业公会是资产阶级的行业自治性组织,其参加者主要是旧社会行业业主,代表的是资产阶级的利益,与无产阶级处于对立位置。尤其在日伪时期,成为协助日伪政府进行经济控制,压榨和剥削工人、店员的组织机构。

其次,从经济上看,同业公会往往被大企业主所把持,中小企业主很难获得平等权利,进而很难获得经济上的决策权和决定权,因而利益分配往往存在不公正、不合理的现象。这一点集中表现在会费缴纳及选举规则的习惯上。以会费缴纳数额多少来评定会员等级是同业公会的会员定等习惯,与此密切相关的代表人数习惯与表决习惯为:公会依据资本额及其承担会费的多少来确定代表人数及表决权数。故而公司、行号的资本额越大,承担的会费越多,派遣到公会的代表人数越多,其表决权数也越多,这就意味着在选举以及公会会议决策中,大企业、大行号也就拥有更多的发言权与公会事务上的决定权。以哈尔滨火磨同业公会为例,《火磨公会简章》第二十条明确规定:"本会会员缴纳会费以每一昼夜所磨小麦数量为标准,例如每昼夜磨麦一火车者,每月缴纳会费5元,余以类推。"① 企业规模、企业等级决定了会费数额,会费数额又决定了代表人数,代表人数即为表决权数,进而最终影响和左右会议决策。"事实上,关于表决权数在同业公会的发展过程中一直存在着一定争议。"② 因此,哈尔滨解放前各同业公会内部并非实行了普遍的真正的民主选举制度和会议决议制度。

此外,一些著名工商企业的经营者大多在相关同业公会或商会中担任重要的领导职务。哈尔滨革命历史档案民国三十四年(1945年)十二月七日《制粉同业公会会员名簿》登记了双合盛、天兴福二厂、益昌泰、成泰益、天兴福四厂、忠兴福制粉业的固定资本、从业人员、最大生产能力和

---

① 陈绍南.哈尔滨经济资料文集(1896—1946)(第三辑)[M].哈尔滨:哈尔滨市档案馆(内部发行),1991:124.
② 朱英.中国近代同业公会与当代行业协会[M].北京:中国人民大学出版社,2004:200.

它们在一月至六月间的生产量,这六家是制粉同业中等级最高的。其中,最大制粉企业双合盛经理张廷阁在旧中国担任过诸多高级社会职务,如1914年,张廷阁任海参崴中华总商会会长;1923年,任哈尔滨总商会会长;1926年5月,东省特别区商会联合会成立,张廷阁被选为会长;同年11月,哈尔滨自治会召开成立大会,选举张廷阁为自治会会长;日伪时期,张廷阁被留任哈尔滨总商会会长;1938年,又被委任为伪满洲国发明协会哈尔滨支部长。此外,他还先后担任过道里商会会长、伪滨江省正备委员会委员、哈尔滨松江胶合板株式会社社长等众多职务。① 闻名东北和华北的哈尔滨百货业大商号同记商场的经理徐信之亦曾经担任哈尔滨商工公会副会长。②

再次,从同业公会内部治理结构上看,内部机构并不够健全,缺少具体的专项办事机构和监督机构,没有形成内部的权力制衡机制,因而不能有效避免和预防同业公会为大企业、大商号或个人所把持,破坏"以维同业公共利益,矫正营业上之弊害"③ 的共同宗旨。

1946年4月28日,哈尔滨解放。1946年7月,哈尔滨市召开了由各阶层、各团体代表参加的哈尔滨市临时参议会,代表们一致认为要"建立民选政府、民意机关,建立民主的法治的社会秩序,保障每个人的人权财权(汉奸特务除外)","建立和平、民主、独立、繁荣的新哈尔滨"。④ 以这一目标为指导思想,临时参议会通过了《哈尔滨市施政纲领》,制定了"恢复与发展工商业,以繁荣市面,除囤积居奇扰乱金融之营业须受取缔外,工商业家享有正当营业之充分自由,并由政府予以保护。对于极关民生之工商业应予以可能之帮助(第四条)","采取有效办法,促进与协助尚未开工之公私工厂复业,以减轻失业,繁荣经济(第七条)"⑤等纲领性的宪制法条。

在这一背景下,从1946年7月开始,哈尔滨人民政权领导商工公会积

---

① 参见全宗林. 哈尔滨商会史略[M]. 哈尔滨:黑龙江人民出版社,2017:157-158.
② 同上书,第101页。
③ 民国八年(1919年)哈尔滨《火磨公会简章》第一条规定为:"本会以维同业公共利益,矫正营业上之弊害为出宗旨。"[陈绍南. 哈尔滨经济资料文集(1896—1946)(第三辑)[M]. 哈尔滨:哈尔滨市档案馆(内部发行),1991:120.]
④ 孙光妍. 新民主主义宪政立法的有益尝试——1946年《哈尔滨市施政纲领》考察[J]. 法学研究,2006(5):151-152.
⑤ 哈尔滨市档案馆. 哈尔滨解放(上)[M]. 北京:中国档案出版社,2010:259-260.

极组织召开各行业"同业公会筹备恳谈会",对会员进行调查,说明成立新民主主义经济政策下人民民主性质的同业公会的意义及必要性,研究"成立公会进行办法"等。

到 1946 年 12 月 30 日,哈尔滨市改组及新成立了工业同业公会 52 个,商业同业公会 25 个,杂业同业公会 13 个[①],经哈尔滨商工公会登记制作了《工商业公会名簿》,告示同业及各业。在新型同业公会筹备设立及召开期间,哈尔滨人民政权引导和帮助同业公会订立科学合理的具有民主性与平等性的新型同业公会章程,改变旧社会同业公会章程在政治、经济以及组织治理结构等方面的不当与欠缺。

以《哈尔滨市土木建筑同业公会筹备会简章》(以下简称《简章》)为例,可以看到新型同业公会章程所凸显的进步性。《简章》分八章,共 31 条,包括通则章、事业章、会员章、委员章、会议章、办事员章、会计及经费章、附则章。从《简章》的结构与具体内容上分析,其进步性体现在以下三个方面。

第一,从章目结构上看,与传统同业公会章程相比,增加"办事员"专章。"办事员承主任委员之命,从事办理本公会之庶务,会计及业务等事项(第二十六条)","办事员之任免应呈市政府社会局核准后,由主任委员任免之,但薪金之规定由执行委员会议定之(第二十七条)"。可见,"办事员"是同业公会内部的一个机构,专门处理"公会之庶务,会计及业务等"专业事项。近代以来,随着社会分工进一步专业化的需要,设立专项性办事机构以进行分工细密的分科办事机制,有利于高效地处理组织事务,在一定程度上也可以避免事务处理因一人独任、缺失监督而出现营私舞弊、损害集体利益情况的发生。专项业务处理机构的设置使团体的组织架构与功能更加完善、更加优质,因而在组织结构上具有合理性与先进性。

第二,增加"监察委员"结构,扩大公会内部治理结构。依据《简章》,公会设"监察委员二人,均由会员就会员代表中互选之,以得票多者为当选,遇有票数相同者以抽签法决定之(第十二条)","监察委员之任期由本公会筹备会成立日起至正式同业公会成立日止(第十三条)","监察委员均为名誉职(第十四条)",监察委员有"一、会员代表资格丧

---

① 哈尔滨市档案馆. 解放战争时期哈尔滨经济资料文集(上册)[M]. 哈尔滨:哈尔滨工业大学出版社,1994:196-208.

失者；二、因不得已事故经会员大会议决将其解任者；三、处理职务违背法令、营私舞弊或有其他重大之不正当行为，经会员大会议决解除其职务者（第十五条）"。有三种情事之一的应即解任。监察委员会可以"函请而召集"会员大会临时会议（第十六条）；"监察委员会每月至少开会一次（第二十条）"。监察委员会会议事项包括"一、审核本会预决算；二、函请召集临时委员会；三、审计本会金钱出纳事项；四、检讨本会业务上应与应革事宜；五、其他事项（第二十二条）"。《简章》通过多项条款对监察委员的任职资格、选任办法及程序、任职期、任职性质和类别、监察委员会的权职以及会议制度做了规定。

"监察委员"的设置使同业公会组织内部科层化治理结构更加完备、更加合理（见图3-24）。其一，从功能分工方面看，"监察委员"独立承担审核预决算、函请召集临时委员会、审计金钱出纳事务、检讨业务上应与应革事宜等专门的监察事项；其二，这一分工使同业公会组织内部形成了制衡式的权力结构，弥补了传统同业公会没有内部权力制衡机制的严重欠缺，有利于减少和预防仅仅依靠个人声望和品性自觉，却无法避免同业公会为个人所把持的重大弊端，使同业公会发展成为较成熟的组织形态。因而，这一结构及其制度机制的设置显然代表了跨越性的进步。

图3-24 哈尔滨市土木建筑同业公会组织系统图①

---

① 本图系笔者依据《哈尔滨市土木建筑同业公会筹备会简章》绘制。资料来源：哈尔滨市档案馆馆藏革命历史档案，全宗号2，目录号1，案卷号43，顺序号3。

第三，对会员代表人数及选举权的规定做了重大革新。

第九条　本会会员得派代表一人出席公会，称为会员代表，但有左列情事之一者不得为会员代表。
一、非中华民国国籍者；
二、受刑事处罚者；
三、褫夺公权者；
四、受破产宣告尚未复权者；
五、无行为能力及未成年者；
六、染有不良嗜好尚未戒除者。
第十条　会员代表于会员大会时均有表决权及选举权被选举权。

《简章》明确规定，每一会员单位只能派一名会员代表出席公会，每一会员代表均具有平等的表决权及选举权、被选举权。新规定修正了传统同业公会代表人数习惯与表决习惯的不公正性与不平等性，使公会的会员制度、选举制度、议事制度更加科学合理，促进实现真正的、普遍的民主，这种变革的进步性无疑是重大的。

哈尔滨人民政权在稳定城市社会秩序的基础上，积极执行"保护和发展工商业""繁荣经济，发展生产，公私兼顾，劳资两利"的新民主主义经济政策，仅用一年多时间，哈尔滨的工商业就获得了新生，逐步发展和振兴起来。到1948年"六月底止，哈市工商业都有了新的变化"，"工业有很大发展，虽有增有减，但实增户数为二千九百一十九家，增加职员两千七百十一人，增加工人一万三千七百二十四人，增加资本约七十二个亿"。"商业也见活跃，新增加八百二十四家，增加二千七百四十九名店员，增加三十一亿五千多万资本。"①尽管取得了成绩，但哈尔滨市的经济工作仍然存在一些突出的矛盾和历史遗留下来的问题，如"殖民地、封建经济遗留下的畸形生产状态"，"汉奸封建残余资本仍相当存在，除了冻结囤积及不断逃亡者外，并有破坏性的活动"，"商业方面是小市繁荣，群众性投机倒把之行动及心理都相互严重"等。"依据整个东北经济建设的发

---

① 哈尔滨市档案馆藏革命历史档案，全宗号1，目录号1，案卷号75，顺序号4。

展趋势，及哈市目前经济条件特点"，哈尔滨市政府制定了《1948年哈市经济计划纲要》和《1948年哈市经济工作计划》，在"商业管理应进行的工作"与"经济工作任务"中，专门指出要"研究商工会的工作，提出改进的意见"，"改变半政权性质的商工联合会，清除行业工会中敌伪残余分子或封建行会的统治，解放中小独立工商业者不为其束缚"。① 因此，继续完善与改造商工联合会和同业公会，使商工联合会和同业公会能真正维护人民利益、为人民服务、互相协助、密切联络、促进生产、发展商业、支援战争，成为这一时期的重点经济工作计划之一。

3. 制定新的公司章程

公司章程是全体股东制定的关于公司组织和行为的基本规则的书面文件，涉及公司根本问题的重大事项规定，是股东共同意志的体现，具有自治性规范的特征，对股东、董事、理事、监事及公司员工都具有约束力。清末民国以来，哈尔滨的大型商事组织一般均立有章程。如伪康德四年（1937年），同记商场订立有《哈尔滨同记商场股份有限公司章程》，共分设六章，第一章总则，第二章股份，第三章股东会，第四章董事及监察人，第五章会计，第六章附则。② 同为哈市数一数二的商业组织"天丰涌"杂货，民国十七年（1928年），在经历"同人更替""新添之钱股"的改组后，重新订立了"号中宗旨章程规则"，虽然没有像《哈尔滨同记商场股份有限公司章程》那样以分章方式详列，但对关涉天丰涌的商号宗旨、股东及出资、管理组织及权责、分红及公积金等重大问题都做了规定。哈尔滨解放后，废除不平等、不民主的公司企业管理制度，依据"发展生产，繁荣经济，公私兼顾，劳资两利"的新民主主义经济政策重新订立章程（合同），成为商事组织制度的重要变革。

"店联"，即"店员联合会（店员联合会）"，"店联是民主联军进哈，打垮旧统制，共产党领导解放店员在商店里享受平等人权，翻身分红"③ 的店员组织。在店联的指导下，天丰涌杂货的劳资、分红、雇佣、职店员待遇等都做了变革。如天丰涌分红比例由原来的"以百分之六十为股东红利，百分

---

① 哈尔滨市档案馆馆藏革命历史档案,全宗号1,目录号1,案卷号75,顺序号2。
② 参见中国人民政治协商会议黑龙江省委员会文史资料委员会编辑部.武百祥与同记[M].哈尔滨:黑龙江人民出版社,1989:272。
③ 哈尔滨市档案馆馆藏革命历史档案,全宗号1,目录号1,案卷号83,顺序号6。

之四十为西方之花红（东六西四老规矩）"，改为"股东百分之五十，西方百分之五十"；分配方法变革为"西方职店员共同分配，职员应分店员之二倍奖励金，由总鸿利中提出百分之十二，西方红利中百分之十。分配方法经理不得超过职员的四倍，副理不得超过职员的三倍，职员按身份（分子）之多少奖励"；进行结算时成立"结算委员会"，"结算委员会由股东二人、职员二人、店员三人组成"。薪俸也发生了变革，"薪俸以前只薪金津贴及特别津贴三项，今后一律改为薪俸，薪俸之增减依□实物价之高低，随时商讨增减之"。"采用人员与雇佣由职员和店员联合会各二人商讨之"的规定尽管没有实行，但"协商"机制的建立则打破了"经理集权"的旧习惯。

哈尔滨解放后新成立的公司与合作社所设立的章程，更充分体现了新民主主义经济政策和平等民主的商事组织管理原则。以《中东实业股份有限公司章程（草稿）》和《哈尔滨特别市第二屠宰合作社章程》为例，《中东实业股份有限公司章程（草稿）》设"总则""股份""股东会""理事会"，共4章25条，其中第一条即规定"本公司依据东北各省市共同施政纲领第四条'发展工商业，繁荣经济'的宗旨组织之。"[①]

《哈尔滨特别市第二屠宰合作社章程》设"总则""社员 社股 责任及盈余处理""社务之处理""会计""解散及清算""附则"，共6章27条。其中第3条规定："本社以维护民主政府施政纲领，发展合作事业，求屠宰之卫生，改善员工生活，树立廉洁的、为人民服务的作风为宗旨"。第6条中，关于合作社社员及社员认购之社股，规定"哈尔滨特别市新阳区贫民总会代表人田泽民"为平等的贫民社员代表，认购社股。第七条"盈余处分方法"中第二款规定："由总盈余中提出百分之五作为奖励金，奖励成绩优秀之员工，奖励多寡由税务会议讨论决定之"。第13条确定了合作社的民主管理机构，即"管理委员会"，其具体规定为，"第十三条 本社由市府推选二人，平民会三人、肉商二人为委员，组成管理委员会，但由政府推选之委员中互选，一人为主任委员，以讨论决定本设置，业务委员为名誉职，但因办理社务，得支给实费"。对于新入会会员，也规定以民主商讨决定的机制进行管理，即第十条"合作社设管理委员会，本社成立后，凡愿入社者由社员二人以上之介绍，经管理委员会同意后决议

[①]《中东实业股份有限公司章程（草稿）》，哈尔滨市档案馆馆藏革命历史档案，全宗号2，目录号1，案卷号411，顺序号8。

之"。合作社的社务的处理、解散及清算也贯彻民主机制，如第 15 条规定，"屠宰场以全体员工组成，场务会讨论日常之事务"；第 21 条规定，"本社非有四分之三以上社员之同意，并经政府认可，不得解散"；第 22 条规定，"清算人由管理委员会推选之"；"附则"中合作社章程的修正"须经管理委员会通过"，都体现了社员平等与民主管理的新精神。

（二）成立新工会与企业管理委员会

李立三同志论及在东北"如何把敌伪企业改造成新民主主义的企业"时指出，"旧企业的制度大致分两种：一种是管理制度，一种是生产制度，基本上不外乎这两种东西。管理制度在过去完全是压迫制的，那种强制制度是在资本家压迫剥削的基础上建筑起来的，完全是从上而下地来压迫的。这种管理制度我们接收过来以后，我们一定要铲除，并建立一种新的管理制度，新的劳动纪律，而建立这种新的劳动纪律的制度，虽然在条文上可能是一样的，但是性质上是完全不同的。过去是资本家以条文来压迫工人，而现在是以条文来维持工人的纪律"。城市解放后，政府是由工人阶级领导的政府，所有的公营企业是由工人、农民和小资产阶级构成的，企业是工人当主人翁了，因而"在敌伪制度下面和官僚资本制度下面都是同样一个制度，那就是压迫和剥削的制度。这一点和我们新民主主义企业都是相反的，所以我们的机构和人事关系都应当和过去完全不一样的，因此要求我们接收以后，对于旧的人事机构和制度统统来一个改善，决不是换几个官，换几个厂长就算了事，而必须经过一个彻底的改造过程"。这种改造"需要我们来实行民主来改造它，因此改造旧企业的过程也就是民主化的过程，要把过去压迫的管理制度变成新民主主义的管理制度，生产制度也可以采用民主的方式来改变"。这种改造是完全可以的，因为"在旧企业当中的组织机构完全是压迫工人的，而在新企业中的组织机构完全是工人的"，新企业中的"工人是先进的有组织的"，因而无论是"接收敌伪和蒋伪工厂"，还是建立全新的新民主主义企业，"建立工会，改变制度"是必须采取的步骤之一，即"发展生产，提高生产，建立正常的管理机构——建立党、行政、工会三位一体的机构"。①

在共产党领导的地区，新工会的性质、任务、指导思想、管理方式、经

---

① 哈尔滨市档案馆馆藏革命历史档案，全宗号 1，目录号 1，案卷号 22，顺序号 1。

费、工作作风都与旧社会"敌伪和蒋伪"企业完全不同。第一，从工会的性质上看，新工会是真正的工人的组织，是群众的广泛组织，每一个企业职员依"自愿的原则""服从工会的纪律"都可以参加工会，都是工会会员。第二，新工会的任务主要有两项。首先，"在国民党区域的工会是反对资本家和反对国民党统治，但在共产党领导的地区，工会应成为组织生产、鼓励生产的机关；其次，工会既是工人的组织，它就有任务解决工人的生活问题，并把工人的困难和要求反映到行政方面去"。第三，新工会的指导思想是新民主主义的思想，因为"工会是新民主主义的学校。要把工人的各色各样的思想教育过来。要使工人有新民主主义的思想"。第四，新工会的管理方式是以民主机制进行管理的，即工会的一切人员完全是选举制和代表会议制，而不是委派的，因为委派会使工会变成如同旧社会时的买办的工会。第五，新工会的经费来源也与旧社会工会不同，"过去工会的经费都是行政给的，工会没有独立的经济和会计，这是标准的行政包办工会的例子"，新工会的经费应基本上靠工人的会费，不够时，可以请求行政补助。工会经费来源以工人的会费为主，使工会保持独立性、纯正性和民主性。第六，新工会工作作风不仅要取消旧社会时的命令主义和包办代替，还要完全工人化和民主化，"不然的话就不能和工人打成一片"，"只有有了民主作风，才能成为群众真正的领导者"。① 因而新工会是以工会会员为根本，以新民主主义为指导思想，贯彻民主机制和作风，组织和鼓励企业生产的机关。

哈尔滨解放后，不仅在公营企业中积极"建立工会，改变制度"，在私营企业中也进行了工会"整顿"。如西傅家区在制定1948年9月至12月的工作计划时拟定，"在私营企业中的工会已整顿完了，今后应转入经常工作了"。因此，今后的工作是进一步"加强工会的基层组织、分会小组的领导，使其发挥力量"。②

在各区范围内，针对"街道各业零散工人"也组织建立和开展了新民主主义性质的工会。道里和新阳两个区进行的"组织街道各业零散工人"的工会工作取得了很好的成果，验证了"以救济失业、发展生产为主的方针是正确的"。会员对工会的认识有了根本的转变，"逐渐认识到公会确实是给工人办事的，从此次建立行业有很多人自动找工会来报名即可说明，

---

① 哈尔滨市档案馆藏革命历史档案，全宗号1，目录号1，案卷号22，顺序号1。
② 哈尔滨市档案馆藏革命历史档案，全宗号1，目录号1，案卷号118，顺序号1。

特别是建筑行业与苦力行业工人从亲身体验到这一点,更深刻",大家都知道了工会"是真心给工人介绍职业、解决困难",因而认识到"工会能够团结号召广大工人从事各种生产发展工作"。①

哈尔滨的公营企业与私营企业发挥民主机制,依靠群众管理工厂企业,不仅建立了新型工会组织,还进一步建立了"企业管理委员会"的管理机构。企业管理委员会是"群众民主选举代表管理工厂企业,这对旧的管理机构可以说是个革命",是"打碎旧的反动机构,建立新的机构,清除坏人,改变旧官厅会社官僚腐朽的作风,建立新的工作条例和管理方法",依靠群众的管理制度的革命。如"电车厂、电话局由各部门工人、职员选举代表共九人、十一人等,工会主任及行政首长参加,一般厂长或局长担任主任,组织工厂或企业管理委员会。电业局叫监理委员会,类似议会性质,确定企业大致方针、工作计划、审核预决算、人事的进退交行政执行,会后对行政有监督权,但不直接干涉行政。各代表在管委会后,回到本部门要向大家做报告,开会前征求大家意见在会上提出,把工人群众与工厂企业联结在一起","各厂管委会建立起之后,都先做一两件对工厂、工人都有利的大事。电报电话局成立后,就决定改革机构,重新调整行政人员,分红与节约分红,并定出工作分红、成绩分红办法。电车厂成立后,就决定开展劳动英雄与模范工作者运动,建立新的管理方法和新的工作制度,摧毁旧的官僚制度和作风,使群众在实际行动中体会民主管理的好处,工厂企业管理的好坏,与他们利害关系甚大,更关心工厂企业,他们慎重选举参加管委会的代表,并时刻监督着"。② 企业管理委员会产生了很大的作用,"各厂工人都说厂子是咱们工人的,非常关心工厂和企业",③ 这种由工人民主选举代表参加工厂管理的办法,极大地发挥了民主管理的作用。

三、改进经济核算方法

（一）建立财务会计制度

会计是以货币计量为基本形式,采用专门方法,连续、完整、系统地

---

① 哈尔滨市档案馆馆藏革命历史档案,全宗号2,目录号1,案卷号216,顺序号2。
② 哈尔滨市档案馆.解放战争时期哈尔滨经济资料文集(上册)[M].哈尔滨:哈尔滨工业大学出版社,1994:318-319。
③ 同上书,第318页。

反映和控制单位的经济行为,进而达到加强经济管理、提高经济效益的目的的一种管理活动。会计制度是进行会计活动所应遵循的规则、方法、程序的总称,包含对商事组织在其商事贸易以及财务往来活动中实际发生的经济业务事项进行核算和监督的各项规定。

会计制度的核心是会计核算,即以会计形式对资金和物资的收入进行审核和计算,确认、计量和记录资产的收发、增减和使用、债权债务、所有者权益、收入、支出、费用、成本和利润。通过会计核算可以记录与分析商事组织实际发生的经济业务的真实、准确与完整的客观情况;可以随时发现财务收支和资金运用的成果与经验,保证资金合理、有效地运用;还可以防止各种违反制度规定的财务收支,避免损失浪费等。因此,建立与实施财务会计制度对于指导商事组织生产、销售、经营管理与国家查证商事组织经济财务都有重要的作用。

哈尔滨解放后,积极贯彻执行党的新民主主义经济路线,以公营为主体,大力发展国营经济、合作经济、国家资本主义经济,合理发展私人资本经济和小商品经济,但由于缺少经验,缺乏大量经济专业人才、干部,对"企业化"的企业管理不理解等诸多原因,哈尔滨市公营经济出现了许多问题,尤其表现在企业管理方面。1949年3月,时任哈尔滨市市长的饶斌同志在总结1948年哈尔滨市经济工作时深刻指出:

> 现在各企业部门对企业化的号召,迄今尚不很好执行。企业管理者,工人以及行政领导者们并未展开热烈的研究,以致半年来,在这方面并未取得经验,甚至在观念中还存在着不少的抵抗思想或误解,以致已发生了偏向。譬如,上边通盘计划,很难预计,物价波动无法算成本,机器价格很难估计,等等,都将成了难以实行企业化的借口。也有不少干部认为"以厂养厂"就叫作"企业化",没有财政任务也叫企业化。有个别干部有兴趣于企业化是倾向于企业会计独立,厂长可以自由开条子、自由浪费、可以自由地追求物质享受,而不急于建立制度,不急于核算成本。这种错误的认识应很快纠正。
>
> 由于我们的很多干部不重视企业化,目前在国营企业中存在着极严重的损害国家事业的危险倾向:如不讲政策,不讲生产,

工业商业化，企业商业化的作风；商业官办化的作风；完成任务不算成本的革命"大少爷"作风，军事管理不民主的作风，以及贪污腐化、精神不振等现象。①

可见，不建立企业财务会计制度、不进行成本核算的革命"大少爷"作风以及"厂长可以自由开条子、自由浪费、可以自由地追求物质享受"的思想等严重有害于国家事业的危险倾向是存在的。因而，饶斌在1949年哈尔滨市党代会上做了公开报告，并强调：

> 我们要有成本核算。首先研究统一核算项目，再定出成品标准以及所需原料等实物消耗标准，以生产的实物或以工薪之五种实物加金子折成实物或"分"。按月向领导机关报告生产量或贸易额，同时报告成本核算结果。成立专门小组逐次精打细算地检查研究，取得经验，提出一般性的原则问题，加以指导。有了这个基础，进一步从研究技术、提高质量、节约增产各方面去提倡降低成本，增加国家与工人的收入才有可能。目前要加强节衣缩衣、挤出资本、发展与恢复国营经济的思想，要用极严肃的态度对待成本核算，反对只要完成任务，不算成本的态度，那不是社会主义性质经济中的应有态度。
>
> 建立管理人民财产的财务会计制度。市营企业的现金收入统入金库。企业开支由市指定机关统一拨给实物及必需的现款。彻底清理各企业的财产与库存，并应认真点验。以后要按预算及计划，经过批准才准动用。②

哈尔滨首先在公营企业中建立了财务会计制度，对并财务会计管理中的现金管理、成本转账、出入库手续、折旧作价等都进行了规定。如《哈尔滨百货公司道里分公司工业服务部代销货物规章草案》中关于代销手续的第八项和第九项规定："八，代销会计将每笔售出货款做传票，存入会

---

① 哈尔滨市档案馆. 解放战争时期哈尔滨经济资料文集（上册）[M]. 哈尔滨：哈尔滨工业大学出版社，1994：75-76.
② 同上书，第76-77页。

第三章 人民政权对旧有商事习惯的继承与改造

计股（记工业服务部暂存现款），计入现金性来账内，卖主领款时要给我们打收据，在代销契约背面注明领回款之数目，对印鉴，经股长、主任盖印后到会计股领款，但亦要记入现金性来账，手续费当时扣下，由会计股扣下做转账传票，传入工业服务部手续费账内，代销会计亦要记手续费账。九，每隔两天代销会计与营业员对账一次，每三天与会计股对账一次，存入、支出、手续费是否相符，出错要及时找对（保管费、登记费，收时亦要单立账页，与会计股建立科目或户名）。"① 《哈尔滨企业公司营业规程（草案）》中，关于出入库手续问题，其第八条规定："所采购之原料与商品，须由经手人写商品入库之二连传票，加盖部长、课主任、仓库主任及经手人之名章，方为有效。出纳则依照传票付款。"第十三条规定："原料或商品既经卖出，则须开发商品出库，商品卖出，商品发货的连三传票首由经手人及课主任盖章后，持所卖之款送交出纳，经出纳主任将连三传票盖章，再经营业部长审核无讹，盖章后送交副总经理批阅盖章，另加盖营业部（货物图章），该项出库卖出之传票方为正式有效。"第二十三条规定："商品买入进库，传票须有采购课主任、仓库主任及经手人盖章。商品卖出，出库传票须有营业部长、课主任、出纳主任及经手人盖章。"第二十七条规定："商品库存数量账须与仓库主任之库存数量账经常核对，以防错讹。"第三十五条规定："商品入库须凭商品入库通知传票。入库之商品点清后，在买入商品进库传票上加盖经手人及仓库负责人之图章，交于送货人携回本公司。"第三十六条规定："商品出库须以盖营业部之图章及副经理、部长、课主任、出纳主任印章之商品出库通知传票为凭。"② 在公营企业建立财务会计制度的同时，哈尔滨还试验建立统一私商的会计制度。

在逐步实施与探索财务会计制度中，哈尔滨注意加强财务会计制度的具体细化。1949年，哈尔滨市商业局依据商业部商会字第十五号通知《关于"1949年度上半期结账办法"的几个问题》的指示，并根据哈尔滨市以往在现金管理工作中的几个问题，专门针对1949年度上半期结算的结账工作做出了进一步的指示。

通过指示，又具体补充规定了会计结算固定日期、经常费结算起讫期

---

① 哈尔滨市档案馆馆藏革命历史档案,全宗号2,目录号1,案卷号362,顺序号5。
② 哈尔滨市档案馆馆藏革命历史档案,全宗号2,目录号1,案卷号407,顺序号6。

间、商品作价、现金管理等会计活动的规则、方法、程序，使这一时期的结账工作更加顺利、清晰、准确，具有可操作性，也为之后的结算、结账确立了明确规范。

哈尔滨建立并探索实施的"管理人民财产的财务会计制度"是哈尔滨解放区的创举，正像饶斌同志所说的："这种制度，我们愿意在哈尔滨试验实行，取得经验，并愿建议全东北都实行。"① 因为"企业化决不是指无制度，可以独立自主、任意处理人民所生产的国家财富。有了这种正规制度，所有的企业如都能实行此条，则生产可以走向计划性。一方面可增加国家货币的回笼，一方面又可减少市场上的混乱活动。这样才能表现出我们的国营经济是不同于资本主义，才更能表现出它的社会主义性质的这个重要特点。"② 作为全国第一个获得解放的大城市，哈尔滨积极探索经济制度，为东北解放区以及其他后解放地区，乃至新中国的经济法制建设打下了基础。

(二) 制定账簿登记办法

1947年7月1日，哈尔滨市税务局发布了《关于账簿登记办法的通告》，"为便利进行营业税之调查，特制定账簿登记办法，希我哈市各业所用之必要账簿，即速依法登记，特此通告"。并附《账簿登记办法》如下。

> 第一条 凡在本市区内，无论工商各业（公营除外），均应依本办法将其营业所用之账簿到市税局登记、押印。
> 第二条 凡经登记押印之账簿，市税局与司法机关共同承认在法律上合法有效。否则，无论发生劳资纠纷或在法律上任何纠葛问题，概不生效。
> 第三条 需要登记押印之账簿。
> 1. 凡记载资本金买卖原料、制品、商品、经费开支、收入、卖钱、承揽金、报酬金、利益金等，暂记或清抄账簿之总账或分户账；
> 2. 其他与营业有关账簿。

---

① 哈尔滨市档案馆. 解放战争时期哈尔滨经济资料文集(上册)[M]. 哈尔滨:哈尔滨工业大学出版社,1994:77.

② 同上。

第四条　账簿登记押印请求书用纸由市税务局统一印制，每张收工本费二十元。

第五条　工商业者可将填就之请求书携同账簿按下开期间、地址、登记押印。

1. 在哈市税局登记押印之区域及期间：

a. 道里区　七月一日至二十日。

b. 新阳区、顾乡区　七月二十一日至七月末。

c. 南岗区（马家区、香坊区）　八月一日至八月十日。

2. 在道外支局登记押印之区域及期间：

a. 西傅家区　七月一日至二十日。

b. 东傅家区　七月二十一日至七月末。

c. 太平区松浦区　八月一日至十日。

第六条　如有不正商人对其账簿借词不按本办法登记押印时，经查获后以伪造或隐匿账簿论处。

第七条　本办法自公布日起施行。[1]

《账簿登记办法》规定，市区内，除公营企业外，所有工商业者都须将营业账簿送交哈尔滨市税局进行登记和押印，登记押印的账簿应记载资本金买卖原料、制品、商品、经费开支、收入、卖钱、承揽金、报酬金、利益金等，暂记或清抄账簿之总账或分户账，以及其他与营业有关的事项。1947年的账簿登记主要是为了合理制定各行业营业税而进行的调查，却为企业管理问题的发现与财务会计制度的建立打下了基础。

1949年3月1日，哈尔滨市政府发布工商字第6号通告《为保护正当工商业合法营业特规定各项希工商业者知照》，通告第三条规定：

三、凡下列各行业不论资金额大小，均须设立账簿，其他行业在一九四八年十二月末流动资金额超过贰千万元者亦应设立账簿，并听候各同业公会通知携带账簿至所属公会登记。

工业：机器制造修理业、农具制造修理业、机器铸造业、工

---

[1]　哈尔滨市档案馆. 解放战争时期哈尔滨经济资料文集(下册)[M]. 哈尔滨:哈尔滨工业大学出版社,1994:593-594.

业用工具材料业、制钉业、锅釜铸造业、机器制油业、小油坊业、粮谷加工业、制粉业、清凉饮料业、黄酒业、烧酒业、酒精业、制酱业、纸烟业、面包业、制糖业、罐头业、酒精饮料业、冰棍业、制材业、胶合板业、制革业、鬃毛加工业、卷烟业、毛皮加工业、土木建筑业、玻璃制品业、建筑材料业、火柴业、胰腊业、育孵业、化妆品业、化学业、化学制药业、制碱业、涂料业、胶皮业、制胶业、印刷业、制纸业、制版业、运动器具业、电器材料业、洗棉业、脱脂棉业、麻袋制造业、机器漂染业。

商业：五金磁器业、汽车零件业、铁桶业、电料业、油漆颜料业、工业、原料业、玻璃镜庄业、中药业、西药业、匾店业、百货商场业、棉丝杂货业、洋药酒业、金银首饰业、茶叶业、杂货代理业、粮车店业、麻袋业、毛皮代理业、山海杂货业、照相业、澡堂业、西餐业、饭店业、书籍文具业、柴业、木材业、运输业、银行业、保险业、酱业、粮谷贩卖业、建筑材料业、胶皮业。①

通告中明确指定设立账簿的工业行业，包含机器制造修理业、农具制造修理业等共49种；明确指定设立账簿的商业行业，包含五金磁器业、汽车零件业、铁桶业、电料业等共34种。几乎涵盖了当时哈尔滨的所有工商业。而没有在上述通知中指定的其他行业，满足条件的，即在1948年12月末流动资金额超过2 000万元的，也必须设立账簿。同时，比照1947年《账簿登记办法》，1949年的通告涵盖进公营企业。

设立账簿是会计制度中会计核算和监督工作的重要依凭，哈尔滨解放区设立账簿的适用对象不论公营、私营，抑或其他经济形式，而是按行业，均应依法设立账簿。为推行账簿设立和账簿登记，《账簿登记办法》明确规定了相应的效力认定和惩罚规定，即"凡经登记押印之账簿，市税局与司法机关共同承认在法律上合法有效。否则，无论发生劳资纠纷或在法律上任何纠葛问题，概不生效"。"如有不正商人对其账簿借词不按本办法登记押印时，经查获后以伪造或隐匿账簿论处。"这有效落实和推进了

---

① 《为保护正当工商业合法营业特规定各项希工商业者知照》，哈尔滨特别市政府公报第二十七期，哈尔滨特别市政府秘书处编印，中华民国三十八年（1949年）四月，第34页。

哈尔滨解放区工商业者的账簿设立和账簿登记。设立和登记账簿成为工商业者必须认真实行的商事行为之一。

(三) 贯彻实行商品经费规定

"商品经费使用之范围，系指专门对商品应负担之一切必要经费。"商事组织在会计核算中需要对商品经费使用支出进行记账与核算，商事组织管理部门也应对商品经费使用的合理性及具体支付情况进行审核。1948年7月，东北行政会议决定，东北贸易管理总局改为东北人民政府商业部（简称商业部）。商业部发布的会计制度第二章中，规定了商品经费使用基本原则及项目名称。哈尔滨实施了这一制度，但在实际适用中仍然"存在之各有标准互不一致之现象"。通过调研，哈尔滨市人民政府商业局制定了《商品经费暂行规定（草案）》，并于1949年8月1日发布了哈尔滨市人民政府字第四十六号通知《为贯彻实行商品经费暂行规定由》，通知决定自八月十日起实行《商品经费暂行规定（草案）》，"各单位于实行期中有何不便与困难，仍请提出修正意见，但在未另行通知前务希切实遵照"。[①]

哈尔滨市人民政府商业局《商品经费暂行规定（草案）》依据"商业部会计制度，科目、项目和基本精神"、基本原则以及哈尔滨的实际情况，共设置六条（另附第六条第三款补充规定），制定了更加具体的商品经费使用规范。

首先，明确规定每一笔经费使用项目的具体指涉。商品经费使用项目包括铁路运输费、一般运输费、押运旅费、装卸费、包装费、留置费、保管费、赋税、杂支费，共9项。"商品经费需遵照商业部会计制度第二章所规定之项目使用（附表）不得随意改变。（第二条）"

其次，详细规定商品经费补助账的设立要求。各公司须设立两种商品经费补助账。甲种商品经费账（以普通账代替）内容以项目为分类，按日记载，按月累计；乙种商品经费账（以商品账代替）内容以商品名为分类，但账格栏内，要分设项目栏，已备记明每笔商品所负担何费多少，一笔商品经费如共花数次时，于月末做表，不得重复其数量。对商品经费下账的凭证规定为，零星者可根据单据下账，成批大宗到货者，可每批做出

[①] 哈尔滨市档案馆馆藏革命历史档案,全宗号2,目录号1,案卷号361,顺序号3。

商品经费负担明细表（样式按月份商品经费明细表格式），以之为依据下账。商品经费的单据应按月整理装订之。《商品经费暂行规定（草案）》对单据内容的记载方法以及处理办法规定了10条详细的操作性规范。同时严令，与操作性规范"各条不一致者，不予报销"。

再次，规定对商品经费使用开支必须进行审核。"掌握运用商品经费开支的适当与否、范围、量度及分摊商品经费所应负担之商品名及数量等，其责任应由百货公司保管科（股）专负责。东兴公司应由营业科（股）专负责，经其直属登记批准。（第三条）"

最后，以附件形式补充了第六条第三款内容。专门针对"押运员之公出旅费"做了进一步详细规定，包括押运员公出支付食费、车船费、宿费的相关标准。

《商品经费暂行规定（草案）》是哈尔滨市人民政府商业局为更好地贯彻商业部会计制度，实现"统一手续制度，节省一切可能节省之开支"的目标而制定的。它以法规形式发布，普遍实行，成为各公司必须认真实施的商事管理规范之一。

四、施行"年关减价"

过年是最重大的传统节日，"在一般的，人民过年都要购买一些年货（如过年要做一套新衣服，买些糖、烟、酒和各种的杂货）"，但"有很多的商人专为了想趁此人民需要而准备了一些货来高价出售，想获得厚利"。因而，每逢过年，市面物价必然上涨，这是多年来早已形成的一个规律。物价上涨对一般的市民和农民生活都产生了较大影响，哈尔滨市政府通过调查发现，"买这些东西的人并不是富有的人，而都是不太富裕的人，为了过年卖点东西（糕食品之类），再买点东西（如年货之类），一般的都是乡间的农民和城市的市民，如果年关物价一波动，就会影响这些人的生活"。旧社会时以利为高，而哈尔滨人民政权则以人民利益为先，"为了使大多数的（人民）生活稳定，使他们的生活不受物价的影响，所以要在年关时来一次大减价"。

哈尔滨市政府施行"年关减价"，起到了积极的作用和效果，体现在以下三个方面。

减价起了些什么作用和效果

1. 今年年关的物价不但没有上涨反而下降。与往年的年关大不相同。过去到年关的物价来说，一般都是上涨，今年年关减价对物价平稳是起了决定作用的。纱布价格落，各种杂货落，对于一般的物价是起了很大的影响。例如过去食品类年关一定要上涨，但是我们大量地抛糖，所以食品类的东西没有涨，就是有的涨，也涨了很少一点。

2. 尤其是纱布，过去是商人购买得多，而这次减价期中，是外城和合作社、本市的市民和农民购买得多，商贩也有买的，但是比起过去的数字，商贩买得少了。在道外、道里两分公司的减价，售出货款为53 604 320 642元，而合作社、外县农民、本市市民占全售出额的50%强。

3. 回笼货币上也是一个很大的收获，我们在年关（阳历1月份）共收回货币103 259 219 135元，比去年哪个月都多，比去年12月增加142%。如果这一千余亿不被我们收回而散到市场，必然会影响物价的波动的。①

从"年关减价"的效果上看，确实产生了稳定物价、安定生活、回笼货币的多重作用，也便利于资金周转②，有利于集中货币去组织更大的生产，支援前线。"年关减价"的实施"对一般人民是有利的，使他们生活不受物价的影响，群众对国家公司的印象是好的。同时又能收回货币，又能稳定物价，又能扩大人民对国家公司的好印象。我们感觉这次年关减价是应当的，是对的"。③ "年关减价"获得了多方面的认可，被确立起来，并成为一种新的商事习惯，逐年实行。

1950年9月28日，沈阳省商业厅转发国家贸易部电文、松江省人民

---

① 哈尔滨市档案馆馆藏革命历史档案，全宗号2，目录号1，案卷号358，顺序号1。
② "过去有很多的冬装（如皮手套、狗皮帽子等物）多数是准备供给军用的，但是大部的军队已经入关，这些货（冬货冷货）一过冬天就得放到转年的冬季才能卖，而且大多数是皮的，在夏天又不好保管，最大的问题是占住了我们大部的资金，而减价可能卖出一部分。"在实施"大减价"中，大力推销了冬货和冷货，很受欢迎，因而达到了便利资金周转的效果。（参见哈尔滨市档案馆馆藏革命历史档案，全宗号2，目录号1，案卷号358，顺序号1。）
③ 哈尔滨市档案馆馆藏革命历史档案，全宗号2，目录号1，案卷号358，顺序号1。

政府商业厅抄文通知："奉中贸部电示，为庆祝国庆周年纪念，特规定国营公司之业务活动及人员待遇如下：所有零售业务单位包括零售公司及城乡门市部，一律按零售牌价九五折扣，优待群众三天……"① 1950年12月21日，东北人民政府贸易部发出《为通知新年零售减价及职工放假办法由》的通知，规定：

> 各省（市）厅（局）长并转，各级专业公司经理：
> 　　接中贸电示，为庆贺新年，扩大国营商业的影响，特将新年减价办法及于假期中执行业务人员的待遇办法规定如下：
> 　　一、自一月一日至三日，所有零售公司（包括零售商店）及零售门市部（包括城市和乡镇）所有各货一律按零售牌价九五折扣，优待群众三天（用工薪券购货之职工亦享受此种优待），但所有批发部分均不予以折扣优待。
> 　　二、……②

"年关减价"不仅在哈尔滨解放区成为一种新的商事习惯，也受到了其他后解放城市的借鉴，并作为一种良好经验被普遍推广和适用，"国庆减价""新年减价"为人民大众所喜爱和期待。

本章小结

　　延续合理、废旧立新是哈尔滨解放区城市治理、法制变革的突出特征。以积极扶植和帮助发展"进步行业"及其习惯、保持与保护"中间行业"及其习惯、着重限制及打击"反动行业"及其习惯的不同立场为施政取向，哈尔滨解放区对商事习惯进行调整，依法规制。通过制定与实施《哈尔滨特别市摊贩管理条例》《哈尔滨特别市战时暂行劳动条例》等政策法规，废除资本家封建特权等"旧例"，保持生产制造习惯、经营管理习惯等"正当商事习惯"，以及推行商事组织民主管理、改进经济核算方法等"新习惯"，在哈尔滨解放区商事治理与经济调整中发挥了积极作用。

---

① 哈尔滨市档案馆馆藏革命历史档案，全宗号2，目录号1，案卷号360，顺序号16。
② 哈尔滨市档案馆馆藏革命历史档案，全宗号2，目录号1，案卷号360，顺序号16。

第四章　新商事习惯的民主内蕴建设

哈尔滨在清末民国时期是著名的"国际性商都"，工商业的发展极为繁盛，民族资本产业经营是哈尔滨城市繁荣的重要力量之一。伪满洲国时期，在日本帝国主义侵略和腐败封建经济制度的双重压榨下，民族工商业遭到了巨大的迫害，有的停工停业，有的破产倒闭，有的变节为伪满服务，在尽力经营中苦苦支撑，营商环境与商事习惯都具有极大的动荡性、压制性和不平等性。哈尔滨解放后，人民政权对商事习惯进行法制整顿，使商事习惯产生了多种转变，其一是劳动者身份习惯的转变，其二是商事主体管理方式的转变，其三是商事团体组织的转变。这些转变是一种巨大的划时代的变革。

第一节　身份习惯的转变：从雇工到主人

哈尔滨解放，一切劳苦大众都获得了解放，工人店员的身份也发生了从雇工到主人的重大转变，在哈尔滨解放区人民政权的领导下，旧社会备受压迫与剥削的工人店员转变了思想，参与民主政治，订立劳资契约，积极参加劳动生产和商贸经营，从"以利为高"到努力生产、"支援前线"，开启了崭新的生活。

一、旧社会职店员备受压迫与剥削

旧社会职店员的社会地位极低，新店员从入商号大门起就备受压迫与剥削。想当店员，必须有"门子"介绍，而"门子"必须是公司股东、经理或与股东、经理有关系的高级职员。在新店员入号时，职店员都打听介绍人是谁，以酌量对这店员的态度。门子"硬实"的店员，职员们也高看一眼，有重活和脏活让门子"软"的店员做，"门子"不硬实的店员便要受气，重活和脏活都被使唤着干，有一点干不好，或经理、掌柜"看不上"，就会被"挨算"，轰出商号。店员无不加紧干，挨累受气，累倒病死，可谓"难到极点"。

哈尔滨解放后，哈尔滨人民政权调查了"在旧社会中一般店员的生活状况"，记述了店员的种种"难"。

旧社会新店员白天要装烟倒茶，伺候往来客商，洒扫擦地，倒痰桶；晚上要放行李，拿夜壶，照顾上级工；早起要先按掌柜的喜好打好洗脸水，再整洁被褥，叠好行李，接着调茶上烟。一切的中心原则就是"听话顺从""甘受苦累"，过得是"牛马的生活"。重新入店学生意，满三年升等级，到"吃小劳金"，再至"吃大劳金"，更升到"二柜"，再至"掌柜""经理"，这期间仍需要苦熬十数年，虽然生活状况比新入号时转好，但都是层层压迫、层层受管制。众多行业还大量使用学徒和童工，不发或只发给极低廉的工资，经常被指派去干掌柜"私事"的"分外活"，无偿剥削劳动。

二、1946年《关于哈市的工作方针》

1946年4月28日哈尔滨获得解放，甫解放的哈尔滨仍然面临着敌伪特务、反动组织的煽动与破坏，为了稳定革命政权，积极建设哈尔滨，哈尔滨解放区人民政权继承了农村革命根据地时期的优良传统，一切以人民为中心，依靠群众，发动群众，团结劳苦大众，解决民众疾苦。

1946年7月12日，哈尔滨解放区市委制定了《关于哈市的工作方针》（以下简称《方针》）。《方针》首先分析了哈市在困境中应有的策略："不论哈市为我长期保持或被国民党占去或者成为中立城市，现在都必须：（1）资材机器等应搬者仍继续搬走。（2）在群众工作上，对各阶层政策上，在有关人民群众生活的市政设施上均应做长期打算。因为不论情况如何，我党都必须积极扩大党的影响，争取党在群众中生根。"根据这一策略，《方针》制定了党在哈市工作的"总任务"："发动市区群众起来争取改善自己的生活并联合工商业自由资产阶级，彻底摧毁敌伪与封建残余势力与制度，实行民主政治，建立法治的秩序，并设法解决部分失业工人贫民之生活。"[①]

在"总任务"下，《方针》还制定了多方面的"具体任务"，其中包含如何实现"改善工人店员生活""摧毁敌伪与封建残余势力与制度"的具体工作。

---

① 哈尔滨市档案馆馆藏革命历史档案，全宗号1，目录号1，案卷号8，顺序号2。

第一,"首要是放手发动群众,在反汉奸、反特务、反恶霸及反对反动保甲长的政治清算中,在算配给账、劳工账等追还贪污克扣赃款的经济清算中,在工人、店员的增资改善待遇、要求开工复业的运动中","积极发动工人、农民、店员、学生、市民自己起来翻身,在运动中不断提高其政治觉悟,并以产业、职业、机关、住区或政治、经济、思想、文艺、娱乐等各种单位、各种形式组织起来,加以教育"。

第二,"动员群众起来实现民主政治,建立法治的秩序,保障人民之人权、财权与政权","办理有关人民群众生活之市政及公益事业"。

第三,"根据发展工商、改善工人店员生活(一面使资本家有利可图,一面改善工人店员生活)之原则,促起劳资双方依合作精神订立合理的平等的劳资契约,以提高工人生产积极性,并保障工人生活",还"应帮助失业工人以各种合作形式解决生活问题"。

《方针》为哈市工作的开展明确了"总任务",更制定了"具体任务",工人店员在哈市人民政权的领导下加强教育,转变思想,组织起来,获得了新生。

三、组织起来的新社会职店员

(一)从商参商思想的转变

旧社会职店员的思想都具有保守性,如"唯命是从""发财为高"。店员受到社会、家庭及掌柜们的影响,存在着浓厚的"向上爬"的思想和只求发财致富的观念。因为"一般店员的家庭都是封建的,从老至少都是和钱憋劲,在钱上用脑筋,国家和民族的问题根本不计较或看成次要问题。无论念书也好,做事也好,做什么也好,都是为了发财。财堆财、无厌的发财观念便是他一生的思想。店员的家庭是这样的,那么店员的思想也就从幼年造成了发财为高了"。[①]

哈尔滨解放后,为建设新民主主义政治下的繁荣哈尔滨,通过接收和改造敌伪企业为新民主主义的国有企业,恢复和发展有利国计民生的民族工商业,使旧社会的工人店员由"雇工"变为"主人",具有平等民主的政治权利和经济权利,在贯彻"劳资两利"的方针下,发展生产,改善生活,为实

---

① 哈尔滨市档案馆馆藏革命历史档案,全宗号2,目录号1,案卷号104,顺序号9。

现解放全中国而积极生产,支援前线。工人店员在人民政权的教育下,认识到"在解放区的生产是为了全体人民的福利,为了解放战争的胜利,也是为了工人阶级的解放的需要","新中国,要实现,革命胜利乐无边"。①

1948年哈尔滨《工商日报》上的一则快板,真切地体现了哈尔滨解放区职店员的转变和志愿。"团结起来""劳资两利""发展生产""支援前线""保家卫国""革命胜利"等口号成为新时代的主题。

店员快板

说店员,道店员,店员大不像从前。不怕苦,不怕难,争取工作站头前。学政治,学业务,国家大事要知道。职店员,大团结,劳资两利大发展。对雇主,要和气,生意兴隆通四海。营业好,商店强,支援支援前线有力量!你也支,我也援,支援战争最为先。第一步,要认清,搞好营业才能行。团结起,工农兵,活捉蒋贼到南京。打蒋匪,意志刚,保国保田保家乡!新中国,要实现,革命胜利乐无边。②

图4-1 哈尔滨《工商日报》1948年6月19日刊载的《店员快板》③

---

① 《店员快板》,哈尔滨市图书馆馆藏哈尔滨《工商日报》,1948年6月19日,第四版。
② 同上。
③ 同上。

(二) 积极参加商贸生产和经营

旧社会工人店员"历尽了苦恼",时刻"憧憬着为了除掉这些旧的枷锁和封建的规律"。① 哈尔滨解放,为旧社会工人店员带来了身份和地位的根本转变,民主平等、"劳资两利",砸掉了封建不平等枷锁的工人店员积极发展生产,干劲十足。生产竞赛、节约增产、劳动模范、"三八能手",各行各业都发挥了积极性与创造性,带动了落后者和懒惰者,教育了观望者和投机者,打击了破坏者和违法者。

《李立三同志报告》对公营企业中工人运动取得的成绩给予了肯定:"从工人运动的工作来看,也应当认为是有成绩的,而公营企业的成绩比较更大一些","在公营企业里,应当说是有成绩的,一般说起来,基本上是对的。公营企业中抓到了一点,那就是提高生产,这个总的方向是不错的。公营企业发生的偏差不是在方法上,在公营企业中完全和这个方向相反的典型,今天还没有,只是单纯为了工人的福利的偏向,今天还没有,个别方面也许还会有(听说有个别工厂有五百斤高粱到八百斤高粱的)。以生产为中心,改变工人的劳动热忱,在今天是主要的,照这样做的话是会有成绩的。无论在铁路矿山上,无论在公营企业上,都可以找出这样的例子来。在铁路上有节约运动、废铁运动等","生产比伪满时候还提得高得多,总的事实是很明显的,过去自来水是黄泥水,汽车是痨病鬼,电车是闷罐子,电灯是鬼火,现在完全改变了","每个劳动英雄有一个特点,不是个人来干而是推动和领导了其他许多人来干,因此今天的劳动英雄是群众的英雄"。②

在私营企业中,工人店员与资本家仍然存在一定程度上的对立,但哈尔滨解放区通过颁布《哈尔滨特别市战时暂行劳动条例》,调整劳资关系,使劳动者正确认识了"发展生产"和"劳资两利"的关系,懂得了"活跃生产、发展生产与工人阶级的目前利益与永久利益都是一致的。公营企业、合作社企业中,增加生产,提高劳动热忱,与工人阶级的利益完全一致,这是很当然的。即使在私营企业中,活跃生产也与工人阶级的目前利益和永久利益一致,因为只有更好地、更快地消灭蒋介石,工人阶级今天已经得到的利益才能

---

① 哈尔滨市档案馆馆藏革命历史档案,全宗号1,目录号1,案卷号83,顺序号6。
② 哈尔滨市档案馆馆藏革命历史档案,全宗号1,目录号1,案卷号22,顺序号1。

保证"。① 以法律保障劳动者的利益,极大地调动了工人店员的生产热忱。

哈尔滨解放区通过制定正确的工商政策和法律,对不正确贯彻执行"劳资两利"方针的违法者进行适当的斗争,也使民族资本家和工商业者们有了新的认识,"民族资本家很多都认识到只有努力发展生产,满足军需民用,才有远大前途"。"东北全都解放了,摆在我们面前的新任务,就是进一步发扬优点,揭穿并改掉缺点,建立合理的'劳资关系',在私营、公私合营上加强'劳资团结''职工团结',坚决、彻底、干脆地去掉商人的旧毛病,建立新的营商方法,转向进一步有利于国计民生的营业前途,为人民服务,为战争服务,为新民主主义经济建设而服务。"②

哈尔滨解放区的工人店员、商人资本家及一切具有爱国热忱的劳动者,团结向前,打破自私自利,一心发展生产,有力地支援了全国的解放战争。

第二节 管理方式的转变:从压迫到民主

旧社会的商事组织内部管理不平等,具有明显的阶层等级性,高级压迫低级,大工欺压小工,工人店员层层受节制、处处受压迫。哈尔滨解放区人民政权贯彻"劳资两利"方针,通过制定《哈尔滨特别市战时暂行劳动条例》等法律法规,削减带有封建剥削性质的管理体制,改造不平等的管理习惯,在工会和店员联合会的民主监督与帮助下,工人店员与资方平等协商,订立新型劳资合作合同,实现从压迫到民主的管理转变。

一、旧社会不平等的内部阶层管理

旧社会"资本至上""等级至上""权力至上",工商各业内部阶层划分明显,实行半封建的层层节制的管理体制,经理、把头与工人、店员之间地位不平等,经理和把头具有很大的不正当权威,管理习惯的核心是"讲人情"。"所谓人情,就是要老老实实,一切都要服从他",不服从,就

---

① 《哈尔滨特别市暂行劳动法的意义及应有认识》,哈尔滨市图书馆馆藏哈尔滨《工商日报》,1948年2月5日,第二版。
② 《全国解放区商人应有的认识》,哈尔滨市图书馆馆藏哈尔滨《工商日报》,1948年11月26日,第四版。

是"抗上",就会"挨算",失掉工作。民国时期著名商号"东发合"的店员回忆说:"过去在行政上只有命令,没有敢不遵的,无论小职员与店员,不遵轻者要受'训'一顿,重者就算抗上而挨算,根本不允许提意见,不容许反驳。"曾煊赫一时的商号宝隆峻的经理王丹实对店员亦是如此,"对待手下员工视同奴隶,指鹿为马,在资本主义的社会中,柜上员工虽感怀不平,却无一敢抗争者,像王丹实这样的家伙,可算是穷人的仇敌了"。再如滨昌盛当铺,"民国十年间,滨昌盛开业,总老板为王经会,当铺老板马全九,还有一位二掌柜的姓董,经常在总老板跟前献殷勤并搬弄是非,同人们恒受其害"。① 压迫式的管理方式在旧社会是极为普遍的。

在旧社会的商事组织中,经理和把头的不正当权威极大地压迫与剥削着下层受雇者,同时,这种不平等的压制还体现为明显的逐级性和连续性,大职员节制小职员,小职员节制店员,店员和工友们利益分配不平等,伙食待遇不平等,牛马般的终年受着剥削压迫之苦。

在专制社会中,店员的对抗只具有个别性,这种个别店员的抗争并不能推翻专制统治社会下长期形成的压迫式管理,因而普遍形成"不敢反驳""忍气吞声""强带笑容"的忍受型品格。

二、订立新型劳资合作合同

哈尔滨解放后,人民政权对哈尔滨民族工商业做了认真的调查研究,在肯定其具有的积极进步性的同时,也对其封建买办的消极性给予了批判,通过制定新的公司章程或劳资合作合同,改造其旧有的不合理的商事体系与商事习惯;通过教育引导,纠正其旧有的不平等的封建思想意识,帮助民族工商业走上民主管理的新民主主义经济道路。

哈尔滨人民政权首先对典型民族工商业进行了调查研究,明确了对民族工商业的客观认识。"废旧立新",即废除不合理的旧制度,改变不合理的旧习惯,订立新制度新章程,是保护民族工商业,帮助其健康发展的正确道路。以著名的民族工商业天丰涌和同记为例,在人民政权的帮助下,他们制定了具有民主性、体现平等性的新型劳资合作合同。

根据天丰涌旧有"号中宗旨章程规则"规定,东方(股东)与西方

---

① 哈尔滨市档案馆馆藏革命历史档案,全宗号1,目录号1,案卷号83,顺序号3。

（经理及各执事人员）享有分红权，店员、学徒不具有分红权。东方与西方的分红制度为东六西四，即60%为股东红利，40%为西方花红，营业一年度结算一次，三年为总结算期，对"纯益金"进行分红。号中所有业务均由经理执掌，人员由经理任免，人员薪金也由经理一人规定。1947年7月31日，天丰涌订立了全新的劳资合同，改变了旧有的分红权、分红政策、分红方法、经营管理、人员雇佣等规则。天丰涌的劳资合同规定，分红制度改为股东50%，西方50%。分配方法为西方职员和店员共同享有分红权，分红比例为职员应为店员的2倍。由总红利中提出12%，西方红利中提出10%，作为奖励金进行分配，奖励金分配方法为经理不得超过职员的四倍，副经理不得超过职员的三倍，职员按其份子的多少奖励。结算期中，须成立结算委员会，结算委员会由股东二人，职员二人，店员三人组成，共同进行结算、监督。优秀的店员应被升级，店员升级及其分红和奖励在每年结算时办理。职员、店员的薪俸以前只有薪金、津贴及特别津贴三项，新劳资合同一律改为薪俸制，薪俸的增减依据实物价值的高低，薪俸增减的数目随时由劳资双方共同商讨。对于人员雇佣，也改变了经理一人决定的习惯，而是由职员和店员联合会各派二人进行商讨。相较于旧习惯不顾及职员和店员应享有的房租补助，新劳资合同规定，带家眷的同人每月给20元房租补助费。在此基础上，天丰涌第二次订立劳资合同时，还增加了经理和副经理共同负担营业全责、店员具有查账及学习账簿的权利、每月25日发薪等新规定。

天丰涌劳资合同相较于其旧章程具有明显的进步性，在一定程度上体现了新民主主义的民主和平等精神，商事管理中的"民主""平等""权利"作为新的意识习惯，引导着天丰涌的发展。"老天丰涌，在发展生产繁荣经济的口号下，东伙双方正在研究办法，使它更兴隆起来！"[①]

1946年10月，同记商场由股东代表人徐信之、迟勋臣，职员代表人常喜天、王光强、孙席珍、姚资罕，以及店员联合会代表侯尚志、孙成林、张耕仁、李廷臣、张秀坤共同签署了《同记商场劳资合作合同》。合同书首先明确了订立劳资合作合同的依据、目的及程序，"为了本店营业之发展，职店员生活待遇之改善及加强职店员工作之情绪，特实行了劳资

---

① 哈尔滨、沈阳市工商行政管理局. 东北解放区的工商行政管理[M]. 北京:工商出版社，1988:113.

合作,对过去之旧制度有所改进,经数日全体大会商讨,结果东西双方赞同订立合同如下"。① 因而,《同记商场劳资合作合同》是以促进营业发展、改善职店员生活待遇、加强职店员工作情绪为目的,依据新民主主义劳资合作、劳资两利的精神,以改进"过去之旧制度"为内容,以同记全体大会共同商讨的程序与方式制定的。合同书共十一项,规定了奖励金、营业准备金、分红制、点货制、增薪及店员升职员、用人与解雇、房屋铺佃折旧及修补、住家制、营业管理及组织、合同期限等内容。

股东和经理权威极大是旧社会的管理习惯,体现在奖励金的制定与分配、营业准备金的规定与提取、分红、点货、增薪及店员升职员、用人与解雇等多项制度的实施中。正如哈尔滨解放区人民政权的调查显示,"人员由经理任免之并人员之薪金亦由经理规定(集权于一人)","以百分之六十为股东红利,百分之四十为西方之花红(东六西四老规矩)"。封建性顽固地保存着,经理在商店有无限的权力,在其影响下店员绝对服从——习惯的养成是很深刻的。《同记商场劳资合作合同》在多方面改进了旧制度,变革了旧习惯。

"须经全体大会""共同商讨""店员联合会"等成为合同中的高频词,"民主方式""决不许少数人随意圈定""一方单独任意""公正无私""合理方法""互相监视""互相勉励""团结一致"这些词句的使用都十分清晰地展示了对不民主、不合理、不平等的商事习惯和思想的革新。"解放以后,在党的领导下,哈尔滨同记又重新获得生命,营业日趋兴旺。"②

三、店员联合会的教育改造与民主监督

1946年7月,哈尔滨解放区市委在《关于哈市的工作方针》中制定了要"放手发动群众,在整个争取独立和平民主运动中,积极发动工人、农民、店员、学生市民自己起来翻身,在运动中不断提高其政治觉悟,并以产业、职业、机关、住区或政治、经济、思想、文艺、娱乐等各种单位、各种形式组织起来,加以教育"的具体工作任务。

---

① 哈尔滨市档案馆馆藏革命历史档案,全宗号2,目录号1,案卷号367,顺序号6。
② 哈尔滨、沈阳市工商行政管理局. 东北解放区的工商行政管理[M]. 北京:工商出版社,1988:109。

在人民政权的领导下，各个工厂、商店相继成立了工会和店员联合会，号召工友店员团结，加强学习，转变思想，开展民主运动，贯彻"发展生产""劳资两利"，与资方进行合理的斗争，签订平等民主的劳资契约，废止和改造旧社会不平等的管理体制和管理习惯，极大地提高了工人店员的地位和劳动热情。

在店员联合会的教育和帮助下，工友店员的思想都有了巨大的转变。"店员都知道必须把营业发展起来，大家才不能失业，才是劳资两利，因此店员在照顾营业情绪上是高的，爱惜公物、不自私、大家团结"。对店员联合会也有了更深刻的体会和认识，同记商场的小职员孙儒说："对联合会的看法，既能帮助无产阶级翻身，不受封建压迫，又能提高政治觉悟，领导工友店员走向革命途径，并且又给工友店员谋福利，所以这个组织意义非常深远，使命更为重大。"小职员张起阳说："店联是组织店员的机构，能领导店员走向光明，明白国家大事，促使新民主主义社会发展。"店员何汝霖的看法是："店联领导工友店员翻身，它是帮助店员谋福利办好事的组织。"①

店员联合会组织工友，团结进步，教育落后，改造思想，帮助工友正确认识"劳资两利"，对劳资合同和管理方式进行民主监督。以同记商场的分红为例，过去同记商场就有分红制度，东方六五西方三五，西方分红法为职员每人分三元，店员分一元，工友分三毛五分，差别很大。在1936年时，经理全年所得比小职员收入高16%，比大店员收入高近36%，比小店员收入高345%，比大工友收入高54%，比小工友收入高180%。店员联合会成立后，组织工友店员重新订立劳资合同，1946年年终分红为东方50%，西方50%，职员一元分两元，店员一元分一元三角五分，工友一元分八角五十分，改变了过去阶层差别极大的不合理的分配习惯。

再以著名商号天丰涌的管理习惯为例，"天丰涌初创时劳资关系是协调的，上下一致，都是一样干活，伙食也是一样，因为那时买卖小经理们也是新从店员或小职员堆里出来的。在这种条件下对店员不是很刻薄的，随着天丰涌的发展，经理的地位高贵起来了，店员的地位一直下降到轻如

---

① 哈尔滨市档案馆馆藏革命历史档案，全宗号2，目录号1，案卷号367，顺序号3。

毫毛，根本就看不起店员了。因为天丰涌的牌子亮，每年向天丰涌介绍的三五十人，采用的二三十人，可以任由经理选择，经理的封建制度得以顺利地形成。一九二八年改组时到达顶点，九一八事变缓和了劳资矛盾，七二五停止令时矛盾更缓和了，因为有经济犯的罪名跟着，经理就不敢过于压迫店员，比较可以随便些，不开除人。等到店联成立才根本改变了"。①在店员联合会的帮助引导与民主监督下，劳资双方正确认识"劳资两利"，既保障了工人利益，又适当照顾了资方利益，劳资团结，积极生产，繁荣经济。

店员联合会是店员工友自己的组织、自己的团体，他们发扬民主讲政治，保障权利树平等，团结爱国进步资本家，斗争消极违法资本家。店员联合会在哈市两年多的工作中，大部分商店在管理制度上得到了改进，与过去有了极其显著的不同，改变了旧的不合理的管理制度，建立店员们新的生活内容。参加店员联合会，工友们都感到极大的快乐，受到了教育，提高了觉悟，转变了思想，积极参与民主管理，热火朝天，努力生产，改善生活，支援前线。

第三节　商会组织的转变：从旧商会到新工商联合会

抗日战争结束后，国民党派杨绰庵等大员接收哈尔滨，国民党大员希望取得工商界上层人士的支持，利用哈尔滨工商界出资捐物，接济国民党的三省宣抚员，负担国民党改编部队的给养，课收重税以助市政，哈尔滨工商界大受其苦。哈尔滨解放前夕，工商界参与组建"军民联络处"，热烈迎接民主联军。哈尔滨解放后，解放区政府制定了合理的工商业政策，改组旧商会，成立新的工商联合会。新工商联合会组织与开展了许多有意义的工作，为建设哈尔滨、发展生产、繁荣经济、支援前线做出了许多贡献。

一、抗战胜利后国民党对商工公会的利用

"八一五"光复之后，哈尔滨市由苏联军队实施军管。1945年9月至

---

① 哈尔滨市档案馆馆藏革命历史档案，全宗号1，目录号1，案卷号83，顺序号6。

12月的4个月时间里,经苏军军管会同意,哈尔滨地方绅商推举双合盛公司总经理、时任哈尔滨商工公会会长的张廷阁担任临时市长,并由他来组织地方维持会。同时,随着抗战胜利,国民党也加紧抢夺胜利果实。国民党政府将东北从原本的三省建制改为九省二市,哈尔滨为行政院直辖的特别市,与省同一级别。1945年10月,国民党行政院任命杨绰庵为哈尔滨特别市市长,对哈尔滨进行接收。1945年年末,杨绰庵等26名国民党"接收大员"到达哈尔滨,此外,被国民党新划建制的松江、嫩江、黑龙江、兴安四省的"接收大员"也纷纷到达哈尔滨,由于尚不能对四省进行接收工作,也暂时留在哈尔滨。1946年1月1日,前市长张廷阁将政府权移交,1月3日杨绰庵等人正式进驻市府大楼,履新办公。①

哈尔滨曾经是东北重镇,工商业发达,但经过日伪统治的摧残与迫害,工商业十分萧条,并且日军投降后的哈尔滨尚处在苏联红军的军管之下,时局不定,人心惶恐。此外,由于杨绰庵等人对哈尔滨的接收是"文官接收"②,周围并没有国民党军队"护卫",杨绰庵政府感到"困境"重重,希冀拉拢哈尔滨工商界上层人士,捐资解困,恢复经济,稳定人心。

杨绰庵到任后,即刻以"宴请"的名义召见哈尔滨商工公会会长张廷阁,并提出让商工公会出钱一百余万元(伪国币),接济国民党松江、合江、黑龙江三省的宣抚员邱立亭等;又让商工公会负担国民党收编的伪满铁石部队一个营的供应给养。③ 之后,杨绰庵更直接召集哈尔滨五大同业公会会长开会,研究同业公会改组,为国民政府出资出力。国民党政权在哈尔滨仅仅维持了四个月,哈尔滨工商界就对他们感到了失望。金融专家何治安感叹:"如此国民党,如此接收大员,对中国、对人民能干些什么?"④ 深为中国的前途忧虑。著名的民族工商业资本家、同记商场创始人

---

① 参见贺颖. 哈尔滨历史大事要览[M]. 哈尔滨:黑龙江人民出版社,2008:158.
② 由于国民党军事力量只达到长春,长春以北全部为共产党所控制,因此杨绰庵等人对哈尔滨市的接收环境是在无国民党武装力量下的文官接收,当时市区由苏联军队维持治安,市区周围均为共产党军队。同时,由于到哈的接收人员仅为26名,因此,所谓"新成立"的国民党接收市府机构,除原临时市政府秘书长和人事室主任辞职外,其他原伪满时期哈尔滨市政府的人员全部留用,包括伪满时期的警察、特务人员,依然被重用,更堂而皇之地成为国民党政府的"正规"警察。各局处室都集中在市府大楼办公,也基本上保持原状。
③ 参见金宗林. 哈尔滨商会史略[M]. 哈尔滨:黑龙江人民出版社,2017:101.
④ 何宝琳. 忆家父何治安[A]. 政协哈尔滨市委员会文史资料编辑部. 哈尔滨文史资料:第十五辑(经济史料专辑)[M]. 哈尔滨:哈尔滨出版社,1991:255.

武百祥气愤地说:"几十年来,我亲身体验到,从清朝政府到军阀政府,再到日伪政府和民国政府,没有一个政府不腐败的,没有一个政府不算计老百姓、盘剥老百姓的。"① 对商工公会来说,这四个月出了不少冤枉钱,什么希望也没看到,什么实惠也没得到。

杨绰庵政府并没给哈尔滨的经济和老百姓的生活带来多大改观,而是变本加厉地搜刮民脂民膏,物价飞涨,杂税频仍,税捐极重。在他就任哈尔滨特别市市长不到半年的时间里,市场上几乎所有商品的价格都长了几倍、几十倍,甚至上百倍。与老百姓生活息息相关的煤价几乎是一天一个价,节节攀升,最高时竟涨至2元一斤,老百姓只好望煤兴叹;高粱米价最贵时竟达5元5角一斤。老百姓说:"八路军来了,也没有逼人不许涨价,粮食也没有贵;中央来了嘴里说要平定物价,但是物价却一个劲儿往上涨。"② 而很多工人的月收入竟不敌一斤米钱,过年都拉了债,都挨饿受冻。小职员也过起典当生活。因而老百姓只好勒紧肚皮。税种更是名目繁多,五花八门,几乎天天都有新的税种诞生,甚至还增设了连老百姓聚在饭店吃顿饭都要上税的"宴席捐"。③ 国民党"接收"要员们来到哈尔滨后,忙着"接收"的是资财,"卷钞票、载白金、运水银……"④ 贪污腐化,极度专权,生活阔绰,而哈尔滨的百姓生活并未得到改善和救济,依旧在受苦受难,哈尔滨的工商业也依旧萧条不振。

二、商工公会对共产党的认识与支持

(一) 钟子云宣讲共产党的商业政策

1945年10月,中共中央东北局派钟子云、王建中、李桂森等来哈尔滨开展工作,成立中共滨江地区工作委员会,钟子云任书记,李兆麟、张观等任委员。⑤ 共产党人积极争取和团结进步爱国人士,在哈尔滨上层人士和工商界中开展了卓有成效的统一战线工作。在哈尔滨解放前夕,李兆麟、钟子云等共产党人先后通过工作关系和亲友关系,分别向时任滨江省省长的谢雨琴、时任哈尔滨市市长兼商工公会会长的张廷阁、著名资本家

---

① 钟福祥. 松江文史:同记风云录(1)[M]. 哈尔滨:北方文艺出版社,2012:725.
② 《国民党"接收"后的哈尔滨》,哈尔滨市图书馆馆藏哈尔滨《东北日报》,1946年3月22日。
③ 参见钟福祥. 松江文史:同记风云录(1)[M]. 哈尔滨:北方文艺出版社,2012:723.
④ 《民主团结的哈尔滨》,哈尔滨市图书馆馆藏《东北日报》,1946年5月15日。
⑤ 参见贺颖. 哈尔滨历史大事要览[M]. 哈尔滨:黑龙江人民出版社,2008:157.

武百祥、刘伯召等哈尔滨知名人士和绅商介绍了共产党的主张，动员他们支持共产党，带头参与共产党领导的人民民主革命，使他们抛弃对国民党政府的幻想，真心拥护共产党的主张，欢迎共产党接管哈尔滨政权。1945年年末，国民党接收大员们上任履新前，谢雨琴、张廷阁分别辞去省长和市长职务。

哈尔滨中苏友好协会成立于1945年11月25日，李兆麟任会长。经李兆麟提议，邀请谢雨琴担任中苏友好协会副会长。在谢雨琴和张廷阁担任省长、市长期间，共产党人十分支持谢雨琴和张廷阁的工作。李兆麟与谢雨琴相互敬重，与张廷阁热情畅谈，交换意见。通过不断接触和交流，哈尔滨工商界上层人士对共产党有了真实了解，过去经一些恶意宣传诋毁形成的观念有了根本转变。1945年年末，李兆麟派郭霁云到商工公会，请求商工公会帮助解决在宾县的500名警备队的生活用品，商工公会立即照办，出资采购，共准备了十几辆马车的布匹、粮草及生活用品等，派人送到宾县民主联军驻地。之后，又陆续为驻扎在市郊的民主联军运送给养。①

1946年4月21日，驻哈尔滨苏联红军开始撤离归国，国民党大员随苏军撤离。临行前继续散布谣言，破坏共产党声誉，宣扬国民党正规军将收复东北，制造战争氛围，扰乱民心。工商界中有人惶恐不安，怕在哈尔滨打内战，也怕哈市治安暴乱，准备抽资南移，有的人甚至撇下工厂、商店，只身逃往蒋管区。为稳定工商界，团结争取民族资产阶级，当时处在地下工作状态的中共哈尔滨市委书记钟子云于4月23日到商工公会与工商界上层人士及各大商号代表会面②，向工商界人士宣讲了当时的形势和中国共产党的政策，着重介绍中国共产党对民族资产阶级的一贯政策，阐述了对私营工商业的扶持政策以及帮助私营企业恢复生产的态度。在这次会面中，工商界人士进一步了解了共产党的主张，通过与国民党接收大员的种种作为相对比，他们坚定了信心，打消了思想上的顾虑，与哈市人民一道，热切盼望民主联军进驻哈市。

（二）组织军民联络处

国民党接收大员在哈尔滨的四个月光景里，物价飞涨，税收繁重，汉

---

① 参见金宗林.哈尔滨商会史略[M].哈尔滨:黑龙江人民出版社,2017:103.
② 参见张进奎,金宗林.哈尔滨市工商联[A].政协哈尔滨市委员会文史资料编辑部.哈尔滨文史资料第十三辑:风雨同舟[M].哈尔滨:哈尔滨出版社,1989:199.

奸得志，军匪不分，工商萧条，市民困苦，大员们却是生活腐化，丑事百出，工商各界由盼望转为失望。随着苏联军队的完全撤退，若干潜藏于哈市的伪军、土匪、特务和日本法西斯残余势力，势必乘机兴灾作祸，更加引起了哈市同胞对治安的莫大焦虑。他们急切盼望民主联军早日进驻哈市，解放哈尔滨，维护稳定，保持治安。

1946年4月初，谢雨琴、张廷阁出面召集名流绅耆六十余人、社团四十余个在市商工公会举行会议，呼吁民主和平。① 会上提议邀请民主联军进驻哈市，维持治安。共产党人积极团结一切爱国开明力量，在钟子云到商工公会向工商各界代表宣讲共产党政策的会议上，代表们与钟子云商定，组织军民联络处，为迎接民主联军进驻哈尔滨做好筹备。

1946年4月26日，苏联红军和国民党接收大员刚刚撤离哈尔滨后，以工商界人士为主的军民联络处在哈尔滨正式成立。② 同日，谢雨琴、张廷阁及各界一百多位知名人士联名电吁东北人民自卫军迅速进驻哈尔滨。③ 同时，商工公会常务理事刘伯召和各界代表马英林、卢蕴生代表哈尔滨市人民赴宾县迎接民主联军进城。商工公会则连夜开会，商讨迎接东北民主联军入城事宜。④

军民联络处的成立受到了哈市工商各界的重视，在成立之初定名为"哈尔滨市人民军事招待处"，并设立了《哈尔滨市人民军事招待处简章》，宗旨为"以在军事时期慰劳军队为目的"，办公地点为商工公会，组织机构包括常务委员、委员、主任、秘书室、总务组、治安组、联络组、供给组、采买组、会计组、救济组、事务员，各组长均由工商界上层人士担任。在太平、新阳、香坊等区还设立了哈尔滨市人民军事招待处各区分处，组织机构健全，人员充分。为正确识别招待处工作人员，防止敌特冒充，招待处工作人员均"带臂章以资识别"。人民军事招待处各机构、各区都积极筹备，紧锣密鼓地行动起来。为扩大救济成效，完成劳军使命，人民军事招待处救济组函请全市市立医院及各私立医院对民主联军人员就

---

① 参见《松江人民自卫军司令部、政治部为进驻哈尔滨告哈市同胞书》，哈尔滨市图书馆馆藏《北光日报》，1946年4月29日。
② 参见张进奎，金宗林. 哈尔滨市工商联[A]. 政协哈尔滨市委员会文史资料编辑部. 哈尔滨文史资料第十三辑：风雨同舟[M]. 哈尔滨：哈尔滨出版社，1989：200.
③ 贺颖. 哈尔滨历史大事要览[M]. 哈尔滨：黑龙江人民出版社，2008：159.
④ 参见金宗林. 哈尔滨商会史略[M]. 哈尔滨：黑龙江人民出版社，2017：104.

医一律免费，并召集全市医师组成救济班，随时应对军需医治。1946年4月28日，"哈尔滨市人民军事招待处"更名为"哈尔滨市军民联络处"，继续为哈尔滨支援前线工作发光发热。

（三）为民主联军筹备军需品

民主联军进驻哈市后，"军民联络处"首先是为部队赶制换季服装。为使战士们在6月以前换下棉衣，"军民联络处"发动哈尔滨布匹、漂染、被服等行业，全力以赴赶制单军装和被服。在不到一个月的时间里，赶制出单军装5000套、被子5000条、军鞋10万双，使战士们及时地换下了棉装。"军民联络处"还积极协助政府为部队筹集军粮及日常军需品，组织铁工业为部队加工六〇炮、掷弹筒、马具等，有力地支援了部队。

军民联络处在哈尔滨解放初期，为民主联军办了许多事，提供了许多帮助。在民主联军进驻哈尔滨一个月后，军民联络处发起了一次劳军运动，在工商业者中募捐2.05亿元（红军票）交给了部队，表达哈尔滨工商界对人民军队的感激之情。当年中秋节前，为了让部队战士过个愉快的节日，军民联络处动员食品业十多个厂家昼夜加工，在中秋节时，送给部队战士每人1斤月饼。此外，军民联络处还积极参与社会服务工作，慰问人民军队的伤员；派代表随同民主政府慰问团去合江等地慰问子弟兵、招待起义兵投诚人员和俘虏的国民党军士兵等。1947年春季，市政府委托军民联络处协助推销6万吨原煤，军民联络处随即成立了煤炭推销处，并推选工商界人士天兴福制粉厂经理刘佩芝驻在，仅用了半年时间就推销完毕。[①]

"军民联络处"在实际工作中发挥了组织力量、人员力量、财物力量，有力地支援了民主联军和战争前线。

三、新型工商界人民团体的建立

"军民联络处"团结工商各业，组织和发动工商界为部队筹集军需粮秣，动员和鼓励铁工业参加军工生产，向工商业者宣传人民政府的工商业政策和法令等。因此，实际上"军民联络处"作为一个新型的进步组织，已经在哈尔滨工商经济界中起到了商会应有的组织作用、协调作用和规范

---

① 参见金宗林. 哈尔滨商会史略[M]. 哈尔滨:黑龙江人民出版社,2017:104-105.

作用，并出色地完成了它的历史使命，改变了旧商会在伪满时期服务日伪给工商界造成的不良影响。军民联络处成为旧商工公会向新型工商联合会的过渡性组织。

到1947年9月，人民政府不断建立健全各个职能机构，对工商各业都建立了直接的联系渠道，哈尔滨工商各界在解放区政府的领导下也正在进行恢复与发展经济。百业渐兴，更需要一个新型的民主团结、上联下调、互相帮助、互相带动、协调解纷、互相监督的商会团体组织，来推动哈市工商业的联合与进步，大力推进哈市经济建设。1947年9月22日，哈尔滨特别市政府发布命令：为了进一步组织和团结哈尔滨市的工商业者，贯彻执行政府的财政经济政策，发展战争时期的生产贸易，繁荣解放区经济，支援前线，反对囤积居奇、投机操纵市场，以稳定物价，安定人民生活，决定改组旧商工公会，原商工公会即日起解散。指定25人为哈尔滨市工商联合会筹备委员会委员，刘佩芝为主任委员，武百祥、孙世琨为副主任委员，杨祝民为秘书长，自宣布之日起开始工作。9月25日，哈尔滨特别市工商联合会筹备委员会召开第一次会议，议定设立常务委员会并当场选出常务委员9人。除正副主任委员和秘书长为当然常务委员外，选举曹旬、初焕章、孙宝麟、周子恩、陈季升5人为常务委员。自此，全国大中城市中第一个新型工商界人民团体——哈尔滨市工商联合会诞生。①

哈尔滨市工商联合会在经历一年多的实际工作的基础上，还进一步设立了《哈尔滨市工商联合会章程》（以下简称《章程》）。《章程》第一条即明确了工商联合会设立的宗旨与目的："为贯彻执行中国人民政治协商会议通过之共同纲领的'发展生产、繁荣经济、公私兼顾、劳资两利、城乡互动、内外交流'的经济政策，执行人民政府法令，辅导工商业者遵循新民主主义经济政策而努力。"② 章程分别对总则、会员、理事会、办公处、会议、会务和经费进行了规定，体现了民主团结、促进提高、共同发展、解决纠纷、反映意见、执行新民主主义经济政策和法令的精神。如《章程》第二章"会员"第五条规定："凡于本市区域内经人民政府登记之工商业同业公会，均得依法加入本会为团体会员。"《章程》第六章"会务"第二十二条规定："传达并协助推行人民政府的经济行政的决策、命

---

① 参见金宗林. 哈尔滨商会史略[M]. 哈尔滨：黑龙江人民出版社，2017：106.
② 哈尔滨市档案馆馆藏革命历史档案，全宗号10，目录号1，案卷号16，顺序号1.

令及发展工业之生产各项必要工作,并动员会员贯彻执行之。"第二十五条规定:"依据人民政府现行法令,合理调节会员间之纠纷,并参加劳资纠纷之调解事项。"第二十八条规定:"加强工商业的联系,促进其产销配合并促成公私营各种企业的业务相互配合,共同发展。"①

哈尔滨解放区工商联组织的建立,从根本上改变了旧商会的面貌和性质,成为在人民政权领导之下,代表工商企业和私营工商业者正当利益,并能协助政府指导工商业的新型人民团体。

四、工商联合会的积极作用

(一) 整顿与联合同业公会

工商联合会成立之后,首先对同业公会组织进行了整顿。哈尔滨解放前,同业公会属于旧商会的团体会员,但由于行业分散、商号数量大,商会一直没能很好地指导和管理这些行业组织。日寇投降之后,各行业出于恢复生产的需要,基于行业习惯,纷纷组织和开展了同业公会,这些同业公会多数是在日伪时期"同业组合"的基础上恢复"同业公会"名称的组织,因而在性质和管理上,许多仍然有半封建性的管理习惯。在哈市工商联合会成立之时,哈尔滨的同业公会组织多达一百余个。这些同业公会组织因长期无人过问,形成各自为政的散乱局面。

虽然同业公会组织在光复后的哈尔滨经济恢复时期具有一定的积极作用,但同业公会的组织内部问题很多,依然不同程度地存在封建行会主义的不民主、不平等的管理机制和投机倒把、贪污造假等不正当惯习。同业公会之间的矛盾也很大,给工商联开展工作带来了许多困难。经过一个时期的酝酿准备,工商联合会决定对同业公会由分散管理变为集中管理。

为整顿同业公会,工商联合会刚刚成立不久,便召开了全市工商团体(同业公会)反倒把、反贪污大会。会议主要内容有三点:(1)给贪污及倒把分子以警告;(2)纠正封建行会思想;(3)号召各工商团体,发扬为战争、为工商界服务精神。② 继而又推行了同业公会联合办公制度,成立了12个同业公会的联合办事处,通过整理,把分散的互不联系的102个同

---

① 哈尔滨市档案馆馆藏革命历史档案,全宗号10,目录号1,案卷号16,顺序号1。
② 参见张进奎,金宗林. 哈尔滨市工商联[A]. 政协哈尔滨市委员会文史资料编辑部. 哈尔滨文史资料第十三辑:风雨同舟[M]. 哈尔滨:哈尔滨出版社,1989:201.

业公会组织，按行业性质分别划归到各联合办事处之下，进行联合办公，以便集中管理，更有利于贯彻执行人民政府的政策法令。同业公会各联合办事处内部推举一人任主任，工商联合会向办事处各派一名干部，负责具体工作，加强了市工商联合会对同业公会的领导。①通过整顿与联合同业公会，合理引导、教育工商业者遵从政府法令，帮助解决困难，恢复与发展生产，正当经营。

（二）宣传法令，安定人心

1946年哈尔滨解放后，人民政权在维护和稳定政权的同时，彻底实现政协决议，厉行民主政治，保障人民生活和财产安全，积极建设哈尔滨，施政解困民生。一切工作的中心则是恢复与发展经济。正当哈尔滨工商经济不断恢复和发展之时，在土改中，如何对待城市中的资本家兼地主，如何保护民族工商业，又出现了新的情况。1947年夏季，随着农村的土地改革运动进入高潮，农村土改清算、"砍挖运动"波及哈市。在1947年下半年至1948年年初，农民进城逮捕逃亡地主的同时，也冲击了一些在农村有土地的城市工商资本家。有的农会把城市资本家拉回到农村批斗，使得一些在农村有房屋土地的城市资本家惶恐不安，有的关铺离哈，有的停业躲藏。加之一些私营企业中在执行分红契约中出现了一些"左"倾偏差，使劳资关系逐步紧张，也增加了资本家的担心和忧虑，很多资本家无心发展生产，消极放任，不管企业，生产下滑，销售降低，工人群众有劲无处使，生产的积极性发挥不出来。哈尔滨的工商经济因此遭遇发展波折。

1948年1月，毛主席《目前形势和我们的任务》一文在报纸上公开发表，其中关于城市政策的论述极大地鼓舞了哈尔滨市委和工商联团体，市政府接连发布了《哈尔滨特别市战时工商业保护和管理暂行条例》和《哈尔滨特别市政府关于保护工商业问题的布告》，明确规定在哈市的工商业者兼地主或地主兼工商业者的工商财产一律予以保护，不得侵犯。哈尔滨市工商联合会积极配合市政府，及时汇报"砍挖""清算"中的"左"倾现象，大力开展法令宣传，通过广泛座谈、耐心讲解、个别教育、引导说服等多种方式和途径，纠正"左"倾偏差，解助受困受斗资本家，给私营

---

① 参见金宗林. 哈尔滨工商界在解放战争中的贡献[A]. 中国人民政治协商会议黑龙江省哈尔滨市委员会文史资料研究委员会. 哈尔滨文史资料:第八辑(纪念哈尔滨解放四十周年专辑)[M]. 哈尔滨:哈尔滨出版社,1991:143.

工商业者吃了一颗定心丸。工人群众也非常拥护，逐步稳定了私营工商业者的情绪，维护了城市的正常经营秩序，哈尔滨市的工商业户数也大幅增长，"全市就有一千三百六十五家工厂和四百三十六家商店申请开业。申报资金达十五亿余元（东北币），安排工人、店员五千二百余人"①。哈尔滨各业经济又获得了向前进一大步的发展。

（三）参与创办首个国家资本主义性质的企业公司

1948年解放战争进入全面战略反攻阶段，哈尔滨市的战略后方地位更加重要，随着战争节节胜利，战线愈来愈长，支援战争、发展生产的任务也变得更加艰巨。为了改造私人工商业，使它们走上发展生产、支援解放战争、有利于国计民生的道路，时任哈尔滨市工商联合会秘书长的杨祝民同志，在学习列宁在苏联新经济政策时期的著作《论粮食税》等文章时受到启发，结合他当时担任的实际工作，提出由政府投资，吸收私人资本和游资，创办国家资本主义性质企业的建议。经哈尔滨市工商局局长陈一凡提交刘成栋市长和饶斌副市长审定，之后市政府请示了东北财经委员会，得到了时任东北财经委员会书记的李富春同志的充分肯定，批准实施该建议。哈尔滨市政府继而委托哈尔滨市工商联合会在工商界进行酝酿，提出具体方案，组织落实。②

1948年7月2日，我国新民主主义时期第一个国家资本主义经济类型的企业，哈尔滨企业公司正式建立，其营业方针是采购工业原料，组织产销，支援有利国计民生的工业发展，十分符合战时经济发展的需要。哈尔滨企业公司由市工商联合会主任委员刘佩芝担任企业公司理事会理事长，市工商联合会秘书长杨祝民任副理事长兼总经理，以资本金暂定30亿东北币为初创资金，市政府投资16亿，其余由哈市工商联合会动员工商各界进行投资。随着投资的增多，资本金不断增加，开设公司不断增多，总公司下设皮具公司、器械公司、搪瓷公司、百货商场等。哈尔滨企业公司的成立是公私合营国家资本主义经济的全国首创，其创立和取得的较好成绩与

---

① 参见金宗林. 哈尔滨工商界在解放战争中的贡献[A]. 中国人民政治协商会议黑龙江省哈尔滨市委员会文史资料研究委员会. 哈尔滨文史资料:第八辑（纪念哈尔滨解放四十周年专辑）[M]. 哈尔滨:哈尔滨出版社,1991:142.

② 参见:我国第一个国家资本主义企业集团——哈尔滨企业公司的历史经验[A]. 哈尔滨党史研究会《哈尔滨企业公司的历史经验》编委会. 我国第一个国家资本主义企业集团——哈尔滨企业公司(内部发行)[M]. 哈尔滨:哈尔滨印刷厂,1991:4.

哈尔滨市工商联合会的积极组织、大力推进密不可分。

(四) 举办工业产品展览会，促进工商业发展

在哈尔滨解放后的一年多时间，人民政府就已经把危机重重的哈尔滨工商业引入稳步发展的轨道，政府以没收的敌伪企业为基础建立起的国营企业，在哈尔滨经济活动中发挥了巨大作用。同时，以加工订货、代购代销为主要形式，将大批私营工商企业纳入战时经济轨道，使哈尔滨市作为东北解放区的后方基地，在组织军需生产、支援解放战争中发挥了重要作用。

随着1948年全国解放战争进入全面战略反攻的新阶段，支援解放战争的任务更加紧迫，为进一步促进生产，发展哈市工业，繁荣解放区经济，1948年5月，哈尔滨市政府与哈尔滨市工商联合会等组织联合举办了"哈尔滨市工业出品展览会"。经哈尔滨市工商联合会召集，哈市各大小工厂积极提供展品，展览会原定于5月1日开幕，因展出品数量多、种类多，需聘请专家进行分类布置，展会延期至5月28日。正值哈尔滨建设五十周年纪念日临近，全市人民欢欣鼓舞，以异常欢快的心情迎接人民的节日，筹备近一个月的哈尔滨市工业出品展销会也于5月28日隆重揭幕。

1948年5月28日，哈尔滨《工商日报》以"庆祝哈尔滨建设五十周年工展 今日隆重揭幕 展览会罗置各种工业出品丰富美满 热烈纪念新节日 全市人民鼓舞欢心"的大字醒目标题，在5月28日的头版显要位置进行了报道。"哈市工业经过了五十年的不同的环境，辗转于军阀政府与敌伪的官僚资本、外国资本的摧残和压榨，经过民主政府的保护与扶植，在今天以新的面貌出现于全市人民的面前，同时在今天纪念人民城市五十周年的时候，工展的开幕，实是说明了哈市工业在贯彻毛主席所指示的'发展生产、繁荣经济、公私兼顾、劳资两利'的方针，而获得今天的伟大成绩。"① 会场内设置得"丰富美满"，陈列各种工业出品3000余种，分军需品、化学、机械、医药、鞋帽、铜器、胶皮制品、棉纱品、食品、文具、建筑材料、农具、毛皮及新型工业品等数十类。另外还有电车厂、发电厂等模型，均配有详细说明及生产率比较图表，以便参观者观赏，极好地展示出哈尔滨解放后两年多时间内的工业发展情况。

---

① 《庆祝哈尔滨建设五十周年工展 今日隆重揭幕 展览会罗置各种工业出品丰富美满 热烈纪念新节日 全市人民鼓舞欢心》，哈尔滨市图书馆馆藏哈尔滨《工商日报》，1948年5月28日，第一版。

哈尔滨工商联合会还邀请市内各界、中外人士及各报社代表，在中苏友好协会礼堂召开茶话会，畅谈哈市工商业的发展。工商联主任委员刘佩芝在开幕词中表达了哈尔滨市工商界对人民政府保护工商业政策的拥护与感激。饶斌副市长在讲话中重申了党的保护工商业的政策，并鼓励工商业者努力发展生产，为繁荣哈尔滨经济、支援解放战争多做贡献。这次展出的产品，标志着哈尔滨解放后工业得到了飞跃发展，对调动私营工商业者的生产积极性，促进私营工商业的发展和支援解放战争，起到了重要的作用。

为了团结、教育、改造广大工商业者，吸引他们繁荣地方经济，积极支援战争。1947年9月22日，哈尔滨解放区政府解散了带有封建行会性质的旧商工公会，成立了哈尔滨市工商联合会。作为全国解放最早的大城市，哈尔滨市率先改组旧商会，成立工商联合会，在全国解放区的大中城市中，建立了第一个共产党领导下的新型工商界人民团体。这是中国共产党人把工作重心由农村转移到城市的一次成功探索。作为新型的新民主主义的人民团体，工商联合会自成立起就成为宣传和贯彻党的经济政策，将党、政府同工商界联系在一起的纽带，在协助政府、组织和动员私营企业接受政府加工订货任务、动员工商界捐款、开展拥军优属活动、开创公私合营企业、保护工商业、加强工商业管理和教育、促进私营工商业的健康发展、恢复生产、平抑物价和支援解放战争等多个方面，发挥了重要的推动作用。

本章小结

哈尔滨解放区对商事习惯的法制调整，使依法组织起来的新社会店员工友产生了"从雇工到主人"的身份习惯的转变，使旧社会不平等的内部阶层管理发生了"从压迫到民主"的管理方式的转变，也使商会组织从旧商会转向新的工商联合会。这些性质上的根本转变带来的商事习惯变革给商事主体和商事从业者带来了新生，使工商业焕发出勃勃生机和巨大光彩。

第五章　1946—1949年哈尔滨商事习惯变化发展的历史意义

哈尔滨解放区商事习惯的法制调整有力地促进了1946—1949年哈尔滨商事从业和经济的稳定发展，在稳定城市秩序、保障民生、支援战争的解放区建设中发挥了积极作用，产生了向其他解放区辐射的直接影响力，也为新中国经济建设和法制建设的多个领域做出了先行尝试，探索了道路，积累了宝贵经验。

第一节　对哈尔滨解放区商业的影响

一、1946—1949年哈尔滨商事从业的发展

（一）复业、开业、废业与转业

1931年九一八事变前，哈尔滨曾经是华洋杂居、以消费为主要特征的工商业经济型城市，商业极度繁盛。日本帝国主义侵略后，哈尔滨的工商业受到日伪经济统制的残酷压榨和掠夺，除日商外的在哈各国工商业都受到了不同程度的破坏，我国民族私营工商业则绝大多数濒临破产和倒闭。"八一五"光复后，国民党接收大员的到来只是走马观花，贪腐搜刮，并没有改善哈尔滨私营工商业衰颓的状态。1946年4月28日，哈尔滨获得解放，刚刚解放的哈尔滨工商业十分"困难"，市场一派混乱，货源奇缺，生产低下，黑市猖獗，小市繁荣，物价昂贵，供不应求，人民生活处于极度贫困之中。

哈尔滨解放区人民政权在开展清匪反霸斗争、维护和巩固人民政权的同时，积极贯彻新民主主义的三大经济纲领，没收封建阶级的土地归农民所有，没收蒋、宋、孔、陈为首的垄断资本归国家所有，没收敌伪工厂、房产、会社、仓库、商店收归市有，尽快恢复哈市因战争而遭到破坏的工商

业,繁荣市面。人民政府为适应当时政治经济形势,解决国计民生需求,贯彻执行毛主席提出的新民主主义经济路线和东北局制定的"发展经济、保障供给"的总方针,根据哈尔滨城市经济发展的历史和解放初期的经济情况,确定了"大力建设公营经济、合作社经济,恢复、扶植和发展私营经济以及独立劳动者和家庭手工业者经济"的经济建设发展总方向,努力把哈尔滨"由消费城市变为生产城市",实现发展生产、繁荣经济、支援战争的总目标。

在对哈市不同经济成分的态度与政策上,1947年2月,时任哈尔滨市委书记的钟子云同志在给彭真同志的报告中提出:"在城市里边恢复与发展大的企业,当然应依靠公营,但一般的工商业和社会经济必须依靠全体市民和私人工商业资本家的资本,使他们在合理地营利、服从新政府法令、改善工人生活待遇和改变旧的管理方法的原则下,应予他们很多的便利条件和交通运输、原料购买、市场销路、动力供给等,来帮助他们。这不仅对资本家有利,对工人阶级有利,即对政府的税收和整个的人民生活方便都是有利的。如不然,一切依靠公家统治包办,不仅使广泛的城市经济在短期内难以恢复、发展,而且有更进一步破坏的可能,并使私人的资本变成游资在市场上投机倒把,扰乱社会金融。长此下去,在经济的发展上是不堪设想的。"①

为尽快了解哈市的经济情况,制定有针对性的具体的工商业经济政策,哈尔滨市人民政府通过颁布《哈尔滨市人民政府关于商业登记的布告》(1946年7月23日)②,依法组织工商业普查登记工作,并在1947年10月前后,开展了对重点行业和典型工商业者的调查,逐步掌握了哈市的经济情况、工商行业特征、经营性质、一般商事习惯和典型工商业者的历史。在调查中,哈尔滨市人民政府以是否有利于支援解放战争,是否为劳苦大众所必需或能改善群众生活,是否有利于政府财政收入为标准,对工商行业、商事习惯和经济组织的性质做了分类,继而确定了积极扶植和帮助发展"进步行业"及其习惯,保持与保护"中间行业"及其习惯,着重限制及打击"反动行业"及其习惯的立场,宣告"中国共产党的行政纲领,已经明明白白地表示了,对于民族资本,是坚决地保护,对于民族资本的工商业者,是要来扶植它,要它发展的","那么,一般工商业者,现在还可放弃一切不

---

① 哈尔滨市档案馆馆藏革命历史档案,全宗号1,目录号1,案卷号20。
② 哈尔滨市档案馆.哈尔滨解放(下)[M].北京:中国档案出版社,2010:265.

必要的顾虑,已经开业的,要按照政府规定的原则,在'公私兼顾,劳资两利'的条件下,健全经营,增加生产,繁荣经济"①。

1948年1月27日,哈尔滨解放区公布与实施了《哈尔滨特别市战时工商业保护和管理暂行条例》,规定:"承认公营、公私合营、私营、合作社经营之工厂商店均为合法营业,政府保护其财产所有权及经营之自由权,在遵守政府法令的条件下,任何人不得加以干涉及侵犯(第三条)";"对支援战争及群众生活有重要贡献之工厂,政府可以给予支持;其所需动力原料及成品推销,政府给予可能的帮助(第四条)";"公营、私营、公私合营、合作社经营之各工厂商店,必须按照市政府工商管理局所发之工商业登记表切实填报,不得隐匿或假报(工商业登记表另制)(第八条)"。② 继而于1948年2月3日公布了《工商业登记办法》。③

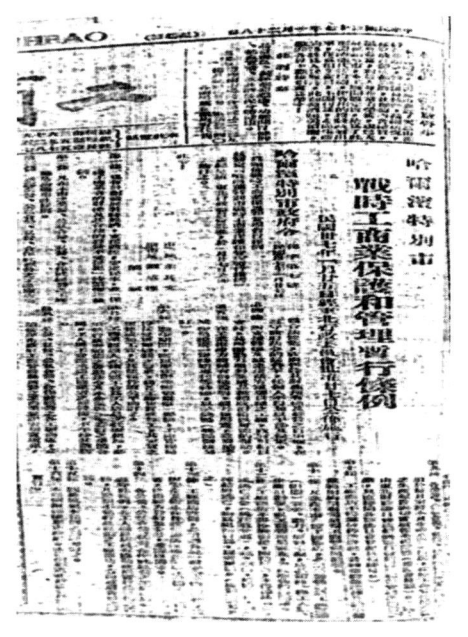

图5-1 哈尔滨《工商日报》1948年1月28日刊载
《哈尔滨特别市战时工商业保护和管理暂行条例》④

---

① 哈尔滨、沈阳市工商行政管理局. 东北解放区的工商行政管理[M]. 北京:工商出版社,1988:50.
② 《哈尔滨特别市战时工商业保护和管理暂行条例》,哈尔滨市图书馆馆藏哈尔滨《工商日报》,1948年1月28日,第一版.
③ 《工商业登记办法》,哈尔滨市图书馆馆藏哈尔滨《工商日报》,1948年2月3日,第一版.
④ 资料来源:哈尔滨市图书馆馆藏哈尔滨《工商日报》,1948年1月28日,第一版.

1948年3月14日，哈尔滨解放区公布工商字第十二号《关于保护工商业问题》布告，规定"在'八一五'日寇投降后至我民主政府成立之过渡期间内，本市工商业之财产曾有许多变动，今后概以此次工商业登记为标准发给执照，承认其所有权，并自即日起，任何人不得侵犯其财权，凡此次登记中尚有漏报者，自布告之日起，于两星期内补报，过期无效（第二条）"；"工商业者必须遵守民主政府法令，发展生产、支援战争，工商业者之自由营业受到保护，但不得阴谋破坏，资金逃亡，消极怠工，投机捣乱。如有犯罪行为时，其处理须经市政府之直接处理或批准。其他任何机关团体，均无没收罚款之权力（第三条）"[1]。

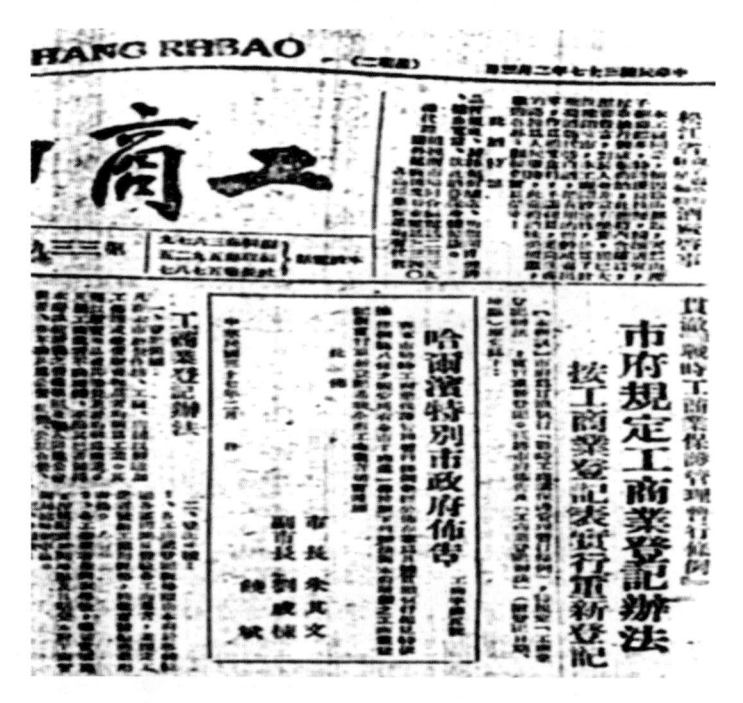

图5-2 哈尔滨《工商日报》1948年2月3日刊载《工商业登记办法》[2]

依据《哈尔滨特别市战时工商业保护和管理暂行条例》《关于保护工商业问题》，哈尔滨解放区进一步制定和实施了《商业保护、管理实施细

---

[1] 哈尔滨、沈阳市工商行政管理局. 东北解放区的工商行政管理[M]. 北京：工商出版社，1988：54.

[2] 资料来源：哈尔滨市图书馆馆藏哈尔滨《工商日报》，1948年2月3日，第一版。

则》，规定凡向哈市府工商局申请登记经审查合格并取得营业执照的工商业者，不分国籍、阶层、机关、团体、个人，均享有财产所有权及经营自由权不受侵犯的权益。并以第二章开业（共12条）、第三章营业变更（共4条）、第四章休业（共6条）、第五章废业（共3条），共25个条款，详细规定了关于工商业开业、转业、休业、废业等情形的条件和程序。如关于开业，第二章第五条规定："凡欲在市设工厂、商店、群众性的生产或消费合作社者，遵照'工商保管条例'第十一条之规定，必须于筹备前缮写筹备计划书，呈缴本市工商局听候审核，十日内通知申请筹备登记人领取筹备许可证方可开始筹备。"关于转业，第三章第十八条规定："专让出兑之股东人、经理人于本市二年内不得经营同一之营业，经政府特许者不在此限。"关于休业，第四章第二十五条规定："休业期间不得有营业行为，并得在门头标告'休业'字样与休业时间。"关于废业，第五章第二十七条规定："凡本市之工商业废业时遵照'工商保管条例'第十条之规定，必须于废业前填具废业申请书，经同业公会转呈工商局，经考核属实后发给废业证明，始得废业，同时将营业执照缴销之。"[①]

商业保护、管理实施细则

……

第二章 开 业

第六条：有关公安、卫生、建设、教育之各行业，必须缮写筹备计划书二份，由工商局汇交各有关局署一份审核。筹备许可证统由工商局决定发给之。

附记：

一、有关公安之行业：刻字、铸造、铅字、印刷厂、饭店、旅店、澡堂、影剧院、西餐、舞厅、娱乐营业、代理店、电料。

二、有关卫生保健之行业：中西药商及制造、饭店、理发、澡堂、西餐、影剧院、清凉饮料、屠宰场、肉铺、渔业市场。

三、有关建设之行业：商亭、土木建筑、建筑材料。

四、有关文化教育宣传之行业：影剧院、印刷厂、报社、书

[①] 哈尔滨、沈阳市工商行政管理局. 东北解放区的工商行政管理[M]. 北京：工商出版社，1988：58-61.

籍文具、图书出售（附记：系供内部讨论参考之用，不拟公布）。

......

第三章　营业变更

......

第十七条：凡在本市之工商业，经营业体之转业、兼业、增资、减资、合并、动力机械变化、股东人之增减、经理变更、迁移地址、转让、出兑、商号名称之更换，统称为变更。除地址迁移、经理更换、商号名称之变换可直接填具变更申请书向工商局呈报更换新营业执照外，其余各种变更其办理手续与开业同（附各种变更申请书样式一份）。

......

第四章　休　业

......

第二十一条：凡本市之工商业休业时，根据"工商保管条例"第十条之规定，必须于休业前填具休业申请书，经同业组织转呈工商局，经考核属实发给休业证明后方得休业，同时将营业执照缴回，待复业时发还（附休业申请表及休业证明书样式各一份）。

......

第五章　废　业

......

第二十八条：公营企业、合作社经营之工厂商店之废业，其办理手续与开业、休业、变更同。

第二十九条：在未取得废业证明书时，不得擅自废业。①

此外，《商业保护、管理实施细则》还明确规定对于有害国计民生及"无前途"之工厂、商店，必须停业或转业。② 工厂商店及摊贩不能从事已

---

① 哈尔滨、沈阳市工商行政管理局. 东北解放区的工商行政管理[M]. 北京：工商出版社，1988：58-61.
② 1948年《商业保护、管理实施细则》"第四十一条：对于有害国计民生及确无前途之工（厂）、商店，政府得令其停业或转业。"哈尔滨、沈阳市工商行政管理局. 东北解放区的工商行政管理[M]. 北京：工商出版社，1988：65.

第五章　1946—1949年哈尔滨商事习惯变化发展的历史意义　　303

登记许可之外的营利性生产加工经营活动。①

因此，在工商业的复业、开业、废业、转业与休业以及生产加工、经营管理、旧有商事习惯问题上，哈尔滨解放区对有利于国计民生、发展经济、安定民生、支援前线的行业、商事组织、商事习惯都给予认可、支持、帮助、扶植，相反，对于不利于战时经济和国计民生，以及不合法、不合理的"无前途"行业、商事组织、商事习惯都进行削减、停止、取缔、打击。

经过登记、管理与引导、帮扶，1946年10月至1947年4月，哈尔滨清理废业，工商杂业开业家数更是不断增多。

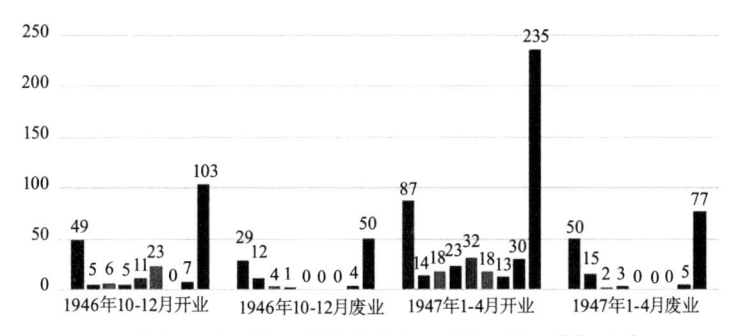

图5-3　1946年10月至1947年4月哈尔滨商业开业、废业状况②

到1947年年底，哈尔滨解放区由解放初时期的商业衰颓、私营工商业濒于倒闭，经快速恢复，私营商业和外侨商业复业、开业，获得发展；公营、公私合营以及合作社经济正在建立和不断发展。

由图5-3可知，1947年年底，哈尔滨公营、私营、公私合营、合作社和外侨商业实际存在家数已经达到10 277家，职工人数多达31 276名。而当时哈尔滨全市总人口数为614 657③，表5-1未计入摊贩和独立手工

---

① 1948年《商业保护、管理实施细则》"第五十四条:除经政府许可之工厂商店及摊贩外,无论何人不得以营利或取得报酬为目的,制造、修理或贩卖商品,以及制造修理或贩卖其所许可范围以外之商品。"哈尔滨、沈阳市工商行政管理局．东北解放区的工商行政管理[M]．北京:工商出版社, 1988:66.

② 本图系笔者根据"哈市工商业开业、废业状况表(1946.10—1947.4)"中的统计信息绘制。"哈市工商业开业、废业状况表(1946.10—1947.4)"参见哈尔滨市档案馆．解放战争时期哈尔滨经济资料文集(上册)[M]．哈尔滨:哈尔滨工业大学出版社,1994:14-15.

③ 哈尔滨市档案馆．解放战争时期哈尔滨经济资料文集(上册)[M]．哈尔滨:哈尔滨工业大学出版社,1994:147.

业者人数，仅从表中 5 种经济组织形式的从业人数看，已占全市总人口数的 50% 以上。

表 5-1　1947 年哈尔滨特别市商业经营性质概况表①

（单位：千元）

经营性质	家数	职工人数	资金情况						
^	^	^	资本金		纯损金		纯益金	
^	^	^	金额	比率	金额	比率	金额	比率
公营	22	486	265 918	1.15	5 862	1.86	58 111	1.09
私营	9 757	28 005	16 238 573	70.17	265 896	82.65	4 310 206	81.09
公私合营	1	18	9 765	0.0.4	—	—	32	0.06
合作社	88	1 192	563 944	2.44	2 008	0.64	242 478	4.67
侨商	409	1 575	6 061 798	26.20	47 321	14.85	708 371	13.09
小计	10 277	31 276	23 139 998	100	321 087	100	5 319 198	100

1948 年，哈尔滨工商业发展迅速，据"1948 年 4 月统计，全市商户 9 951 户，比 1946 年增加了 3 倍"，"侨商包括朝鲜、日本、苏联、美国、英国、德国、法国等资本，占 26.2%"。② 据 1948 年 7 月再统计，有利国计民生的商业有了更显著的发展。相较于 1947 年和 1948 年上半年，"商业也见活跃，新增加八百二十四家，增加二千七百四十九名店员，增加三十一亿五千多万资本"。③ 到 1948 年"9 月份，哈尔滨市有新开业商业 820 家，资金增加 31 亿元"。④

1949 年 3 月，市长饶斌同志在《哈市 1948 年经济工作总结》中向全市党代会代表报告，"目前国营经济情况与 1948 年获得的成绩"为"在哈市属于国营经济性质的企业共有 106 户，职工人数约 18 140 名"，⑤ "国营

---

① 资料来源:哈尔滨市档案馆.解放战争时期哈尔滨经济资料文集(下册)[M].哈尔滨:哈尔滨工业大学出版社,1994:528.
② 张奎燕.解放战争时期黑龙江经济简史[M].哈尔滨:哈尔滨出版社,2002:109.
③ 哈尔滨市档案馆馆藏革命历史档案,全宗号1,目录号1,案卷号75,顺序号4.
④ 张奎燕.解放战争时期黑龙江经济简史[M].哈尔滨:哈尔滨出版社,2002:109.
⑤ 哈尔滨市档案馆.解放战争时期哈尔滨经济资料文集(上册)[M].哈尔滨:哈尔滨工业大学出版社,1994:69.

经济的生产量与贸易额的上涨都是逐日增高的"。① 合作社的情况是:"哈市已有合作社可分为三种不同类型:(1)消费合作社或职工消费合作社共24个（其中职工消费合作社9个。计分国营企业10个,市营企业7个,二十几个行业职工组织成的1个,私营职工1个,此外还有市民的5个,一共24个)。社员共33 925人,其中职工有29 410人,占83.7%。股金11.8亿元,其中职工的约9个,占68.5%。(2)加工性手工业生产合作社,也可以说是劳动合作工厂,共已发展到20家,包括毛皮1家,军鞋9家,被服10家,社员工人近2 000名,完全依靠国家加工。……(3)独立手工业劳动者的产销合作社,这类合作社已成形的有渔民合作社,其余如铁匠炉[合作社]始终尚未成形。渔民合作社已组织的社员共1 148人,有船408只,各种网具大拉网、小拉网33个,丝网19个,扒、旋、网工400个,网具40个,挂网15个挂,勾卡等144个,花篮222个。"② 1948年私营商业是增长和活跃的,情况为"增加的户数:年初10 791户,店员21 883人,资本160亿。年末增加718户,店员3 000人,资本48亿（实际资本要增值10亿),共为208亿"。③

1948年11月2日沈阳解放后,由于军事胜利及形势发展,哈市政治、经济的条件变动很大。大军南下,机关南移,军工军需任务减少,以及交通恢复,外埠出品抵哈等原因,哈市1949年的工商业经济受到了影响。如国家资本主义经济,"1948年最兴盛的时期,发展到26种行业共5 221户,工人数占全市工业户数的35%,占各该行业户的53%。工人占产业工人数的42.5%。目前加工者有油户、织布、制粉、被服各行业共831家。军工任务现已停止。军需任务尚有,今后恐难经常有活"。④ 私营工商业也发生了巨大的变化。但总体上看,"1949年私商的营业总额比1948年实际约增2%左右"⑤;"1949年国营百货、粮食两公司的实际营业金额比1948年增长29.9%,除了七、八、九三个月的营业不如前年同期之外,其他三个季

---

① 哈尔滨市档案馆.解放战争时期哈尔滨经济资料文集(上册)[M].哈尔滨:哈尔滨工业大学出版社,1994:71.
② 同上书,第81-82页。
③ 同上书,第102页。
④ 同上书,第91页。
⑤ 哈尔滨工商业问题参考资料(1949年年末)[A].哈尔滨市档案馆.解放战争时期哈尔滨经济资料文集(上册)[M].哈尔滨:哈尔滨工业大学出版社,1994:177.

度的实际卖钱额都超过了前年同期,全年卖钱26 000余亿元"。①

因此,基于1949年哈市商业发展的状况,对于1950年哈市商业的展望,哈尔滨市委也是信心满怀:"按现状,预计在1950年私商(不算工厂代理业)的营业额至少会达到10万亿(因为在去年底币制值估计就已经有了74 000多亿),如果我们要在公私营业总额中保持三分之一的比例,我们全年要卖钱5万亿元,要比去年实际增加43%左右。"②

哈尔滨解放区制定和实施的及时且适当的政策和法令,调动了各阶层的积极性,使哈尔滨市的私营工商业得到恢复和发展,在解放后不到两年的时间里,就使全市的工业和商业开业户数成倍增加,形成国营、私营、公私合营、合作社经营和外侨工商业等多种经济形式并存、工商业总体繁荣的局面,为支援解放战争做出了巨大贡献。

(二)摊贩从业管理

摊贩经济是最贴近城市生活的基本经济方式,它是连接生产和生活的中间环节,体现着城市市民生活的基本需求,促进着城市工商业的恢复和发展,牵动着物价的高低和经济的安全,影响着城市生活的稳定与秩序整理。因此,摊贩管理是解放后哈尔滨城市工作的重点。

经过1946年秋季起对摊贩进行的"引导式"管理和1947年冬季起对摊贩进行的"整顿式"管理两个阶段的探索,逐步弥补了政府和各市场机构之间配合不够充分、各项整顿措施不够具体和完善等管理缺陷。1948年4月末至1948年7月末对摊贩进行试点区域规范管理,1948年7月末起对全市摊贩进行全面法治化管理。

1948年4月19日,哈尔滨解放区制定《哈尔滨特别市摊贩初步管理办法》(以下简称《管理办法》)③,以西傅家区和道里区为典型地区,在两个先行试点区认真开展摊贩情况调查,以社会调查为基础,有针对性地开展规范管理,为下一阶段制定《哈尔滨特别市摊贩管理条例》,并在全市开展全面依法管理摊贩打好基础。依据《管理办法》,工作开展得有步骤、有秩序。首先,设置具有层级性和区域性的管理机构及分工职责明

---

① 哈尔滨工商业问题参考资料(1949年年末)[A].哈尔滨市档案馆.解放战争时期哈尔滨经济资料文集(上册)[M].哈尔滨:哈尔滨工业大学出版社,1994:178.
② 同上书,第184页。
③ 哈尔滨市档案馆.解放战争时期哈尔滨经济资料文集(下册)[M].哈尔滨:哈尔滨工业大学出版社,1994:442.

第五章 1946—1949年哈尔滨商事习惯变化发展的历史意义

细,即全市摊贩管理工作由哈尔滨特别市政府工商局全面负责、统一领导,区地摊贩管理由区长全面负责,具体街间摊贩管理由街公所街间组长全面负责,有关团体具有协助义务,已有管理委员会的有组织的摊贩市场则由管理委员会负责该摊贩市场工作;其次,按照《管理办法》中的工作步骤,各层级管理机构具体落实贴合区域实际的工作方案,由宣传工作开始,依次开展准备工作、登记工作、整理工作、组织工作和管理工作。由于工作方案可操作性强,工作方法紧跟管理需要,工作开展取得了较好效果。

在前3个多月试点开展摊贩管理工作的基础上,1948年7月22日,哈尔滨解放区制定并公布了单行法规《哈尔滨特别市摊贩管理条例》(以下简称《管理条例》)[①]。《管理条例》涵盖了全市各种类型摊贩[②],明确规定多种类别管理,包括指定地点类别管理[③]、许可行业类别管理[④]、季节性贩卖特殊管理[⑤]、禁止性贩卖及经营管理[⑥]、废业改业管理[⑦]、不正当竞争管理[⑧]、证章佩戴管理[⑨]、周边环境管理[⑩]、营业时间管理[⑪]以及违法处罚等。

[①]《哈尔滨特别市摊贩管理条例》,哈尔滨市图书馆馆藏哈尔滨《工商日报》,1948年7月23日,第一版。

[②]《管理条例》第二条规定:"在本市各市场或街头之摊商贩,及行商小贩(以下简称摊贩)除另有规定外均通用本条例。"

[③]《管理条例》第四条规定:"摊贩必须在指定之地点营业,不得随意迁移或游动贩卖(但有许可之行商例外)。"同时,在第四条第1款、第2款中规定了指定地点。

[④]《管理条例》第四条第3款、第4款分别规定了摊贩许可经营行业和行贩许可经营行业。

[⑤]《管理条例》第四条第5款规定:"贩卖季节性物品的摊贩,应于事先经街公所呈请区政府许可后方准营业,其许可期间随时规定之,届期须将一切营业证章缴还区政府。"

[⑥]《管理条例》第八条规定:"摊贩严禁摆卖有碍卫生的物品,及作带赌博性、投机性或有碍社会秩序及其他违反政府法令规则之营业,严禁卖死病肉类、吹糖人、摊营西药、挑担理发、抽签、抓彩、游动买卖钞票、银元、钟表、串大院、修理灯泡。"《管理条例》第十条规定:"工厂商店一概不得经营摊贩。"

[⑦]《管理条例》第六条规定:"摊贩之废业或改变营业地点及营业种类时,须事先经过摊贩管理委员会,将一切证章缴还区政府。"还有前述《管理条例》第四条第5款。

[⑧]《管理条例》第九条规定:"摊贩不得投机倒把,欺行霸市,高抬物价,贩卖假货,少给分量,强买强卖,欺骗拐诈及有其他不正当之行为。"

[⑨]《管理条例》第五条规定:"摊贩必须佩戴政府所发给之证章于左胸部,并须妥为保管,不得转借,如有丢失概不补发。"

[⑩]《管理条例》第七条规定:"摊贩不得随意搭盖板棚,及随地投弃污秽物品,已有的建筑物须另呈请本府建设局许可。"《管理条例》第四条第6款规定:"行贩不得在主要道路、公园、广场上停留(但另有许可者例外)。"

[⑪]《管理条例》第十一条规定:"早市营业时间另行规定。"

《管理条例》的出台标志着哈尔滨解放区的摊贩管理已经进入规范化与制度化阶段。哈尔滨解放区依法对全市摊贩进行了宣传、准备、审查、登记、发放证章、组织和管理，依法惩治违法行为人，取得了诸多效果，对哈尔滨解放区保障民生、支援前线、促进发展、稳定秩序发挥了十分重要的作用。

第一，改善了城市交通和市容市貌。经过整理，全市摊贩逐步形成了经营区域集中、经营地点固定、不乱摆乱放、标牌美观、环境清洁、街道畅通的良好局面，极大地改善了城市交通和市容市貌。以道里南市场为例，"过去每月例休日（每月一日）四门紧闭，给经常到市场买东西的人很多不便，同时给一般零散摊贩造成了投机机会，各类摊贩都集聚在市场前透龙街一带贩卖。对交通上既有妨碍，市容观瞻上也非常不雅，又有碍街道清洁。经该市场各委员数次商讨决定，从八月一日起废除每月一日的休假（愿意休息的商店或摊床可于每月一日轮流休息，平常不准休息）。这样给予市民很多方便，同时也削减了在市场外设摊贩卖的情形"[1]。

第二，有利于物价稳定，保障城市生活生产。战争年代，物资匮乏、囤积居奇、物价高抬等现象时有发生。尽管哈尔滨已经获得了解放，但在东北解放战争时期，哈尔滨的"小市"[2]对城市物价波动一直产生较大的消极影响，这也是1948年哈尔滨市政府着力进行摊贩治理的主要原因之一。1948年《管理条例》第八条明确禁止带赌博性、投机性或有碍社会秩序及其他违反政府法令规则的行业经营。第九条明确规定摊贩不得实行投机倒把，欺行霸市，高抬物价，贩卖假货，少给分量，强买强卖，欺骗拐诈及其他不正当之行为。以法制为前提，工商、税收、公安等各层级政府相关机构和各街、区摊贩管委会联动，全面协同，依法治理，强化整顿，说服教育，严肃惩处，"有效地防止物价上涨和投机倒把的行为"，[3] 且"这种调整给1949年的稳定繁荣奠定了良好的基础"。[4]

---

[1]《道里南市场废除每月例休日》，哈尔滨市图书馆馆藏哈尔滨《工商日报》，1948年7月28日，第二版。

[2] 哈尔滨"小市"包括有组织的摊贩市场、无组织的摊贩市场、有固定地点的零散摊贩和无固定地点的零散摊贩，其中摊贩市场对物价波动影响最大。

[3] 关黎. 哈尔滨解放区工商业法规考察[D]. 哈尔滨：黑龙江大学，2014：54.

[4] 同上书，第55页。

第三，市场秩序获得了好转，成效显著。首先，各区、街都根据《管理条例》明确划定了本区、街摊贩经营的指定地点、许可行业以及禁止性贩卖类别，经过普查登记，对合格摊贩发给证章并要求佩戴，因而没有证章或者没有管委会证明的摊贩成为重点被管理的对象。再根据具体情况，分别通过取缔、说服教育、劝导转业、行政处罚、公安惩处等方法，清肃各街、区内的不合格摊贩，减少不合格摊贩的数量。其次，各区、街都设立了摊贩管理委员会，较好地发挥了组织摊贩、管理摊贩、检查和惩处职能。再次，组织摊贩参与订立市场公约、摊贩公约，对不守公约的不正当竞争行为依公约处理。如"东莱市场管理委员会自从建立公约以来，市场秩序骤形巩固"，"东莱市场管理委员会为了维持本市场的秩序，编成两个检查小组，每日经常检查不守秩序的摊贩，并取缔外来者扰乱本市场规则……对不守市场公约，并扰乱本市市场秩序私借摊贩证、违犯条例的分子，除没收证章外，并送区政府处理"。① 通过上述工作，市场秩序整理成效突出，"今年的市场秩序（道里南市场），在你们不懈地努力整顿之下，比去年已大大地好起来了"②，"现在该市场（保障市场），与过去在南岗下坎时大不相同。如投机倒把，抬高物价，卖假货，欺骗拐诈等不正当奸贩，已完全绝迹了"③。

第四，有利于对摊贩的组织化管理，促进正当经营。依据《管理条例》，对全市摊贩进行了细致严谨的普查、登记以及复核查验，对合格摊贩发放证章并令其戴章经营证明身份。同时，各区、街摊贩管理委员会组织把每一行业以小组进行编组，公选小组长和行业长，所有组的组长备有组员名册，管理委员会备有全体业者名册，当出现摊贩移动情况时，必须与业者居住地的街公所取得联系，随时进行更正。通过登记管理、戴章管理、名册管理、变动管理、分组管理，使合格摊贩、不合格摊贩和取缔摊贩之间有了明显区分，有利于对摊贩的组织管理，也加强了同行业、同街

---

① 《严守市场公约！摊贩李秉昆、董春华不守场规分别受处罚》，哈尔滨市图书馆藏哈尔滨《工商日报》，1948年11月27日，第二版。

② 《道里市场逢休假日场外摊床如何整理建议》，哈尔滨市图书馆藏哈尔滨《工商日报》，1948年7月2日，第二版。

③ 《保障集摊管委会扩大组织根绝奸贩》，哈尔滨市图书馆藏哈尔滨《工商日报》，1948年11月6日，第二版。

区摊贩之间的联系，"经组织起来之摊贩均感满意"①，都积极依据《管理条例》按照行业类别在指定地点合法经营、正当经营。以老巴夺后身市场为例，"未组织起来以前，因摊贩们没有固定营业地点，所以每天三四点钟时便到市场抢地方。组织起来以后，有了固定营业地点，用不着很早地去抢地方，在摊贩本身、市场秩序及公安方面，都有莫大好转。根本严禁的买、卖手表游动贩子完全根绝，近日来一个不见"。②

第五，有利于维护社会秩序、巩固治安。首先，经过严格的审查登记、佩戴证章、编组入会，明晰了摊贩的合格身份，加强了组织性，紧密了关系，在营业中团结互助，安心经营，规范有序。其次，较为彻底地排查与清除了解放后以摊贩行当为掩护躲藏在摊贩群体内外的反动破坏分子，在很大程度上减少了潜藏的危险，保障了城市安全。再次，通过加强摊贩管委会的组织与管理，发动摊贩与群众积极检举揭发，严厉惩处违法行为人，有力地促进了社会治安的好转。据1948年10月日哈尔滨《工商日报》报道，"东市场管理委员会，继整理摊贩工作后，为了杜绝不法分子趁机蠢动，紊乱市场秩序，展开了防范运动。首先召集了全体业者开会，对防范意义及方法详加说明后，并号召业者与营业时间内，互相紧密联系，协助管委会进行检举坏人。在全体业者积极努力之下，相继检举掏兜儿小偷儿等11名，已分别送至公安机关惩处"。③

二、促进经济健康发展，稳定城市秩序

"八一五"光复后，国民党行政院任命杨绰庵为哈尔滨特别市市长，并组建哈尔滨市接收委员会。④ 1945年12月25日，国民党军事委员会委员长、东北行营主任熊式辉指示杨绰庵正式接收哈尔滨。⑤ 国民党接收要

---

① 《执行"整理、组织摊贩工作办法"全市纷纷展开工作 买卖手表游动贩子完全根绝 经组织起来之摊贩均感满意》，哈尔滨市图书馆藏哈尔滨《工商日报》，1948年9月14日，第一版。
② 《执行"整理、组织摊贩工作办法"全市纷纷展开工作 买卖手表游动贩子完全根绝 经组织起来之摊贩均感满意》，哈尔滨市图书馆藏哈尔滨《工商日报》，1948年9月14日，第一版。
③ 《东市场管理委员会展开防范运动 业者紧密联系检举坏人 检举卖假物及小偷多人分别处理》，哈尔滨市图书馆藏哈尔滨《工商日报》，1948年10月16日，第一版。
④ 参见常书真，陈本固. 国民党接收哈尔滨市政府纪实[A]. 政协哈尔滨市委员会文史资料编辑部. 哈尔滨文史资料：第十四辑[M]. 哈尔滨：哈尔滨出版社，1990：61.
⑤ 军事委员会委员长东北行营为据呈报接收办法三项分别指示由(1945年12月25日)[A]. 哈尔滨市档案馆. 哈尔滨解放(上)[M]. 北京：中国档案出版社，2010：17.

第五章　1946—1949年哈尔滨商事习惯变化发展的历史意义　　311

员到达哈尔滨前后，哈市一般群众、中间势力、商工业资本家，都对国民党中央抱有很好的幻想，认为国民党政府是正统，能解除他们的痛苦，因而在任何场所都能听到"中央军、中央政府来了就好了"的声音，工人生活没办法，也说"中央来了就有办法了"。然而，到国民党的市长、省主席来哈正式接收后，他们露出了狗尾巴，实行反动政策，情况就开始变化了。他们贪污受贿，搜刮钱财，享乐陶陶，不为市民。大奸商哄抬物价，投机倒把。一般小市民、小商人更反对国民党的苛捐杂税，尤其不满国民党来后物价暴涨，起用旧警察特务欺压他们。[①] 时任苏军参谋长的特罗增科中将专门以中文形式向时任中国军事代表团团长的董钧鉴中将发送照函，描述了包括哈尔滨在内的国民党接收的东北城市的真实情况："由于市政府以及警察局工作做得不好，所以在市内尚未能进行常规的生活。市内的经济不但没有发展，恰好相反，而日益堕落着"，"例如……六、市内商业没有秩序，到处都是乱市场，甚至散布到中央大街上，这样就给城市弄得很脏。食品和工业品的价格日益高涨，投机商人活跃于市面，不整顿货物价格"，"关于铲除这些不常规的现象什么也没做"。[②] 国民党接收后的哈尔滨军匪不分，汉奸得志，苛捐杂税，治安混乱，物价飞涨，民众困苦，城市一片混乱。

　　1946年4月28日哈尔滨解放，哈尔滨解放区建立和巩固人民民主革命政权，在中央、东北局的领导下，中共哈尔滨市委积极贯彻"发展生产，繁荣经济，公私兼顾，劳资两利"的方针，一切以经济建设为中心，一切为支援解放战争服务，制定和实施及时且适当的政策和法令，逐步削减不合理的旧例，继续延用"正当商业习惯"，推行新民主主义商事习惯，动员和依靠全市人迅速地医治战争创伤，发展经济，稳定物价，促进生产，保障民生，改善交通，整饬市容，维护秩序，巩固治安，使经济健康发展，城市秩序稳定，哈尔滨的城市面貌焕然一新。

　　哈尔滨各阶层市民都感受到了哈尔滨解放区欣欣向荣的巨大变化。1948年1月21日，哈尔滨《工商日报》刊载了《三个时代的物价》一文，

---

① 国民党接收哈尔滨时社会情况（节录）（1946年2月10日）[A].哈尔滨市档案馆.哈尔滨解放（上）[M].北京：中国档案出版社，2010：21-22.
② 国民党长春市市长董彦平就市政问题致哈尔滨市市长杨绰庵的代电（1946年3月9日）[A].哈尔滨市档案馆.哈尔滨解放（上）[M].北京：中国档案出版社，2010：23.

叙述了哈尔滨解放区年关物价不涨反落的"反旧惯习"现象，对比了年关物价在九一八前、伪满时期、光复后国民党大员在哈时期的不同，以哈尔滨普通百姓最切身的感受，描述了哈尔滨解放区市民的新生活。

三个时代的物价①

照例，每当新旧年的前后，按商业的惯习，物价总有些波动。根据数年来的经验，物价指数总是往上升，而今年货物挤满市场，物价平稳得很，一般米、面、布匹、日用品，[价格]反而跌落，只苦了囤积居奇的，当这结账时期就得往外出售了。

物价直接关系着民生，它表现每个时代的政治与经济性质。在蒋管区的物价，已高入□□，这就是表示他的独裁统制的政治，已面临崩溃了。

九一八前的物价，虽记不得是如何变化，但当年关新货上市时候，总有些活动，商人们借此吸取农村经济，加以当时的币制紊乱，交易场买空卖空，年老人往往感到钱毛物贵，今不如昔，可见当时的物价，未能弄好。发财的是少数高官大员，吃亏的还是老百姓。

伪满时，为了调查物价，敌寇大费苦心，实施物价统制法，受帝国主义的压榨，吸干了我们的血，但是相反地，黑交易市场，比着规定的价格高出二三十倍，这矛盾的形势象征着当时人民生活的困难和敌寇的经济危机。

光复后，仓库的物资滚出，一时物价普遍地下降，平均较前黑市跌落了一倍多。未几，国民党大员来哈过年，仅仅两个月的光景，大米、面粉翻了四倍。另一方面，舞场饭店都极尽繁荣，大员们还认为涨得还不够程度，比较关里平津等地仍低，幸而他们滚蛋得早，哈市的物价，始终也没有赶得上平津各地的希望。

现在又是春节在即，一切主要食品的米、面、食粮，不但没涨，反而下跌，再看看沈长蒋统治区的物价高涨，真有天壤之别了。

---

① 《三个时代的物价》，哈尔滨市图书馆馆藏哈尔滨《工商日报》，1948年1月21日，第四版。补充说明，遵循吴实于报纸资料原文原则以及报纸整理一般规则，报纸中"在蒋管区的物价，已高入□□，"中无法辨认的字以"□"代替。

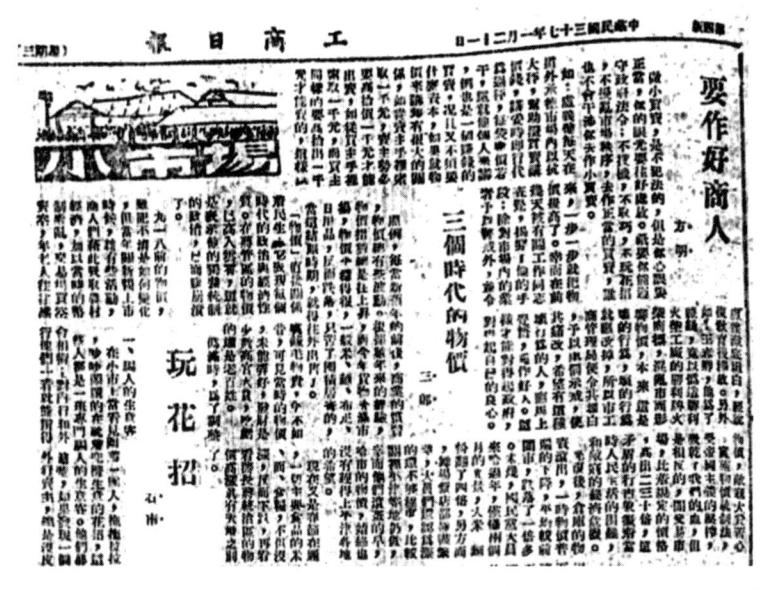

第五章　1946—1949年哈尔滨商事习惯变化发展的历史意义　　313

图 5-4　哈尔滨《工商日报》1948年1月21日刊载《三个时代的物价》①

　　哈尔滨解放区在认真调查的基础上，依据党的政策和方针，制定和实施了符合时宜的政策和法令，促进了经济的健康发展，稳定了城市的经济秩序。以摊贩管理为例，1948年7月22日，哈尔滨解放区颁布了《哈尔滨特别市摊贩管理条例》，该《条例》是对1946年哈尔滨市政府制定的首部新民主主义城市宪政立法性文件《哈尔滨市施政纲领》②的阐释与执行，是将《哈尔滨市施政纲领》中有关"建立民主的法治的社会秩序""恢复与发展工商业""安定社会秩序"及关注"民生"的要求在城市摊贩经济管理层面进行了全面贯彻与细化落实，改变了哈尔滨市对摊贩的管理长期无法可依、管理松弛的状态，使对城市摊贩这一复杂群体的管理有了明确的法律依据和目标方向。《哈尔滨特别市摊贩管理条例》的公布与实施，促进了摊贩合法经营，市场秩序获得好转，改善了城市交通和市容市貌，巩固了城市治安，促进了物价的稳定，保障了市民的基本生活和城市生

---

　　① 资料来源：哈尔滨市图书馆馆藏哈尔滨《工商日报》，1948年1月21日，第四版。
　　② 1946年《哈尔滨市施政纲领》是哈尔滨解放之初，于1946年7月，在哈尔滨市临时参议会上通过的，虽然只有十七条，但其紧密依据解放后哈尔滨的城市实际与未来发展，制定的内容涉及当时哈尔滨急需解决的政权建设、民主法治、经济发展、民生保障、外侨事务、文化科学等多方面，是我国新民主主义时期城市解放区的首部宪政立法。参见孙光妍．新民主主义宪政立法的有益尝试——1946年《哈尔滨市施政纲领》考察[J]．法学研究，2006(5)：150-152。

产，并取得了显著的社会效果。①

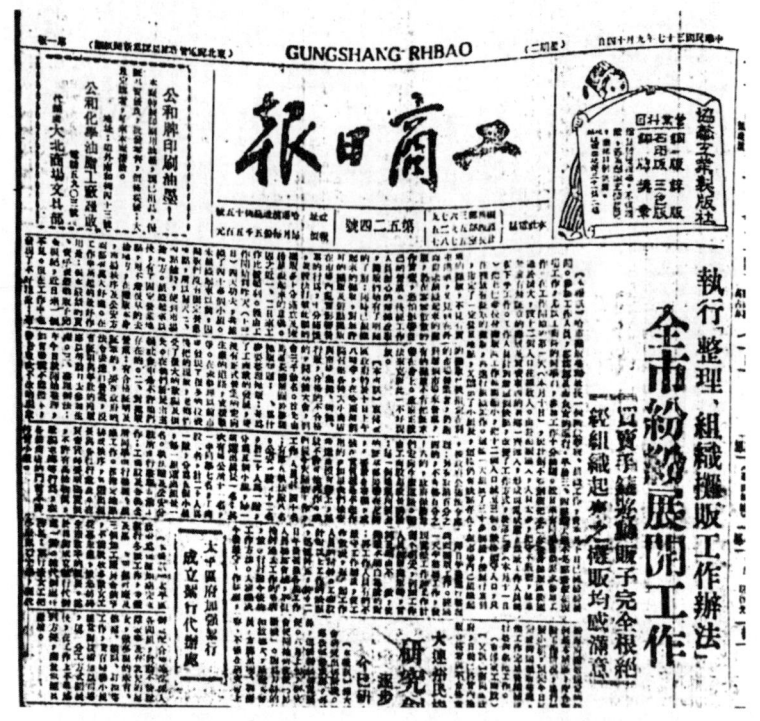

图 5-5　哈尔滨《工商日报》1948 年 9 月 14 日刊载《执行"整理、组织摊贩工作办法"全市纷纷展开工作　买卖手表游动贩子完全根绝　经组织起来之摊贩均感满意》②

第二节　其他解放区对哈尔滨的借鉴

一、《哈尔滨特别市战时暂行劳动条例》的示范

1948 年 8 月，《哈尔滨特别市战时暂行劳动条例》正式颁行，该《条例》是在 1948 年 1 月 20 日中共哈尔滨特别市委员会制定并试行的《战时暂行劳动法（草案）》的基础上进行的修订。该《条例》的颁行很好地调动了劳资双方的生产积极性，对哈尔滨解放区的经济建设和城市发展产生

---

① 参见方志超.道里市场逢休假日场外摊床如何整理[N].工商日报,1948-07-02(2).
② 资料来源:哈尔滨市图书馆藏哈尔滨《工商日报》,1948 年 9 月 14 日,第一版。

了良好的效果，也对其他解放区产生了直接的影响。

（一）《哈尔滨特别市战时暂行劳动条例》的立法价值

1. 改变工人与职员的传统地位，激发劳动生产热情

生长在一个封建落后的国度里，中国的工人与职员历来是最受压迫、最受剥削的。旧中国的封建制度使得国家贫穷落后，帝国主义的侵略，更使中华民族备受压迫，在军事统治力量的威慑下，帝国主义侵略者在中国进行各种各样的掠夺和榨取。旧社会的工人、职店员过着牛马一样的生活，受打骂、受侮辱、包身工、把头制，政治上没有民主、没有自由，生活上没有依靠，没有保障，可谓难到极点。外国资本家不但用廉价劳动残酷剥削中国劳动者，还极力倾销货物，挤压民族工商业，使工人、职店员大批失业，忍饥受饿。中国的劳动者就在帝国主义、封建主义和官僚资本主义的三重压迫剥削下生活着。

哈尔滨的工人、职员，在日伪统治的十四年中，更是受尽了各种各样的磨难：被抓去"勤劳奉仕"、吃橡子面，或沦为政治犯、经济犯、思想犯……折磨不断，灾难无穷，如同生活在牢狱中一般。直到"八一五"，在苏联红军的帮助下，共产党领导的东北人民解放军艰苦奋斗，使哈尔滨获得了解放。中国共产党是中国工人阶级的先锋队，为中国工人阶级以及所有劳动人民的彻底解放而奋斗。中国共产党进入哈尔滨后，在稳定政权的同时，就要尽一切可能地改变劳动者经济上被剥削、政治上受压迫的不合理制度，并以法律的形式保障劳动者的合法权益。

《哈尔滨特别市战时暂行劳动条例》在"总则"中规定，要"废除对工人施行的半封建的超经济剥削（第二条第四款）"；在"劳动者之权利与义务"章中规定，"劳动者享有一切民主自由权利，政府以法律及一定的物质条件保障之（第三条）"；还规定"劳动者所组织之职工会为法定团体，有代表工人、职员积极参加新民主主义的国家政权，人民武装，经济、文化、社会各方面的建设工作及其广泛活动的权利和责任；其在企业内部关系和劳资关系上，有代表工人、职员与公营企业管理机关及私营企业主签订合同及办理各种交涉之权利，有协助政府合理实施劳动法令之责任（第四条）"。这些条款明确了工人、职员具有的平等的法律主体地位和享有的民主自由权利。同时，该《条例》规定了诸多实现"劳动者之权利与义务"的具体办法、劳动纪律、新的劳动观念与劳动态度，以及为实现劳资两

利的原则，劳资双方均应对生产负有的义务与责任等。通过劳动法制，改变"过去完全是压迫制的，那种强制制度是在资本家压迫剥削的基础上建筑起来的，完全是从上而下的来压迫的"旧管理制度，建立"新的管理制度，新的劳动纪律，而建立这种新的劳动纪律的制度，虽然在条文上可能是一样，但是性质上是完全不同的。过去是资本家以条文来压迫工人，而现在是以条文来维持工人的纪律"。①《哈尔滨特别市战时暂行劳动条例》改变了劳动者长期备受压迫与剥削的历史地位，极大地激发了劳动生产、改善生活、支援战争的巨大热情，推动了企业发展。

2. 有利于平衡劳资关系，解决劳资纠纷

《哈尔滨特别市战时暂行劳动条例》从第一章"总则"到最后"附则"的规定，包括其中所包含的"劳动者之权利与义务""工作时间与工资""企业内部规则""集体合同""劳动保险""劳动争议""劳动局"等各章各条，都与"劳资关系"这个大问题相关。在战争时期平衡劳资关系，既要切实保证工人、职员的既得利益，又要能够利用企业资本与维护企业主正当权益；既要照顾工人、职员的目前利益，又要照顾工人、职员的长远利益；既要照顾到工人的生活，又要照顾到战争的需要，使劳资双方的权利义务与矛盾纠纷在法规的明确规定与执行下，获得合法保障。

1948年2月5日，哈尔滨《工商日报》第二版刊载《哈尔滨特别市暂行劳动法的意义及应有认识》一文，向哈市人民宣传了通过立法调整劳资关系、发展生产、支援战争的重要意义。一方面，"在公营企业中已经没有阶级的对立，因为公营企业是属于人民的。属于工人本身以工人阶级为领导的政府的。然而在公营企业里，保护工人的福利，实行劳动法的任务仍旧存在，因为公营企业的管理机关或者是照顾不周，或者还有浓厚的官僚主义，工人的福利可能被忽视，安全条件、卫生条件可能还不完善。加之许多公营企业管理机关中，还可能混入一些坏人。因此，公营企业中的工人党员一律都应当把工会组织起来，保护工人福利，实行劳动法"。② 另一方面，"在私营企业中，阶级的对立仍旧存在，因此保护工人福利，实行劳动法更是应当的、不可间断的任务。现在哈尔滨许多私营企业中的工

---

① 哈尔滨市档案馆馆藏革命历史档案，全宗号1，目录号1，案卷号22，顺序号1。
② 《哈尔滨特别市暂行劳动法的意义及应有认识》，哈尔滨市图书馆馆藏哈尔滨《工商日报》，1948年2月5日，第二版。

人都参加和组织了工会,但还有很多工人尚未组织起来,工人的福利尚无组织的保证,我们号召一切私营企业的工人,不管数目多少,都组织工会,参加工会,自动组织,自动参加。只有工人组织起来以后,才能保障劳动法的实行,才能保障工人自己的利益,才能对付不执行劳动法的一切企图"。"活跃生产、发展生产与工人阶级的目前利益与永久利益都是一致的。公营企业、合作社企业中,增加生产,提高劳动热忱,与工人阶级的利益完全一致,这是很当然的。即使是私营企业中,活跃生产也是与工人阶级的目前利益、永久利益一致的,因为只有生产,才能更好地打败蒋介石,只有更好地、更快地消灭蒋介石,工人阶级今天已经得到的利益,才能保证,将来的彻底解放才有了先决的条件。""因此,我们要团结起来,要组织起来,提高我们的政治觉悟,用一切力量支援战争。"①

1948年8月的《哈尔滨特别市战时暂行劳动条例》是在1948年1月20日试行的《战时暂行劳动法(草案)》基础上的修改与完善,其相对前法所具有的具体、明确和有可操作性的规定,更加有利于平衡劳资关系,定纷止争,维护团结,促进生产。因此《哈尔滨特别市战时暂行劳动条例》是合乎时宜的。

3. 有利于促进"发展生产",支援前线

"发展生产,繁荣经济,公私兼顾,劳资两利"是毛泽东同志1947年12月25日在《目前形势和我们的任务》中提出的新民主主义的经济政策和劳资政策的总方针。这一总方针是从中国劳动者的利益出发,从中国人民的远大利益出发而确定的,符合在新民主主义政权下的从事有益国计民生的公营、私营、公私合营等一切经济主体的利益。因此,"发展生产,劳资两利",成为所有企业中劳资双方解决一切问题的出发点。

哈尔滨解放后,通过没收敌伪和将国民党经营的企业收归人民政府,继而建立国营、公营企业。国营、公营企业是人民政府领导下的工人、职员当主人翁的企业,大力发展生产和改善生活是工人职员的目标和责任。但是受帝国主义、封建主义和资本主义的剥削,中国经济十分落后,工商业生产尚不发展,单靠国家资本的力量是很不够的,还必须激发一切正当的私人资本的积极性,投入工商业的生产事业,才能使工商业生产有更快

---

① 《哈尔滨特别市暂行劳动法的意义及应有认识》,哈尔滨市图书馆馆藏哈尔滨《工商日报》,1948年2月5日,第二版。

的发展，人民生活才会逐步改善。更为重要的是，全国解放战争尚未取得彻底胜利，只有大力生产才能为支援战争提供最有力的物资保障。因此，"发展生产"与"劳资两利"是相辅相成的，只有"发展生产"才能"劳资两利"，同时，只有实现"劳资两利"才能"发展生产"。在解放战争时期，"发展生产"与"劳资两利"都要为支援战争、取得革命的最终胜利而服务。

《哈尔滨特别市战时暂行劳动条例》的立法依据为："本劳动条例所依据之原则，为新民主主义经济政策之既定方针：发展生产，繁荣经济，公私兼顾，劳资两利。"立法目的也明确规定为："在人民解放战争时期，发挥劳动创造力，以支援战争，供给国计民生之需要。"在这一原则和目的下，该《条例》以"劳动者之权利与义务""工作时间与工资""女工与童工""雇用与解雇""企业内部规则""集体合同""劳动保险""劳动争议"等章节对关涉劳资双方的权利、义务与责任问题进行了较充分的规定。如《条例》第六条规定："在公营企业中，劳动者应遵守工厂内部规则，爱护机器和工具，节省原料，以求生产之发展。反对浪费原料、怠惰与盗窃国家财物之行为。"《条例》第八条规定："在私营企业中，劳资双方均对生产负有责任。为实现劳资两利的原则，规定下列各项为双方均应遵守之义务。1. 职工应积极生产，爱护机器、工具和节省原料；资方应注意适当改善劳动条件，保证职工战时必需生活及尊重职工政治和社会上的权利。2. 资方应尊重工人及职员在管理上、生产上的意见；工人及职员应遵守企业内部管理规则与生产制度，以求劳资协力发展生产。3. 为增进生产及改善管理，在私营企业中可设立由劳资双方组成之生产会议，并在双方同意下，得建立工厂或企业管理委员会，其具体形式与职权，由企业内部管理规则中规定之。"《条例》第十七条规定："工资形式计时或计件及其运用，应根据具体情况决定。计件制有刺激生产作用，应当推行。但在成品标准和成品检验方面，还没有确切把握时，不可冒昧采用。同时，还要防止原料浪费、工具损坏及损坏健康的过度劳动。无论公营、私营企业，于一定条件下均可逐渐实行超额奖励工资制。在超额奖励工资制度下，工人每月所得不受工资标准中最高工资之限制。"对于上述问题的明确规定都是为了实现劳资两利、促进发展生产与支援前线的总目标。

(二)《哈尔滨特别市战时暂行劳动条例》的作用与影响

1. 恢复经济，巩固政权

《哈尔滨特别市战时暂行劳动条例》经过了哈市工人的长期酝酿、与资本家座谈、提交哈市第二届职工代表大会会议讨论、中共中央指导、第六次全国劳动大会讨论等过程，是历经锤炼、反复修订而生成的集体智慧的结晶。它以法律的形式具体地、合时宜地贯彻了新民主主义的经济方针，将正确执行"发展生产，繁荣经济，公私兼顾，劳资两利"上升为全体工厂商店劳动者的统一意志，兼顾劳资双方利益，促进生产。通过明确规定关系劳资双方重大利益的法定权利，既保障了工人、店员的合法权益，使中国共产党有了更稳定的政治依靠和阶级力量，又肯定了资本家应获得的正当利益，极大地争取了与资本家的团结，继而为哈尔滨解放区政权的稳定、经济的恢复与发展提供了有力保证。

《哈尔滨特别市战时暂行劳动条例》是落实"劳资两利""发展生产"政策，切实平衡劳资关系的法制创举，充分调动了劳资双方的生产热忱，也使各级干部有了明确的工作方向与指导方针。哈尔滨解放区上下一致，在解放后不到两年的时间里就迅速实现了经济的恢复与发展——工厂复工，商店开业，生产竞赛，创优争先。1948年4月3日《哈尔滨日报》报道："许多中小资本家都着手向农工商业投资、筹备资金、雇用工人等准备工作。更有准备妥当向工商管理局申请开业的，仅三月四日到月末统计，工业有一千三百六十五家申请开业，有工人四千七百二十四人，资金十一亿八千八百五十五万余元。商业有四百三十六家申请开业，店员五百余人，资金三亿三千四百零五万元。工业方面，铁工业有三十三家，皮革工业二十四家、电料制造九家、铁匠炉十二家、牙刷业十二家、牙膏业二十九家、化学工业四家。商业中土木建筑三家、水产三家、养鸡二家、文具制造贩卖八十家。经工商局审查大部都能发给许可证。"① 仅从哈尔滨市内的东傅家区1948年工商业恢复与发展的情况来看，"据初步统计，在上半年中开设的工厂中，铁工厂、铁匠炉、铸铁厂等有一百零三家，织布、针织、皮革、麻袋、纺绳等工厂二百三十五家，木匠铺、木桦厂、木材、农具、纸盒等厂六十家，化学、皮带、胰腊、硫酸、玻璃、油墨、墨水、铅笔、牙刷等厂四十九家，其他军

---

① 哈尔滨、沈阳市工商行政管理局. 东北解放区的工商行政管理[M]. 北京:工商出版社,1988:85.

鞋、皮鞋、格布等业三百七十三家。商业方面有杂货店、食品店、药铺等二百六十二家。共计新开设的工商业有九百八十四家"①。《道里百货同业店员联合会热烈讨论劳动法　劳动者获得了保障全靠杀敌勇士　大家订出了春节拥优工作计划》②《东建油漆厂制造各种用油适应工业需要　积极准备大量生产　工友们互相帮助努力提高出品质量　节省资财不浪费原料精研各种工作》《一等织布模范》《道外建华电池厂深入研究技术　成品质量提高》《军需加工生产第五检查站认真检查推动生产　深入各厂耐心说服加工缺点　研讨改进提高生产质量》③ 等工商业发展的先进事例屡见报端，成绩喜人。

图 5-6　哈尔滨《工商日报》1948 年 2 月 4 日头版刊载
《道里百货同业店员联合会热烈讨论劳动法　劳动者获得了保障全靠
杀敌勇士　大家订出了春节拥优工作计划》④

---

① 哈尔滨、沈阳市工商行政管理局. 东北解放区的工商行政管理[M]. 北京: 工商出版社, 1988: 89.
② 《道里百货同业店员联合会热烈讨论劳动法　劳动者获得了保障全靠杀敌勇士　大家订出了春节拥优工作计划》, 哈尔滨市图书馆馆藏哈尔滨《工商日报》, 1948 年 2 月 4 日, 第一版。
③ 《东建油漆厂制造各种用油适应工业需要　积极准备大量生产　工友们互相帮助努力提高出品质量　节省资财不浪费原料精研各种工作》《一等织布模范》《道外建华电池厂深入研究技术　成品质量提高》《军需加工生产第五检查站认真检查推动生产　深入各厂耐心说服加工缺点　研讨改进提高生产质量》, 哈尔滨市图书馆馆藏哈尔滨《工商日报》, 1948 年 11 月 10 日, 第一版。
④ 资料来源: 哈尔滨市图书馆馆藏哈尔滨《工商日报》, 1948 年 2 月 4 日, 第一版。

**图 5-7　哈尔滨《工商日报》1948 年 11 月 10 日
头版整版刊载的工商业发展的多条报道①**

2. 提供示范，产生影响

以法制贯彻"劳资两利"，以法制促进"发展生产"，哈尔滨解放区取得的好成绩、好经验对其他解放区建设产生了直接影响。1948 年 5 月 10 日，吉林市工商参观团抵达哈尔滨，参观团一行六十人，包括吉林市工商各业代表，由吉林市张副市长及团长王子文、副团长郝佩瑞、程世华带领，参观哈尔滨解放区的生产建设和工商发展，进行交流，"更拟对哈市扶植工商业政策的实况和劳资关系等重要问题做彻底了解"。② 1948 年 7 月 3 日，四平、阜新各界参观团抵达哈尔滨，参观哈尔滨解放区的各种建设，进行交流，盛赞哈市建设，"在他们目睹之下，均有所感怀，一致表示在此次参观中，一定要发现问题，多了解，备以建设四平、阜新城市工作"。③ 1948 年 7 月 26 日，关内外解放区职工代表在哈尔滨参观哈尔滨市

---

① 资料来源：哈尔滨市图书馆馆藏哈尔滨《工商日报》,1948 年 11 月 10 日,第一版。
② 参见《参观生产建设了解工商发展　吉林市工商参观团抵哈　市府及工商联合会代表到站欢迎》,哈尔滨市图书馆馆藏哈尔滨《工商日报》,1948 年 5 月 11 日,第一版。
③ 参见《四平、阜新各界参观团开始参观各种建设　昨日参观学校及文化机关》,哈尔滨市图书馆馆藏哈尔滨《工商日报》,1948 年 7 月 4 日,第一版。

工业出品展销会，东北电影公司制品厂亦赴会场设置录音影片，计有晋冀鲁豫、两广、晋察冀、华中、华东、西北、辽南及辽宁等各区代表谈话，一致盛赞在正确领导下哈市工业生产的伟大成就，哈市工人的伟大成就。"代表们愿在工展中了解材料，并将抄下各种图表和到各工厂做实地参观，搜集更多的经验材料，带到关里去。"①

图5-8 哈尔滨《工商日报》1948年5月11日头版刊载《参观生产建设了解工商发展 吉林市工商参观团抵哈 市府及工商联合会代表到站欢迎》②

更为重要的是，1948年8月1日，具有重大历史意义的中国第六次全国劳动大会在哈尔滨隆重揭幕，这是中国工人阶级在中国共产党领导下的一次盛大集会和空前团结的大会。出席这次大会的代表，包括了全国各个地区、各大产业部门和各种工会组织的代表，计有华北、华东、东北、西北、中原、两广等各解放区的代表，上海、天津、武汉、南方等蒋管区各大城市的代表，铁路、矿山、军工、电业、纺织等各大产业部门的代表，以及解放区职工联合会，中国劳动协会，蒋管区地下民主工会等各种工会

---

① 参见《关内外解放区职工代表昨日参观哈市工展 一致盛赞在正确领导下哈市工业生产的伟大成就》，哈尔滨市图书馆馆藏哈尔滨《工商日报》，1948年7月27日，第一版。
② 资料来源：哈尔滨市图书馆馆藏哈尔滨《工商日报》，1948年5月11日，第一版。

组织的代表，共504名，总共代表全国有组织的工人283万。① 《哈尔滨特别市战时暂行劳动条例》就是在这次盛会上被介绍，经代表们的交流讨论而被正式定名的。《哈尔滨特别市战时暂行劳动条例》成为正确贯彻与执行新民主主义经济政策、平衡劳资关系、实现"劳资两利，促进生产"的法制典范，被带到各个地区，继而直接影响了其他解放区的经济生产建设，解放区与尚未获得解放的蒋管区更形成了鲜明的对比。②

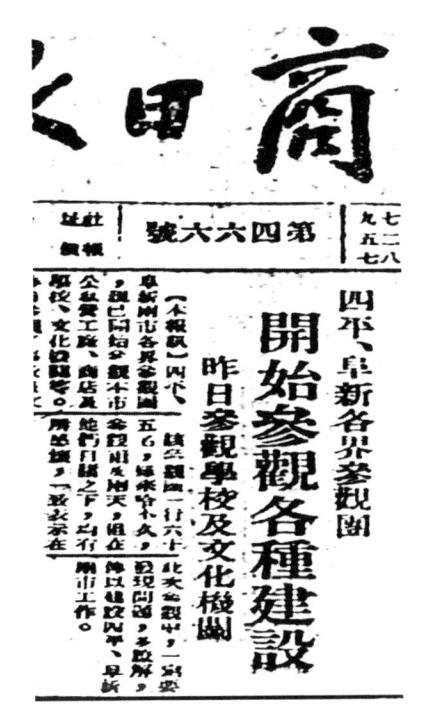

图5-9 哈尔滨《工商日报》1948年7月4日头版刊载《四平、阜新各界参观团开始参观各种建设 昨日参观学校及文化机关》③

---

① 参见《继承中国工人运动光荣传统 六次劳动大会揭幕——到会全国工人代表504人 代表有组织工人280万》，哈尔滨市图书馆馆藏哈尔滨《工商日报》，1948年8月3日，第一版。
② 《商人都往解放区跑 蒋统区遭惨败影响 各地混乱图景一束 西安一片荒凉》（哈尔滨市图书馆馆藏哈尔滨《工商日报》，1948年10月28日，第三版）、《国民党政府实行"币改"后各地市场物价均上涨 为保金圆券信用疯狂镇压逮捕商人》（哈尔滨市图书馆馆藏哈尔滨《工商日报》，1948年9月1日，第三版）、《限价政策宣告全盘失败 蒋匪财经危机愈严重》（哈尔滨市图书馆馆藏哈尔滨《工商日报》，1948年11月9日，第三版）等报道，让人们更加认识到，只有解放，工商业才能获得健康发展，劳动者才能获得政治上的自由和经济上的保障。
③ 资料来源：哈尔滨市图书馆馆藏哈尔滨《工商日报》，1948年7月4日，第一版。

图 5-10　哈尔滨《工商日报》1948 年 7 月 27 日头版刊载
《关内外解放区职工代表昨日参观哈市工展　一致盛赞
在正确领导下哈市工业生产的伟大成就》[1]

二、城市摊贩管理的法治经验

经过 1946 年至 1948 年四个阶段的摊贩整理探索，以 1948 年 7 月 22 日出台的《哈尔滨特别市摊贩管理条例》为代表，标志着哈尔滨解放区对摊贩的管理已经进入法治化的阶段。1948 年《哈尔滨特别市摊贩管理条例》是哈尔滨解放区人民政权一切从城市实际情况出发、以人民为中心、对城市摊贩管理"水到渠成"的智慧之果，凝聚了诸多法治经验。

（一）民生：摊贩管理的原则趋向

哈尔滨人民政权在经过广泛而深入的历史考察与现况调查后，肯定了摊贩经营的民生性，在原则取向上是力争削弱摊贩的缺点，加强摊贩的优点，因而在制定法令政策和实际工作中充分包容了摊贩经营的民生所需，并没有一刀切地进行削减，而是分类别、分情况、给时间、有步骤地进行整理，最大限度地贴合实际解决问题。

第一，民生化首先体现在对摊贩整理的工作方针和许可经营的行业选择上。《哈尔滨特别市摊贩初步管理办法》指出："由于目前战争的影响，

---

[1]　资料来源:哈尔滨市图书馆馆藏哈尔滨《工商日报》,1948 年 7 月 27 日,第一版。

物资缺乏，经济周转不灵，市民生活困难，有大批失业者、摊贩的产生，是无法可以避免的现象"。因此，"有批发性的及有组织的市场以及因为生计问题经营小本生意，用以维持最低生活的，对于社会或多或少起着好一点作用的，是可以暂时存留的"①。在《哈尔滨特别市摊贩管理条例》中规定的许可经营的小本街摊行业都是为保障市民生活所需的必要行业种类。

第二，在摊贩整理过程中，注意结合摊贩的实际情况，合理引导，积极改善，在规制中促进摊贩经营的向好发展。最为典型的是东傅家区兴业市场在政府的改造和帮助下，发生了巨大的变化。"在去年冬天，曾经一度要'垮台'过，业者数目减到二百家，业者们深深忧虑着它将要变成'兴业大院'。追求原因，客观方面主要是受地势、交通条件、与邻近市场的影响。"② 经过"拆除围墙""打开门""通开不通的小巷和拆掉突出的房角"的改革，"改革前可以营业的房号不足三百三十个，向大马路门市房一座没有，营业除五金电料较好，粮谷京广可以维持现状外，其余十几个行业三百多家都在赔钱倒闭的危机下苟延残喘，自开场以来，[据]不完全统计，约有二千余名业者在这里赔'荒'或赔跑了，二分之一以上的业者是带家口的——住家和营业各为其半。改革后是七百多个背号变成适于营业的街阳号，使一百二十个变成向大马路的门市房，营业普遍好转，交易额最少的增加一倍，最多的增加一百倍以上（以前一年不开张的地方，现在一跃而成为门市了）。两个月来发动四次劳军高潮"③。

第三，在管理的实际工作中，关注群众民生性的新需求，及时进行调整。1948年7月初，方志超在给道里南市场管委会的建议中提到，"在市场的公休日，全市场的青菜业者都移到市场外透龙街一带营业，这样一来，不但妨碍交通，而且对街道卫生上也有些不相当，因为在每天收床以后，竟抛下菜屑和碎纸，弄得满天飞，清扫队工人一天也扫不净"，④ 盼望市场管委会"设一妥善办法"。市场管委员针对此问题，经数次商讨，决

---

① 哈尔滨市档案馆.解放战争时期哈尔滨经济资料文集(下册)[M].哈尔滨:哈尔滨工业大学出版社,1994:449.
② 《兴业市场如何改变了新的面貌》,哈尔滨市图书馆藏哈尔滨《工商日报》,1948年11月21日,第二版.
③ 同上.
④ 《道里市场逢休假日场外摊床如何整理建议》,哈尔滨市图书馆藏哈尔滨《工商日报》,1948年7月2日,第二版.

定"从八月一日起废除每月一日的休假（愿意休息的商店或摊床可于每月一日轮流休息，平常不准休息）。这样给予市民很多方便，同时也削减了在市场外设摊贩卖的情形"。①

第四，各层级摊贩管理机构和工作人员都十分注意工作方法，贴近群众，为城乡人民服务。如西傅家区保障市场管理委员会总结的工作经验就突出表现为工作人员对群众态度和蔼，为了处理事故或解决摊贩与群众的纠纷，热心学习摊贩条例，在学习中获得方法、方式、理论、处理事故等，受到了摊贩和市民的好评。②"为帮助解决群众寄卖物品，减少到小市买卖的困难，本市各货店、商铺所附设的寄卖部今后开始营业，都本着为人民服务的精神，热心推动此项工作，博得群众赞扬。"③"东傅家区兴业市场管理委员会为照顾外城来哈农民卖物，防止奸贩投机倒把、紊乱市场秩序，特于10月1日起实行登记办法，并说明市场公约，指定一定贩卖地址，迄至昨日陆续受登记者已达3000名，现市场秩序极其良好。"④ 为便利外乡农民上市卖粮，特设粮米保管店十家，"这一新的保管方法实施后，全市场售粮农民往返车费可节省六百余万元，在平抑粮价上也起了作用"⑤。

（二）民主：摊贩管理的机制保障

哈尔滨解放区在整理摊贩过程中注意发挥民主机制，既充分调动了大家的积极性、自主性，又集中了集体智慧、集体意志，为推动摊贩经济走向良性有序健康发展增添了强大的动力。其民主化最突出表现在三个方面。

第一，按照《哈尔滨特别市摊贩初步管理办法》，在落实组织工作中，每一行业概以10户编成小组，公选小组长，再由同行业的小组长中选举委员一至两名，由各委员管理市场并成立市场管理委员会。而在实际中，还公选出了行业长以及各类型摊贩的相应管理组织，如街摊管理委员会、行

---

① 《道里南市场废除每月例休日》，哈尔滨市图书馆馆藏哈尔滨《工商日报》，1948年7月28日，第二版。
② 参见《保障市场工作经验》，哈尔滨市图书馆馆藏哈尔滨《工商日报》，1948年11月3日，第二版。
③ 《东市场益民寄卖部今日开始营业》，哈尔滨市图书馆馆藏哈尔滨《工商日报》，1948年7月1日，第二版。
④ 《照顾农民卖物特设指定地点》，哈尔滨市图书馆馆藏哈尔滨《工商日报》，1948年11月2日，第二版。
⑤ 《便利外乡农民上市卖粮　特设粮米保管店十家》，哈尔滨市图书馆馆藏哈尔滨《工商日报》，1948年10月19日，第二版。

贩管理委员会。因此，基层摊贩管理机构是在市、区政府领导下的公选管委会等，委员、组长、行业长均由摊贩群体中选举产生。这些公选基层管理机构最了解本地的摊贩经营，最熟悉当地的情况，能十分便利和高效地开展对摊贩的组织与整理工作，并且具有较高的公断力和公信力。

第二，根据《哈尔滨特别市摊贩管理条例》，哈尔滨特别市政府引导摊贩为维持共同秩序、卫生等，成立摊贩团体并制定团体公约、会员公约。公约体现了摊贩团体的自治章程，反映了摊贩团体的共同意志，普遍得到摊贩的遵守。经组织后的摊贩经营秩序好转、经济效益更见增长的事例屡见报端。①

第三，涉及摊贩管理的重大事项，摊贩团体具有参与权、评议权和决定权。以税收为例，"南新、兴业等市场各业者自报公议评定纳税等级"②，其具体做法是，"按各市场业者之资本金多少，及卖钱状况如何，进行自报公议办法定纳税等级。各市场之各行业互相比较决定行业之等级，各业者在本行业内互相比较决定税额值多少。并决定由行业长及业者自体组成评议小组进行评议"。③"自报公议评定"是民主机制在摊贩管理中最鲜活的展现，增强了摊贩管理的自控力和能动性。

(三) 法制：摊贩管理的制度保障

法律法规是为社会经济健康持续发展提供有力保障的制度根本。1948年哈尔滨解放区实施的涉及摊贩经营的法规数量有近三十项（详见表5-2）。这些法规政令既有延续适用的特点，又有创新立法的特点；既有直接针对性的特点，又有间接普适性的特点；既有公布时间集中性的特点，又有公布时间阶段性的特点；既有制定主体多元化的特点，又有法规形式多样化的特点；既有"法规形式实用性强"④的特点，又有重视政策宣传和引导的特点。这些法规政令涵盖工商、税收、交通、卫生等多方面，有力地保障了哈尔滨解放区的城市摊贩治理，促进了哈尔滨解放区工商业的健康发展，符合了战时解放区经济发展和社会稳定的极大需求。

---

① 参见《又讯》，哈尔滨市图书馆馆藏哈尔滨《工商日报》，1948年7月30日，第二版。
② 《南新、兴业等市场各业者自报公议评定纳税等级》，哈尔滨市图书馆馆藏哈尔滨《工商日报》，1948年7月30日，第二版。
③ 同上。
④ 参见关黎.哈尔滨解放区工商业法规考察[D].哈尔滨：黑龙江大学，2014：55.

表5-2　1948年哈尔滨解放区实施的涉及摊贩经营的法规名称列表①

序号	法规名称	发布日期
1	哈尔滨市政府关于严禁抬高物价的布告	1946-9-23
2	哈尔滨特别市政府关于禁止外销的布告	1947-3-19
3	东北税务总局关于出入口货物税票照期限的规定	1947-4-5
4	哈尔滨特别市政府关于粮食贩卖及限制利润等管理办法的布告	1947-6-20
5	哈尔滨特别市一时营业及摊贩营业税暂行条例	1947-9-20
6	哈尔滨特别市税务局关于一时营业税及摊贩营业纳税办法的布告	1947-9-20
7	哈尔滨特别市一时营业及摊贩营业税暂行条例施行细则	1947-10-18
8	哈尔滨特别市政府为指定摊贩营业地点的布告	1947-11-12
9	哈尔滨特别市政府为规定贩卖粮食办法的布告	1947-12-31
10	哈尔滨特别市战时工商业保护和管理暂行条例	1948-1-27
11	东北解放区进出口物资管理及课税暂行办法	1948-1-29
12	哈尔滨特别市摊贩初步管理办法	1948-4-49
13	哈尔滨特别市渔业批发市场管理暂行条例	1948-4-23
14	哈尔滨特别市政府为全市摊贩实行登记的布告	1948-4-30
15	哈尔滨市饮食物营业暂行卫生条例	1948-5-3
16	哈尔滨特别市政府为公布管理发放纺花业者办法的布告	1948-5-16
17	哈尔滨特别市政府关于贩卖金属材料需经批准的通告	1948-5-19
18	东北行政委员会奖励生产强制二流子懒汉生产令	1948-5-29
19	哈尔滨特别市政府关于开废转业问题的通知	1948-5-31
20	东北行政委员会严禁黄金白洋砂金白银出口的布告	1948-6-5
21	哈尔滨特别市政府为通知发放纺花业者临时决定办法的通知	948-6-5
22	哈尔滨特别市摊贩管理条例	1948-7-22
23	哈尔滨特别市政府为普遍进行营业呈报的布告	1948-10-2
24	哈尔滨特别市政府为公布营业呈报办法的布告	1948-10-2
25	哈尔滨特别市政府为营业税在税法未公布前采取预先征借办法的布告	1948-10-20
26	东北行政委员会东北各城市陆上交通管理暂行规则的布告	1948.10
27	东北公安总处为公布交通违警暂行罚法的通令	1948-11-1
28	哈尔滨特别市税务局关于会来哈尔滨之行商或其保证人限期办理手续的通告	1948-11-27
29	哈尔滨特别市政府商业局关于办理商业开业休业废业营业变更注册登记手续的通知	1948-12-4

---

① 资料来源:此表是笔者参阅如下资料整理而成:(1)哈尔滨特别市政府秘书处.哈尔滨特别市政府公报[M].1948;(2)哈尔滨市档案馆藏革命历史档案全宗号GD1和GD2;(3)1948年哈尔滨《工商日报》刊载的公开信息;(4)哈尔滨市档案馆.解放战争时期哈尔滨经济资料文集[M].哈尔滨:哈尔滨工业大学出版社,1994.

（四）实证：摊贩管理的信息保障

哈尔滨解放区摊贩管理是在认真调查研究的基础之上，制定了《哈尔滨特别市摊贩初步管理办法》和《哈尔滨特别市摊贩管理条例》，再开展实施的。对摊贩情况的调查包括摸清历史，了解现状以及掌握摊贩的存在原因，摊贩类型，从业人数，业者年龄，业者资金，行业类别，营业性质，从业地点，经营时间，行为特点，从业意愿，对物价、税收、交通、市容多方面的影响，现有组织，管理机构，市场需求，转业可能和引导方向。良好的法制和政策的制定必须根植于社会生活的实际。如前文所述，1948年哈尔滨解放区摊贩的繁盛是特定历史条件下的产物，其对摊贩积极与消极影响的认识，保留、限制、取缔政策的确定以及分类分步治理的民生化取向，是建立在符合解放战争时期哈尔滨城市生活生产基本需要的准确判断之上的，是战时"发展生产，繁荣经济""支援前线"的必要选择，而这些丰富细致的实证化调研正是1948年哈尔滨解放区摊贩管理工作的判断前提，是取得治理成效的信息保障。

1948年，哈尔滨解放区在《哈尔滨特别市摊贩初步管理办法》和《哈尔滨特别市摊贩管理条例》制定与实施前，进行了详细的调查研究，即"4月调查"[①]和"7月调查"[②]。根据"4月调查"制定了摊贩《管理办法》，在初步管理的基础上，又结合"7月调查"制定了摊贩《管理条例》。摊贩《管理条例》准确定位了摊贩管理的民生取向、战时必需、秩序调整和物价平抑特点，"整理摊贩是为了工商业的发展，使没有正式营业的走向生产的道路，支援战争。在未整理以前，市场发现了很多的投机倒把现象，老乡们受了很大的欺骗及损失。在我们新民主主义社会中是不许他们存在的"[③]。对市民生活生产必需的行业许可经营（《管理条例》第四条），而有碍卫生、带赌博性、投机性或有碍社会秩序及其他违反政府法令规则的营业则被禁止（《管理条例》第八条）。对投机倒把、欺行霸市、高抬物价、贩卖假货、少给分量、强买强卖、欺骗拐诈及有其他不正当行为的（《管理条例》第九条），取消其营业资格并处以其货物所值之两

---

① 哈尔滨市档案馆. 解放战争时期哈尔滨经济资料文集（下册）[M]. 哈尔滨:哈尔滨工业大学出版社，1994:442.
② 《本市摊贩业的实况》,哈尔滨市图书馆馆藏哈尔《工商日报》,1948年7月17日,第一版。
③ 《本市讯》,哈尔滨市图书馆馆藏哈尔《工商日报》,1948年9月14日,第一版。

倍以下之罚款或五年以下之徒刑（《管理条例》第十三条）。

此外，哈尔滨市政府还不断对治理经验进行总结和信息交流。因此，从治理成效看，"哈尔滨解放区有的放矢地颁布了商品贩卖过程中的商业管理法规，对商贩采取'管理、限制与代替'的政策，达到了良好的效果"①。

（五）协同：摊贩管理的成效保障

经济生活的多样性和复杂性决定了管理过程与管理手段的多元化。协调多种资源合作一致实施摊贩治理，是摊贩治理的体系保障和成效保障。哈尔滨解放区摊贩管理表现出了法规多元、组织联动、方法多样并且注重多种资源互相配合、协调合作的突出特点。

首先，从法规的制定上看，法规形式多元，针对性强，实用性强。如表5-2所示，1948年哈尔滨市涉及摊贩治理的法规有布告、条例、暂行条例、令、通告、通知、通令、暂行办法、实行细则、规定，共计10个种类，涉及工商、贸易、税收、金融、交通、卫生等多个层面，从而构建了较为完备的城市摊贩治理法制体系。这些法规的制定和执行，有效整顿了哈尔滨解放区的摊贩经营，剔除了摊贩群体中的不良分子，引导与规制了摊贩的合法正当经营，对于哈尔滨解放区经济秩序的恢复、平抑物价、增加税收以及促进摊贩业的健康发展起到了重要的作用。

其次，从摊贩治理的管理机构及其管理机制上看，各级政府专门机构、协同配合机构、摊贩公选机构以专门会议、联席会议为纽带，形成商讨机制和联动机制，开展配合有效的治理工作。在1948年4月份制定的摊贩《管理办法》中就初步规定了各层级摊贩管理机构的设置，即哈尔滨特别市政府工商局全面负责、统一领导全市摊贩管理工作，区政府各区长全面负责本地区摊贩管理工作，街公所各街闾组长全面负责本街闾摊贩管理工作。除专门政府机构外，市税务局、建设局、公安局、工商局、执法队是协同配合机构；各类型摊贩公选机构，包括市场管理委员会、集摊管理委员会、街摊管理委员会、行贩管理委员会、小组长、行业长等是最基层的管理机构，在开展宣传、准备、登记、组织和整理的一系列分步骤的摊贩治理工作中，政府机构主抓，基层机构落实，协同机构配合，形成了有

---

① 关黎. 哈尔滨解放区工商业法规考察[D]. 哈尔滨:黑龙江大学,2014:57.

效的联动体系。同时，为了保证工作的协同一致，经常"召集各级工作人员联席会议，不但检讨过去工作的毛病，还讨论今后的工作方法"①。

再次，从摊贩治理的方法上看，根据具体情况分别处理，形式多样，简易实用。在宣传工作中，首先舆论动员，通过广播、报纸、基层宣讲，让摊贩们明白整理摊贩的意义，使他们在思想上能够接受管理，继而发布法规政令，明确治理规范，严格治理过程；在登记审核工作中，通过发放记载有界内摊贩人数、年龄、种类及营业地点等信息的登记表，准确核实每一摊贩的情况，对合格摊贩发给标志性证章并要求佩戴，对适于转业的积极给予引导和帮助；在对合格摊贩的组织工作中，以区分组别和业别的办法进行编组，公选组长、行业长、管委会，并掌握名册，形成组织化管理；在整理工作中，限时取缔不合格摊贩，加强交易秩序管理、治安保障管理、卫生环境管理、税务征收管理，积极进行税款征借；在惩处工作中，首先进行政令讲解和说服教育，要求改过自新、保证不犯，对惯犯以及严重侵害者则依法严惩。

最后，发动群众，广泛监督，细致有效；耐心教育，引导帮扶，热情有法；违法典型，好人好事，显诸报端；政策宣传，舆论引导，音波频传。这些灵活生动的方法都是哈尔滨解放区摊贩管理法治经验中的亮点，使摊贩管理具有了广泛的接受度和自觉性。

第三节　新中国经济建设的重要尝试

一、我国第一个国家资本主义企业集团——哈尔滨企业公司

哈尔滨企业公司，成立于1948年7月1日，是解放战争时期在解放区建立的第一个国家资本主义性质的新型企业集团。它是中国共产党领导的地方人民政府与私人资本合作的首创，是在没有任何先例可资借鉴的情况下新民主主义革命时期公私合营经济的重要尝试。哈尔滨企业公司的成立，使私人工商界的闲散资金集中起来，在政府的领导下，投向有利于国计民生的发展方向，对防止资金囤积和外流，繁荣地方经济，沟通城乡关

---

① 《本市讯》，哈尔滨市图书馆馆藏哈尔滨《工商日报》，1948年9月14日，第一版。

系，供应军需民用，支援解放战争做出了很大贡献。同时，哈尔滨企业公司创造出了以股份制吸收并利用私人资本、改造私人工商业的具体方法，哈尔滨企业公司的运行使中国共产党积累了利用私人资本为支援解放战争和发展经济服务的宝贵经验，是我国社会主义时期对资本主义工商业进行社会主义改造的先行探索。

（一）组建哈尔滨企业公司的历史背景

哈尔滨因中东铁路的修建，交通便利，不仅成为北满的重要商业城市，也是著名的国际性商埠。背靠北满的广大农村，哈尔滨也以农产品加工业比较发达而著称，并有一定规模的加工工业。当时，它的周围有东、西、南、北连成一片的解放区，为商品流通、物资交流、货币发行提供了有利条件，使前方作战部队的物资供应有了可靠的保证。此外，还可以哈市为依托，靠商贩长途贩运，与南满和"国统区"（当时国民党统治的地区，如长春、丹东、沈阳等地）进行物资交流，以解决当时解放区严重缺乏棉花、布匹、化工原料的困难。因此，哈尔滨获得解放后，不仅成为整个东北地区的政治、军事、经济、文化中心，更是重要的交通枢纽、军需物资供应的战略大后方。哈尔滨政治的巩固，经济的发展，对支援前线具有十分重大的意义。

哈尔滨解放前，由于敌伪长期执行掠夺性的经济政策，工业方面，除水泥厂、铁路工厂等几个大工厂外，只有少数机械修理行业和粮油加工厂，人民生活必需品主要靠关内等地供应。商业中的投机倒把盛行，基本上是个畸形发展的消费城市。加上国民党反动派发动全面内战，交通中断，商品奇缺，黑市猖獗，物价暴涨，工业原材料和商品供应渠道被割断，工商业的正常经营受到了极大影响，城乡之间的物资交流常受梗阻，人民生活十分艰难。

哈尔滨获得解放后，由于哈尔滨各方面的条件，以及其在东北解放战争中具有的特殊地位，东北局、东北财经委员会领导同志一直极为重视哈尔滨，在许多方面直接领导了哈市的工作，经过多次反复商讨哈尔滨的局势，并召开领导会议，统一认识，采取有力措施，帮助中共哈尔滨市委确定了"恢复经济，发展生产，支援前线"的经济工作指导方针和一系列保护、扶植民族工商业的政策法令，扩大党的政治影响，积极团结和调动社会各个阶层力量，恢复和发展生产，繁荣经济，安定民生，稳定秩序，把哈尔滨建成了稳固有力的后方基地。在东北财经委员会的领导下，先后建立了东北贸易总公司、东兴公司、百货公司等国营商业机构，控制了粮食市场和煤炭的供应，平抑了物价，满足了人民生活的需要和工厂燃料的需求。同时，掌管了棉花、纱、布货源的经销、加工。哈尔滨市政府还成立了公营民生公司，积极组织日用必需品的供应。有关部门还组织私营铁工厂生产军工产品，组织服装、毛皮、鞋帽业工厂为部队生产军装。

1947年夏季，在农村土改清算、挖坏根、分浮产的斗争中，大批农民不经政府批准，进城揪斗资本家。因哈尔滨的许多工商业者在农村有土地，农会代表要抓斗兼营土地的城市工商业者。中共哈尔滨市委为了贯彻党对城市工商业的保护政策，积极调查和协调，并制定和颁布了《哈尔滨特别市战时工商业保护和管理暂行条例》，保护了民族工商业不受侵犯，使哈市工商业避免了一场灾难，维护了城市的正常生产秩序。

由于正确贯彻和执行了保护、扶植民族工商业的政策，工商业者逐渐解除了疑虑，陆续恢复营业。到1947年年末，私营工业和商业的开业户数，分别由四千多户和三千多户，增至各约一万户，私营工商业开始活跃起来。[①] 但是，有些行业因原材料供应困难，生产难以正常进行。商业进货渠道受阻，商品供应紧缺的状况仍然十分严重，城乡之间的物资交流也没有恢复到正常状态，工商业都需要加以积极扶植。与此同时，由于解放区实行发展有利于国计民生、支援战争的经济政策，一些不适应革命战争时期需要的行业，则有待正确引导，使之向利国利民的方向发展。在当时，国营经济尚处于初建阶段，无法完全保证军需民用，而一些社会游资也乘机"钻空子"，进行投机倒把，波动物价，破坏生产和稳定。在这一极为复杂的客观情况下，如何团结、教育、改造私人工商业，如何利用和监督私人资本为战争服务、为人民服务、为有计划地发展经济服务，就成为一个亟待解决的重大的政治经济问题。

经酝酿、筹划，并向东北财经委员会请示批准，哈尔滨市政府发出号召，吸收私资，组织公私合营的企业公司。由于哈尔滨市工商联合会的大力宣传和动员，基于"自愿""两利"的原则，首先由东发合百货店参加

---

① 我国第一个国家资本主义企业集团——哈尔滨企业公司的历史经验[A].哈尔滨党史研究会《哈尔滨企业公司历史经验》编委会.我国第一个国家资本主义企业集团——哈尔滨企业公司(内部发行)[M].哈尔滨:哈尔滨印刷厂,1991:3.

图 5-11　哈尔滨《工商日报》1948 年 7 月 1 日头版报道《哈尔滨企业公司筹备就绪　今日举行开业典礼　组织资本大力发展军需民用工业　发展生产支援前线沟通城乡关系》[1]

---

[1] 资料来源:哈尔滨市图书馆馆藏哈尔滨《工商日报》,1948 年 7 月 1 日,第一版。

合作，继而制粉、制油、机器漂染、油漆、皮革、百货、电料、银行等先后投资，资金总额为人民币3亿元，其中公股占53%，私股占47%。并根据当时的形势要求，确定了以"联合私人资本，发展新兴企业，代订大宗期货，供应军需民用，沟通城乡关系，采购必需原料，组织成品推销，支援工业生产"为基本营业方针。一方面辅佐国营经济，引导工商业向有利国计民生方向发展；一方面坚决反对投机倒把行为，切实贯彻执行政府政策法令。[①] 1948年7月1日，我国第一个国家资本主义性质的新型企业集团——哈尔滨企业公司正式成立。

（二）哈尔滨企业公司的性质和应发挥的作用

哈尔滨企业公司是由哈尔滨市人民政府与工商界共同组建的公私合营的经济组织形式，即以政府出资占多数，吸收私人资本联合出资，由政府派员领导并联合一部分私人企业家经营管理的股份有限责任公司。

1948年，东北全境尚未解放，但战局已发生明显变化，由战略防御转入战略反攻阶段。作为东北解放区政治、经济、军事中心的哈尔滨市，承担着"恢复经济，发展生产，支援前线"的光荣而艰巨的任务，东北局也提出"经济建设是压倒一切的中心任务"。当时农村进行土改，军需民用两业正待恢复与发展，而市场游资活跃，物价波动很大，影响生产，影响民生。就是在这一比较复杂的客观环境下，依据"发展生产，繁荣经济，公私兼顾，劳资两利"的新民主主义经济政策，由哈尔滨解放区政府号召吸收私人资金，组织公私合营的企业公司。由此可知，哈尔滨企业公司是为贯彻新民主主义经济政策而产生的，它的性质是国家经济与私人资本的合作，但由政府领导，因而是属于国家资本主义经济类型的企业。

"国家资本主义经济是私人资本主义经济中最有利于新民主主义经济发展的一种形式，它是新民主主义经济中，在生产上利用与监督私人资本、服从国家的需要、增加社会财富、提高社会生产力的最好办法。"[②] 在探索中，哈尔滨市政府提出这种国家资本主义公私合营的经济形式，其方针应该是"组织业者生产，监督业者生产，不能像一个普通商人一样，只是

[①] 哈尔滨企业公司发展概况(1951年)[A].哈尔滨市档案馆.解放战争时期哈尔滨经济资料文集(上册)[M].哈尔滨:哈尔滨工业大学出版社,1994:356.

[②] 哈市1948年经济工作总结(1949年3月)[A].哈尔滨市档案馆.解放战争时期哈尔滨经济资料文集(上册)[M].哈尔滨:哈尔滨工业大学出版社,1994:99.

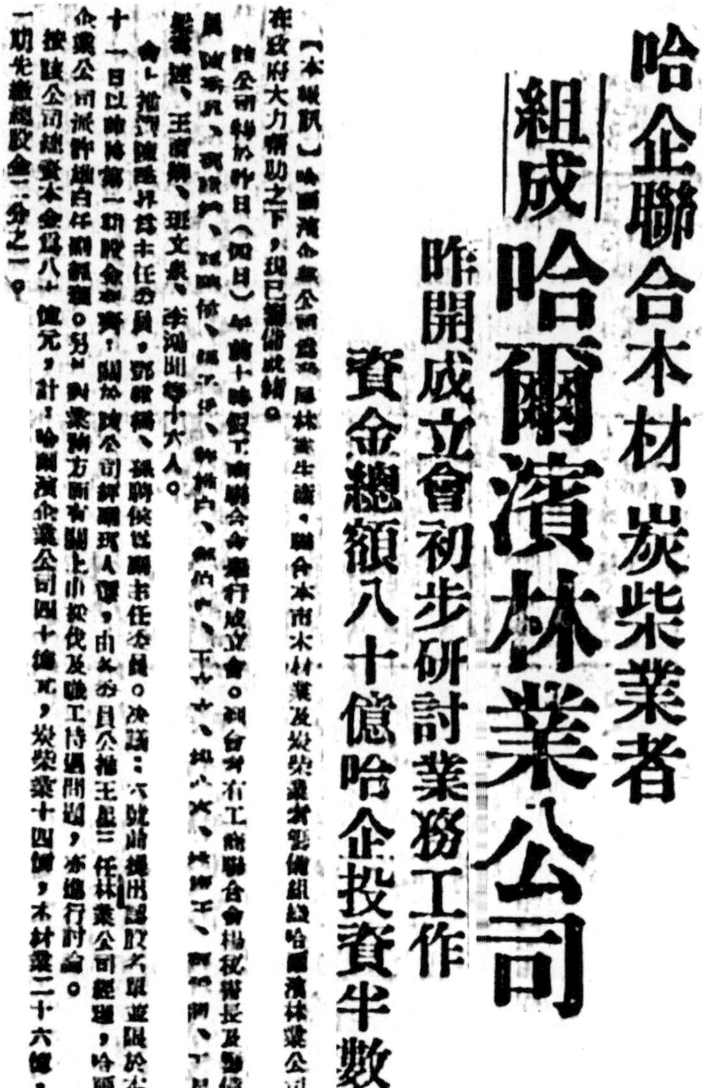

图 5-12　哈尔滨《工商日报》1948 年 10 月 5 日头版报道《哈企联合木材、炭柴业者组成哈尔滨林业公司　昨开成立会初步研讨业务工作　资金总额 80 亿　哈企投资半数》[①]

[①]　资料来源:哈尔滨市图书馆馆藏,哈尔滨《工商日报》,1948 年 10 月 5 日,第一版。

图5–13　哈尔滨《工商日报》1948年10月9日头版报道《哈尔滨企业公司联合私人资本发展农业生产　筹组哈尔滨农业公司》①

设立门市采购货物，取得商业利润"②。因而其业务"应该是：（1）为国家或为民需承担大宗订货。（2）为国家或为民需组织加工，保证质量，检查质量。（3）代国营商业或合作社收购一定标准的成品，按合理价格直接推销给消费者。（4）帮助业者（首先经过国营商业或合作社，不得已时才径自采购），供给所需之生产原料。因之，它应当逐渐成为国营商店与有

---

①　资料来源：哈尔滨市图书馆藏哈尔滨《工商日报》，1948年10月9日，第一版。
②　哈市1948年经济工作总结（1949年3月）[A]. 哈尔滨市档案馆. 解放战争时期哈尔滨经济资料文集（上册）[M]. 哈尔滨：哈尔滨工业大学出版社，1994：98.

关业者之间的一个桥梁。它是否能起此种作用的关键，在于我们是否能站在领导地位，有无领导监督之实权与实际的具体工作。要谨防形式主义，为资本家所利用"①。哈尔滨企业公司应发挥的作用是贯彻与执行民主政府的经济政策和法令，"通过了经济形式把工厂、商店有意识地组织起来，配合政府的企业管理，引导着私营企业向有利于国计民生的经济道路上发展"②。

在哈尔滨市政府的领导下，哈尔滨企业公司在"公私兼顾"的整体经济建设中发挥了重要作用：一方面，新民主主义经济的发展是政府经营的国家经济领导私人经济和合作经济，向着有利于国民经济的方向发展。因此这种合营经济既执行人民政府的经济政策，又较容易接近私人企业，引导私人经济逐渐地向有组织、有计划的经济发展；另一方面，在贯彻工商政策上，哈尔滨企业公司辅佐国营经济，引导正常工商业者向有利于国计民生的方向发展，并坚决反对投机倒把和秘密交易的行为。因此，哈尔滨企业公司是公私关系的桥梁，是国营经济的有力助手。

（三）公司章程、组织机构与管理体制

1. 公司章程

哈尔滨企业公司章程是完全依据党的新民主主义经济政策和哈尔滨解放区的政策法令制定的。通过对现有哈尔滨市档案馆藏革命历史档案《哈尔滨企业公司1948年下半年工作总结报告》和《哈尔滨企业公司一九四九年度工作总结报告》等资料进行整理，发现哈尔滨企业公司章程共八章五十一条，对建立宗旨、公司性质、营业方针和范围、管理体制、纯益分配比例等原则问题及工作程序都做了明确规定。

哈尔滨企业公司章程的主要内容如下：

（一）公司性质：该公司为公私合办之股份有限公司，总资本金为350亿元。政府投资占总资本金之57%，私人投资占总资本金之43%，政府在该公司的资金占多数并吸收私人资金。

---

① 哈市1948年经济工作总结(1949年3月)[A].哈尔滨市档案馆.解放战争时期哈尔滨经济资料文集(上册)[M].哈尔滨：哈尔滨工业大学出版社，1994：98.
② 哈尔滨企业公司1948年下半年工作总结报告(1949年1月)[A].哈尔滨市档案馆.解放战争时期哈尔滨经济资料文集(下册)[M].哈尔滨：哈尔滨工业大学出版社，1994：358.

(二)营业的基本方针和范围：为切实执行民主政府的经济政策，该公司确定了基本的营业方针：(1)采购工业生产之必需原料，以支援有利于国计民生的工业，以便在支援战争上也起一部分的作用。(2)组织产销方面，看重支持军需民用的生产和沟通城乡间的关系，联合国营企业对平抑物价上也能起一些作用。(3)广泛地联合私人资本，举办新兴企业，意在发展大规模的企业，而联合私人企业进行比较有计划的生产，为人民服务、为战争服务。

(三)股份和股东会：公司的股份额为 35 000 股。政府于资本总额中认 22 000 股，其余由业者认股。股款于公司成立时缴二分之一，其余二分之一由股东会决议随时收集之。股东常会于每年 8 月召开一次。股东会之决议说：10 股以内者为 1，10 股以上者，10 股为 1。

(四)理监会及经理：理监事当选资格规定为：理事须有股份 50 股以上者，监事须有 20 股以上者。理事会成立后，选举正副理事长各一人，理事长由一般商股中推选之。副理事长为政府指派之，常务理事由理事中互选之。理事会的职权为：(1)执行股东大会之决议案，计划公司业务进行方针；(2)编制公司预决算；(3)议定和修改公司之各种制度规则；(4)总、副经理之聘任、解任及各部各厂主要人员之任免；(5)向股东大会报告工作；(6)其他有关业务上重要事项的审议。监事会［设］正副监事长各 1 人，监事长由政府指派之，副监事长由商股中指选之。监事会的职权为：(1)审核公司决议；(2)监查理事会及员工之工作；(3)检查公司财务状况，审核簿册文件及金库；(4)邀请理事会报告公司业务。公司之总经理由理事会就政府指派之理事中聘任之，副理二人由理事会中聘任，其解任亦同。总、副经理的职权为：(1)执行理事会之决议。总理公司一切业务之进行事宜；(2)随时应理事会之提议报告业务情况；(3)各部、厂长以上人员之任免，由总、副经理提请理事会及主管一般员工之任免权。①

---

① 哈尔滨企业公司 1948 年下半年工作总结报告(1949 年 1 月)［A］.哈尔滨市档案馆.解放战争时期哈尔滨经济资料文集(下册)［M］.哈尔滨:哈尔滨工业大学出版社,1994:359.

仅从上述章程内容中就可以看到，出资方面，政府在该公司的资金占多于半数之比，即政府投资为总资本金的57%，其余吸收私人资本；营业的基本方针是联合私人资本发展大规模的有利于国计民生的企业，支援工业，进行比较有计划的生产，以便支援战争，为人民服务；公司管理方面，政府指派副理事长和部分理事，聘任总经理。可以看出，哈尔滨企业公司是国家资本占多数，由国家主导，联合私人资本，有组织、有计划地进行有利于国计民生和解放战争事业的建设与发展的公私合营国家资本主义经济组织。

2. 组织机构

（1）领导人

依据公司章程，公司设总经理一人，副总经理二人，其中总经理由政府指派，二名副总经理中有一名为私方代表。总经理是公司日常业务的总负责人，副总经理协助总经理进行工作，并分管职能部门工作，总经理、副总经理共同向理事会负责。

（2）机构设置

依据公司章程，公司初建时只设理事会、监事会、经理、业务部、会计部、办公室（包括文书、人、事、总务）六个部门，按章程履行其职权职责。随着业务不断扩大，公司逐步增设了集团内的多个子公司和直属企业。为加强对子公司在生产和业务等方面的领导，公司部门机构也逐年增加。

3. 管理体制

哈尔滨企业公司是公私合营的股份有限公司。公方与私方股票持有人都是公司的股东，按持有的股票享有分配红利、参与决定企业重大问题的权利，同时，对公司债务负有与其所持股份金额为限的清偿责任。企业最高权力机构是股东大会，下设理事会、监事会，分别负责公司日常业务的领导和监督，并实行理事会领导下的总经理负责制。

依据公司章程，股东大会、理事会、监事会及总经理的职责如下：

（1）股东大会

股东大会是企业的最高权力机构，凡经营方针、经营期限、资金总额、增加股份等重大原则问题，均需经股东大会通过。

股东大会每年召开一次，由理事长、监事长、总经理分别报告公司的经营

第五章　1946—1949年哈尔滨商事习惯变化发展的历史意义　　341

情况、资产增长变化及盈亏情况，并向股东报告收支决算及分红情况。

股东大会决议按股权表决，十股以内者为一股权，十股以上者，每十股为一股权。

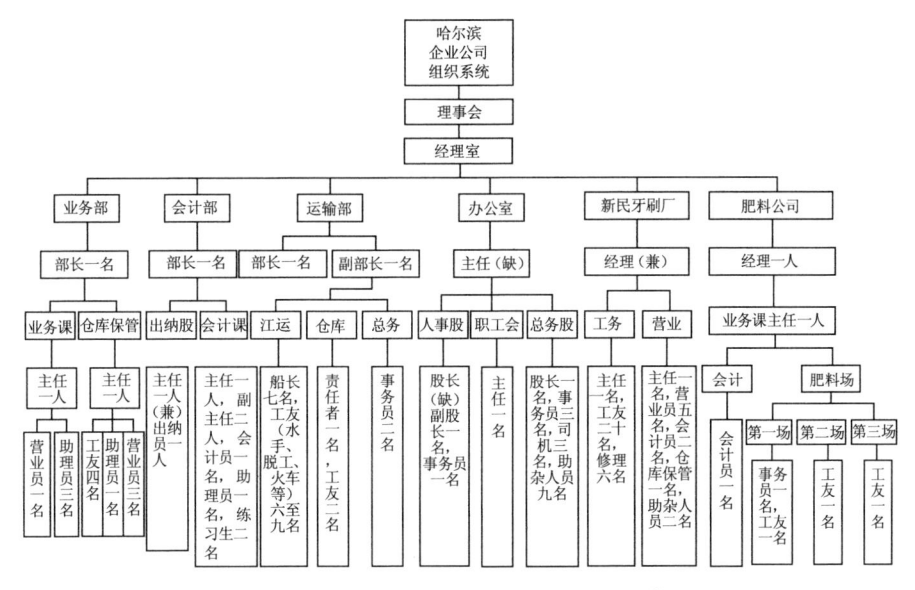

图 5-14　哈尔滨企业公司组织系统表①

（2）理事会

理事会由公私双方代表组成，持有 50 股以上股份的股东，方有资格被推选为理事。理事会选举正副理事长各一人，理事长由私股中推选，副理事长由政府指派，常务理事由理事会选举。

理事会的职责为：执行股东大会决议，制定公司业务活动计划与方案；编制公司预决算；议定和修改公司的各种规章制度；总、副经理的聘任、解任和各部各厂主要人员的任免；向股东大会报告工作；其他有关重

---

① 本图系笔者依据哈尔滨市档案馆藏革命历史档案《哈尔滨企业公司组织系统表》（全宗号2，目录号1，案卷号316，顺序号4）绘制。但此图并不包含哈尔滨企业公司的全部机构。根据现有档案资料查证，1948—1949 年哈尔滨企业公司的子公司、直属企业有哈尔滨百货商场、哈尔滨搪瓷公司、哈尔滨皮具公司、哈尔滨器械公司、哈尔滨林业公司、信托公司、运输部、哈尔滨农业公司、新华保险公司、汽车修理工厂、哈尔滨染业公司、哈尔滨农具铁工厂、哈尔滨中国标准铅笔公司、新民牙刷厂、哈尔滨肥料公司、松花江药业公司。到 1950 年年底，哈尔滨企业公司先后组建的直属企业和合营、合资企业及接受政府委托管理的公私合营企业共有 30 家。

要业务事项的审议。

(3) 监事会

监事会设正、副监事长各一人，监事长由政府指派，副监事长由私股中推选。持有20股以上股份的股东，方有资格当选监事。

监事会的职责是：审核公司决议；监督理事会及员工的工作；检查公司财务状况、查核簿册，文件及金库；邀请理事会报告公司业务。

(4) 总经理

总经理由理事会从政府指派的理事中聘任。副总经理二人，从理事会成员中聘任，其解任亦同。

总经理的职责是：执行理事会决议，总理公司一切业务的进行事宜；应理事会之提议报告业务情况；公司各部、厂长以上人员的任免，由总经理提请理事会批准，对一般职工有权任免。

(5) 会计年度

公司的会计年度最初定为7月1日至次年6月30日。1951年为与政府、银行的会计年度相统一，改为1月1日至12月31日，每届会计年度，由理事会领导编制预决算报告表册，经监事会审核同意后，提交股东大会讨论通过。

(6) 哈尔滨企业公司与子公司的关系

哈尔滨企业公司是集团的母体机构。哈尔滨企业公司是公私合营的投资公司，它以自身的资金为主，不断联合工商界的资金，又组成了不同行业和经营形式的子公司，它在子公司中均占有半数以上的股份，有权指派理事长、经理（厂长），并对子公司的经营活动实行领导。子公司也是按股份制形式组建的企业，独立经营，单独核算，自负盈亏。子公司均有自己的股东大会、理事会和常务监事。子公司的最高权力机构、经营决策权如同企业公司一样，分属各自公司的股东大会和理事会。子公司设常务监事，行使监事会的职权。

(四) 取得成绩

1. 经营业绩喜人

哈尔滨企业公司的建立符合党在新民主主义时期的经济政策，适应当时战争和建设的需要，因此，尽管经营活动时间较短，却取得了令人振奋的成就。主要成就在于通过供应工业原料、组织成品产销与合营建厂，促进了地方工业的发展，也促进了商业大发展，有力地支援了解放战争，为建立与奠定哈尔滨市的轻工业、化工业基础做出了重大贡献。同时，首次探索了以股份制吸收及利用私人游散资金、改造私营工商业的具体模式和道路选择。

哈尔滨企业公司于1948年7月成立初期，重点经营商业，1949年上半年开始在工业生产上打下初步基础，1952年后过渡为专营工业的企业集团。根据现有资料，哈尔滨企业公司的资金总额、生产总值、实现利税总额都不断增长，产品品种、数量不断增多，质量逐年提高。以1949年和1950年的主要经济指标增长数据统计为例：

表5-3 1949—1950年哈尔滨企业公司主要经济指标增长情况表①

（单位：人民币元）

主要经济指标	1949年	1950年
固定资产	44 937	386 599
自有流动资金	81 685	702 736
销售额	119 541	1 028 412
利润总额	41 478	356 832
销售税金	5 475	47 101

由上表可见，1949—1950年哈尔滨企业公司主要经济指标的固定资产、自有流动资金、销售额、利润总额、销售税金都有巨大增长，其中销售额在1949年就已经达到119 541元，1950年更高达1 028 412元，高于1949年近8倍。

从盈利分红情况看，由于哈尔滨企业公司于1948年下半年刚刚组建，而后逐步增加子公司等机构，因而除1948年下半年的盈余3 980亿元（东北币）经股东大会同意，全部转为公私双方投资外，其余都根据历年收益情况，多赚多分，少赚少分，年年分红。1949年10月24日，哈尔滨企业公司召开了第一次股东大会，理事长刘佩芝向全体股东报告了开业一年多的经营及盈余情况，并宣布，按照公司章程规定，每股（10元）半年分到红利折合人民币1.35元。到1949年年底，哈尔滨企业公司股东红利平均

---

① 本表系笔者绘制。资料来源：我国第一个国家资本主义企业集团——哈尔滨企业公司的历史经验[A].哈尔滨党史研究会《哈尔滨企业公司的历史经验》编委会.我国第一个国家资本主义企业集团——哈尔滨企业公司(内部发行)[M].哈尔滨：哈尔滨印刷厂,1991:52-53.

占盈余总额的12.51%。子公司也按章程办事,定期分红。"实实在在分红"打消了投资者的顾虑,极大地影响和调动了其他投资者的积极性,有的资方反映,在哈企投资年年有红利,比自己做买卖都好。①

2. 职工福利事业不断发展

哈尔滨企业公司初建时,公司章程中对"会计"做了如下规定:"公司的会计年度为7月1日至6月30日。对每届会计年度理事会应编制营业报告表册,经监事会审核承认后提交股东会,营业纯益金除提公积金10%外,其余按百分比分配之。计:(1)股东分红70%;(2)员工酬劳金5%(每年增加一个半月薪金,以每年6月及12月之工薪为准,即7月增加半月,12月增加一月,余额暂拨员工福利基金项内);(3)理监事酬劳金及员工奖励金为5%(理监事酬劳金不得超过职员最高酬劳额之三倍);(4)员工福利基金为10%;(5)社会福利金10%。"②

公司章程明确规定了分红、酬劳金、员工福利基金、奖励金、社会福利金的分配比例、分配时间和分配顺序。因而,哈尔滨企业公司按照公司章程的规定,从公私合营企业特点出发,在职工福利待遇上,略优于国营企业和私人企业。除规定每个职工每年多发给一个半月的工资外,每月给予伙食补贴20个工薪分,职工每月只交20个工薪分伙食费(一日三餐)。这两项待遇在当时是较为优厚的。随着企业的发展,职工人数的增加,各厂相继成立托儿室、哺乳室,专门解决了女职工带孩子的困难,职工福利事业不断地发展。

3. 为国家培养大批熟练工人、干部和各种专业人才

1948年7月初组建公司,到1948年年末,哈尔滨企业公司及所属单位职工仅有243名,到1949年6月,哈尔滨企业公司职工总数增加至448名,③其后更是逐年增加。哈尔滨企业公司及其各子公司经营期间,培养了大批干部,特别是管理工商业的干部。20世纪50年代到60年代,在哈尔滨市轻工和化工系统,就有不少哈尔滨企业公司培养的干部,担任各级

---

① 我国第一个国家资本主义企业集团——哈尔滨企业公司的历史经验[A].哈尔滨党史研究会《哈尔滨企业公司的历史经验》编委会.我国第一个国家资本主义企业集团——哈尔滨企业公司(内部发行)[M].哈尔滨:哈尔滨印刷厂,1991:54.

② 哈尔滨企业公司1948年下半年工作总结报告(1949年1月)[A].哈尔滨市档案馆.解放战争时期哈尔滨经济资料文集(下册)[M].哈尔滨:哈尔滨工业大学出版社,1994:360.

③ 哈尔滨企业公司1949年上半年工作总结报告(1949年7月)[A].哈尔滨市档案馆.解放战争时期哈尔滨经济资料文集(下册)[M].哈尔滨:哈尔滨工业大学出版社,1994:386.

第五章　1946—1949年哈尔滨商事习惯变化发展的历史意义　　345

领导职务和从事各项专业管理工作。其中值得一提的是，被称为"铅笔大王"的田亚川同志，1948年被任命为哈尔滨搪瓷公司经理，他团结职工，为提高搪瓷制品的质量做出了积极贡献，堪称哈市搪瓷工业奠基人之一。在哈尔滨企业公司运营期间，经交流或派遣，哈尔滨企业公司还向外地多次输送了干部和多种专业人才，将"哈尔滨经验""哈尔滨技术"带到了其他解放区。

表5-4　哈企联合公司职工调查表（1949年6月30日）[①]

职别	公司类别									
	哈企总公司	农业总会司	器械皮具公司	农具公司	器械公司五金部	林业公司	染业公司	搪瓷公司	肥料公司	总公司运输部	牙刷公司
职员	41	40	42	7	9	13	5	8	4	17	7
工人			7	39			11	36		43	25
勤杂人员	15	17	7	4	3		3	4	3	14	5
合计	56	57	56	50	12	13	19	48	7	74	37

注：1. 哈企职工总数448名（2名经理在外），内有运输部19名职工出差，未列入表内。
2. 总公司勤杂人员15名，计有厨夫3名，汽车司机2名，汽车助手1名，更夫1名，杂役1名，木工1名，收发1名，经理勤务员1名，经理室杂务员1名，第一仓库更夫1名，第二仓库更夫2名（第二仓库更夫兼整理货物）。

二、平衡劳资关系的首次法制实践

1948年8月哈尔滨解放区人民政权颁行了《哈尔滨特别市战时暂行劳动条例》，该条例的产生有着特殊的历史背景，是解放战争时期哈尔滨解放区贯彻新民主主义经济政策，激发劳动热忱，完成发展生产、支援前线革命使命的智慧体现，是在中国共产党农村革命法制基础上的城市革命法制新发展，也是对苏联法"中国化"改造的创新性实践，为新中国劳动立法提供了基本的参考框架。

（一）精心打磨的"智慧"立法

哈尔滨是全国最早获得解放的大城市，是东北解放区的战时首府，更承担着支援前线的战略大后方任务，哈尔滨解放区人民政权的稳定与巩固、生产的

[①] 资料来源：哈尔滨市档案馆. 解放战争时期哈尔滨经济资料文集（下册）[M]. 哈尔滨：哈尔滨工业大学出版社，1994：386.

发展、经济的繁荣是夺取全国解放战争胜利的重要基础。为了消除旧社会遗留的半封建性质的管理规则，调整劳资关系，改善劳动条件，激发劳动生产热情，促进发展生产，支援前线，1948年1月20日中共哈尔滨特别市委员会制定了《战时暂行劳动法（草案）》。① 该草案共28条，其内容除"附则"外，共分七方面："取消半封建的剥削""工作时间""工资""女工与青工""雇用工人与解雇工人""社会保险""工会及劳动保护"。该草案没有"总则"部分，即没有明确规定立法宗旨、立法原则和调整对象，但从立法构成的结构与内容看，该草案更多是为了改变旧有的"半封建的剥削"性企业管理制度和从业习惯，改善企业工人的劳动条件，保障企业工人的福利，以提高工人战时的劳动热忱。如"取消半封建的剥削"中，第二条规定："禁止采用把头、包工头及包身工等半封建的劳动制度。""工资"中第十一条规定："工资每一月或半月发给一次，不得拖延。""女工与青工"中第十三条规定："一切危险及有害身体健康之生产部门禁用女工及青工。""雇用工人与解雇工人"中第十八条规定："企业主及企业管理人，非因过错而解雇工人时，须给以相当补助金，其具体办法由合同规定之。""社会保险"中第二十一条规定："一切工人、职员实行社会保险制度。""工会及劳动保护"中第二十四条规定："工人有组织工会的权利，企业主须承认工会为工人的团体。"

《战时暂行劳动法（草案）》以增进"劳方"福利为主要内容，对于企业主的权益规定不够充分，如缺乏对企业主正当管理企业、适当调整生产等权利的认定。因而仅在单方面，即对"劳方"产生了较为积极的作用，但影响了资本家发展生产的积极性。为了真正实现"劳资两利"，平衡劳资关系，中共哈尔滨市委召集资本家座谈，继续与各业职工一起讨论、酝酿，进行了多次修改。因为是战时与试行性质，修改中同时将《战时暂行劳动法（草案）》改名为《战时暂行劳动条例（草案）》。1948年5月1日，哈尔滨召开了哈市第二届职工代表大会，通过了修改后的《战时暂行劳动条例（草案）》。②

1948年7月17日，中共中央专门针对"哈尔滨战时暂行劳动法大纲"

---

① 哈尔滨市档案馆. 解放战争时期哈尔滨经济资料文集(下册)[M]. 哈尔滨:哈尔滨工业大学出版社,1994:715.

② 哈尔滨市档案馆. 解放战争时期哈尔滨经济资料文集(上册)[M]. 哈尔滨:哈尔滨工业大学出版社,1994:60.

给东北局发送答复电文："中央为全国劳动大会起草的决议（下简称决议）已于廿一日发出。哈市战时暂行劳动法大纲（下简称大纲）的内容如有在原则上与此项决议相抵触的地方，特别是关于职工的地位和责任、工厂管理委员会、劳动时间、工资制度等重要问题，大纲所规定在原则上有欠明确或不恰当的地方，均应参照决议的基本精神和一般原则加以修改。为表示是暂时试行性质，可改名为'哈市战时劳动条例'。"[1] 哈尔滨市委根据电文指示进行了改正。1948年8月，第六次全国劳动大会在哈尔滨召开，时任哈尔滨市职工联合总会主任的张维桢同志向大会介绍"哈市劳动条例大纲"，[2] 提交大会讨论，大会通过了正式定名的《哈尔滨特别市战时暂行劳动条例》。《哈尔滨特别市战时暂行劳动条例》是经过不断修改、反复打磨而出台的"集体智慧"结晶，该条例正确地贯彻了新民主主义的经济政策，稳定与平衡了劳资关系，激发了劳资各方在劳动生产与商业经营中的积极性和创造力。

图 5-15 哈尔滨《工商日报》1948 年 8 月 20 日头版刊载
《张维桢同志介绍哈市劳动条例大纲》[3]

---

[1] 中共中央关于"哈尔滨战时暂行劳动法大纲"给东北局的电文(1948年7月17日)[A].哈尔滨市档案馆.解放战争时期哈尔滨经济资料文集(下册)[M].哈尔滨:哈尔滨工业大学出版社,1994:728.

[2] 《张维桢同志介绍哈市劳动条例大纲》,哈尔滨市图书馆馆藏哈尔滨《工商日报》,1948年8月20日,第一版。

[3] 资料来源:哈尔滨市图书馆馆藏哈尔滨《工商日报》,1948年8月20日,第一版。

从 1948 年 1 月 20 日中共哈尔滨特别市委员会制定《战时暂行劳动法（草案）》，到 1948 年 8 月《哈尔滨特别市战时暂行劳动条例》的正式颁行，哈尔滨解放区在城市立法中对贯彻 1947 年 12 月 25 日毛泽东同志报告提出的"发展生产，繁荣经济，公私兼顾，劳资两利"的新民主主义经济政策做出了先行探索。

（二）平衡劳资关系的首次城市立法

新民主主义经济政策的"十六字方针"是在 1947 年 12 月 25 日《目前形势和我们的任务》的报告中提出并向全党传达的。受帝国主义、封建主义和官僚资本主义的压榨，中国经济十分落后，在解放战争时期以及革命胜利后都需要有一个相当长的新民主主义建设时期，因此，取得革命胜利和新民主主义国家的建设必须团结一切有益于国计民生的力量。有爱国心的民族资本家也是长期受着帝国主义、封建主义和官僚资本主义的压迫，所以能够和工人阶级、农民阶级、小资产阶级联合起来，反对共同的敌人，先取得革命胜利，再进行社会主义建设，共同发展，共同繁荣。在中国新民主主义革命的特定历史条件和历史任务下，不应当把民族资产阶级当作敌人，只讲斗争不讲团结，也不应片面地仅从工人一时福利的观点出发，过高要求，过度斗争。对积极经营有益于国计民生的民族资本家，应使其有利可图，与工人阶级共同经营，共同发展，才能迅速改变中国落后的生产力状态。只顾资本家的利益，不顾工人生活的困难，或是相反，只顾工人阶级暂时的片面利益，不顾资本家的正当利益，同样都是不正确的。

新民主主义的经济政策是从中国工人阶级的远大利益出发，从中国人民的远大利益出发而确定的总方针，它也符合在新民主主义政权下的一切从事有益国计民生的私人经营的资本家的利益。如何在实践中正确理解和贯彻执行这一新民主主义经济政策，真正实现通过"公私兼顾，劳资两利"达到"发展生产，繁荣经济"，作为全国最先解放的大城市和东北解放区战时首府的哈尔滨率先在多元经济成分构成的城市解放区中进行了尝试，通过制定与实施专门的劳动法制，调整与平衡劳资关系，保障劳资双方权益，刺激经济发展，切实贯彻了"发展生产，劳资两利"。

"十六字方针"是新民主主义的经济政策，也是处理和调整劳资关系的总方针。从《哈尔滨特别市战时暂行劳动条例》的立法目标与法制内容

第五章　1946—1949年哈尔滨商事习惯变化发展的历史意义　　349

上看,始终紧紧围绕"劳资两利"原则处理劳资关系,同时兼顾劳资双方的利益,既保障工人的福利和权益,又适当照顾资方利益,赋予其正当的经营管理和获得合理利益的权利。在多元复杂的城市经济环境和哈尔滨特殊的历史发展背景下,团结一切有利因素,调动一切积极力量,实现了发展生产、繁荣经济、支援战争的重大历史使命。经过反复"打磨"的《哈尔滨特别市战时暂行劳动条例》在1948年8月1日召开的中国第六次全国劳动大会上获得通过,被参加大会的"全国各个地区、各大产业部门和各种工会组织的代表"[①] 带到了全国各地。《哈尔滨特别市战时暂行劳动条例》是新民主主义革命战争时期平衡劳资关系的首次法制实践。

图5-16　哈尔滨《工商日报》1948年8月3日第一版刊载《继承中国工人运动光荣传统　六次劳动大会揭幕——到会全国工人代表504人　代表有组织工人280万》[②]

---

① 《继承中国工人运动光荣传统　六次劳动大会揭幕——到会全国工人代表504人　代表有组织工人280万》,哈尔滨市图书馆馆藏哈尔滨《工商日报》,1948年8月3日,第一版。
② 资料来源:哈尔滨市图书馆馆藏哈尔滨《工商日报》,1948年8月3日,第一版。

（三）城市革命法制的新发展

《哈尔滨特别市战时暂行劳动条例》的核心是平衡劳资关系，以"劳资两利"为基本原则，确定权利与义务，调动生产积极性，促进经济发展。"劳资两利"原则的确立是中国劳动法制建设立法理念的一次重大转折。中国共产党领导的革命斗争是以农村包围城市的革命道路而展开的，革命根据地时期的劳动法规建设也是以农村为中心对象而进行的。城市具有更为复杂、多元的工商业经济成分，不同于农村单一的农业生产经济模式，城市的发展是以多元的工商业经济为主要支撑；城市的阶级关系也不是单一的农民与封建地主之间的矛盾关系，在城市经济发展的环境里，不能简单地以农村反封建的方法对待资本家，特别是有爱国热忱、为国计民生积极组织生产的进步资本家。取得革命战争的彻底胜利，迅速建设新民主主义的新中国，需要大力发展工商业，需要一切真正爱国的民族资本家和民族企业家的一致努力。因而，在城市处理劳资关系时，不能过分强调工人阶级的暂时利益而忽视资方的利益，必须在兼顾劳资双方利益公平合理的基础上，调整劳资关系，平衡劳资权益。

《哈尔滨特别市战时暂行劳动条例》所确立的"劳资两利"原则是城市劳动法制的一个空前创举。它使"劳动法规的基本原则发生了根本性的变化，由根据地时期强调保护工人的利益向'平衡劳资利益，实现劳资两利，以充分调动劳资双方的生产积极性'的立法理念转变"①，这也是哈尔滨特殊社会经济背景和战争后方革命使命下的必然选择与勇敢创新，符合当时革命斗争和城市解放区经济建设的需要，在实践中产生了积极的效果，促进了生产，发展了工商业，也带动了农村经济发展，在支援解放战争不断取得胜利的历史进程中做出了重大贡献。

同时，《哈尔滨特别市战时暂行劳动条例》也是对苏联法"中国化"的一个创新性实践。列宁在苏联新经济政策时期关于国家资本主义的论述中指出："当我们国家在经济上还极其薄弱的时候，怎样才能加速经济的发展呢？那就是要利用资产阶级的资本。"② 1922年的《苏俄劳动法典》③

---

① 孙光妍,孔令秋."劳资两利"：平衡劳资关系的首次立法实践——以《哈尔滨特别市战时暂行劳动条例》为考察[J].求是学刊,2010(6)：92.
② 在俄共(布)莫斯科组织支部书记会议上的演说(1920年11月30)[A].中共中央马克思恩格斯列宁斯大林著作编译局.列宁全集[M].北京：人民出版社,1985：392.
③ 《苏俄劳动法典》(1922年)文量较大,其相关内容详见[苏]亚历山大洛夫.苏维埃劳动法[M].北京：人民出版社,1954.还可参见[苏]亚历山大洛夫.苏维埃劳动法教程[M].李光谟,康宝田,译.北京：中国人民大学出版社,1955.

对哈尔滨解放区的劳动法产生了深刻影响,在劳动时间、工资和社会保险等方面都具有明显的借鉴性。

但这种借鉴不是一味照搬,而是根据哈尔滨支援前线的紧迫任务、为革命胜利而加班劳动的劳动者意愿,并遵循行业劳动习惯等实际情况进行了灵活的创新性改造。如在劳动时间方面,1922年《苏俄劳动法典》第九十四条规定:"关于生产工作及为生产所之辅助工作,每日正常工作时间之连续,不得超过八小时。"这一规定较为单一,而《哈尔滨特别市战时暂行劳动条例》中关于劳动时间的规定,如前所述,有特殊行业的6小时制、一般情况下的8~12小时制、自愿延长下的12小时制、按行业习惯的工作时长制,规定更加灵活、适宜,符合哈尔滨实际。再如,关于工资,1922年《苏俄劳动法典》第五十九条规定:"劳动报酬的数额不得低于相当的国家机关为相当种类之劳动每次当时所规定的必须遵守的酬金最低额。"这一规定也较为单一,而《哈尔滨特别市战时暂行劳动条例》中有关工资的规定,则有"计件工资制""计时工资制""实物工薪制""额外奖励工资制""额外工时的合同约定制"和"假日带薪制",规定得更加灵活、适宜,符合哈尔滨实际。

《哈尔滨特别市战时暂行劳动条例》调动了劳资双方的生产积极性,为推进战时劳动生产和繁荣哈尔滨提供了有力的法制保障。同时,哈尔滨解放区对劳动法立法理念、基本原则、法制内容的创新性转变,以及其结合实际、适合时宜、灵活多样的立法规定,为新中国劳动法科学理念、立法框架的确立提供了宝贵的经验。因而,"哈尔滨解放区法制建设既受到了苏联法的深刻影响,又体现了中国共产党人一切从实际出发的原则,是中国共产党人将马克思列宁主义基本原理与中国革命法制建设相结合的'中国化'实践"[①]。

三、小商小贩社会主义改造的先行探索

摊贩是古今中外各个城市中的一个特殊群体,对这一群体的法律治理也各有不同。摊贩处在社会底层,与城市民生紧密相连,对这一群体的关注或者忽视,体现了执政者是否以民为本。

---

① 孙光妍.哈尔滨解放区法制建设进程中苏联法的"中国化"实践[J].求是学刊,2014(5):107.

哈尔滨解放初期，为了尽快恢复经济，安定社会生活，哈尔滨解放区人民政权依靠群众，发动群众，积极争取改善自己的生活，并设法解决失业贫民的生活，实行民主政治，建立法治秩序。党的工作方针是既要照顾民生，发展生产，又要实现社会的良好治理；既不是无为而治，也不是"一刀切"式的片面整治。哈尔滨解放区政府在经过广泛而深入的历史考察与现况调查后，肯定了摊贩经营的民生性，在原则取向上力争削弱摊贩的缺点、加强摊贩的优点，因而在制定政策法令时和实际工作中充分包容了摊贩经营的民生所需，并没有一刀切地进行削减，而是分类别、分情况、给时间、有步骤地进行"整理"，最大限度地贴合实际解决问题。1948年7月22日，哈尔滨解放区出台《哈尔滨特别市摊贩管理条例》，该条例是1946年哈尔滨解放后人民政权持续不断探索的法治结晶，更是摊贩管理的法治智慧之果。

哈尔滨解放区摊贩治理以"发展正当工商业，动员失业人员，参加劳动生产"为原则，对城市摊贩给予了关注、引导、"整顿"与规治，形成了诸多特点：第一，在摊贩整理的工作方针和许可经营的行业选择上注重民生需求；第二，注重实证化调研，为摊贩治理政策、法令的出台提供准确的参考；第三，制定法律法规，为治理提供制度化保障；第四，制度实施中注意结合摊贩实际情况，合理引导，积极改善，在规制中促进摊贩经营的向好发展；第五，管理实际中关注群众民生性的新需求，及时进行调整；第六，各层级摊贩管理机构和工作人员不断总结工作方法，贴近群众，为城乡人民服务；第七，协调多种社会资源，合作一致地实施摊贩治理，为摊贩治理提供有效的体系保障；第八，惩罚和教育相结合，教育在先，违者受惩；第九，发动群众，帮扶有法，广泛宣传，舆论监督。

1948年《哈尔滨特别市摊贩管理条例》是中国共产党在全国最先解放的大城市哈尔滨颁布的专门针对城市摊贩的经济法规。条例的出台是经过从1946年秋季起至1948年7月哈尔滨人民政权对摊贩进行的引导式管理、"整顿"式管理、试点区域管理和全面规范管理探索后的法治化成果，开创了对复杂的城市底层商业群体多元路径理性规治的法治新模式。通过对哈尔滨市档案馆藏革命历史档案的调查与整理，并经过与同时期的《东北日报》、哈尔滨《工商日报》等报刊的核对，可以证实这是新民主主义革命时期中国共产党第一次在城市解放区进行的摊贩管理立法,是毛泽东新民主主义理论指导下对城市摊贩管理的最早法治实践。法规的施行为后继解放区的城市经济恢复与发展、城市建设与管理等多方面提供了宝贵的经验,也成为新中国对城市小商小贩进行经济立法的重要渊源,其具有的意义和产生的影响具体体现在以下三个方面。

第一,首次尝试了城市摊贩管理的法治实践。中国革命法治在哈尔滨这座全国第一个解放的大城市中进行了从农村法治到城市法治的转型,尽管没有可资借鉴的城市摊贩管理先行法规,但哈尔滨解放区人民政权在迫切需要构建城市立法的背景下,并不是无的放矢、闭门造法,而是扎根于当时城市生活的实际,回应城市多元阶层的诉求,关注底层民生需要,并将摊贩经济纳入整个城市经济体系当中进行引导和规划,制定了符合时宜的立法方针、管理制度、惩治措施,积极地引导了城市小商业者的行业取向,合理地规制了城市小商业者的商业行为,开创性地构建了一套鼓励生产、保障民生、利民便民、规范治理、多元管控、民主协商的城市摊贩管理法规治理模式。这种创制性的探索体现了哈尔滨解放区人民政权的民生思维与法治智慧,为战时恢复与发展经济、稳定城市秩序、保障城市民生、安定社会秩序提供了有力保障,同时也为全国解放后建立以城市摊贩为调整对象的国家法治奠定了基础,积累了经验。

第二,开创了新民主主义社会城市摊贩管理的多元路径。行商坐贾、走卒贩夫古而有之,但解放战争时期哈尔滨城市摊贩业的"繁荣"是战时社会状况的客观反映。哈尔滨摊贩从业人员复杂,既有长期专门从事摊贩经营的业者,也有失业的工人、店员,伪满时期的公务员,甚至还有流亡地主和流氓无产阶级。摊贩业类型复杂,有市场化摊贩,也有聚集型、分散型、游动型摊贩。摊贩业涉及经营种类众多,分布广泛。这些多发性状态是农村所不存在的,对如此复杂的城市摊贩管理,共产党只有新民主主义的社会目标和理论观念,并没有具体先验模式可资借鉴。在充分调查和正确审视下,以民生为需、保障发展、保证秩序、发扬民主等为原则,哈尔滨市新民主主义政权开创性地确立了保留、管理、限制、取缔、引导转型的多元化方案,这种分而处之的多样应对模式,十分符合当时复杂的社会境况,更为新中国初期全国各城市摊贩工商法规的制定提供了可贵的探索性经验。

第三，成为新民主主义阶段城市摊贩管理法治建设的重要示范。哈尔滨解放初期，在城市各个区域活跃的摊贩是解放战争时期特定历史条件下的产物，这种境况在解放战争时期乃至新中国城市建设初期都具有较强的代表性。城市摊贩本小利微，是靠个人或同家属一起依靠商业劳动维持经营与生活的城市个体商业劳动者。城市摊贩贴近市民生活，可以满足城市基本生活需要，沟通城乡物资运输与交换，促进城乡经济发展。因此，对城市摊贩存在历史背景的正确分析和个体商业劳动者经济性质的准确判定，促成了哈尔滨人民政权在兼顾城市工商业健康发展、规范社会秩序与照顾城市基本民生的多方面需要下，对摊贩并没有单一化处理，简单取消，剥夺经营权，或者任由生长、放纵不理，而是因况制宜，创造性地采取保留、管理、限制、取缔、引导转型相结合的综合方式，体现了"以人民为根本"的新民主主义理念，是践行毛泽东提出的"建立新民主主义的中国"在城市摊贩经济领域的重要尝试与可贵探索。

1948年的《哈尔滨特别市摊贩管理条例》开启了中国共产党对城市摊贩管理的经验积累。更为重要的是，它产生了更广泛的影响和更深远的意义。作为全国解放最早的大城市，哈尔滨摊贩管理法治的首次尝试，为后来新解放城市的经济管理工作打下了良好的基础，被其他城市不断地学习和借鉴。[1] 在1950年东北人民政府发布的《关于统一市场领导及组织机构的指示》[2] 和1952年东北人民政府贸易部发布的《关于加强城市摊贩管理工作的指示》[3] 中，仍然能够看到关于管理法制、管理机构、管理方针、管理路径、管理方法等方面内容，是对哈尔滨解放区摊贩管理实践的延续，因而形成了在较长时期内都具有的直接影响力。哈尔滨解放区摊贩管理是对城市社会小商贩阶层法规治理的可贵尝试，是对新中国小商贩社会主义改造的先行探索。

---

[1] 参见哈尔滨市图书馆馆藏哈尔滨《工商日报》报讯：《四平、阜新各界参观团招待座谈会上各代表盛赞哈市建设》，1948年7月15日，第一版。

[2] 东北人民政府关于统一市场领导及组织机构的指示[A].东北人民政府办公厅，编.东北人民政府法令汇编(第二辑)[M].1951:478.

[3] 东北人民政府贸易部关于加强城市摊贩管理工作的指示[A].东北人民政府办公厅，编.东北人民政府法令汇编(第三辑)[M].1952:506.

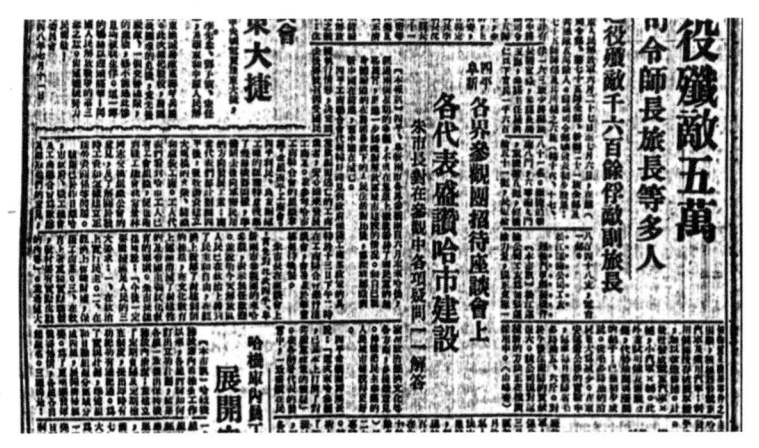

第五章　1946—1949年哈尔滨商事习惯变化发展的历史意义　355

图 5-17　哈尔滨《工商日报》1948年7月30日刊载
《四平、阜新各界参观团招待座谈会上　各代表盛赞哈市建设》①

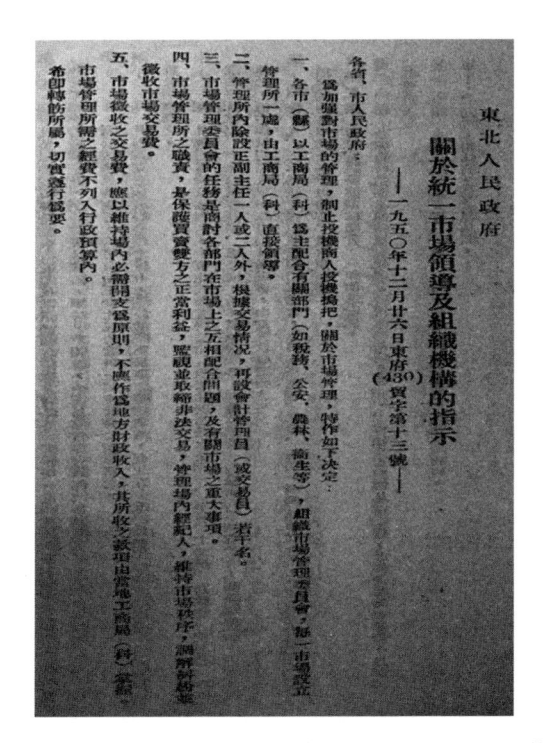

图 5-18　1950年《东北人民政府关于统一市场领导及组织机构的指示》②

---

① 资料来源：哈尔滨市图书馆馆藏哈尔滨《工商日报》，1948年5月15日，第一版。
② 资料来源：东北人民政府办公厅，编.东北人民政府法令汇编（第二辑）[M].1951:478.

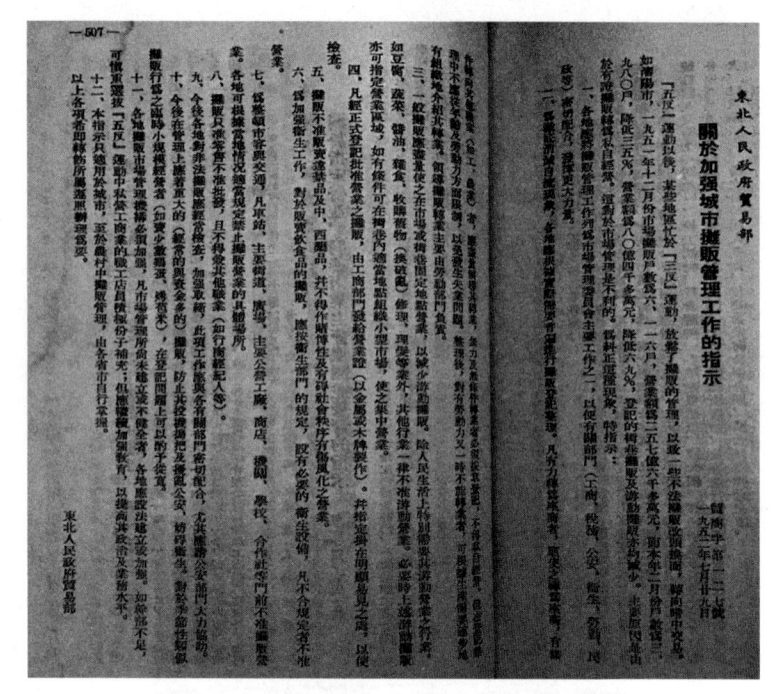

图 5-19　1952 年东北人民政府贸易部发布的
《关于加强城市摊贩管理工作的指示》[①]

四、计划经济发展模式的雏形

哈尔滨是中国共产党在全国解放的第一个大城市。1946 年 4 月 28 日哈尔滨解放后，就成为中共中央东北局、东北民主联军司令部的驻地，也是松江省党、政、军机关的所在地。8 月，东北行政委员会也在哈成立，哈尔滨成为我党在东北的政治、军事、经济、文化中心、重要交通枢纽及战略大后方。哈尔滨承担着"恢复经济，发展生产，支援前线"的重大任务。

在开展清匪反霸斗争、巩固人民政权的同时，哈尔滨解放区人民政府贯彻新民主主义革命的三大经济纲领，使哈市旧有的半殖民地半封建经济体系解体，积极建立和恢复国营企业、合作社企业、公私合营企业、中小私营资本企业、侨商企业以及独立劳动者、家庭手工业者的多种经济形

---

① 资料来源：东北人民政府办公厅,编. 东北人民政府法令汇编（第三辑）[M]. 1952：506.

第五章　1946—1949年哈尔滨商事习惯变化发展的历史意义

式，在没有直接经验借鉴的前提下，努力探索出多种经济形式并存的新发展模式。

由于刚刚起步、毫无经验，在战争背景下匆忙组织，因而对如何真正实现正确的"公私兼顾，劳资两利"存在认识上的偏差，出现运动中的"左"倾危险。1947年10月间，在东北局的领导下，哈尔滨展开了反对职工运动中"左"倾危险的工作。在毛主席1947年12月25日的报告以及中央"二七社论"发表后，中共哈尔滨市委更加认识到对公私兼顾的整体经济建设还存在认识上的不足，应纠正来自土地改革的"不区别资本主义与封建主义"的"左"倾冒险主义错误，停止侵犯工商业、损坏经济，加强对私人工商业经济力量的监督与广泛利用，开展在政府领导下的有计划、有组织、有管理的经济建设。

为了组织和利用私人资本主义经济发展生产，为解放战争服务、为人民服务，哈尔滨市人民政府提出了"要区别私人经济中的工业与商业，分析工业与商业中何种应该发展扶助，何种应给予限制、引导、监督以致打击、取缔、禁止"的方针，通过开展工商业大登记，颁布《哈尔滨特别市战时工商业保护和管理暂行条例》[①]等一系列工商业保护法令，开始实施工商业开废业登记制度，并加以管理。在登记调查与管理中，首先发现了对军需军工、支援战争及民需民用方面极为有利的几种生产和经营行业，如钢铁、被服、鞋帽、织布、纺纱等行业。为了完成军需军工生产、支援战争的重大任务，必须理顺公私、劳资的生产关系，于是提出了加工政策，制定了《哈尔滨市加工定货条例》[②]，规定无论公营、私营、手工业者等，均须订立合同进行加工订货，以保证委托加工方与加工方的双方利益，使加工生产能依公私兼顾的原则正常进行。通过实施法令，使生产走上了正轨，这是哈尔滨发展国家资本主义的开始。其后进一步发现私人游资很多，其活动大部分面向商业，特别是在物价波动的时期往往纷起投机，哈尔滨人民政府一方面扩大国营商业活动，抢占商业阵地，掌握物价，限制投机；另一方面提出"资本下乡"的号召，并提出"以公股为主

[①] 哈尔滨特别市战时工商业保护和管理暂行条例[A].哈尔滨市档案馆.哈尔滨解放(上)[M].北京：中国档案出版社，2010：270.

[②] 哈尔滨市加工定货条例(修改稿)[A].哈尔滨市档案馆.哈尔滨解放(下)[M].北京：中国档案出版社，2010：365.

体,在政府的领导下,吸收私人资本,组建哈尔滨企业公司"的方案。在东北局的支持下,哈尔滨市人民政府对不少反对这种形式的人,进行了不断的说服解释工作。之后,1948年7月1日,我国第一个国家资本主义企业集团"哈尔滨企业公司"正式成立,由此真正开启了政府领导下的公私合营形式的对国家计划经济建设模式的道路探索。

哈尔滨解放区对哈尔滨企业公司的认识是在不断探索、总结中逐渐清晰并拓展的,"当时只知道在私人资本主义中找寻出了这样有利于我的经济形式,还不知道这就是国家资本主义的一种,在七八月城工会议时,总结了这个经验,才明确了它是属于国家资本主义经济范畴内的。而且证明了它是利用与监督私人资本主义的最好方法,是应该鼓励与提倡的。从此以后,对于国家资本主义经济,走向了自觉、主动的积极经营阶段"。[①]

在探索中,哈尔滨市政府提出国家资本主义经济形式的主要方针应该是组织业者生产,监督业者生产。国家资本主义经济是国民经济建设中带有计划性的一部分,帮助国家促成计划经济——国营生产或者组织其他业者的生产经营要有计划性。提倡加工制,把可以运用与打算运用的加工生产力计算在内,努力减少临时停工或临时突击的不正常现象。战争时期只要国家生产的计划性一加强,利用加工制的机会就一定更多。在国营商业大力扶植职工及农民的产销合作社的这一时期,也应筹划大宗民用器具加工,将散漫的私人生产组织起来,领导起来。[②] 这些探索在当时特定的历史时期,无论从发展生产还是监督私资的意义上来说,都是有利的、正确的,取得了客观的优良效果,既促进了地方工商业的发展、职工福利事业不断发展,解决了民生所需,有力地支援了解放战争,也为国家培养了大批熟练工人、干部和各种专业人才,初步探索了社会主义国家计划经济的新型发展模式。

哈尔滨解放区初步探索国家计划经济发展模式的实践是建立在中国共产党新民主主义时期经济政策和理论基础上的。根据我国国情,毛泽东同志在《新民主主义论》(1940年1月)中指出,"……在无产阶级领导下

[①] 哈市1948年经济工作总结(1949年3月)[A].哈尔滨市档案馆.解放战争时期哈尔滨经济资料文集(上册)[M].哈尔滨:哈尔滨工业大学出版社,1994:90.

[②] 哈尔滨市档案馆.解放战争时期哈尔滨经济资料文集(上册)[M].哈尔滨:哈尔滨工业大学出版社,1994:90-101.

的新民主主义共和国的国营经济是社会主义的性质,是整个国民经济的领导力量,但这个共和国并不没收其他资本主义的私有财产,并不禁止'不能操纵国计民生'的资本主义生产的发展,这是因为中国经济还十分落后的缘故"。[①]继而在1947年12月25日,毛泽东同志在《目前形势和我们的任务》中又提出了"发展生产、繁荣经济、公私兼顾、劳资两利"的新民主主义时期国民经济建设的总目标和总方针。这些论述都是哈尔滨解放区人民政府制定经济政策和法令,探索"公私兼顾,劳资两利"总方针下具体经济模式的理论根源。

哈尔滨解放区公私合营国家资本主义经济的探索与尝试,为新中国国家社会主义计划经济的建立与开展提供了宝贵的经验。1949年,中国共产党七届二中全会胜利召开,毛泽东同志在会上论述新中国的经济结构时指出:"……国营经济是社会主义性质的,加上私人资本主义,加上个体经济,加上国家和私人合作的国家资本主义经济,这些就是人民共和国的几种主要的经济成分。这些就构成新民主主义的经济形态。"[②]这就使全党对新民主主义时期的经济政策更加明确。哈尔滨解放区人民政府针对当时国营经济刚刚建立,合作经济处于初步状态,资本主义经济有待改造的实际情况,遵循新民主主义经济政策的规定,进行了组建国家资本主义经济的尝试,取得了利用私人资本为支援解放战争和发展经济服务的经验,探索了政府领导下的有计划、有组织、有管理的经济建设新模式。

本章小结

哈尔滨解放区商事习惯的变革对解放区建设发挥了积极作用,废业及转业后的开业、复业户数大增,工商业走出解放初期的困境,呈现经济复兴的繁荣景象。摊贩从业管理等商事习惯的法制调整较好地促进了经济健康发展与城市秩序稳定,百姓安乐,团结向前,齐心生产,支援前线,哈尔滨人民为解放战争做出了重要贡献。哈尔滨解放区的可喜成果与成功经

---

① 新民主主义论(1940年1月)[A].中共中央毛泽东选集出版委员会.毛泽东选集(一卷本)[M].北京:人民出版社,1964:639.
② 在中国共产党第七届中央委员会第二次全体会议上的报告(1949年3月5日)[A].中共中央文献编辑委员会.毛泽东著作选读(下册)[M].北京:人民出版社,1986:657.

验成为其他解放区的直接借鉴。此外，对国家资本主义经济模式的尝试、平衡劳资关系的首次法治实践、小商小贩社会主义改造和计划经济发展模式的先行探索等都是首先在哈尔滨解放区开拓、试验的，为新中国的经济建设和法制建设做出了道路选择和经验累积的重要尝试。

结　语

通过梳理史料，在整理与描述哈尔滨城市发展进程中的清末时期、民国时期、伪满洲国时期和解放区时期商事习惯的历史样态、形成与发展中，以及对其社会功能的研究与思考中，可以从总体上得出以下四个方面的认识。

第一，从时间维度上看，哈尔滨商事习惯的形成与变迁，经历了清末、民国、伪满洲国、解放区的四个历史阶段。在历史进程中，商事习惯始终是与国家法制并存的一种社会关系的调试器，它形成于国家法未及的空间层面，是客观商事贸易关系的一种需求反应，因而具有一定的延续性。同时，也正是因为商事习惯根源于商事贸易关系调整的直接需求，当商事贸易关系发生变化时，商事习惯也显示了适应时代客观变化的调适性特征，在历史变迁中，有些被保留下来，有些被国家法制吸收，有些则被消解或被动调整。

第二，从场域维度上看，哈尔滨解放前的商事习惯存在着本土习惯与外来习惯、传统习惯与新生习惯并存的特殊历史样态，具有多元差异与追求调和的双重特点，这是由哈尔滨边疆中心城市的地理位置，以及进而形成的华洋杂居、商贾辐辏的商业社会结构所决定的，它适应了华洋并举的时代需求，较好地发挥了稳定城市商业秩序的作用。哈尔滨解放区时期的商事习惯则凸显了求同向度，在国土收复、社会转型的历史巨变下，哈尔滨解放区百废待兴，需要破旧立新，建立新民主主义的城市商业新秩序，保护正当工商业，发展生产，支援前线，这也是哈尔滨在特殊社会背景和战争后方革命使命下的必然选择，符合当时革命斗争和城市解放区经济建设的需要，在实践中产生了积极的效果。

第三，从价值维度上看，哈尔滨解放区商事习惯与法制衔接的道路选择与实践经验具有重要的历史意义。哈尔滨解放区对商事习惯的法制探索，有许多都是在城市多元复杂环境中的新型创制，是中国共产党人把工作重心由农村转移到城市的一次成功探索。哈尔滨是中国共产党领导的武装力量进行解放的第一个大城市,此前尚没有任何接收和管理城市的经验,特别是恢复工商业生产和发展经济问题,是对共产党人最大的考验。在中共中央和东北局的领导下,哈尔滨解放区率先进行探索,取得了成功的经验,为保证城市秩序稳定、发展城市经济、保障人民生活、支援解放战争发挥了重要作用,也为新中国培养了大批干部,把城市解放区经济建设与管理的理念、经验传扬到了其他解放区,乃至新中国。这种创制性实践是中国经济法制"从农村到城市"的重大历史转折,成为新中国城市经济法制构建的先行尝试与有益探索。

第四,从反思维度上看,哈尔滨解放区对商事习惯的"废旧立新"的法制调整,具有政策与法律并存和以政策替代法律的特点。在特定的历史条件之下,哈尔滨解放区人民政权一切从实际出发,以解困民生、繁荣经济、发展生产、支援解放战争为最大施策需求,因而出现了政策先行、快速解决问题的特殊现象,也凸显了施政立法的战时性、暂时性和应急性的"急就章"特点。虽然这在当时,对于毫无城市管理经验的"年轻的"哈尔滨解放区人民政权的领导者们来说,是无可厚非的,但以今天的法治观来审视,可能忽略了法治意义上的程序正义,存在种种不完善,并且含有一定程度的人治成分,这是我们今天需要特别注意的。

参考文献

一、历史文献

(一) 档案文献

[1] 哈尔滨市档案馆藏《中共哈尔滨市委革命历史档案》,全宗号 GD1,1945—1949 年。

[2] 哈尔滨市档案馆藏《哈尔滨市人民政府革命历史档案》,全宗号 GD2,1946—1949 年。

[3] 哈尔滨市档案馆藏《哈尔滨市临时参议会革命历史档案》,全宗号 GD3,1946—1947 年。

[4] 哈尔滨市档案馆藏《哈尔滨卫戍司令部革命历史档案》,全宗号 GD4,1946—1947 年。

[5] 哈尔滨市档案馆藏《哈尔滨市法院革命历史档案》,全宗号 GD5,1946—1949 年。

[6] 哈尔滨市档案馆藏《哈尔滨市总工会革命历史档案》,全宗号 GD6,1947—1949 年。

[7] 哈尔滨市档案馆藏《哈尔滨市团市委革命历史档案》,全宗号 GD7,1946—1949 年。

[8] 哈尔滨市档案馆藏《哈尔滨市妇女联合会革命历史档案》,全宗号 GD8,1948—1949 年。

[9] 哈尔滨市档案馆藏《中共哈尔滨市委党校革命历史档案》,全宗号 GD9,1948—1949 年。

[10] 哈尔滨市档案馆藏《哈尔滨市商工公会革命历史档案》,全宗号 GD10,1946—1949 年。

[11] 哈尔滨市档案馆藏《哈尔滨市政府社会局》,全宗号 GD011,1947—1949 年。

[12] 哈尔滨市档案馆藏《哈尔滨市第一商业局案卷》,全宗号 XD034,1950—1985 年。

[13] 哈尔滨市档案馆藏《建国前及建国初期工商档案(企业登记卡片)道外区私营企业注册登记卡片》,全宗号 ZD013。

[14] 哈尔滨市档案馆藏《一商局案卷》,全宗号 34,1948—1985 年。

(二) 报纸文献

[1] 哈尔滨市图书馆馆藏《哈尔滨日报》,1947—1949 年。

[2] 哈尔滨市图书馆馆藏《滨江日报》,1937—1945 年。

[3] 哈尔滨市图书馆馆藏《东北日报》,1945—1949 年。

[4] 哈尔滨市图书馆馆藏《远东报》,1914—1921 年。

[5] 哈尔滨市图书馆馆藏哈尔滨《工商日报》,1945—1948 年。

[6]哈尔滨市图书馆馆藏《东三省商报》,1923—1937年。

(三) 史料汇编

[1]哈尔滨市档案馆.哈尔滨解放(上、下)[C].北京:中国档案出版社,2010.

[2]张家镇.中国商事习惯与商事立法理由书[M].北京:中国政法大学出版社,2003.

[3]哈尔滨特别市政府公报第十七期,哈尔滨特别市政府秘书处编印,中华民国三十七年六月一日.

[4]哈尔滨特别市政府公报第二十期,哈尔滨特别市政府秘书处编印,中华民国三十八年六月.

[5]哈尔滨特别市政府公报第二十四期,哈尔滨特别市政府秘书处编印,中华民国三十八年一月.

[6]哈尔滨特别市政府公报第二十七期,哈尔滨特别市政府秘书处编印,中华民国三十八年八月四日.

[7]哈尔滨特别市政府公报第三十二期,哈尔滨特别市政府秘书处编印,中华民国三十八年九月.

[8]黑龙江省哈尔滨历史文化研究会.哈尔滨历史文化研究(第一辑):城史研究[C].哈尔滨:黑龙江大学出版社,2017.

[9]潘润阁,李激扬.杂话哈尔滨[M].沈阳:辽宁画报出版社,1996.

[10]方世军,关成和.哈尔滨之最[M].哈尔滨:哈尔滨出版社,1989.

[11]步平.黑龙江通史简编(上、下)[M].哈尔滨:黑龙江人民出版社,2017.

[12]周文华.黑龙江大辞典[M].哈尔滨:黑龙江人民出版社,1992.

[13]黑龙江省社会科学院历史研究所.黑龙江近代历史大事记1840—1949[M].哈尔滨:黑龙江人民出版社,1987.

[14]步平,郭蕴深,张宗海,黄定天.东北国际约章汇释(1689—1919年)[M].哈尔滨:黑龙江人民出版社,1987.

[15]佟冬.中国东北史(第一、二、三、四、五、六卷)[M].长春:吉林文史出版社,1998.

[16]《哈尔滨通鉴》编纂委员会.哈尔滨通鉴[M].哈尔滨:哈尔滨教育出版社,2015.

[17]滕英武,李凯平,荆石.哈尔滨商业大事记(上、下)(1890—1966)[M].哈尔滨市商业委员会,1988.

[18][清]徐宗亮.黑龙江述略(外六种)[M].李兴盛,张杰,点校.哈尔滨:黑龙江人民出版社,1985.

[19]东北解放区财政经济史编写组.东北解放区财政经济史资料选编(第三辑)[M].哈尔滨:黑龙江人民出版社,1988.

[20]李述笑.哈尔滨历史编年(1896—1949)[M].哈尔滨:哈尔滨市人民政府地方志编纂办公室,1986.

[21] 哈尔滨市地方志编纂委员会.哈尔滨市志(第17卷)[M].哈尔滨:黑龙江人民出版社,1998.
[22] 哈尔滨市人民政府地方志办公室.哈尔滨市志·总述[M].哈尔滨:黑龙江人民出版社,2000.
[23] 哈尔滨市人民政府地方志办公室.哈尔滨市志·劳动[M].哈尔滨:黑龙江人民出版社,1998.
[24] 哈尔滨市人民政府地方志办公室.哈尔滨市志·政权[M].哈尔滨:黑龙江人民出版社,1998.
[25] 哈尔滨市人民政府地方志办公室.哈尔滨市志·公安司法行政[M].哈尔滨:黑龙江人民出版社,1996.
[26] 哈尔滨市人民政府地方志办公室.哈尔滨市志·侨务[M].哈尔滨:黑龙江人民出版社,1994.
[27] 哈尔滨市人民政府地方志办公室.哈尔滨市志·大事记人口[M].哈尔滨:黑龙江人民出版社,1999.
[28] 哈尔滨市档案馆.解放战争时期哈尔滨经济资料文集(上、下)[C].哈尔滨:哈尔滨工业大学出版社,1994.
[29] 中共中央毛泽东选集出版委员会.毛泽东选集(一卷本)[M].北京:人民出版社,1964.
[30] 哈尔滨市档案馆.哈尔滨经济资料文集(第一辑)[C].内部发行,1991.
[31] 哈尔滨市档案馆.哈尔滨经济资料文集(第二辑)[C].内部发行,1991.
[32] 哈尔滨市档案馆.哈尔滨经济资料文集(第三辑)[C].内部发行,1991.
[33] 哈尔滨市档案馆.哈尔滨经济资料文集(第四辑)[C].内部发行,1991.
[34] 哈尔滨市人民政府地方志编纂办公室.哈尔滨人物:第一辑(内部发行)[M].哈尔滨:哈尔滨市人民政府地方志编纂办公室,1989.
[35] 哈尔滨市人民政府地方志编纂办公室.哈尔滨人物:第二辑(内部发行)[M].哈尔滨:哈尔滨市人民政府地方志编纂办公室,1991.
[36] 哈尔滨市人民政府地方志编纂办公室.哈尔滨人物:第三辑(内部发行)[M].哈尔滨:哈尔滨市人民政府地方志编纂办公室,1992.
[37] 伪满时期资料重刊编委会编.伪满洲国政府公报(影印本)(全120册)[C].沈阳:辽沈书社,1990.
[38] 黑龙江省地方志编纂委员会.黑龙江省志(第三十五卷·商业志)[M].哈尔滨:黑龙江人民出版社,1994.
[39] 黑龙江省档案馆编.满铁调查报告(第一辑)[C].桂林:广西师范大学出版社,2005.
[40] 黑龙江省档案馆编.满铁调查报告(第二辑)[C].桂林:广西师范大学出版社,2006.

[41] 徐勇,邓大才.满铁农村调查(总第1卷,惯行类,第1卷)[M].李俄宪,主译.北京:中国社会科学出版社,2016.

[42] 贺颖.哈尔滨历史大事要览[M].哈尔滨:黑龙江人民出版社,2008.

[43] 张奎燕.解放战争时期黑龙江经济简史(1946—1949)[M].哈尔滨:哈尔滨出版社,2002.

[44] 中国人民政治协商会议黑龙江省委员会文史资料委员会编辑部.武百祥与同记[M].哈尔滨:黑龙江人民出版社,1989.

[45] 中国人民政治协商会议黑龙江省哈尔滨市委员会文史资料研究委员会.哈尔滨文史资料:第六辑(内部发行)[M].哈尔滨:哈尔滨出版社,1985.

[46] 中国人民政治协商会议黑龙江省哈尔滨市委员会文史资料研究委员会.哈尔滨文史资料:第七辑(纪念抗日战争胜利四十周年专辑)[M].哈尔滨:哈尔滨出版社,1985.

[47] 中国人民政治协商会议黑龙江省哈尔滨市委员会文史资料研究委员会.哈尔滨文史资料:第八辑(纪念哈尔滨解放四十周年专辑)[M].哈尔滨:哈尔滨出版社,1991.

[48] 政协哈尔滨市委员会文史资料编辑部.哈尔滨文史资料:第九辑(金融专辑)[M].哈尔滨:哈尔滨出版社,1991.

[49] 政协哈尔滨市委员会文史资料编辑部.哈尔滨文史资料:第十辑[M].哈尔滨:哈尔滨出版社,1991.

[50] 中国人民政治协商会议黑龙江省哈尔滨市委员会文史资料研究委员会.哈尔滨文史资料:第十一辑(哈尔滨抗日保卫战)[M].哈尔滨:哈尔滨出版社,1987.

[51] 政协哈尔滨市委员会文史资料编辑部.哈尔滨文史资料:第十三辑(风雨同舟)[M].哈尔滨:哈尔滨出版社,1989.

[52] 政协哈尔滨市委员会文史资料编辑部.哈尔滨文史资料:第十四辑[M].哈尔滨:哈尔滨出版社,1990.

[53] 政协哈尔滨市委员会文史资料编辑部.哈尔滨文史资料:第十五辑(经济史料专辑)[M].哈尔滨:哈尔滨出版社,1991.

[54] 陈绍南.哈尔滨经济资料文集(1896—1946)(第二辑)[M].哈尔滨:哈尔滨市档案馆(内部发行),1991.

[55] 陈绍南.哈尔滨经济资料文集(1896—1946)(第三辑)[M].哈尔滨:哈尔滨市档案馆(内部发行),1991.

[56] 朱建华.东北解放区财政经济史稿[M].哈尔滨:黑龙江人民出版社,1987.

[57] 哈尔滨党史研究会《哈尔滨企业公司历史经验》编委会.我国第一个国家资本主义企业集团——哈尔滨企业公司(内部发行)[M].哈尔滨:哈尔滨印刷厂,1991.

[58] 东北人民政府办公厅,编.东北人民政府法令汇编(第二辑)[M].1951.

[59] 东北人民政府办公厅,编.东北人民政府法令汇编(第三辑)[M].1952.

[60]曲伟,李述笑.哈尔滨犹太简明辞书[M].北京:社会科学文献出版社,2013.

[61]许涤新,吴承明.中国资本主义发展史(第三卷)[M].北京:社会科学文献出版社,2007.

[62]中共黑龙江省委党史研究室.中共黑龙江史:第一卷(1921—1949)[M].北京:中共党史出版社,2013.

[63]韩延龙,常兆儒.中国新民主主义革命时期根据地法制文献选编(第一、二、三卷)[M].北京:中国社会科学出版社,1981.

[64]韩延龙,常兆儒.中国新民主主义革命时期根据地法制文献选编(第四卷)[M].北京:中国社会科学出版社,1984.

[65]厦门大学法律系.中华苏维埃共和国法律文件选编[M].南昌:江西人民出版社,1984.

[66]傅立民,贺名仑.中国商业文化大辞典(上、下卷)[M].北京:中国发展出版社,1993.

[67]哈尔滨、沈阳市工商行政管理局.东北解放区的工商行政管理[M].北京:工商出版社,1988.

二、著作

[1]马克思恩格斯全集(第1卷)[M].北京:人民出版社,1960.

[2]马克思.1844年经济学哲学手稿[M].北京:人民出版社,2000.

[3]中共中央马克思恩格斯列宁斯大林著作编译局.列宁全集[M].北京:人民出版社,1985.

[4]中共中央文献编辑委员会.毛泽东著作选读(下册)[M].北京:人民出版社,1986.

[5]陈云文选[M].北京:中央文献出版社,2005.

[6]辽左散人.滨江尘嚣录[M].张颐清,杨镰,整理.北京:中国青年出版社,2012.

[7]魏声和.吉林地志[M].长春:吉林文史出版社,1995.

[8]关成和.哈尔滨考[Z].哈尔滨:哈尔滨市社会科学研究所,1985.

[9]王禹浪.哈尔滨地名与城史纪元研究[M].北京:社会科学文献出版社,2018.

[10]邓清林.黑龙江地名考释[M].哈尔滨:黑龙江人民出版社,1984.

[11]李士良,石方,高凌.哈尔滨史略[M].哈尔滨:黑龙江人民出版社,1994.

[12]石方.黑龙江区域社会史研究(1644—1911)(续)[M].哈尔滨:黑龙江人民出版社,2004.

[13]石方.20世纪一二十年代哈尔滨多元文化研究[M].哈尔滨:黑龙江人民出版社,2012.

[14]石方.黑龙江移民史[M].北京:社会科学文献出版社,2019.

[15]高龙彬.清末民初黑龙江移民史研究[M].哈尔滨:黑龙江人民出版社,2019.

[16] 张希坡.革命根据地经济立法[M].长春:吉林大学出版社,1994.
[17] 鄢一龙,白钢,章永乐,欧树军,何建宇.大道之行:中国共产党与中国社会主义[M].北京:中国人民大学出版社,2015.
[18] 侯欣一.从司法为民到大众司法:陕甘宁边区大众化司法制度研究:1937—1949[M].北京:生活·读书·新知三联书店,2020.
[19] 王世华.哈尔滨简史[M].哈尔滨:哈尔滨工业大学出版社,2006.
[20] 张恒轩.富饶美丽的黑龙江[M].哈尔滨:黑龙江人民出版社,1988.
[21] 吕中山.鼎丰千秋:老鼎丰和徐玉铎的故事[M].哈尔滨:黑龙江人民出版社,1997.
[22] 解学诗.隔世遗思——评满铁调查部[M].北京:人民出版社,2015.
[23] 周振鹤,游汝杰.方言与中国文化[M].上海:上海人民出版社,2015.
[24] 瞿同祖.中国法律与中国社会[M].北京:中华书局,2003.
[25] 杨光.哈尔滨商业史研究[M].北京:中国财政经济出版社,2017.
[26] 瞿同祖.清代地方政府[M].天津:天津出版社,2011.
[27] 黄进华.马克思主义在哈尔滨传播的历史经验和现实启示[M].北京:中国社会科学出版社,2017.
[28] 徐晓光.黔湘桂边区山地民族习惯法的民间文学表达[M].桂林:广西师范大学出版社,2016.
[29] 范震威.一个城市的记忆与梦想:哈尔滨百年过影[M].哈尔滨:黑龙江美术出版社,2012.
[30] 金宗林.哈尔滨商会史略[M].哈尔滨:黑龙江人民出版社,2017.
[31] 王志军,李薇.20世纪上半期哈尔滨犹太人的宗教生活与政治生活[M].北京:人民出版社,2013.
[32] 韩淑芳.老哈尔滨[M].北京:中国文史出版社,2018.
[33] 钟福祥.松江文史·同记风云录(1、2)[M].哈尔滨:北方文艺出版社,2012.
[34] 哈尔滨卷烟厂.百年烟标荟萃[M].广州:岭南美术出版社,2002.
[35] 姜朋.商事制度考据集[M].北京:清华大学出版社,2017.
[36] 胡旭晟.狱与讼:中国传统诉讼文化研究[M].北京:中国人民大学出版社,2012.
[37] 刘统.决战:东北解放战争1945—1948[M].上海:上海人民出版社,2018.
[38] 朱英.中国近代同业公会与当代行业协会[M].北京:中国人民大学出版社,2004.
[39] 张松.变与常:清末民初商法建构与商事习惯之研究[M].北京:中国社会科学出版社,2010.
[40] 阿成.哈尔滨人[M].南京:南京大学出版社,2014.
[41] 胡赤军.近代中国东北经济开发的国际背景(1896—1931)[M].北京:商务印书馆,2011.

[42]刘镝,金镝.田家烧锅:哈尔滨开埠纪事[M].北京:中国文史出版社,2014.

[43]陈玙.夜幕下的哈尔滨[M].武汉:长江文艺出版社,2017.

[44]王红梅.商会与中国法制近代化[M].南京:南京师范大学出版社,2011.

[45]黄孟复.中国商会发展报告(2011)[M].北京:社会科学文献出版社,2011.

[46]杜正贞.浙商与晋商的比较研究[M].北京:中国社会科学出版社,2008.

[47]姜朋.官商关系:中国商法前论(修订版)[M].北京:法律出版社,2016.

[48]李可.习惯法:理论与方法论[M].北京:法律出版社,2017.

[49]马珺.清末民初民事习惯法对社会的控制[M].北京:法律出版社,2013.

[50]马旭东.回族民商事习惯法研究[M].北京:黄河出版传媒集团、宁夏人民出版社,2015.

[51]杨志明.边疆社会非正式控制研究:一种基于民族伦理控制的扩展分析[M].北京:中国社会科学出版社,2016.

[52]黄道新.供销合作社史话[M].北京:社会科学文献出版社,2016.

[53]王世凯,杨立英.东北方言与文化[M].北京:中国国际广播出版社,2014.

[54]眭鸿明.清末民初商事习惯调查之研究[M].北京:法律出版社,2005.

[55]刘云升.传统商理念与当代商事立法[M].北京:知识产权出版社,2012.

[56]何勤华,魏琼.西方商法史[M].北京:北京大学出版社,2017.

[57]民商法典译丛:法国商法典[M].金邦贵,译.北京:中国法制出版社,2000.

[58]吴建斌.现代日本商法研究[M].北京:人民出版社,2003.

[59]韦浩.民国时期商事登记法律制度研究[M].北京:中国工商出版社,2006.

[60]李文军.早期人民司法中的乡村社会纠纷裁断[M].北京:社会科学文献出版社,2018.

[61]范健.德国商法:传统框架与新规则[M].北京:法律出版社,2003.

[62]德国商法典[M].杜景林,卢谌,译.北京:法律出版社,2010.

[63]陈玺.唐代刑事诉讼惯例研究[M].北京:科学出版社,2018.

[64]孙丽娟.清代商业社会的规则与秩序:从碑刻资料解读清代中国商事习惯法[M].北京:中国社会科学出版社,2005.

[65]刘全娥.陕甘宁边区司法改革与"政法传统"的形成[M].北京:人民出版社,2016.

[66]张希坡,韩延龙.中国革命法制史(上)[M].北京:中国社会科学出版社,1987.

[67]张希坡,韩延龙.中国革命法制史(下)[M].北京:中国社会科学出版社,1992.

[68]张希坡.革命根据地法制史[M].北京:法律出版社,1994.

[69]张希坡.革命根据地的工运纲领和劳动立法史[M].北京:中国劳动出版社,1993.

[70]颜志.服务于秩序:清末民初绍兴商会研究(1905—1927)[M].杭州:浙江大学出版社,2019.

三、期刊文献

[1] 孙光妍.新民主主义宪政立法的有益尝试——1946年《哈尔滨市施政纲领》考察[J].法学研究,2006(5).

[2] 孙光妍,孔令秋.苏联法对哈尔滨解放区劳动法规的影响——以1948年《哈尔滨特别市战时暂行劳动条例》为例[J].学习与探索,2009(2).

[3] 孙光妍,孔令秋."劳资两利":平衡劳资关系的首次立法实践——以《哈尔滨特别市战时暂行劳动条例》为考察[J].求是学刊,2010(6).

[4] 孙光妍.哈尔滨解放区法制建设进程中苏联法的"中国化"实践[J].求是学刊,2014(5).

[5] 孙光妍,孔令秋.哈尔滨解放区对外侨案件的审理[J].法学研究,2012(2).

[6] 孙光妍,隋丽丽.道路的选择:哈尔滨解放区法治建设经验及其历史意义——以革命历史档案为中心的考察[J].求是学刊,2019(6).

[7] 孙光妍,隋丽丽.新民主主义民主政治的可贵探索——以哈尔滨解放区1946年参议员选举制度为例[J].法学家,2007(4).

[8] 孙光妍,宋錾.革命根据地法制史研究历程回顾——以数据统计为中心的考察[J].北方法学,2020(2).

[9] 孙光妍,郭海霞.哈尔滨解放区法制建设中的苏联法影响[J].法学研究,2009(2).

[10] 孙光妍,邓齐滨.中国革命法制"从农村到城市"的司法转折——以哈尔滨解放区司法实践为中心的考察[J].北方法学,2016(9).

[11] 孙光妍,邓齐滨.论"人民司法"的城市实践——以哈尔滨解放区司法建设为例[J].学术交流,2011(12).

[12] 邓齐滨,孙光妍."司法能动"与现实修正:新民主主义外侨案件审理的司法经验[J].求实,2012(2).

[13] 魏建国.新时代东北资源型城市转型发展的民生法治向度[J].哈尔滨工业大学学报(社会科学版),2019(1).

[14] 魏建国.以法治精神培育引领黑龙江振兴[J].黑龙江社会科学,2018(11).

[15] 魏建国.经济发展与民生进步相协调的法治架构——重申中国特色社会主义法治民生属性的渊源、机制及意义[J].北方法学,2018(3).

[16] 魏建国.城市化升级转型中的社会保障与社会法[J].法学研究,2015(1).

[17] 韩延龙.中国革命法制史的若干基本问题[J].法学研究,1986(5).

[18] 韩延龙.试论抗日根据地的调解制度[J].法学研究,1980(5).

[19] 杨永华,王天木,段秋关.论陕甘宁边区法制建设的原则[J].法学研究,1984(5).

[20] 杨永华,方克勤.陕甘宁边区调解原则的形成[J].法律科学(西北政法学院学报),1984(1).

[21] 杨永华. 根据地时期法律平等原则的历史回顾[J]. 法律科学(西北政法学院学报), 1993(6).

[22] 宋保华. 哈尔滨秋林公司史话(一)[J]. 黑龙江史志, 2007(1).

[23] 宋保华. 哈尔滨秋林公司史话(二)[J]. 黑龙江史志, 2007(2).

[24] 宋保华. 哈尔滨秋林公司史话(三)[J]. 黑龙江史志, 2007(4).

[25] 侯欣一. 陕甘宁边区司法制度的大众化特点[J]. 法学研究, 2007(4).

[26] 侯欣一. 陕甘宁边区人民调解制度研究[J]. 中国法学, 2007(4).

[27] 侯欣一. 试论革命根据地法律制度研究[J]. 法学家, 2008(3).

[28] 侯欣一. 对陕甘宁边区人民调解制度的几点共识:来自抗战时期陕甘宁边区的实践[J]. 法学杂志, 2011(1).

[29] 刘玲. 陕甘宁边区民族立法实践研究[J]. 民族研究, 2012(3).

[30] 韩伟. 司法调解与治理变革——以陕甘宁边区基层司法档案为中心的考察[J]. 法学家, 2020(3).

[31] 田荔枝. 论革命根据地司法判决的风格[J]. 政法论丛, 2014(3).

[32] 马成, 赵俊鹏. 陕甘宁边区法制建设中的"实用主义"[J]. 青海社会科学, 2018(4).

[33] 张友南, 孙伟. 中央苏区时期劳动法问题研究[J]. 江西社会科学, 2011(3).

[34] 汪玉祥. 浅谈傅家店的由来[J]. 哈尔滨史志, 1993(2).

[35] 肖周录. 陕甘宁边区判例汇编考略[J]. 法学研究, 2014(1).

[36] 赵怡然. 国际商事惯例的规范性及适用[J]. 中北大学学报(社会科学版), 2021(2).

[37] 范健. 中国《民法典》颁行后的民商关系思考[J]. 政法论坛, 2021(3).

[38] 赵忠奎. "可以适用习惯"的司法应对:以逾期加价条款为样本[J]. 社会科学, 2021(2).

[39] 杨峰. 商法思维的逻辑结构与司法适用[J]. 中国法学, 2020(12).

[40] 施天涛. 商事法律行为初论[J]. 法律科学(西北政法大学学报), 2020(11).

[41] 石一峰. 私法中善意认定的规则体系[J]. 法学研究, 2020(7).

[42] 陈建华. 困境与出路:习惯在民商事案件调解中适用的实证研究[J]. 民间法, 2020(5).

[43] 张盼. 民法典编纂背景下商事习惯的功能阙补与自治边界研究[J]. 民间法, 2019(1).

[44] 陈小曼. 洪江商事习惯法价值简论[J]. 中国政法大学学报, 2020(5).

[45] 李可. 现行民商法中"习惯"分布规律与功能特征[J]. 暨南学报(哲学社会科学版), 2020(4).

[46] 陈斌. 不可承受之重:民国法典编纂时刻的习惯调查[J]. 西部法学评论, 2020(4).

[47] 范忠信. 传统中国民商事习惯的载体、种类及权威来源[J]. 甘肃政法学院学报, 2020(3).

[48] 张世慧, 史慧佳. 辛亥鼎革与商事审判:1912年上海纯泰钱庄破产案[J]. 近代史研究, 2020(1).

[49] 董淳锷. 商业行规的司法适用——实证考察与法理阐释[J]. 清华法学, 2020(1).

[50] 范一丁.清末民初商事习惯调查中涉及的契约习惯法规则——以《上海商事惯例》为例[J].近代中国,2019(12).

[51] 周林彬.商法入典标准与民法典的立法选择——以三类商法规范如何配置为视角[J].现代法学,2019(11).

[52] 李怡.商事习惯的公序良俗限制——以《民法总则》第10条为视角[J].民商法论丛,2019(10).

[53] 于莹.民法基本原则与商法漏洞填补[J].中国法学,2019(8).

[54] 宋菲,宋保振.援引交易习惯裁决的方法论审视[J].民间法,2019(4).

[55] 张文彬,杨梦珊.市民社会中的自发秩序——中世纪商事习惯法形成的文化解释[J].民间法,2018(8).

[56] 艾围利.民商事习惯在司法中的适用方式研究[J].政法学刊,2018(4).

[57] 王真景.民法典编纂背景下商事习惯自治及其边界问题探究[J].商业研究,2018(7).

[58] 陈建华.习惯在民商事案件调解中的价值、困境与出路——基于司法实践视角[J].法律适用(司法案例),2017(10).

[59] 郗鹏,李淑娟.由《滨江时报》透视1921—1931年哈尔滨保险业[J].黑龙江社会科学,2020(3).

[60] 赖骏楠.清代民间地权习惯与基层财税困局——以闽台地区一田多主制为例[J].法学家,2019(2).

[61] 胡旭晟.20世纪前期中国之民商事习惯调查及其意义[J].湘潭大学学报(哲学社会科学版),1999(2).

[62] 胡珀,张岚.20世纪30年代的哈尔滨同记大罗香糖果工厂[J].黑龙江档案,2016(6).

[63] 李雪滢.担起共和国长子之责——纪念哈尔滨解放70周年[J].奋斗,2016(4).

[64] 徐静.冯仲云夫妇在哈尔滨[J].奋斗,2015(3).

[65] 张新知,王学文.关于"哈大洋券"发行情况的研究和考证[J].江苏钱币,2012(3).

[66] 单永新,郭雨佳.解放战争时期中国共产党在东北地区率先胜利的战略策略因素探析[J].东北师大学报(哲学社会科学版),2015(2).

[67] 孙卫芳.解放战争时期中国共产党的"劳资两利"政策及其经验[J].东北师大学报(哲学社会科学版),2015(2).

[68] 李淑娟.日伪统治时期东北大豆经济衰落对农民生活的影响[J].学术交流,2008(2).

[69] 姜楠,车霁虹.日伪时期哈尔滨居民饮食生活[J].黑龙江社会科学,2018(2).

[70] 严昌洪.商业文化与民俗文化的联姻——近代武汉商事习惯与民俗传统[J].武汉文史资料,1997(12).

[71] 蔡礼强.商事习惯:从近代走向现代——评《中国近代商事习惯的变迁》[J].华夏文化,1997(12).

[72]袁敏殊,朱克鹏.论商事习惯法的性质与地位[J].法学评论,1997(6).

四、报纸文献

[1]魏建国.以法治文化建设助力优化营商环境[N].黑龙江日报,2019-01-02.

[2]孙光妍."从农村到城市":人民法院的转型实践——以哈尔滨解放区人民法院为例[N].中国社会科学报,2018-08-22.

[3]郑重.清末民初民事习惯及其法律价值探微[N].人民法院报,2020-08-14.

[4]曹兴权,卢迎.商事习惯司法适用特殊性问题的体系阐释与因应[N].人民法院报,2018-11-14.

[5]肖明明.民法总则中"习惯"的体系性解释与适用[N].人民法院报,2017-12-13.

五、硕博论文

(一)博士论文

[1]李健.近代中国公司法律制度演化研究[D].沈阳:辽宁大学,2020.

[2]卢迎.商事习惯适法性判定标准研究[D].重庆:西南政法大学,2019.

[3]邓齐滨.哈尔滨法制研究:1905—1949[D].哈尔滨:黑龙江大学,2018.

[4]夏利彪.论原始习惯向原始习惯法的转化[D].北京:中共中央党校,2016.

[5]艾围利.商事习惯研究[D].武汉:武汉大学,2012.

[6]白京兰.一体与多元:清代新疆法律研究(1759—1911年)[D].北京:中国政法大学,2011.

[7]刘素峰.《中华民国民法》中的习惯研究(1927—1949)[D].北京:中共中央党校,2010.

[8]张松.近代商法与商事习惯研究(1904—1928)——以近代商事裁判为中心[D].北京:中国政法大学,2008.

[9]张镭.习惯与法律:两种规则体系及其关系[D].南京:南京师范大学,2007.

[10]李学兰.明清以来江南地区商人团体习惯法的演化[D].济南:山东大学,2007.

[11]厉尽国.法治视野中的习惯法:理论与实践[D].济南:山东大学,2007.

(二)硕士论文

[1]宋来榜.革命根据地法制建设特点研究[D].哈尔滨:黑龙江大学,2016.

[2]邵华.1898—1931年哈尔滨早期现代化研究[D].哈尔滨:哈尔滨工业大学,2011.

[3]关黎.哈尔滨解放区工商业法规考察[D].哈尔滨:黑龙江大学,2014.

[4]孔令秋.论苏联法对哈尔滨解放区法制建设的影响[D].哈尔滨:黑龙江大学,2007.

[5]姜珺伟.1947—1948年哈尔滨解放区的法制建设[D].哈尔滨:黑龙江大学,2012.

[6]鹿亚辉.东北解放区土地改革法规研究[D].哈尔滨:黑龙江大学,2008.

[7]庞洋.哈尔滨解放区司法建设考察[D].哈尔滨:黑龙江大学,2010.

[8]邓齐滨.哈尔滨解放区劳动法规研究[D].哈尔滨:黑龙江大学,2009.

[9]罗阳.哈尔滨解放区法制建设研究的问题与走向[D].哈尔滨:黑龙江大学,2012.

[10]宋春燕.哈尔滨解放区经济法制建设研究[D].哈尔滨:黑龙江大学,2008.

[11]腾笛.哈尔滨解放区外侨管理法规研究[D].哈尔滨:黑龙江大学,2008.

[12]张梦夏.哈尔滨解放区民事权利的法律实践[D].哈尔滨:黑龙江大学,2011.

[13]李均义.哈尔滨解放区外侨案件审判研究[D].哈尔滨:黑龙江大学,2009.

[14]耿嘉宝.交易习惯的司法适用[D].济南:山东大学,2020.

[15]陈可枢.民法总则第十条"习惯"之司法适用研究[D].广州:广东外语外贸大学,2020.

[16]朱鹏.天津商会商事仲裁机构研究(1905—1950)[D].保定:河北大学,2020.

[17]段杰.清末民国时期"公正人"研究[D].湘潭:湘潭大学,2020.

[18]冯向阳.民事习惯法源问题研究[D].石家庄:河北师范大学,2020.

[19]许伟森.交易习惯在我国司法适用中的难点问题研究[D].厦门:厦门大学,2019.

[20]李沛原.近代潮汕商会法研究[D].广州:华南理工大学,2019.

[21]李思琪.清末民初华洋商事调解研究(1840—1927)[D].湘潭:湘潭大学,2019.

[22]韩丽.清末民国"会"的法律分析——以《民事习惯调查报告录》为研究对象[D].西安:西北政法大学,2019.

[23]刘俊丽.近代中国商会的区域自治功能研究(1905—1928)——以苏州商会为研究对象的分析[D].南京:南京师范大学,2019.

六、外文及译著

[1]Roscoe Pound. *Interpretation of Legal History*[M]. Cambridge:The University Press,1923.

[2]Craig E. Bertolet. *Chaucer,Gower,Hoccleve and the Commercial Practices of Late Fourteenth-Century*[M]. London:Taylor and Francis,2016.

[3]H. L. Traa-Engelman. *Commercial Utilization of Outer Space-Law and Practice*[M]. Brill Nijhoff,1993.

[4][日]谷光世.满洲事情案内所报告(80 满洲地名考)[M].长春:满洲事情案内所发行,伪康德七年(1940 年).

[5][日]哈尔滨商品陈列馆.昭和四年哈尔滨商况[M].露满蒙通信刊行会,1930.

[6][日]哈尔滨商品陈列馆.昭和八年哈尔滨商况[M].露满蒙通信刊行会,1933.

[7][日]哈尔滨日本商工会议所.哈尔滨商况[M].1934.

[8][日]满铁株式会社.洲旧惯调查报告书:惯习[M].新京:大同印书馆,1936.

[9][日]高桥贞三.满洲经济统制法[M].东京:满洲修文馆,1944.

[10][日]滋贺秀三.中国家族法原理[M].张建国,李力,译.北京:法律出版社,2003.

[11][苏]亚历山大洛夫.苏维埃劳动法教程[M].李光谟,康宝田,译.北京:人民出版社,1955.

[12][俄]叶莲娜·塔斯金娜.哈尔滨:鲜为人知的故事[M].吉宇嘉,译.哈尔滨:哈尔滨出版社,2018.

[13][日]长谷川洁.哈尔滨经济概观[M].王绍灿,王金石,译.哈尔滨:哈尔滨市人民政府地方志编纂办公室出版(内部发行),1990.

[14][俄]谢尔盖·科尔舒诺夫.一个俄罗斯人的哈尔滨情结[M].阿斯图文化系列丛书编写组,译.哈尔滨:哈尔滨工业大学出版社,2015.

[15][澳]玛拉·穆斯塔芬.哈尔滨档案[M].李尧、郇忠,译.北京:生活·读书·新知三联书店,2018.

后 记

  白驹过隙，时光荏苒，回忆读博期间，我既体会到了以母亲的角色陪伴、激励女儿参加中考、高考，以至成功获得大学录取通知书的喜悦，也经历了以女儿的角色陪伴、照顾身患癌症的母亲抗癌医治，却最终离世的悲痛。而无论怎样的经历都没有磨灭我对法律史学习的热情与坚定！

  我是黑龙江大学法学院法律史专业的首届博士研究生，与同学邓齐滨一道，受业于魏建国教授和孙光妍教授两位恩师。还记得应考前孙老师对我的召唤、鼓励与指点，还记得面试后魏老师在走廊里为我而奔波。入学后两位恩师对我的教导、关怀与帮助更是不胜枚举，时常让我感怀温暖与幸福。两位恩师都是学术顶级专家，为人谦和，施教有方，求学期间，恩师们展现了对我无尽的教导与启发、鼓励与鞭策、包容与关爱。我时常在想，我是何等幸运，竟蒙得两位恩师的厚爱与帮助！师恩难忘！这种感恩的心情难以形容，无以言表。

  我像海绵吸水一样，向老师们学习科学严谨、逻辑有道的学术品格，言之有物、史实支撑的法律史学研究方法，更向老师们学习宽和有爱、博学慎思的人文情怀。我努力将这种品格继续传承，不断锤炼和提升自己，在哈尔滨商业大学的三尺讲台行恩师之道，传道、授业、解惑，树人立德。

  在撰写期间，我深刻地体会到了"读书不是一个人在战斗"，全家齐上阵，朋友来相帮。我的公公婆婆一向厚道老实，虽不善言表却一直以默默无闻的力量为我学业的完成提供了强大的后勤保障。我的女儿乖巧懂事，越发成长为一名德、智、体、劳兼备的优秀青年。我的侄女成了我的打字员和资料校对员，2021年春节前后没有回家，与我一同奋战。我的爱人肖国富先生则扮演了多重角色，有时是激励员，有时是救火队长，只要有需要，只要有困难，他都是第一个积极帮我出头解决难题的知心爱人，我的读书与写作和他的相持相帮密不可分。

我要感谢关心和帮助我的学院领导、同事，以及我的研究生们，在我兼顾学习和工作的道路上，多次给我提供便利和友爱帮助。我的研究生姬佳欣、伍春波、丁琳、王鸿丹、王兵、周子怡、姜齐新、王畅为我整理资料，他们认真高效，使我提高了效率，节约了时间。还要感谢黑龙江省档案馆、哈尔滨市档案馆、黑龙江省图书馆、哈尔滨市图书馆的工作人员为我查阅资料提供了无私帮助。

在这里，向所有关心我、帮助我的师友邻朋鞠躬致谢！祝愿大家身体健康，阖家欢乐，万事顺意！谢谢大家！

2022年12月12日